30°Est
Terre du Nord-Est
Ile de Barents
Ile Edge
Svalbard
(Norvège)
Cap Nord
Sørøya
Magerøya
Vadsø
Tromsø
Murmansk
FINLANDE
Luleå
Oulu
Umeå
Golfe de Botnie
Région des Mille Lacs
Åland
Tampere
Turku
HELSINKI
Golfe de Finlande
Petrozavodsk
Lac Vyg
Lac Onega
Lac Ladoga
Lac Blanc
Saint-Petersbourg
Hiiumaa
Saaremaa
TALLINN
ESTONIE
Lac Peïpous
Veliky Novgorod
Réservoir de Rybinsk
Iaros
Pskov
Gotland
Golfe de Riga
RIGA
LETTONIE
Tver
LITUANIE
MOSCOU
BALTIQUE
VILNIUS
Smolensk
Kaliningrad
Kalouga
Toul
MINSK
BELARUS
POLOGNE
Briansk
Orel
Pripet
Gomel
VARSOVIE
Vistule
Koursk
Belgorod
Kharkiv
KIEV
Cracovie
Lviv
UKRAINE
Dniepr
SLOVAQUIE
BRATISLAVA
Dnipropetrovsk
Donetsk
BUDAPEST
HONGRIE
MOLDAVIE
CHISINAU
Odessa
MER D'AZOV
ROUMANIE
BELGRADE
BUCAREST
YOUGOSLAVIE
Danube
Sebastopol
MER NOIRE
SARAJEVO
MONTENEGRO
KOSOVO
SOFIA
BULGARIE
Bosphore
Sinop
SKOPJE
ALBANIE
E.R.Y.M.
TIRANA
Istanbul
Thessalonique
ANKARA
TURQUIE
Bursa
Corfou
GRECE
Izmir
Kayseri
ATHENES
Konya
Adana
Antalya
Mersin
Rhodes
MER EGEE
Alep
NICOSIE
CHYPRE
Crète
LIBAN
MEDITERRANEE
BEYROUTH
DAMAS
Benghazi
Bejda
Tobrouk
Tel-Aviv-Jaffa
ISRAEL
PALESTINE
GAZA
AMMAN
Golfe de Grande Syrte
Alexandrie
Port-Saïd
JERUSALEM
Mer Morte
LE CAIRE
Canal de Suez
Suez
JORDANIE
Siouah
Minieh
Nil
EGYPTE
Qena
Louqsor
Assouân
MER ROUGE
Médine
RIYAD
Harad
QATAR
DOHA
Doubaï
ABOU DABI
E.A.U.
Golfe d'Oman
MASCATE
TROPIQUE DU CANCER
Lac Nasser
Ouâdi Halfâ
Djeddah
La Mecque
ARABIE SAOUDITE
OMAN
60°Est
TCHAD
Faya (Largeau)
SOUDAN
Port-Soudan
Abhâ
'Atbara
Atbara
Omdourmân
KHARTOUM
ERYTHREE
YEMEN
30°Est
45°Est
Kiel
Hambourg
Brême
Brême
Potsdam
Berlin
Magdebourg
Brandebourg
Rhénanie-du Nord-Westphalie
Saxe-Anhalt
Düsseldorf
Erfurt
Dresde
Hesse
Thuringe
Saxe
Rhénanie-Palatinat
Wiesbaden
Mayence
L'ALLEMAGNE
Sarre
Sarrebruck
Stuttgart
Bavière
Bade-Wurtemberg
Munich
Nord-Pas-de-Calais
Champagne-Ardennes
Lille
Haute-Normandie
Amiens
Alsace
Basse-Normandie
Picardie
Rouen
Metz
Caen
Ile-de-France
Paris
Châlons-en-Champagne
Lorraine
Strasbourg
Rennes
Bretagne
Pays-de-la-Loire
Orléans
Centre
Bourgogne
Franche-Comté
Nantes
Dijon
Besançon
LA FRANCE
Poitiers
Poitou-Charentes
Limousin
Clermont-Ferrand
Lyon
Limoges
Rhône-Alpes
Auvergne
Bordeaux
Aquitaine
Midi-Pyrénées
Provence-Alpes-Côte-d'Azur
Toulouse
Montpellier
Marseille
Languedoc-Roussillon
Corse
Ajaccio
EUROPE
0 km
250
500
750 km
projection équidistante
GEOATLAS® - © 2002 Graphi-Ogre

W0415327

Découvertes Passerelle
Band 5

von
Gérard Alamargot, Reutlingen; Birgit Bruckmayer, München; Isabelle Darras, Pont-de-Vaux; Léo Koesten, Versailles; Dieter Kunert, Toulouse; Inge Mühlmann, Recklinghausen; Andreas Nieweler, Detmold; Sabine Prudent, Berlin

Weitere Mitarbeit
Gerd Bär, Ohlsbach; Kristin Bernstein, Andernach; Ute Bobach, Barleben; Detlev Brenneisen, Norderstedt; Mag. Ulrike Hemedinger, Linz (A); Vera Hux, Stans (CH); Hanns-Christoph Lenz, Leipzig; Lydia Lenz, München; Françoise Malz, Braunschweig; Annegret Mielke, Berlin; Jeanne Nissen, Rostock; Mag. Elisabeth Partmann, Wien (A); Inge Rein-Sparenberg, Marburg; Dr. Angelika Schenk, Wittenberg; Prof. Dr. Ludger Schiffler, Berlin; Kai-Uwe Schmidt, Bad Schwalbach; Daniela Alexandra Singer, Stuttgart; Wolfgang Spengler, Solingen

Zusatzmaterialien für Schüler und Schülerinnen zu diesem Band
Cahier d'activités, *Klett-Nr. 523883*
Cahier d'activités mit Sprachtrainer Kommunikation, *Klett-Nr. 522825*
Grammatisches Beiheft, *Klett-Nr. 523882*
Lernsoftware, CD-ROM, *Klett-Nr. 523715*
Vokabellernheft, *Klett-Nr. 523348*
1 CD für Schüler und Lehrer mit Lektionstexten, Ausspracheübungen, Gedichten, Liedern, *Klett-Nr. 523886*

Das Bildquellenverzeichnis befindet sich auf Seite 215.

1. Auflage 1 5 4 3 2 | 12 11 10 09

Alle Drucke dieser Auflage können im Unterricht nebeneinander benutzt werden, sie sind untereinander unverändert.
Die letzte Zahl bezeichnet das Jahr dieses Druckes. Das Werk und seine Teile sind urheberrechtlich geschützt.
Jede Nutzung in anderen als den gesetzlich zugelassenen Fällen bedarf der vorherigen schriftlichen Einwilligung des Verlages.
Hinweis zu § 52 a UrhG: Weder das Werk noch seine Teile dürfen ohne eine solche Einwilligung eingescannt und in ein Netzwerk eingestellt werden. Dies gilt auch für Intranets von Schulen und sonstigen Bildungseinrichtungen.
Fotomechanische oder andere Wiedergabeverfahren nur mit Genehmigung des Verlages.
© Ernst Klett Verlag GmbH, Stuttgart 2008. Alle Rechte vorbehalten. Internetadresse: www.klett.de

Redaktion: Dr. Gilles Floret, Friederike Keck, Harun Rathore

Gestaltung: Sven Thamphald
Layoutkonzeption: Christian Dekelver, Weinstadt
Umschlaggestaltung: Christian Dekelver, Weinstadt
Illustrationen: François Davot, Troyes; Christian Dekelver, Weinstadt; Helga Merkle, Albershausen
Satz: media office GmbH, Kornwestheim
Reproduktion: Meyle + Müller, Medienmanagement, Pforzheim
Druck: Himmer AG, Augsburg
Printed in Germany
ISBN 978-3-12-523881-7

9 783125 238817

Découvertes

Passerelle

für den schulischen
Französischunterricht

5

von
Gérard Alamargot
Birgit Bruckmayer
Isabelle Darras
Léo Koesten
Dieter Kunert
Inge Mühlmann
Andreas Nieweler
Sabine Prudent

Ernst Klett Verlag
Stuttgart • Leipzig

INHALTSVERZEICHNIS

BY/HB/HH/MV/NI/NW/RP/SL/SN/TH/Österreich

* Die Module können in beliebiger Reihenfolge durchgenommen werden.
** Diese Module sind in Bayern verpflichtend.

HB/HH/MV/NI/NW/RP/SL/SN/TH/Österreich

BW/BY/HB/HH/MV/NI/NW/RP/SL/SN/ST/TH/Österreich

BW

Wegweiser

- Hier findest du Lektionstexte sowie Hörverstehenstexte.
- Hier findest du spezielle Hörverstehensaufgaben zur Vertiefung.
- Diese Übungen solltest du zur Festigung der Grammatik oder des Wortschatzes in dein Heft schreiben.
- Hier arbeitest du in der Regel mit deinem Sitznachbarn zusammen.
- Bei diesen Aufgaben arbeitest du im Team mit drei bis maximal fünf Klassenkameraden zusammen.
- ‹ › Dieses Symbol bedeutet, dass die betreffende Einheit oder Übung behandelt werden kann, aber nicht muss.
- [ ] Dieses Symbol steht vor einer Übung, einer Lektion oder einem Modul, die nur in bestimmten Bundesländern/Ländern verlangt werden.
- Der Delfin weist auf Aufgaben hin, die du wiederfindest, wenn du dich auf die DELF-Prüfung vorbereitest.
- Hier ist eine kreative Projektarbeit gefragt.
- In Aufgaben mit diesem Symbol entstehen Produkte, die du in deinem Französisch-Dossier abheften kannst.
- Bei Übungen mit diesem Symbol ist ganz besonders dein „Forschergeist“ gefragt.
- Bei diesem Symbol handelt es sich um spielerische Übungen.
- WWW Hier triffst du meistens auf Suchaufgaben im Internet.
- Diese Aufgaben sind zur Wiederholung von bereits gelerntem Stoff gedacht: eine gute Möglichkeit, deine Kenntnisse zu testen.
- Bei diesen Übungen kannst du ganz für dich alleine deinen Kenntnisstand überprüfen.
- * Dieses Zeichen weist Wörter aus, die im Pratique-Teil neu eingeführt werden und gelernt werden müssen.
- § Verweis auf das entsprechende Grammatikkapitel im Grammatischen Beiheft.

Préface

Chers élèves,

Cette année, vous êtes dans votre cinquième année de français.
Quelques-uns parmi vous vont même continuer le français en classe 10, 11 et 12.
Vous avancerez alors à grands pas. Dans peu de temps, vous allez atteindre le niveau B1 du cadre européen commun de référence pour les langues.
Vous arrivez déjà très bien à lire, écrire, écouter, comprendre, parler et regarder des films en français. Et surtout, vous réussissez à communiquer en français sans problème.

Dans *Découvertes 5*, vous allez approfondir toutes vos connaissances en français.
Peut-être allez-vous passer l'examen DELF-B1? *Découvertes 5* vous y aidera.
Vous allez apprendre encore d'autres techniques et méthodes qui seront utiles pour progresser au moins jusqu'au bac. Ayez confiance en vous et en nous! Courage et succès!
Et surtout bonne lecture en lisant de différentes sortes de textes dans *Découvertes 5*!

Vous verrez, le 5e volume a changé un peu: par exemple, au lieu des leçons, il y a cinq dossiers maintenant et quatre modules «A la carte».

C'est en forgeant
qu'on devient forgeron!

Bien cordialement

Votre équipe
de *Découvertes 5*

Unter der Klett-Internet-Adresse www.klett.de unter „Schüler" und dann „Französisch" **www.klett.de/online** findest du Zusatzmaterialien wie z. B. eine Zusammenstellung aller Lernstrategien ab Band 1 sowie zusätzliche Übungen und Texte u. a.

Alle Kompetenzen (Leseverstehen, Hörverstehen, Sprechen, Schreiben, Interagieren) und alle Strategien in Découvertes 5 erfüllen die Anforderungen des **Referenzrahmens** Niveau B1.

DOSSIER 1

Des amis pour la vie

Choisissez une image et dites ce que vous en pensez. Puis, interprétez le titre «Des amis pour la vie» à votre idée. Prenez des notes et discutez avec votre partenaire.

01

A Sous le même signe

Approche

Lisez-vous l'horoscope? Si oui, justifiez votre réponse.

Stéphane a eu une super idée pour l'anniversaire de son fils Sébastien: partir avec lui en Bretagne. En plus, il avait lu dans son horoscope qu'en allant en Bretagne, il rencontrerait l'amour au bord de la mer. Au début, tout se passe mal, puis le père et le fils rencontrent Jeanne et sa fille Juliette. Stéphane a l'air de reconnaître Jeanne …

– Tu reviens souvent à Cancale?
– Non, c'est la première fois depuis …
– Moi aussi. C'est incroyable que justement toi et moi … C'est un signe du destin.
– Je crois beaucoup aux signes, tu sais. Il n'y a pas de hasard, tout est écrit d'avance. […]
– Tu as vu que le bateau est encore là?
– Oui, a répondu la mère de Juliette en souriant, c'est la première chose que j'ai remarquée.
– Le S et le J n'y sont plus, j'ai vérifié. […]

Ils se sont regardés dans les yeux quelques secondes sans rien dire. […]

Juliette et moi avons fait quelques pas jusqu'à la pointe de la jetée pour regarder la mer. […] Une force en moi me poussait à m'approcher d'elle, à la toucher, à lui prendre la main. Mais ma raison me murmurait de ne rien faire. Des doutes se bousculaient dans ma tête, me disant[1] que je ne connaissais cette fille que depuis dix minutes, qu'il n'y avait aucune raison qu'elle ressente[2] pour moi ce que j'éprouvais[3] pour elle, qu'en lui touchant la main j'allais briser ce moment de sérénité, tous les deux l'un à côté de l'autre à regarder la mer.
[…] J'ai déplacé ma main gauche pour la poser sur la main droite de Juliette.
Le miracle s'est produit: elle n'a pas fait un geste de recul[4]. Une douce chaleur est montée dans mon bras et a irradié[5] tout mon corps. […] La voix de mon père a rapidement brisé le charme.

– Les enfants! Vous venez, on va boire un verre … […]

Sous le même signe de Mikaël Ollivier © Editions Thierry Magnier, 2005, p. 75–p. 77

Autour du texte

1. *Racontez: Qu'est-ce qu'on apprend sur les quatre personnages du texte?*
2. *Expliquez la phrase du père: «Il n'y a pas de hasard.»*
3. *Imaginez: Quel rôle joue le bateau avec les lettres S et J?*
4. *Décrivez les sentiments de Sébastien pour Juliette.*

Au-delà du texte

Inventez la fin de l'histoire.

---

1 des doutes … me disant Zweifel …, die mir sagten – **2 qu'elle ressente** *(Subjonctif)* – **3 éprouver qc** → *ressentir* – **4 faire un geste de recul** zurückweichen – **5 irradier** bestrahlen

1 Des amis pour la vie

A Pratique de la langue

1 S'exercer*: Comment gagner le cœur de Juliette?

Répondez en utilisant le gérondif. Commencez: On gagne le cœur de Juliette en …

1. se promener sur la côte	2. lui faire un cadeau	3. l'inviter à manger une glace
4. lui prendre la main	5. caresser les cheveux	6. …

Continuez.

2 S'exercer: Tout est bien qui finit bien.

Aujourd'hui, c'est une mauvaise journée pour Sonia, une copine de Juliette.

a *Racontez l'histoire au passé. Remplacez les verbes soulignés par des gérondifs.*
Exemple: En se réveillant, Sonia a vu qu'il était déjà 7 h 30. *Ensuite, traduisez les phrases.*

1

se réveiller – voir – déjà 7 h 30

2

boire un café – manger un croissant* – apprendre sa leçon d'allemand

3

courir – voir que – le bus – être déjà en train de partir

4

arriver au collège – s'apercevoir – avoir oublié ses devoirs à la maison

5

rentrer du collège – se disputer avec son copain Jamel

6

entrer chez elle – voir que son chat Filou – tout casser dans l'appartement

b *Voilà la suite de l'histoire. Réécrivez ce texte, mais transformez-le en utilisant le gérondif.*

1. Un peu plus tard, Jamel téléphone à Sonia pour lui demander pardon.
2. Quand elle va dans la cuisine, elle voit sa mère en train de préparer le repas.
3. Sonia met la table et reçoit encore un coup de téléphone.
4. Puis, elle écoute un peu la radio. Elle entend que Mylène Farmer, sa chanteuse préférée, va donner un concert dans sa ville.

3 S'exercer: Raconter l'histoire avec d'autres mots

*Transformez les phrases en utilisant le gérondif et indiquez la fonction du gérondif: **A** le temps, **B** la manière et **C** la condition.*

1. Pendant le voyage, **Stef** a oublié les clés* dans la voiture quand il a réparé* le moteur.
2. **Juliette et Sébastien** discutaient pendant qu'**ils** regardaient la mer à Cancale.
3. «**On** ne passe pas de bonnes vacances quand **on** reste au lit du matin au soir.»
4. **Jeanne** n'a pas fait attention au chemin et comme ça, **elle** est tombée dans la mer.
5. L'horoscope dit: Si **on** sait prendre des risques*, **on** a de la chance en amour.
6. Si **Seb** n'avait pas accompagné son père à Cancale, **il** n'aurait pas connu Juliette.

B JF cherche JH!

Approche

Regardez seulement les dessins et trouvez un titre pour l'histoire.

Une jeune fille rousse* vient d'avoir le coup de foudre pour un jeune homme, mais il y a un problème: le jeune homme est coiffeur …

Normalement, en sortant de la boulangerie, je pars à droite. Là, impossible. Il était là, devant. Mystérieux. Beau. Je lui ai souri (qu'il sache que je ne suis pas QUE fatale[1], je peux être aussi toute simple!). Il a ouvert et fermé la bouche. Il a bafouillé[2]. Je lui faisais de l'effet[3]! «Oui?» l'ai-je encouragé. Et enfin … Il a parlé! Je n'ai rien écouté, je fixais[4] ses lèvres kiss d'amour, ses yeux wonder blue.

Je hochais[5] «oui, oui» de la tête. Mon cerveau[6] chopait[7] un mot sur six. Son prénom: Martinien. Un lieu: son école de coiffure[8] à côté. Puis mon cœur a fait gloukk … Il se penchait[9] sur moi. Ses mains touchaient ma joue[10]. Oh God, pas déjà! … Si?

Puis il a reculé[11] en balbutiant[12] «merci». Avec, entre son pouce[13] et son index[14], une mèche[15] rousse qui pendouillait[16] et des petits ciseaux[17] … Il a débité[18]: c'est pour mon mémoire[19] sur la coloration[20]; grâce à vous, j'ai un échantillon[21] de ce qu'est une teinture[22] ratée.

© *Quatre sœurs* par Malika Ferdjoukh, illustrations de Lucie Durbiano © *Je Bouquine*, Bayard Jeunesse, 2006

1 fatal(e) verführerisch – **2 bafouiller** stottern – **3 faire de l'effet à qn** auf jdn. positiv wirken – **4 fixer qc** etw. anstarren – **5 hocher de la tête** mit dem Kopf nicken – **6 le cerveau** das Gehirn – **7 chopper** (auf-)fangen – **8 la coiffure** das Frisörhandwerk – **9 se pencher** sich beugen – **10 la joue** die Wange – **11 reculer** zurückweichen – **12 balbutier** bafouiller – **13 le pouce** der Daumen – **14 l'index** *(m.)* der Zeigefinger – **15 une mèche** eine Strähne – **16 pendouiller** baumeln – **17 des ciseaux** *(m. pl.)* eine Schere – **18 débiter** herunterleiern – **19 un mémoire** eine wiss. Arbeit – **20 une coloration** eine Tönung – **21 un échantillon** eine Probe – **22 une teinture** eine Färbung

Autour du texte

a *Trouvez les bonnes phrases.*

1. La scène se passe devant
   - une papeterie.
   - une boulangerie.
   - une brasserie.
2. Quand la jeune fille voit le jeune homme,
   - elle a peur et reste là.
   - elle ne peut rien faire et reste là.
   - elle lui sourit et reste là.
3. Elle trouve le jeune homme
   - bête et mystérieux*.
   - beau et mystérieux.
   - baraqué et mystérieux.
4. Le jeune homme
   - a parlé comme un livre.
   - a eu des problèmes pour parler.
   - a chanté son amour.
5. La jeune fille
   - a tout compris.
   - n'a rien écouté.
   - a beaucoup ri.
6. Le jeune homme
   - travaille dans une boulangerie.
   - travaille dans un salon de coiffure.
   - est élève dans une école de coiffure.
7. Le jeune homme
   - est tombé amoureux de la jeune fille.
   - s'intéresse au cœur de la jeune fille.
   - s'intéresse aux cheveux de la jeune fille.
8. Le jeune homme écrit
   - un article sur la coloration pour un journal.
   - un article sur l'amour et les filles rousses.
   - un mémoire pour son école de coiffure.

b *A votre avis, de quoi ou de qui se moquent l'auteur et le dessinateur de la BD?*

Au-delà du texte

Décrivez cette image en 10 phrases d'après les indications et les expressions.

Pour décrire une image

1. **Le sujet général*:** L'image / La photo / Le dessin / Le tableau représente / montre …
2. **Le lieu* et le temps:** La scène se passe à / en …
3. **Les personnages, animaux, objets et la nature:** Au premier plan* / Au second plan* / Au centre / A l'arrière-plan* / Au fond on voit / il y a / se trouve …
4. **Les personnages principaux* et l'action:** En haut / En bas / A côté de … / Sur / Au nord / A l'est / A droite / A gauche (de …) / …, on voit / on découvre / il y a …
5. **Votre avis:** En regardant l'image, je remarque que … / Ce que je trouve beau / bizarre, c'est (que) …

   A mon avis, l'auteur se moque de / veut exprimer que …

© *Quatre sœurs* par Malika Ferdjoukh, illustrations de Lucie Durbiano
© *Je Bouquine*, Bayard Jeunesse, 2006

02

C Le blog des fans

Approche

Sur quels blogs avez-vous déjà cliqué?

! de

① **30 août:**
Bonjour!
Je m'appelle ***Marie*** et c'est mon blog! J'ai 16 ans et je suis au lycée à Lille. Là, c'est moi!

L'amour dans la vie, moi, je ne pense qu'à ça: le matin en me levant, le midi en mangeant, le soir en me couchant, en fait, toute la journée. Tout le monde croit que je suis folle. Alors, j'ai décidé de faire ce blog pour ne plus être seule. J'écris le matin avant de partir au lycée ou le soir après avoir fait mes devoirs.

Amoureux et amoureuses, participez à mon concours de la plus belle **lettre d'amour**. Non, non, ce n'est pas ringard du tout, je vous promets! En lisant la lettre que j'ai trouvée dans *Les saisons dangereuses* de Virginie Lou*, vous aurez plein d'idées! ***Marie***

03

② Jeudi 22 juillet

Frédéric,
Quand tu m'as serrée si fort dans tes bras pour me dire adieu, il y a dix-huit jours, sur le bateau, j'ai compris que devenir grand, ça voulait dire aimer petit. Tu m'aimais, j'en suis sûre, comme une vraie femme, pas comme une petite sœur. Mais mes parents t'ont fait honte. Tu n'étais pas capable d'attendre que je sois un peu grande. Tu avais honte de moi, si petite. Tu n'étais pas assez fort pour tenir: alors tu m'as quittée. Mais moi qui t'aimais grand, j'ai tellement mal, depuis que tu es parti, que je te déteste. Maman m'a dit que tous les hommes et toutes les femmes ont des chagrins d'amour, que grandir, c'est avoir des chagrins d'amour, qu'on n'y peut rien, ou alors on vit dans une cave sans voir personne, que ce qui nous est arrivé est arrivé à des milliers d'hommes et de femmes. Mais ça ne me console pas. J'ai mal. […]

Marjolaine

Les saisons dangereuses de Virginie Lou, illustration de Pierre Mornet © SYROS, 2006

04

③

1er septembre: Un autre super livre: j'ai lu *Pourquoi ça fait mal*? de Rachel Hausfater*. L'histoire commence avec un coup de foudre dans un bus. Mon avis: Génial! Note: 18/20. ***Adrien***

2 septembre: Je suis allée voir le blog de Cali*: **www.caliciuri.com**
J'adore, tu peux voir son DVD et même discuter avec lui.
Je préfère ça qu'écrire des lettres d'amour, c'est moins compliqué … ***Nathan***

3 septembre: C'est cool, ton idée de concours de lettres d'amour. Bravo et à bientôt! ***Laure***

Autour du texte

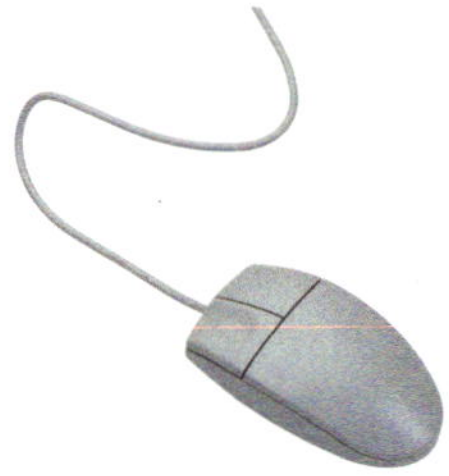

a *Répondez à ces questions.*

1. Pourquoi est-ce que Marie a décidé de faire un blog?
2. A quoi est-ce qu'elle invite les lecteurs* et les lectrices* de son blog?
3. Quelles sont leurs réactions au blog de Marie?
4. Et vous? Ecrivez votre réaction à ce blog de Marie en 5 à 10 phrases.

b *Relisez la lettre de Marjolaine. Résumez en 5 phrases pourquoi elle est triste.*

Au-delà du texte

Créez votre blog, par exemple un blog sport, un blog musique etc.

C Pratique de la langue

avant de – après – sans – pour (ne pas) (+ infinitif)

1 S'exercer: Un métier de rêve

Complétez le dialogue avec des prépositions et des infinitifs.

Exemple: ~ (devenir) actrice, il faut être génial. → Pour devenir actrice, il faut être génial.

Fille: ~ (faire) du théâtre à l'école, j'ai remarqué que j'avais du talent.
Père: ~ (ne pas rester) pauvre toute la vie, tu devrais choisir un autre métier.
Fille: Je peux très bien vivre ~ (gagner) beaucoup d'argent.
Père: Les jeunes disent ça ~ (réfléchir).
Fille: De toute façon, je vais prendre des informations ~ (se décider).
Père: Je te propose une chose: ~ (devenir) actrice, finis d'abord tes études.
Fille: Mais ~ (rester) des années à l'université, je serai trop vieille ~ (devenir) actrice!
Père: Ecoute, ~ (être) actrice pendant un an, tu verras que ce n'est pas facile non plus.
Fille: Moi, je suis sûre que dans un an, maman et toi, vous viendrez au théâtre ~ (me voir).

2 Réviser: Une lettre de vacances

Complétez la lettre par la bonne forme de «à» ou «de» s'il le faut.

Cancale, le 23 août 2009

Cher Frédéric,

Un bonjour de Cancale où je suis en train ~ passer des vacances géniales. Ça m'a manqué ces derniers temps*! J'adore ~ passer des vacances à la mer, surtout avec des vrais copains. On n'arrête pas ~ s'amuser ici. Ça me fait du bien! Là, on vient ~ rentrer de la plage. Ce matin, nous avons voulu ~ nous baigner, mais il faisait encore trop froid. Alors, nous avons joué ~ volley, et quelques garçons ont décidé ~ ramasser des coquillages. Ils ont réussi ~ en trouver de très jolis. Pas mal du tout! Elodie et Julie ont essayé ~ courir dans le sable. Elles m'avaient aussi demandé ~ courir avec elles, mais j'avais préféré ~ rester à la plage, où Luc, notre cher animateur, a commencé ~ jouer ~ la guitare. Pour demain, il nous a proposé ~ faire un tour au Mont St.-Michel, et je suis hyper contente ~ y aller! Tout est génial ici!

Bises de très loin
Marjolaine

03

3 Ecouter: Elle m'a dit

a *Ecoutez une première fois la chanson de Cali.*

b *Lisez les phrases. Puis écoutez une deuxième fois la chanson.*

1. C'est une chanson
   - sur l'amitié*. • sur l'amour. • sur la guerre.
2. Qui dit «Je ne t'aime plus»?
   - un jeune homme • une vieille femme • une jeune femme
3. A la fin, le chanteur pense à
   - partir sur une île. • mourir. • battre sa copine.

c *Ecoutez une troisième fois la chanson. Qui dit quoi?*

1. Elle a jeté* ça hier. • lui • elle
2. Sans raison, je pleure. • lui • elle
3. Je ne pense plus à toi. • lui • elle
4. Je te regarde et je ne vois rien. • lui • elle
5. J'ai éteint la télé. • lui • elle
6. Je n'ai pas trouvé le courage. • lui • elle

d *Faites un roman photo avec l'histoire de la chanson. Présentez-le.*

4 Mot à mot: Amour ou amitié?

a *Faites un remue-méninges* sur l'amour et l'amitié à l'aide du filet à mots. Complétez-le. Regardez les trois dessins pour trouver des idées, même des exemples concrets*.*

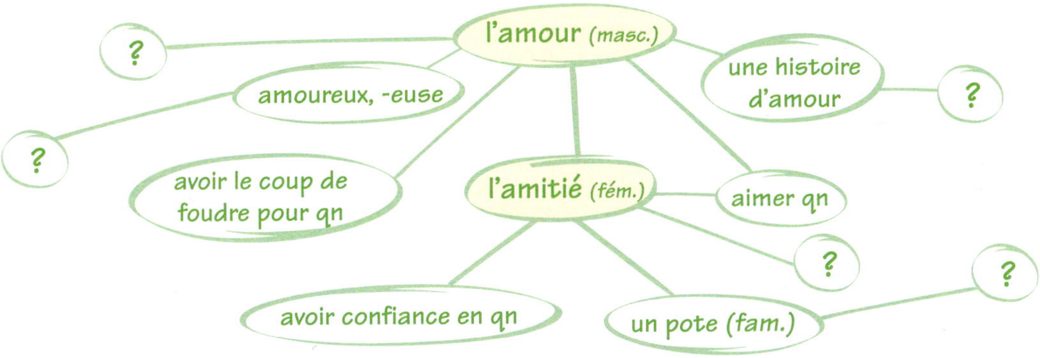

b *Regardez les dessins et écrivez une histoire pour une image au choix en 90–100 mots. Utilisez les mots du filet.*

1

2

3

05
D Paris at night

Approche

En lisant le titre du poème, à quoi pensez-vous? Notez vos premières idées.

Trois allumettes une à une allumées dans la nuit.
La première pour voir ton visage tout entier.
La seconde pour voir tes yeux.
La dernière pour voir ta bouche.
Et l'obscurité tout entière pour me rappeler tout cela.
En te serrant dans mes bras.

Jacques Prévert

Paris at night dans *Paroles* de Jacques Prévert © Editions Gallimard, 2004, p. 214

Info F

Jacques Prévert (1900–1977). Poète français. La plus grande partie de ses poèmes a comme sujet la vie de tous les jours. Il s'intéresse surtout aux gens simples, aux gens de la rue, aux pauvres, mais aussi aux jeunes, à l'amour, à la liberté et au bonheur.

Autour du texte

1. *Qu'est-ce qui se passe dans ce poème?*
2. *Décrivez la forme du poème.*

Pour parler d'un poème

Le poème se compose de* quatre vers*.
Ce sont des vers libres.
Il y a des rimes. / Il n'y a pas de rimes.
Le mot «yeux» rime avec* le mot «amoureux».
Le style* est simple / personnel* / engagé / familier …
Il y a des répétitions / des jeux de mots / des allitérations* en «l».
Le poète décrit / raconte / souligne …
Le poète utilise* un vocabulaire simple / concret / abstrait*.
Le mot «allumette» me fait penser à …

Au-delà du texte

Regardez les exemples suivants et écrivez votre poème personnel.

1	**F**erme tes yeux **L**aisse-la parler **E**coute **U**ne jolie fleur **R**aconte l'histoire de notre amour.	Ce poème s'appelle **acrostiche**. Les premières lettres des vers forment un mot. 
2	Rouge Ta bouche Mer et soleil Nous regardons les vagues Bonheur	ligne 1 → 1 mot ligne 2 → 2 mots ligne 3 → 3 mots ligne 4 → 4 mots ligne 5 → 1 mot } Le poème a toujours 11 mots.

D Pratique de la langue

1 Transmettre*: Voulez-vous danser en pyjama, ce soir?

Sébastien, ton corres français, est en visite chez toi. Tu lui montres cette affiche, mais Seb ne comprend pas bien. Tu lui expliques:

Großer Pyjamaball für Teenies

Wann? Samstag, den 16.09.

Wo? Im Jugendzentrum

EINTRITT 4 €

Es spielt die Band **„Nachtruhe vor dem Sturm“** des Marie-Curie-Gymnasiums.

Die Jungs sind cool, groovy, funky, spitze!

Einlass ab 18.00 Uhr

→ nur in Abendgarderobe & passenden „Anzügen“

→ „Schlaftabletten“ unerwünscht!

1 Getränk & 1 Currywurst frei!

Seb: «Pyjama», je comprends. C'est comme en français. ... C'est une activité sportive, non?
Toi: Oui et non. Ici «Ball» veut dire ~. Et les gens dansent en pyjama.
Seb: C'est amusant. Et qui sont les «Teenies»?
Toi: Ce sont les ~. Le mot vient de ~.
Seb: Et que veut dire «Jugendzentrum»? *Toi:* ~.
Seb: «Band», ça veut dire «groupe». Mais je ne comprends ni son nom ni le mot «spitze».
Toi: «Der Sturm», c'est «la tempête*», non? Alors, ça veut dire ~.
Seb: L'entrée, c'est 4 € et ça commence à 6 h 00 du soir, d'acc. Faut-il mettre un costume et prendre des comprimés*? Je ne comprends plus rien du tout. Au secours! Aide-moi, s.t.p.
Toi: ~. Mais «Currywurst», je ne sais pas ce que c'est en français.

2 Techniken der Texterschließung (compréhension de texte)

(→ SB2/L1, ex. 12, p. 19)

Stratégie

Sich einen Text zu erschließen, bedeutet, Schritt für Schritt vom allgemeinen zum detaillierten Verständnis zu gelangen. So könnt ihr dabei vorgehen:

Lesephasen	Lesemethoden	Praxis
1. Vor dem Lesen	Hypothesen formulieren zu Textgattung und Hauptgedanken (Bilder u. a. beachten)	Brainstorming, spontane Notizen, Textverlaufsplan anlegen
2. Währenddessen	**a.** den Text überfliegen: auf Bilder, Überschriften, u. a. achten; **b.** gezielt z. B. nach Jahreszahlen suchen; **c.** selbst Fragen an den Text stellen und **d.** kursorisch lesend im Text „Antworten“ finden / die wichtigen Aussagen filtern; **e.** gründlich abschnittsweise lesen	Schlüsselwörter der einzelnen Abschnitte mit einem Textmarker evtl. mit verschiedenen Farben markieren, Kerngedanken pro Abschnitt als Stichpunkte geordnet notieren *(Le texte parle de / Le sujet du texte est ...)*
3. Nach dem Lesen	Kerngedanken der Abschnitte logisch verknüpfen, die wichtigsten Aussagen des ganzen Textes rekapitulieren & überprüfen	Textverlaufsplan überprüfen, Notizen und Schlüsselwörter ordnen, Resümieren

■ **Savoir faire.** *Lisez les textes p. 196 et p. 198. Faites une fiche de lecture*.*

DOSSIER 2

Au cœur des banlieues

1

2

3

4

5

1. *Quelles sont les associations que vous avez en regardant ces photos?*
2. *Tapez le mot «banlieue» sur un moteur de recherche*.*
   Lisez par exemple l'article du site «Wikipédia». Qu'est-ce que vous trouvez comme informations? Faites-en un filet à mots.

07

A La Star Ac[1] des quartiers

Approche

Qu'est-ce que vous organiseriez dans les banlieues, si vous aviez de l'argent?

C'est l'histoire d'une bande de gosses[2], beurs des cités, et d'un prof de chant qui voulait les faire monter sur scène. L'aventure aurait pu mal finir. Aujourd'hui, ils jouent leurs spectacles devant des salles de 3 000 personnes. Histoire d'un miracle marseillais.

Imaginez la Star Ac sans fric et sans paillettes. Une école de chant et de danse. Du travail, de bons moments, c'est tout. Une machine à succès pour ceux[3] qui n'ont pas grand-chose. Elle mériterait dix fois de passer à la télé. Mais on la trouve dans une salle grise de la mairie de Marseille. […] Sur scène, des ados en débardeur, pieds nus, grosses baskets, look rock, dansent sur Madonna … «Allez, on la refait. Tout le monde en place!» Le prof n'a pas l'air plus vieux que les autres. On l'appelle Nathan. Il a la tête de tous ceux qui zonent[4] aux castings de TF1 et de M6 dans l'espoir d'être une star. Il l'a fait quand il avait 20 ans.

A l'époque, il s'appelait Nicolas. Petit garçon entre un père marseillais et une mère algérienne qui se disputent. «Trop violent, trop rêveur» en classe, Nicolas chante dans sa tête les chansons de Balavoine[5] et de Nirvana. Il commence à travailler chez un coiffeur. Puis un jour, il se dit: «Je ne vais pas couper des tifs[6] toute ma vie.» Tant pis si son père lui crie que, chanteur, c'est pas un vrai métier. Tant pis s'il finit clochard[7], il faut au moins essayer. Il commence par se trouver un nouveau prénom, Nathan, quitte ses parents et va habiter chez son meilleur ami. […]Un producteur s'intéresse à leur travail et ils doivent lui donner 10 000 francs[8] pour qu'il monte le spectacle. On joue «Pirate» pour la première fois en mai 2000 salle Tino Rossi[9] à Marseille. Le public adore. Puis, c'est Paris, la scène du Théâtre Mogador[10].

Nathan, le petit Arabe qu'on a renvoyé de toutes les écoles, tient le premier rôle. Le compositeur de Bruel[11] vient le voir, Sony lui promet le succès. Et puis … rien. Plus de nouvelles. Dans son malheur, il a rencontré Christelle, une des danseuses du spectacle. Retour à Marseille, chez les parents, petits boulots, jusqu'à ce que Nathan recommence à rêver. Il se voit à la tête de son école de comédie musicale avec «des gens qui ne penseraient pas qu'au fric» même s'il ne pense pas qu'il y en ait beaucoup. […]

---

1 la Star Ac(adémie) ≈ *„Deutschland sucht den Superstar"* – **2 un gosse** *(fam.)* un enfant – **3 ceux** *(m. pl.)* jene – **4 zoner** *(fam.)* herumhängen – **5 Daniel Balavoine** *chanteur français* – **6 des tifs** *(m. pl.) (fam.)* des cheveux – **7 un clochard** ein Obdachloser – **8 un euro** ≈ 6,5 francs – **9 Tino Rossi** *chanteur français des années 40* – **10 Théâtre Mogador** *théâtre de variétés à Paris* – **11 Patrick Bruel** *acteur et chanteur français*

L'adjoint à la culture[12] de Marseille lui offre une salle et le laisse travailler à son idée. La troupe commence à danser en 2001 avec quelques élèves: les copains, les copines. Ils ont de 10 à 23 ans. […]

Pas de casting, mais des règles strictes, il n'accepte pas l'alcool, ni les cigarettes, ni les flirts. Nathan leur dit: «Vous voulez être des stars. Rien n'arrive par miracle. Il faut travailler.» Répétitions tous les mercredis, les week-ends et les vacances.

Nathan fait jouer et chanter, Christelle leur apprend à danser. Depuis son premier spectacle, en 2002, la troupe a fait du chemin. Les enfants de Nathan deviennent de plus en plus professionnels. On les appelle pour une fête de quartier, un arbre de Noël. «Je ne dis pas toujours aux clients que ce sont des enfants des cités.», ajoute le producteur. Tout le monde aide Nathan et son école. Bref, 40 000 euros de bénéfices[13] cette année.

Avec l'argent, ils ont acheté une sono, des décors, des costumes, un bus. Avec le reste, Nathan paie souvent le McDo, le cinéma …

Nathan est le copain, le grand frère, le père qui contrôle les sorties, les devoirs. Nathan est aujourd'hui chef de famille nombreuse[14] à 26 ans. Maintenant il est heureux. […]

D'après un article de Sophie des Deserts © *Le Nouvel Observateur,* 04 / 05 / 2006

Autour du texte

1. *Ecrivez le C. V. de Nathan d'après* les informations de l'article. → www.klett.de*
2. *Faites une liste avec les mots-clés du programme et des règles de l'école de Nathan.*
3. *Pensez-vous que des projets comme celui de Nathan peuvent changer la vie dans les cités? Justifiez votre réponse.*

Au-delà du texte

1. *Renseignez-vous* sur des projets avec des jeunes dans votre ville / banlieue / village. Décrivez-les.*
2. *Si vous participiez à la Star Ac, que choisiriez-vous: la chanson ou la danse? Pourquoi?*

---

12 un adjoint à la culture ein Kulturdezernent – **13 les bénéfices** *(m. pl.)* die Gewinne – **14 une famille nombreuse** eine kinderreiche Familie

A Pratique de la langue

1 S'exercer: Pour que ça bouge ...

• falloir / vouloir / aimer que • Il est possible / nécessaire que • ne pas penser / ne pas croire que	**«Il faut que vous bougiez!»**	• trouver bon / bien / mauvais que • pour que / bien que* / avant que / jusqu'à ce que / sans que
les jeunes je / tu / nous / vous / on la banlieue les parents	travailler / réussir à l'école – penser aux enfants défavorisés – réaliser des projets avec des amis – dire non à la drogue – pouvoir réaliser ses rêves – aider qn – faire des efforts – être curieux dans la vie – avoir des problèmes avec les flics* – …	

Comme Nathan, donnez au moins 5 conseils aux jeunes de la banlieue.
Utilisez les éléments de l'affiche. Puis, inventez d'autres conseils d'après ce modèle.

Exemple: **Je voudrais que** *tous les jeunes puissent trouver un travail.*

2 Mot à mot: Tu en as marre ou tu en as assez?

Transformez le texte de la langue des jeunes en français standard.

Phil, 15 ans

Je zone depuis toujours dans ma cité et j'en ai marre parce qu'on dit toujours des trucs nuls sur les banlieues comme quoi y a que des blèmes. On dit aussi qu'on passe notre temps à fumer des clopes, à faire du trafic d'herbe. C'est zarbi, on dirait qu'on a la peste. Tu parles! C'est vrai que dans ma cité, c'est pas vraiment le pied! Y a rien à foutre, y a pas de boulot, pas de fric, alors les gosses taguent les murs ou rackettent les voisins pour avoir leurs fringues! Mais y a pas que ça. D'abord, y a les potes, on se connaît tous, on écoute de la zique branchée et on flippe* pas devant les flics, nous. On s'en fout!

3 Communiquer: Il faut bouger!

Lisez l'article de Marion. Comparez les avis de Phil et de Marion sur la banlieue

Moi, je n'habite pas en banlieue. Je n'y suis jamais allée quand j'étais enfant. Quand on parle des banlieues, j'ai peur. Je vois tout de suite la violence, la drogue, la police. Il y a beaucoup de problèmes là-bas parce qu'il n'y a pas de travail, pas d'argent. Il y a beaucoup d'étrangers qui vivent là et ne font rien. Ils ne pensent qu'aux vêtements de marque et à la drogue. Mais il y a aussi des choses positives dans les banlieues, comme les enfants qui font de la musique ou du théâtre.
Regardez Nathan. C'est bien ce qu'il fait.

Marion, 15 ans

08 B «Kiffe[1] kiffe demain» de Faïza Guène

Approche

En lisant le titre et l'introduction, à quoi pensez-vous?

L'histoire: Doria, 15 ans, est Française d'origine marocaine. Elle vit seule avec sa mère dans une cité, la cité du Paradis, à Livry-Gargan en Seine-Saint-Denis (département 93). Dans son journal, elle raconte sa vie de tous les jours.

Info F
Faïza Guène est une femme auteur française, d'origine algérienne.
Elle est née en 1985 et *Kiffe kiffe demain*, est son premier roman.

[…] Quand j'étais petite et que Maman m'emmenait au bac à sable[2], aucun enfant ne voulait jouer avec moi. J'appelais ça «le bac à sable des Français» parce qu'il se trouvait au cœur de la zone pavillonnaire[3] et qu'il y avait surtout des familles d'origine française qui y habitaient.

Une fois, ils faisaient tous une ronde[4] et ils ont refusé de me donner la main parce que c'était le lendemain de l'aïd[5], la fête du Mouton, et que Maman m'avait mis du henné[6] sur la paume[7] de la main droite. Ces petites têtes à claques[8] croyaient que j'étais sale. Ils n'avaient rien compris à la mixité[9] sociale et au mélange des cultures. En même temps, c'est pas vraiment de leur faute. Il y a quand même une séparation bien marquée[10] entre la cité du Paradis où j'habite et la zone pavillonnaire Rousseau. Des grillages[11] immenses qui sentent la rouille[12] tellement ils sont vieux et un mur de pierre tout le long. Pire que la ligne Maginot[13] ou le mur de Berlin. Sur la façade du côté de la cité, y a plein de tags, des dessins et des affiches de concerts et soirées orientales diverses, des graffitis à la gloire[14] de Saddam Hussein ou de Che Guevara, des marques de patriotisme, «Viva Tunisia», «Sénégal représente», et même des phrases extraites de[15] chansons de rap à coloration philosophique. […]

Kiffe kiffe demain de Faïza Guène © HACHETTE Littératures, 2004, p. 90–91

Autour du texte

1. *Quels sont les deux mondes et les deux cultures dont on parle dans le texte?*
2. *Caractérisez-les en faisant deux filets à mots.*
3. *Résumez l'histoire du bac à sable: pourquoi les enfants ne veulent-ils pas jouer avec Doria? Qu'est-ce que leur geste* symbolise*?*

Au-delà du texte

Comment imaginez-vous les deux mondes: la cité de Doria et la zone pavillonnaire?

---

1 kiffer qn aimer qn / **kif-kif** la même chose – **2 un bac à sable** ein Sandkasten – **3 une zone pavillonnaire** *ein Wohngebiet mit Einfamilienhäusern* – **4 faire une ronde** Ringelreihen spielen – **5 l'aïd** *(m.) moslemische Feier, Hammelfest* – **6 du henné** Henna – **7 la paume** die Handfläche – **8 une tête à claques** *(fam.)* ein „Backpfeifengesicht" – **9 la mixité** le mélange – **10 marqué(e)** clair(e), évident(e) – **11 un grillage** ein (Maschen-) Drahtzaun – **12 la rouille** der Rost – **13 la ligne Maginot** *französische Verteidigungslinie zwischen Deutschland und Frankreich, erbaut zwischen 1930 und 1936* – **14 la gloire** der Ruhm – **15 extrait(e) de** entnommen aus

09

C La banlieue aux mille visages

Approche

Regardez la carte. Cherchez les informations sur les noms des rues sur Internet:
→ *http://fr.wikipedia.org*

Qui n'a pas rêvé d'une banlieue qui soit agréable à vivre! Alors, nous vous laissons découvrir les mille visages de la banlieue, avec ses quartiers insolites, ses rues aux noms historiques et ses immeubles qui sont des théâtres où les décors changent à tout moment.

Saint-Denis, renseignements: Tél. 01 55 87 08 70

La banlieue côté jardin

Visitez *la cité jardin de Stains*. Elle a été construite[1] dans les années trente pour loger dignement les ouvriers et pour qu'ils puissent vivre un peu dans la nature. Vous découvrirez un ensemble d'appartements au milieu d'espaces verts. A l'époque s'y trouvait le château de Stains[2]. *Saint-Denis, Tél. 01 55 87 08 70*

La banlieue, l'histoire et son architecture

Au centre d'Aubervilliers, on tombe sur la «Cité Lénine[3]», des H.L.M. en forme de pyramide. C'est le symbole de l'architecture de l'espace social[4] en France dans les années 60–70.

Aubervilliers, renseignements: Tél.: 01 43 93 83 74

1 elle a été construite *(Passivform)* = on l'a construite – **2 Stains** [stɛ̃] – **3 Lénine** *sowjetischer Sozialist und Kommunist (1870–1924)* – **4 l'espace social** der soziale Wohnraum

10

La banlieue côté gris: Banlieue rouge

→ p. 200

1. Elle crèche[1] cité Lénine
Une banlieue ordinaire
Deux pièces et la cuisine
Canapé frigidaire
Préfèrerait habiter
Cité Mireille Mathieu
Au moins elle sait qui c'est
Pi c'est vrai qu'ça f'rait mieux
Sur les cartes de visite
Qu'elle utilise jamais
Ça mettrait du ciel bleu
Sur les quittances de gaz[2]
L'en parlera au syndic[3]
Si elle a une occase

2. Elle travaille tous les jours
Elle a un super boulot
Sur l'parking de Carrefour
Elle ramasse les chariots
Le week-end c'est l'enfer
Quand tous ces Parigots[4]
Viennent remplir l'coffre arrière[5]
D'leur 504 Peugeot
De quinze tonnes de lessive
De monceaux de bidoche[6]
En cas d'guerre, en cas d'crise
Ou d'victoire de la gauche[7]
Ce spectacle l'écœure[8]
Alors elle pense à ces gars[9]
Qui sont dev'nus voleurs
Elle comprend mieux pourquoi

Refrain:
Elle habite quelque part
Dans une banlieue rouge
Mais elle vit nulle part
Y a jamais rien qui bouge
Pour elle la banlieue c'est
toujours gris
Comme un mur d'usine
comme un graffiti

Renaud Séchan, 1975

Séchan, Renaud © Mino Music SARL, für D/CH/GUS/osteurop. Länder: Neue Welt Musikverlag GmbH, Hamburg

Autour du texte

Comparez les différents visages de la banlieue dans le prospectus et dans la chanson de Renaud. Comparez les couleurs, les ambiances, la vie des gens, etc.*

Au-delà du texte

1. *Imaginez et décrivez une cité idéale* du XXIe siècle.*
2. *Connaissez-vous des cités comme dans la chanson en Allemagne? Parlez-en.*

C Pratique de la langue

1 S'exercer: Le Corbusier* et la Cité radieuse*

a *Complétez à l'indicatif ou au subjonctif. Notez les déclencheurs (Auslöser).*

J'aimerais que les enfants de la Cité radieuse *(pouvoir)* jouer dans les espaces verts et que les habitants *(se sentir)* bien dans les appartements. Je crois que l'architecture *(devoir)* laisser entrer le soleil. Il faut que les appartements *(avoir)* de grandes fenêtres pour que la lumière *(faire)* des jeux avec les murs. Je ne pense pas que ça *(être)* une bonne idée de peindre les murs en marron, mais dans des couleurs chaudes sans qu'elles *(énerver)* trop les gens.

b *Décrivez la photo en utilisant le subjonctif.*

Exemple: Je voudrais que dans ma cité de rêve …

1 **crécher** habiter – 2 **la quittance de gaz** die Gasrechnung – 3 **le syndic** der Hausverwalter – 4 **un Parigot** *(fam.)* = **un Parisien** – 5 **le coffre arrière** der Kofferraum – 6 **des monceaux de bidoche** *(fam.)* Fleischberge – 7 **la victoire de la gauche** der Wahlsieg der Links-Parteien – 8 **écœurer** anekeln – 9 **un gars** [ɡ̃ga] *(fam.)* un type

2 S'exercer: Rougui Dia: chef de cuisine dans un grand restaurant

Mettez «faire (+ infinitif)» ou «laisser (+ infinitif)».

Rougui Dia, d'origine sénégalaise, est née en 1976 à Paris. A 13 ans, sa mère lui (1) faire la cuisine toute seule: une recette sénégalaise! Comme c'est un succès, ses parents la (2) entrer dans une école de cuisine.
Mais la «grande cuisine», c'est plutôt le domaine des hommes. Un jour, un grand chef de cuisine, Sébastien Faré, la contacte et la (3) venir dans son restaurant. Maintenant, il lui (4) inventer librement ses propres recettes. Bientôt, il lui (5) signer un contrat pour deux ans. Il lui (6) créer une «nouvelle cuisine métissée»*: sénégalaise et antillaise. «Je (7) goûter aux gens la cuisine de mes origines, dit Rougui Dia. Je (8) mon imagination se balader librement». Après deux ans, Sébastien Faré l' (9; P.C.) partir. Aujourd'hui, à 30 ans, Rougui Dia est chef de cuisine.

3 Continuer la communication*

(→ Stratégie SB 1, L 8, p. 104)

Stratégie

Es ist wichtig, ein Gespräch nicht abbrechen zu lassen, auch wenn dir eventuell die Worte fehlen oder du etwas nicht (genau) verstanden hast. Folgende Tipps helfen dir:

1. Du kannst Rückfragen stellen, wenn du etwas nicht genau verstanden hast, auch mit der Bitte um Wiederholung oder weitere Erklärungen:	Vous pourriez répéter, s'il vous plaît / Tu pourrais répéter, s'il te plaît? – Qu'est-ce que vous avez dit / tu as dit, comment cela s'est-il passé ...? – Je n'ai pas compris. – Comment? – Ah, vous voulez / tu veux dire que ...? – Qu'est-ce que vous comprenez / tu comprends par là? – Qu'est-ce que cela veut dire / signifie*? – Est-ce que vous pourriez / tu pourrais m'expliquer cela? – Vous pourriez / Tu pourrais parler un peu moins vite, s'il vous / te plaît?
2. Es empfiehlt sich, seinem Gesprächspartner eine Rückmeldung zu geben:	Ah, je vois! – D'accord. – Je comprends ce que vous voulez / tu veux dire. – Tiens! – Ça alors!* – Incroyable! – Mon Dieu! – Ah bon? – Oui, c'est un problème.
3. Wenn du einmal nicht weiterweißt, helfen dir z. B. diese „Pausenfüller“:	bon ... – ben ... – eh bien ... – alors ... – vous savez ... / tu sais ... – comment dirais-je ... – je veux dire ... – évidemment ...

■ **Savoir faire.** *Travaillez à trois. Vous êtes dans une émission de télévision. Un(e) élève joue le rôle du/de la journaliste. Discutez d'un de ces sujets pendant 10 minutes en prenant des notes. Utilisez les expressions du tableau. Puis présentez votre émission devant la classe.*

1. Fumer, c'est cool!	3. La télévision est la raison de la violence.
2. Vivre en banlieue, c'est mieux et plus économique.	4. Le baccalauréat ne sert* plus à rien.

11 **D**
Métis(se)

Approche

a *Définissez le mot «métis, métisse» et faites un remue-méninges sur ce mot.*

Yannick Noah et Disiz la Peste chantent en duo le mélange des couleurs et des cultures. Disiz la Peste est un grand rappeur. Yannick Noah est né en France d'une mère française et d'un père camerounais, mais il a grandi au Cameroun. Il s'est toujours engagé pour les jeunes défavorisés comme le montre la chanson:

[Chœurs]:
Je suis métis, un mélange de couleurs oh oh
Oh métis, je viens d'ici et d'ailleurs

[Yannick Noah]: Marcher pieds nus dans
la ville, en sandales dans la jungle
Tu sais le mélange est facile, il suffit d'être
simple
Je suis une éclipse[1], une rencontre insolite,
Je suis fier d'être métis, j'ai la chance de choisir

[Chœurs]:
Je suis métis, un mélange de couleurs oh oh
Oh métis, qui viens d'ici et d'ailleurs
Je suis métis, un mélange de couleurs oh oh
Oh métis, je viens d'ici et d'ailleurs oh oh

Si parfois je me perds au milieu des deux rives
Si j'ai besoin de repères[2], mes racines[3] me
guident
Un sentiment basique, un élan, une chance
Une si belle mosaïque et dans mon cœur
ça danse
[Disiz]: Je suis la preuve vivante que tous
les humains sont les mêmes
Je suis l'enfant d'Adam et Eve
Je suis un rêve comme Ismaël en Israël[4]
Renie[5] ta haine et fais sourire les anges
Mélange le Gange[6] et la Tamise[7]
Métis des Indes et du Brésil
On est métis comme Sade, Bob Marley
Tu peux te marrer ou bien te barrer
On peut en parler
Multicolores, anti-connards[8] et tous
mes colocataires[9]
Caracolent en tête[10] pour des idées
D'un monde plus métissé

[Chœurs]:
Métis, un mélange de couleurs oh oh
Oh métis, qui vient d'ici et d'ailleurs oh oh
Je suis métis, un mélange de couleurs oh oh
Oh métis, qui viens d'ici et d'ailleurs oh oh
[Y]: Je suis métis
[D]: Deux êtres différents qui se mélangent
et ne font qu'un …
Deux cultures, deux passés qui se rassemblent
et ne font qu'un …
Deux façons de penser qui se rassemblent
pour ne faire qu'un …
Pas besoin de voyager pour dire que je viens
de loin

[Chœurs]: Na na na na na na na na na oh oh
Métis Na na na na na na na na oh oh
…

Gueye, Serigne M'Baye ©
Sony/ATV Music Publishing (Germany) GmbH, Berlin
Universal Music Publ. GmbH, Berlin

---

1 une éclipse eine Finsternis – **2 un repère** ein Orientierungspunkt – **3 une racine** eine Wurzel – **4 basique** de base – **4 Ismaël en Israël** *Anspielung auf die kulturellen Mischungen in Israel und Palästina* – **5 renier qc** etw. verleugnen – **6 le Gange** *großer Fluss in Indien* – **7 la Tamise** *großer Fluss in England* – **8 un connard** un idiot – **9 un colocataire** ein Mitbewohner – **11 caracoler en tête** weit vorne liegen (bei Umfragen)

Autour du texte

a *Avant la 2e / 3e écoute:*

1. *Lisez le texte de la chanson et les annotations. Cherchez des mots nouveaux et leur traduction, d'abord seuls, puis dans un dictionnaire.*
2. *Lisez les questions du tableau.*
3. *Copiez le tableau dans votre cahier.*

b *Après l'écoute: Répondez aux questions. Prenez des notes.*

1. Quelle est votre 1ère impression*?	2. Quel est le thème de la chanson?	3. Quels sont les avantages* selon* Noah d'«être métis(se)»?	4. De quels pays est-ce que les deux chanteurs parlent?
?	?	?	?

c *Après l'écoute: Comment imaginez-vous le clip*?*

Au-delà du texte

a *Après l'écoute et la lecture: Ecoutez la chanson encore une fois en regardant le clip.*

1. A quoi est-ce que vous pensez en regardant ce clip?
2. D'après vous, est-ce que le clip correspond à ce que vous imaginiez? Justifiez votre réponse

(→ Strat. SB 2/L 4, L 7, L 8; SB 3/L 1 + M 3; SB 4/M 2)

b *Choisissez parmi ces trois projets votre projet préféré. Présentez-le devant votre classe.*

1. Dans votre ville, il y aura bientôt une manifestation anti-raciste: Imaginez une affiche. Présentez-la.

2. «Je suis métis» chante Yannick Noah. Cherchez des informations sur la vie de Yannick Noah et Disiz la Peste. Faites un petit exposé et présentez-le.

3. A qui peut-on comparer Yannick Noah ou Disiz la Peste en Allemagne? Pourquoi?

DOSSIER 3

Ville ou campagne?

1. *Imaginez la relation* entre ces deux personnages.*
2. *Imaginez en cinq phrases l'histoire pour un scénario* du film «Camping à la ferme*».*
3. *Préparez deux filets à mots, l'un sur la ville et l'autre sur la campagne. Ces six photos vous aident.*

13 S

A Le blog de Delphine: Vivre à la campagne

Approche

Vous vous souvenez de Rombly, le petit village de 42 habitants dans le nord de la France? Racontez ce que vous savez encore sur ce village ou décrivez un village de votre choix.

Si un jour, je retourne vivre à la campagne, ce ne sera pas un hasard. En fait, j'y suis née. J'y ai vécu jusqu'à l'âge de 17 ans. Si j'avais eu le choix, j'y serais restée. Voici 4 bonnes raisons:

1. En ville, la densité de population est tellement forte que ton voisin du dessus t'entend tousser. Dans ces cages qu'on appelle aussi des «appartements», tu n'as pas le droit de crier, de jouer au foot, de faire un barbecue ou une rave partie dans ton salon. Alors qu'à la campagne, on a le droit de faire tout ça: je me rappelle les soirs où, petite, je me promenais pieds nus sur la terrasse en écoutant tout fort des cassettes de Renaud pendant que papa faisait griller des merguez. J'aurais même pu chanter très fort! Ça n'aurait gêné personne. Tout ça, ce n'est pas possible quand on a des voisins! Un soir, papa m'avait dit que pour lui, vivre à la campagne, ça voulait dire moins de stress, plus de liberté, moins de pollution.

2. A la campagne, tout le monde se connaît. Les voisins sont peut-être plus loin mais on se rend visite. Quand les voisins ont des tomates, ils viennent nous en apporter et ils en profitent pour papoter. Ça peut être un problème quand on n'a pas envie de parler, mais c'est aussi rassurant. Quand on a besoin de quelque chose, il y a toujours quelqu'un pour vous aider. En ville, les gens ne connaissent même pas leurs voisins. Personne ne te demande comment tu vas!

3. A la campagne, on n'a pas besoin d'être branché. On ne te demande pas si tu vas boire un verre au *Buddha Bar* ou au *Techno Bar* parce qu'il n'y a qu'un seul café: *le Café de la place*. On évite de porter des chaussures de marque à talons hauts parce que ce n'est pas pratique et que personne n'en porte (sauf si ton village s'appelle Saint-Tropez).

4. En ville, on est toujours un peu stressé: tout le monde court. A la campagne, les seules personnes qui courent font du jogging ou courent après leur chien. On respire l'air frais, on profite de la belle nature et du silence alors qu'en ville, on doit vivre avec toute sorte de pollution. Dans mon village, non seulement on a le temps, mais on le voit passer. En ville, il faut que je regarde les magasins de fringues pour savoir si on est au printemps ou en été.

J'avoue que si j'étais restée toute ma vie à la campagne, j'aurais toujours eu peur de la ville. Si je ne connaissais pas la vie en ville, j'aurais toujours l'impression d'avoir raté quelque chose. Hier, une amie m'a demandé si je voulais retourner vivre au milieu des vaches. La veille, j'avais critiqué la vie en ville. «Et bien, oui!», lui ai-je répondu, parce que c'est vachement beau, la vie à la campagne.

D'après un article d'Estelle Vonfeldt (Stellou) paru sur: http://www.moveandbe.com/article_pro_campagne_1.htm

Autour du texte

1. Delphine compare deux mondes. Faites un tableau et notez ses arguments.

Thèmes	En ville	A la campagne
1. Le bruit* – 2. Le barbecue – 3. Les voisins – 4. Les cafés – 5. Le stress – 6. La pollution …	?	?

2. Qu'est-ce qui vous manquerait si vous habitiez toute votre vie à la campagne ou en ville? Faites une liste. Travaillez avec un dictionnaire.

Au-delà du texte

Ecrivez un texte pour une publicité sur le sujet «Venez vivre à la campagne!».

A Pratique de la langue

1 S'exercer: C'est trop tard!

Mettez les phrases au conditionnel passé.

1. On / devoir prendre le métro
2. Vous / pouvoir faire attention
3. Ils / faire mieux de rester en ville
4. Je / préférer habiter à la campagne

2 S'exercer: Après les vacances

Pensez à vos dernières vacances. Faites des phrases en utilisant le conditionnel passé.

1. Si / nous / aller / en Provence, on / avoir / du soleil.
2. On / passer / de très bonnes vacances / si / il / ne pas pleuvoir / tous les jours.
3. Si / l'eau / être / plus chaude, on / pouvoir / se baigner.
4. Si / il / ne pas faire / trop de vent, je / faire / des excursions en bateau.
5. Nous / faire du ski / tout l'hiver / si / nous / vivre / à la montagne. …

3 S'exercer: Delphine raconte …

Mettez les phrases au discours indirect. Faites attention à la concordance des temps.

A Une amie de la campagne m'a dit:	**B** Des amis de la ville m'ont dit/demandé:
1. Je connais la vie à la campagne. 2. La nature est très belle. 3. Tu t'habitueras très vite à cette façon de vivre. 4. J'ai aussi vécu à la campagne quand j'étais petite. 5. Demain, nous achèterons un petit chien.	1. Tu ne vas pas t'amuser dans ton village. 2. Qui a décidé de quitter la ville? 3. T'es-tu déjà disputé(e) avec tes voisins? 4. Comment as-tu trouvé ta nouvelle maison? 5. La campagne ne te plaira pas.

B Camping à la ferme

→ Lingua Vidéo DVD FL 010

Approche

14 *Ecoutez la chanson «Le balcon de la cité» d'Azouz Begag. Notez les mots-clés.*

Bouba – Luigi – Jean-Rachid – Larbi – Amar – Assane – David

15 **1.** C'est l'histoire de six jeunes de banlieue qui ont de «gros» problèmes avec la police et la justice. Ils devraient normalement aller en prison, mais le juge leur a donné une dernière chance en les envoyant dans un petit village près de Lyon où ils doivent faire des TIG[1] pendant un mois. Amar, l'éducateur du Centre social *Pablo Neruda*[2], les accompagne.

2. Pour ces six garçons, quitter Paris, quitter la zone ressemble à un mauvais rêve. La campagne ne les intéresse pas. Ceux-ci n'ont qu'une seule idée: retrouver le plus vite possible leur quartier, leur famille et leurs habitudes. Assane téléphone tout le temps à sa petite amie Cindy et David ne pense qu'à son pitt-bull qu'il n'a pas pu emmener avec lui.

3. Celle qui a invité les «tigistes[3]» dans le village, c'est Madame le Maire, une femme ambitieuse qui veut à tout prix gagner les prochaines élections. Elle a même invité la télévision régionale à faire un reportage sur les jeunes. Mais les habitants du village ne sont pas tous d'accord avec sa politique. Certains d'entre eux sont même un peu racistes et pensent que les jeunes vont tout voler et tout casser …

---

1 un TIG [ẽtiʒ] **= un travail d'intérêt général** *eine gemeinnützige Arbeit* – **2 Pablo Neruda** *chilenischer Dichter und Schriftsteller* – **3 un(e) tigiste** *une personne qui fait un TIG*

4. Le groupe fait du camping chez Gaston Lacombe et sa fille Anaïs. Comme celle-ci est jolie et gentille, les six garçons se disputent pour l'aider à construire un gîte rural[1]. Finalement, c'est Bouba qui réussit à toucher le cœur d'Anaïs. Celui qui a le travail le plus facile de tout le groupe, c'est certainement Assane. Toujours en costume-cravate, toujours en train de téléphoner, il s'occupe d'un vieux paysan qui vit seul dans sa ferme et qui veut continuer à labourer[2] ses champs avec son tracteur.

5. Larbi et Luigi doivent participer à la restauration de l'église du village. Mais Luigi, qui est «devenu musulman», refuse de toucher l'église catholique. Finalement celui-ci se met un peu au travail. Mais quand Luigi commence à chanter le coran sur le clocher de l'église, le village n'est plus d'accord avec le projet d'Amar et de Madame le Maire.

(Texte lu par Azouz Begag)

6. Jean-Rachid et David, eux, doivent nettoyer le terrain de foot avec Bébert, l'employé municipal[3]. Comme il y a déjà très longtemps que personne n'a plus joué sur ce terrain, l'herbe est déjà très haute et le travail est très fatigant. Les deux jeunes préfèrent alors laisser travailler Bébert seul pendant qu'ils discutent et fument des «cigarettes». Quand Bébert a terminé le travail, il leur raconte qu'il n'y a plus d'équipe de foot au village depuis des années et que le TIG sur le terrain de foot était encore une idée du maire pour se faire de la publicité.

Autour du texte

1. *Comment est-ce que les jeunes réagissent* aux travaux qu'ils doivent faire?*
2. *Etes-vous pour ou contre le TIG? Justifiez votre réponse.*

---

1 un gîte rural *un appartement pour les touristes à la campagne* – **2 labourer** pflügen – **3 un employé municipal** *une personne qui travaille pour une ville ou un village*

Au-delà du texte

Les plans* et les angles*

Pour parler d'un film

B Le gros plan*:
on voit clairement
les expressions des visages,
les émotions* et les détails.

E La contre-plongée*:
un angle de vue qui montre
la force d'un personnage ou
d'un élément du paysage.
Le caméraman filme la scène
d'en bas.

D La plongée* est un angle de
vue qui permet de montrer la
fragilité* d'un personnage, ou
de montrer certains détails.
Le caméraman* filme la scène
d'en haut.

A Le plan d'ensemble*:
il permet de présenter et
de décrire un paysage* ou
une situation.

C Le plan américain*:
les personnages sont «coupés»
au niveau de la ceinture*;
ce plan sert à raconter
ce qui se passe.

Quelle photo va avec quel plan? Expliquez pourquoi en décrivant ces photos.

3

1

2

4
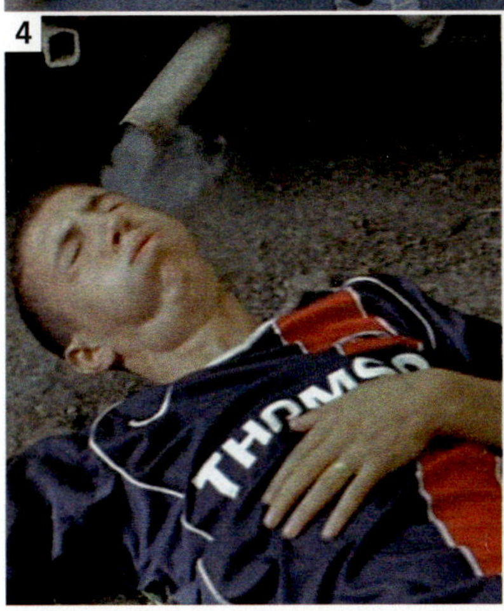

5

B Pratique de la langue

Qui, que, dont, où, lequel, laquelle, lesquels, lesquelles

1 Réviser: Etre réalisateur

Complétez par le bon pronom et accordez les verbes.

1. Avant de tourner son film, le réalisateur Jean-Pierre Sinapi* a lu le scénario ~ l'auteur Azouz Begag lui (envoyer). 2. Les deux hommes sont allés dans la banlieue parisienne ~ ils (interviewer) beaucoup de gens. 3. Sinapi a invité beaucoup de jeunes parmi ~ il (choisir) les acteurs ~ lui (plaire) le plus. 4. Il a donné des rôles aux jeunes en ~ il (croire). 5. Les jeunes parlaient une langue à ~ il (devoir) d'abord s'habituer. 6. Après, l'équipe a choisi deux villages dans ~ on (tourner) le film. 7. En banlieue, le metteur en scène* a cherché les lieux ~ il (avoir besoin) pour montrer l'ambiance des quartiers difficiles.

2 S'exercer: Pendant le tournage*

Décrivez la photo en combinant les pronoms démonstratifs aux mots de la 2e case.

Exemple: Assane, c'est celui **-ci**. / **-là**. / … **qui** est au milieu. / … **qui** porte un costume.

celui – celle – ceux – celles	qui – que – dont – où – -ci – -là – de – en

Mme le maire – Bébert – un agriculteur* – l'âne* – le père – Anaïs – Luigi – Bouba – Assane – Larbi – Jean-Rachid – David – Amar – …
une casquette* – des baskets à 200 € – des lunettes de soleil – une veste* – un portable – une montre* en or / argent – un pantalon – …
religieux – cool – ringard(e) – raciste – à droite/ à gauche – au premier plan/au milieu – …

3 La compréhension* audiovisuelle*: Une bande-annonce

Stratégie

Ein Trailer gibt Vorgeschmack auf einen Film. Diese Kriterien helfen, ihn zu verstehen:

- Achtet auf Bildausschnitte, Farben, Dekor, Kleidung etc. zur Einordnung von Zeit, Ort, Personen und der Ausgangssituation.
- Beobachtet Mimik + Gestik der Personen.
- Versucht, Gespräche aus dem Kontext zu verstehen. Die Bilder helfen euch dabei.
- Wie stehen die Personen zueinander?
- Die Musik verrät viel über die Dramaturgie.

■ **Savoir faire.**

a *Regardez la bande-annonce* du film «Camping à la ferme» plusieurs fois.*

b *Faites un tableau pour 10 scènes. Prenez des notes:*

1–10	Sujet	Musique	Acteurs (coq …)

21

C Deux mondes bien différents ...

Approche

Pour avoir d'autres informations sur le film regardez www.wildbunch-distribution.com.

1. L'idée de départ est venue d'une émission de France 2 dans laquelle j'avais vu un paysan fondre en larmes: on venait de lui abattre ses 200 vaches à cause de la maladie de la vache folle. [...] En même temps, les parents de ces jeunes de banlieue étaient tous des paysans car c'est à cause de l'exode rural qu'ils ont dû immigrer. Je me suis donc dit qu'il faudrait faire une passerelle entre le monde rural et le monde aride[1] de la ville et des banlieues. [...] Et à partir de là, imaginer que des enfants des cités aillent retrouver leurs racines paysannes avec ce paysan qui pleure. [...] C'est l'épilogue[2] de la sociologie et de l'intégration en même temps que celui du film. [...]
Azouz Begag, l'auteur du scénario

2. Le rôle de David, celui que je joue, n'est pas très loin de moi quand j'avais 18 ans, il y a huit ans. Quand j'aimais pas trop l'école, que j'avais des relations pas évidentes avec mon milieu familial, bref, un peu comme tous les jeunes du film. De retrouver ses potes le soir, ça permet à cet âge-là, où en général tu vas plus à l'école, d'évacuer les pressions[3] du quotidien. On parle pas de son avenir. Tu vis au jour le jour, tu fais des bêtises, tu dérapes[4].
Yves Michel qui joue David

3. On cherchait un acteur pour le rôle d'un Italien, ce qui tombait bien. Mais je ne savais rien de plus. C'est pendant le casting que j'ai découvert que Luigi était un jeune homme, pas typiquement italien, qui voulait devenir musulman et qui était vraiment dans la religion, mais qui ne connaissait pas grand chose à celle-ci. Il parle souvent pour ne rien dire, il fait des gaffes. Cette religion, c'est son point d'ancrage[5]. Elle le démarque[6] des autres car elle le responsabilise.
Jean Noël Cridlig-Veneziano qui joue Luigi

Autour du texte

1. *Quelle est l'idée la plus importante d'Azouz Begag pour le scénario du film?*
2. *Quels étaient les problèmes de l'acteur de David à l'âge de 18 ans?*
3. *Quel rôle aimeriez-vous jouer, celui de Luigi, de David ou celui de quelqu'un d'autre? Dites pourquoi.*

Au-delà du texte

Ecrivez votre lettre de motivation pour le casting du film «Camping à la ferme».

---

1 aride *hier:* dur(e) – **2 l'épilogue** *(m.)* das Nachwort, Ende – **3 évacuer les pressions** sich vom Druck befreien – **4 déraper** *hier:* auf die schiefe Bahn geraten – **5 un point d'ancrage** ein Ankerpunkt, *hier:* ein Halt – **6 démarquer qn de qn** jdn. von jdm. unterscheiden

D Quelques chiffres sur la France

Approche

Regardez le graphique et donnez-lui un titre.*

La France est l'un des seuls pays d'Europe où le taux de natalité[1] progresse. Il est actuellement de 1,98 enfants par femme. Si on ajoute à cela un allongement de la durée de la vie[2], la croissance[3] démographique est plus que positive. En 2003, l'Europe des 25 a vu sa population croître de 216 000 personnes. A elle seule, la France y a contribué à hauteur de 211 000 personnes. D'ici à 2050, la France pourrait devenir le pays le plus peuplé[4] d'Europe et, comme dans tous les pays industriels, la population urbaine[5] croîtra beaucoup plus vite que celle des campagnes. Les Français ne vont donc pas si mal que ça! Certes, ils ont des problèmes, mais ils vivent dans un environnement assez positif pour y faire et y élever des enfants en toute sécurité. Regardez l'Allemagne par exemple. La natalité y est en chute libre à cause d'une pression sociale trop forte sur les mères et d'une organisation de la scolarité et du travail inadaptée[6].

© *http://tizel.free.fr/index.php?2005/05/19/67-record-de-natalite-en-france*

La natalité en Europe

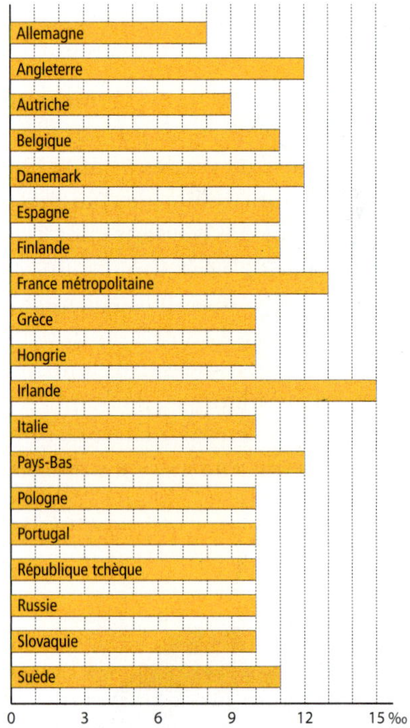

INSEE '06

Autour du texte

1. Les Européens qui font le plus d'enfants sont a) allemands. b) français. c) irlandais*.
2. Le taux de natalité en France est plus haut qu'en a) Irlande*. b) Allemagne. c) Italie.
3. La France est le pays le plus peuplé d'Europe. a) vrai b) faux c) on ne sait pas
4. Les Allemands font moins d'enfants à cause a) de la pollution. b) du travail. c) du temps.

Au-delà du texte

1. *Expliquez les chiffres avec vos propres mots, d'abord en allemand, après en français.*
2. *Cherchez sur Internet les statistiques* de l'Allemagne et comparez-les à celles-ci.*

Population	61 044 684 habitants
Taux de croissance annuel	0,62 %
Superficie[7]	551 500 km²
Densité	110,69 hab./km²
Espérance de vie: femmes/hommes	79/73 ans
Taux de natalité	13 ‰
Indice de fécondité[8]	1,98 enfants/femme
Taux de mortalité[9]	9,14 ‰
Taux d'alphabétisation	99 %

INSEE '06

1 le taux de natalité die Geburtenrate – **2 un allongement de la durée de la vie** eine zunehmende Lebensdauer – **3 la croissance** → *croître* – **4 peuplé(e)** bevölkert – **5 urbain(e)** städtisch – **6 inadapté(e)** ungeeignet – **7 la superficie** die Oberfläche – **8** → **fécond(e)** fruchtbar – **9 la mortalité** → *mourir*

D Pratique de la langue

1 Mot à mot: Les communes* françaises et leurs maires

Toutes les communes françaises ont la même structure d'administration* et les mêmes compétences. Les habitants élisent* le conseil municipal* (9 conseillers* au minimum) pour six ans. Celui-ci élit le maire. Le maire applique* les décisions* du conseil municipal et représente l'Etat*. Il communique les lois* et organise les élections. Il s'occupe aussi des mariages*.

Info F

Le maire
↑
Le conseil municipal
↑ ↑ ↑ ↑
Les électeurs*

Complétez le tableau et cherchez les mots nouveaux dans un dictionnaire unilingue.

Verbes et noms	
communiquer	une communication
?	une organisation
?	une administration
décider	?
?	une application
se marier	?
élire	?

Noms et adjectifs	
la municipalité	?
une commune	communal(e)
un département	?
une région	?
?	national(e)
?	légal(e) / illégal(e)
?	administratif, -ve

2 Communiquer: Vivre en ville ou à la campagne?

Certaines personnes rêvent d'habiter à la campagne. D'autres préfèrent la ville.

a *Faites cinq groupes. Chaque groupe choisit un sujet. Faites une liste des avantages qu'offrent la vie en ville ou la vie à la campagne pour chaque sujet.*

1	2	3	4	5
la vie sociale	**l'école**	**les moyens de transport** (faire les courses, voyager ...)	**l'environnement**	**les activités** (cinéma, musique, sport, ...)

b *Chaque groupe présente ses résultats* à la classe. Puis toute la classe discute et cherche pour chaque sujet les inconvénients* de la vie en ville ou de la vie à la campagne. Les groupes doivent justifier leurs réponses.*

DOSSIER 4

La France et l'Allemagne

1. *Décrivez et commentez* les photos et la caricature*.*
2. *Que savez-vous sur les relations franco-allemandes? Connaissez-vous quelques dates?*
3. *Ecoutez les témoignages* de Victor, 18 ans, et de Malika, 17 ans.*
   a) *Qu'est-ce que vous apprenez sur eux?*
   b) *Comparez ces témoignages avec vos expériences en France ou avec des Français.*

27

A Une interview avec Michaela

Approche

Comment voyez-vous notre voisin (musique, politique, école, cuisine, façon de vivre)?

Michaela Hartmann, 24 ans, étudiante en littérature française à Berlin, est partie pendant une année scolaire travailler comme assistante d'allemand dans un lycée à Draguignan pour aider les élèves de terminale à faire leurs exercices d'allemand. Elle les leur faisait travailler deux heures par semaine.

Quelle a été ta motivation pour partir en France?
Je voulais y vivre pour découvrir la culture française, faire la connaissance de Français et partager avec eux ma culture.

Quand tu es arrivée au lycée, quelles ont été tes premières impressions?
D'abord, j'avais un peu le trac, mais j'ai vite remarqué que les élèves étaient très curieux. Grâce à mon âge, j'étais plus proche d'eux que des profs. Au début, ils avaient du mal à parler ma langue. Je la leur ai apprise avec beaucoup de patience. A l'écrit, ça allait, mais à l'oral, ils avaient peur d'ouvrir la bouche. Le plus intéressant pour moi, c'était la cantine. J'y allais surtout pour manger avec mes élèves. Les profs, eux, mangeaient dans une autre salle et je trouvais ça dommage. Je leur en ai parlé, mais ils m'ont dit qu'ils voulaient être tranquilles à midi. L'autre chose qui m'a étonnée, c'est le système des surveillants. Ils sont proches des élèves, c'est bien.

Qu'est-ce que tu as fait avec les élèves?
Je leur ai présenté notre musique actuelle, le hip-hop, le rap. Je la leur ai fait découvrir avec des textes de Xavier Naidoo. Je leur ai parlé aussi de l'histoire allemande, du mur de Berlin et de la réunification: ils s'y sont beaucoup intéressés. Mais ce qui les intéressait vraiment, c'était la culture et la vie des jeunes: comment se passent leurs journées et les miennes, ce qu'ils font pendant leur temps libre.

Quelles impressions avaient-ils en général de l'Allemagne?
Ils voulaient savoir des choses sur le Troisième Reich, sur l'économie allemande … Bien sûr, ils avaient certaines idées sur la bonne organisation allemande, le travail, etc. mais c'étaient des clichés! Ils savaient des choses sur le foot. Mais ils ne s'y connaissaient pas beaucoup en politique, en civilisation allemande non plus! Ils imaginaient les Allemands avec du saucisson et de la bière au petit-déjeuner.

Qu'est-ce que tu conclus de cette expérience?
Mon image de la France a changé. J'espère que pour d'autres Allemands, la leur va changer aussi.

Interview avec Michaela Hartmann

Autour du texte

1. *Faites le portrait de Michaela. Décrivez les expériences qu'elle a faites en France.*
2. *Quelles sont les différences entre la vie scolaire en Allemagne et en France?*
3. *Imaginez les expériences d'un(e) assistant(e) de français en Allemagne.*

Au-delà du texte

1. *Dans quelle ville aimeriez-vous travailler comme assistant(e) en France? Pourquoi?*
2. *Faites une liste des clichés sur les Français et les Allemands. Discutez-en.*

A Pratique de la langue

1 S'exercer: C'est le mien ou le tien?

Complétez par des pronoms possessifs.

Michaela est dans la salle des profs avec ses collègues*. C'est son dernier jour d'école.

- C'est le livre de monsieur Lambert?
- Non, ce n'est pas ~, c'est ~.

- C'est ta tasse*, là?
- Non, ce n'est pas ~, c'est celle de Cyril.

- Nous avons oublié nos affaires.
- Ce n'est pas grave. Je vais vous donner ~.

- A ta santé, Michaela!
- A la ~, Cédric!

2 S'exercer: Carambolage et Karambolage

me			
te	**le**		
se →	**la** →	**lui** →	**y**
nous	**les**	**leur**	**en**
vous			

-moi! -toi!

→ Les pronoms objet «me / te / se / nous / vous» ne s'utilisent jamais avec «lui» et «leur»!

Remplacez les parties soulignées par un ou plusieurs pronoms pour éviter les répétitions.

1. Carambolage est une émission d'Arte pour les Français et les Allemands. Dans cette émission, on présente aux Français et aux Allemands les différences culturelles entre les deux pays. 2. Vous voulez des exemples? Il y a beaucoup d'exemples. 3. Une habitude allemande que les Français en Allemagne ne comprennent pas: les piétons qui attendent au feu rouge. Quand on demande aux Français d'attendre au feu rouge, ils trouvent ça bizarre. 4. Demandez aux Français de faire cela et vous verrez! 5. Une habitude bizarre pour les Allemands, cette fois: le «bol*»: Quand on donne un bol aux Allemands au petit-déjeuner, ils font une drôle de tête. 6. Au début, raconte Jan qui a passé un an en France, ça fait drôle de boire dans un bol, mais après, on s'habitue au bol. 7. Le problème, c'est le café: il faut faire attention pour que la tartine* ne tombe pas dans le café. 8. C'est de l'art, mais il y a un truc avec la tartine dans le café: il faut tremper* la tartine dans le café et manger la tartine tout de suite après. Vive les différences!

B Dialogue en perspective

Approche

Cherchez sur Internet les adresses et des informations sur TV 5, Arte, l'OFAJ etc.

1. La chaîne de télévision TV 5 Monde et l'Office franco-allemand pour la jeunesse (OFAJ) organisent pour la 3e fois avec des tonnes de matériel le jury «Dialogue en perspective» au 56e festival international du film de Berlin. Qui peut devenir membre du jury? Cela concerne les jeunes entre 18 et 29 ans, qui parlent français et allemand et sont fans du cinéma allemand.

2. Chaque année, 20 pour cent des 60 films qui passent dans les 4000 mètres carrés du festival sont des films de jeunes réalisateurs. Le prix «Dialogue en perspective» a pour objectif d'encourager le dialogue interculturel[1] entre les jeunes Français et les jeunes Allemands et d'éveiller l'intérêt[2] du jeune public français pour le cinéma allemand. Finalement, quatre Français et trois Allemands composent le jury «Dialogue en perspective». Ces jeunes doivent habiter en France ou en Allemagne et parler très bien les deux langues. Ils doivent écrire la critique d'un film de leur choix et passer un entretien.

D'après © *Paris-Berlin*, n° 10, Décembre 2005, p. 41

Autour du texte

1. Le prix «Dialogue en perspective», qu'est-ce que c'est? Quel est son objectif?
2. Quelles conditions faut-il remplir pour faire partie du jury?

Au-delà du texte

1. Expliquez à votre correspondant(e) ce qu'est le festival du film de Berlin.
2. Participer au prix «Dialogue en perspective» vous intéresserait? Pourquoi (pas)?

1 interculturel(le) *entre les cultures* – **2 éveiller l'intérêt** das Interesse wecken

3.

Elias Topala
17 rue Monge
75005 Paris
FRANCE
Tel: 00 33 1 46 54 44 20
E-mail: elias.topala@wanadoo.fr

Paris, le 15/05/2009

Objet: candidature
Prix Dialogue en perspective

OFAJ
Concours «Dialogue en perspective»
51 rue de l'Amiral Mouchez
75013 Paris
FRANCE

Madame, Monsieur,

Suite à votre appel à candidatures pour participer au jury du prix franco-allemand «Dialogue en perspective 2009», je me permets de poser ma candidature. Agé de 17 ans, lycéen, de nationalité française, j'ai une expérience d'animateur de colonies de vacances franco-allemandes de l'OFAJ.

J'ai aussi eu la possibilité de faire une dizaine de séjours en Allemagne dont une année scolaire dans un lycée, situé à 15 kilomètres au sud de Francfort-sur-le-Main ce qui m'a permis d'approfondir mes connaissances en allemand. Dans ce lycée, j'ai fondé un ciné-club français dans lequel j'ai essayé de présenter les grands réalisateurs français comme par exemple Louis Malle ou François Truffaut, mais également des réalisateurs plus contemporains comme Luc Besson, Mathieu Kassovitz ou Cédric Klapisch. J'ai eu aussi la chance de me faire beaucoup d'amis en Allemagne, en particulier dans la famille allemande à laquelle je rends souvent visite.

La Berlinale dont je rêve depuis longtemps, représente pour moi un événement extraordinaire pendant lequel il me serait possible de voir beaucoup de films nouveaux. J'ai aussi l'intention de faire des études dans le domaine des relations franco-allemandes, ce que j'espère pouvoir réaliser après le baccalauréat.

Dans l'espoir que ma candidature vous intéressera, je reste à votre disposition pour tout renseignement. Vous trouverez ci-joint mon curriculum vitæ.

Veuillez agréer, Madame, Monsieur, l'expression de ma sincère considération.

Elias Topala

Autour du texte

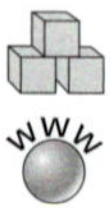

3. *Faites des recherches sur Besson, Kassovitz et Klapisch. Quels films connaissez-vous d'eux? Donnez les titres en allemand et en français.*
Préparez une fiche pour chaque réalisateur avec les biographies et les titres de quatre ou cinq films.*

4. *Faites une liste des expressions utiles pour écrire une lettre de motivation.* *(→ p. 44)*

B Pratique de la langue

1 Réviser et s'exercer: Grâce à l'OFAJ …

Deutsch-Französisches Jugendwerk
Office franco-allemand pour la Jeunesse

Remplacez ~ par ***«ce qui, ce que, dont»*** *ou utilisez les prépositions* ***«à + lequel, sur/pendant + lequel, grâce à + lequel»****.*

1. En 1963, De Gaulle* et Adenauer* ont créé l'Office franco-allemand pour la jeunesse (OFAJ), ~ veut dire en allemand «Deutsch-Französisches Jugendwerk (DFJW)».
2. L'OFAJ aide les écoles, les clubs sportifs et les comités de jumelage dans les villes par son aide financière et pédagogique ~ les écoles, les clubs et les comités trouvent très bien.
3. Cette organisation encourage non seulement les rencontres scolaires mais aussi les échanges sportifs ~ un tiers sont des rencontres d'équipes de football. 4. Tous les ans, l'OFAJ organise 7000 rencontres ~ participent 200 000 jeunes. 5. Depuis 1963, plus de 7 millions de jeunes ont profité de ces programmes, ~ est un chiffre important. 6. Les élèves font des séjours en France ~ ils font des expériences intéressantes. 7. Ce sont des programmes individuels ~ on a besoin aussi et ~ les jeunes peuvent faire des stages à l'école ou travailler dans des entreprises* par exemple. 8. L'OFAJ est une organisation ~ on peut compter!

2 Mot à mot: Un peu d'économie: 104 milliards*

Regardez le graphique et complétez les phrases avec les bons chiffres. Ecrivez les chiffres en toutes lettres. Utilisez aussi des expressions comme «presque la moitié» etc.

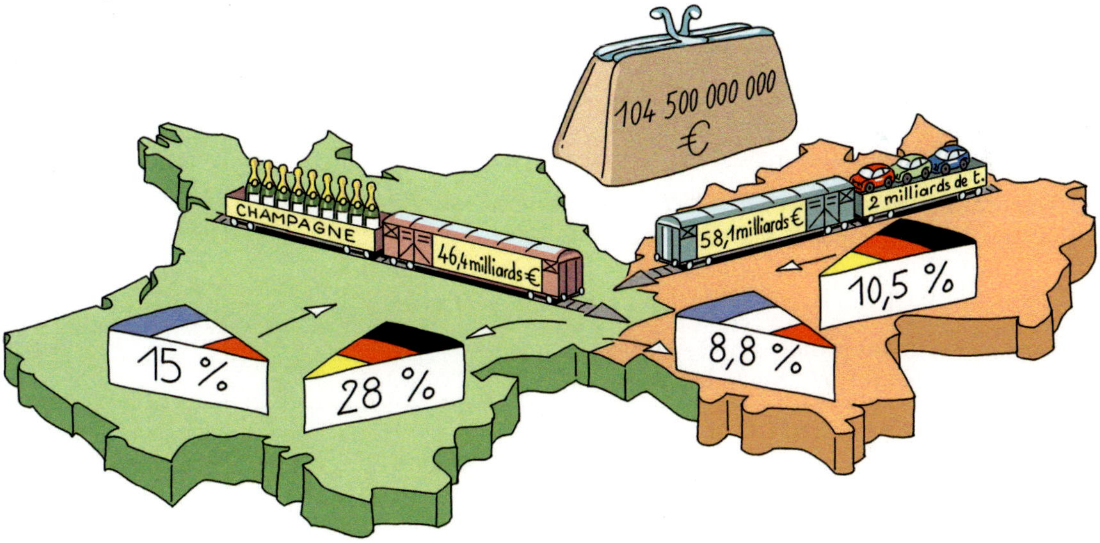

L'Allemagne est le premier partenaire économique* de la France avec un volume d'échange de ? en 2004, dont ? pour les importations françaises en Allemagne (voitures, machines). Chaque année, ? de marchandises* arrivent d'Allemagne et des ? de champagnes de France. Nos exportations vers l'Allemagne (produits de luxe*, voitures, vin, fromages) représentent ? . L'Allemagne est donc le premier client* de la France avec ? des exportations en 2004 et son premier fournisseur* avec ? des importations françaises. La France est le deuxième importateur de l'Allemagne. Les importations françaises en Allemagne représentaient ? du marché allemand en 2004. La France est également le premier client de l'Allemagne avec ? des exportations allemandes.

3 Ecrire: Mon C.V.

Ecrivez votre C.V. Vous avez un modèle sur le site Internet de Klett
→ www.klett.de: SB4/L2, ex. 9.

1. Nom, prénom, adresse, date de naissance*, nationalité	2. Scolarité	3. Expériences professionnelles
4. Langues (Portfolio)	5. Séjours à l'étranger	6. Points forts

4 Ecrire une lettre de motivation

(→ Stratégie SB4/L2, ex. 13, p. 29)

Stratégie

Voici un mode d'emploi* pour écrire une lettre de motivation en français:
- Cherchez des informations sur l'entreprise à laquelle vous écrivez votre candidature.
- Expliquez ce que vous cherchez exactement comme travail ou comme stage.
- Donnez envie de lire votre C.V. et parlez de vos qualités*.
- Ecrivez votre lettre à la main, avec un bon stylo*.

A l'aide du tableau, préparez votre lettre de motivation:

Vous cherchez un emploi* de … – J'aimerais me présenter en tant que* … / pour un poste de … – Suite à votre annonce …, je me permets de poser ma candidature pour …	Ce que vous recherchez exactement …
Vous êtes … – Je suis âgé(e) de … / J'ai … ans. – Je suis de nationalité … et je suis actuellement lycéen …	votre métier votre formation votre savoir faire
Vous savez que l'entreprise a besoin de … – J'ai lu que votre entreprise recherchait / avait besoin de … **Vous parlez de vos atouts* …** Les langues / vos expériences / vos qualités: … – J'ai de l'expérience dans les domaines suivants: j'ai travaillé en tant que … / j'ai fait des stages … / j'ai fait des séjours à l'étranger … **Vous parlez de vos projets dans le futur …** – J'ai l'intention de … / J'aimerais plus tard …	votre motivation vos atouts vos projets
Vous terminez votre lettre de motivation … – Dans l'attente / l'espoir d'une réponse positive, je vous prie de croire, Madame, Monsieur, à l'expression de mes salutations distinguées. – Je vous prie d'agréer, Madame, Monsieur, mes sincères salutations.	La fin de votre lettre officielle

■ **Savoir faire.**

Vous voulez faire un stage dans une organisation comme l'OFAJ?
Renseignez-vous sur Internet.
Ecrivez une lettre de motivation.

Renseignements:
Office franco-allemand pour la Jeunesse
Deutsch-Französisches Jugendwerk
51, rue de l'Amiral-Mouchez, 75013 Paris
Tél. 01 40 78 18 18
Fax 01 40 78 18 88
www.ofaj.org

Deutsch-Französisches Jugendwerk
Office franco-allemand pour la Jeunesse

C La France et l'Allemagne dans l'Europe

Approche

Regardez les chiffres. Comparez les deux pays voisins. Rajoutez les chiffres actuels pour ?.

	Allemagne	France
Superficie	357 000 km²	551 600 km²
Population	82,5 millions	62 millions
Les 4 plus grandes villes	?	?
Taux d'étrangers[1]	8,7 %	6,4 %
Taux de chômage[2]	? %	? %

Source: INSEE 2007

L'Allemagne et la France partenaires: La coopération franco-allemande dans un cadre européen

1945 – 1955 – 1965 – 1985 – 1995 – 2005

1945 Création d'une zone d'occupation française en Allemagne

1949 Création de la RFA et de la RDA

1951 Création de la CECA

22.01.1963 Le traité de l'Elysée. Traité sur la coopération franco-allemande. Création de l'OFAJ

1975 Accord franco-allemand sur une harmonisation des politiques économiques

1988 Création d'une brigade franco-allemande

1990 Réunification de l'Allemagne Traité «4+2»

1991 Création de la chaîne de télévision européenne ARTE

2002–2003 Opposition allemande et française à l'intervention militaire en Irak

Info F

07.02.1992 Le traité de Maastricht

Les 12 membres de la Communauté économique européenne ont signé le traité sur l'Union européenne à Maastricht, aux Pays-Bas, le 7 février 1992.

Le traité définit trois points:
1. les «Communautés européennes» (CE)
2. la politique étrangère et de sécurité commune (PESC)
3. la coopération des polices et des tribunaux des pays

Le traité aide aussi l'Union économique et monétaire (UEM) à créer l'euro dans la CE.

Histoire © Nathan / Klett, Paris: 2006, p. 294

Autour du texte

1. *Regardez le tableau sur la coopération franco-allemande. Décrivez-le. Qu'est-ce qui vous étonne? Pourquoi?*
2. *Cherchez sur Internet ou dans un livre d'histoire ce que veut dire: RFA / RDA / CECA.*
3. *Quels autres pays sont aussi membres de la Communauté européenne depuis 1992?*

Au-delà du texte

Pourquoi dit-on que la France et l'Allemagne sont «partenaires»?

1 le taux d'étrangers die Ausländerquote – **2 le taux de chômage** die Arbeitslosensrate

30 D La France et l'Allemagne après 1945

Approche

Quelles sont les relations franco-allemandes de votre lycée, votre ville ou votre village?

Charles de Gaulle et Konrad Adenauer

1. La réconciliation par le traité de l'Elysée

Le 22 janvier 1963, Konrad Adenauer, chancelier de la RFA[1], et Charles de Gaulle, président de la République française, signent le traité de l'Elysée qui marque le premier pas de l'amitié franco-allemande. En 1962, à Ludwigsburg, Charles de Gaulle parle en allemand. Il encourage les jeunes Allemands à se rapprocher des jeunes Français. C'est le 22 octobre 1963 que les deux hommes politiques signent à Paris le traité de l'Elysée sur la coopération franco-allemande …

Helmut Kohl et François Mitterrand

2. Un geste d'amitié

Le 11 novembre 1984, Helmut Kohl et François Mitterrand se donnent la main au cimetière de Verdun et rendent ainsi hommage[2] aux victimes des deux guerres mondiales. Cette poignée de main[3] est le symbole de la réconciliation définitive des deux pays. *«Nous nous sommes compris. Nous sommes devenus amis.»*

Les 40 ans du traité de l'Elysée

3. Les relations franco-allemandes actuelles

En 2003, l'Assemblée nationale[4] française et le Bundestag fêtent en commun le 40e anniversaire du traité de l'Elysée à Versailles. Depuis, les gouvernements français et allemand se rencontrent régulièrement (tous les 2 mois).

Les organismes officiels franco-allemands comme l'OFAJ ou ARTE ont également bien changé les relations entre les deux pays ces dernières années.

Autour du texte

1. *Qu'est-ce qui a changé entre la France et l'Allemagne à partir des années 80?*
2. *A votre avis, quel est l'événement le plus important dans les relations franco-allemandes? Expliquez.*

---

1 la RFA la République fédérale d'Allemagne – **2 rendre hommage à qn** jdn. ehren – **3 une poignée de main** ein Händedruck – **4 l'Assemblée nationale** *eines der beiden Gremien des frz. Parlaments*

D Pratique de la langue

1 Projet: La France et l'Allemagne en Europe

(→ Stratégie SB4/M2, ex. 10)

Préparez un petit exposé sur un de ces sujets. Faites une affiche. Parlez aussi de l'Europe:

1. Les mots-clés de l'histoire franco-allemande du 20e siècle
2. Le traité de l'Elysée: 1963 et 40 ans après
3. Ce que les hommes politiques ont fait pour l'amitié franco-allemande
4. Les relations franco-allemandes d'aujourd'hui

2 Transmettre: Un dialogue franco-allemand

Un jeune Français, Eric, discute avec Lisa, une jeune Allemande. Malheureusement, ils ne parlent pas la langue du partenaire. Vous pouvez sûrement les aider. Faites l'interprète:

Lisa: Glaubst du, es gibt noch viele Vorurteile zwischen Deutschen und Franzosen? *Toi:* …
Eric: Oui et non. Le problème, c'est que nous ne savons pas énormément de choses sur notre voisin. Les Français croient que les Allemands sont très disciplinés et les Allemands pensent que nous ne vivons que pour manger. *Toi:* …
L: Ich habe schon oft Ferien in Frankreich verbracht, ungefähr zehnmal. Was mir an Frankreich so gefällt, sind vor allem der Lebensstil, die schönen Landschaften. Außerdem sind die Leute ganz nett! Aber leider spricht die Bevölkerung nur selten Deutsch. *Toi:* …
E: Oui, c'est vrai. C'est pour ça qu'il faut encourager les jeunes à apprendre l'allemand. Moi, par exemple, j'aurais bien aimé apprendre l'allemand au collège. *Toi:* …
L: Dann lass uns etwas für die dt.-frz. Freundschaft tun. Gehen wir was trinken? *Toi:* …

3 Un sondage

Pour parler d'un sondage

Le sujet:	Ce tableau présente un sondage sur …
La question:	On a demandé si / quels … / …
De qui:	… et … ont fait ce sondage.
Les personnes:	On a interrogé …
Les résultats:	– … % des … / ressentent / pensent / éprouvent / trouvent que … – La moitié / la plupart* / la majorité* des … / plus/moins de … trouvent que … – Un … sur deux pense que … – Pour …% des …, il est important que – Il y a une différence entre … et …

Source: Ipsos, janvier 2003 © Nathan/Klett, 2006, p. 301

Sondage: «Quels sont selon vous, parmi les qualificatifs suivants, les deux termes qui expriment le mieux les relations entre la France et l'Allemagne aujourd'hui?»

	Français (%)	Allemands (%)
Partenariat	57	52
Confiance	35	22
Amitié	34	48
Solidarité	27	31
Méfiance	17	18
Rivalité	7	7
Rancune	6	2
Incompréhension	5	4
Indifférence	5	5
Ne se prononce pas	3	1

Source: Ipsos, janvier 2003 pour Arte et Le Figaro. Un échantillon d'environ 1000 personnes a été interrogé.

a *Lisez le sondage. Cherchez les mots que vous ne connaissez pas. Faites des phrases pour les expliquer. Servez-vous de ces expressions.*

b *Quels sont les points qui vous intéressent le plus?*

c *Choisissez trois sujets sur la relation franco-allemande. Faites aussi un sondage avec votre classe, votre famille et vos amis. Faites un tableau avec les résultats. Présentez-les.*

Exemple: Une dizaine de personnes pensent que … / Un élève sur cinq trouve que …

DOSSIER 5

«Do you speak French?»

1. *Regardez les photos et décrivez-les.*
2. *Ecoutez les trois jeunes: de quels pays viennent-ils? Regardez les photos et la carte du monde à la fin du livre. Justifiez votre choix.*

37

Aimé ♂ Aminata ♀ Alisson ♂	?	le Sénégal la Polynésie française* la Réunion*	?	Photo A Photo B Photo C

3. *Dans quels pays africains parle-t-on français? Faites des recherches.*

38

A La francophonie, qu'est-ce que c'est?

Approche

A quoi pensez-vous en lisant le mot «francophonie»?

1. C'est un géographe français qui, en 1880, invente le mot «francophonie». Ce mot désigne[1] toutes les régions du monde où on parle le français, soit comme langue maternelle, soit comme langue officielle.
Ce mot revient à la mode vers 1960, quand la France fait un pas important. Lequel? Les pays africains obtiennent leur indépendance. Les chefs des nouveaux Etats souhaitent garder, grâce à la langue française, des liens[2] privilégiés avec la France et les pays francophones des autres continents. C'est le vrai début de la «francophonie».

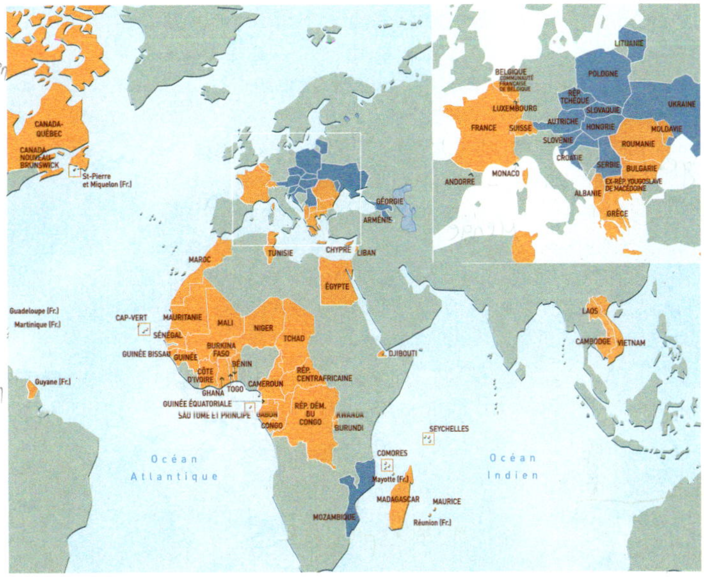

2. Les trois définitions de la francophonie aujourd'hui:
- La plus ancienne définition est géographique vu que la francophonie continue à être un ensemble[3] de pays et de régions.
- La définition d'aujourd'hui est plutôt culturelle parce qu'on parle davantage[4] des peuples. La langue française devient le lien entre des peuples différents.
- Aujourd'hui aussi, la francophonie devient de plus en plus un espace[5] politique et économique.

3. *L'Organisation internationale de la Francophonie (OIF)* existe depuis 1997. C'est l'organe politique de la francophonie. Depuis 1998, elle a un statut d'observateur à l'*Organisation des Nations Unies (ONU)*. De 1986 à 2006, onze conférences des chefs d'Etat et de gouvernements, membres de la Francophonie, ont eu lieu à Dakar, Beyrouth, Bucarest, etc.

XI-EME SOMMET[6]
DE LA FRANCOPHONIE

Civilisation progressive de la Francophonie (Niveau intermédiaire) de Jackson Noutchié Njiké © CLE International 2003, p. 10–11

1 désigner bezeichnen – **2 un lien** eine Verbindung – **3 un ensemble** *un groupe* – **4 davantage** mehr – **5 un espace** ein Raum – **6 un sommet** ein Gipfel

4. C'est en 1960 que Léopold Sédar Senghor, le président du Sénégal, mobilise les chefs d'Etat des pays africains francophones pour une idée qui lui tient à cœur[1]: le renforcement[2] des liens entre les peuples qui parlent le français dans le monde. Senghor avait une passion extraordinaire pour la langue française, une «langue de gentillesse et d'honnêteté». [...] Pour lui, le français est nécessairement la langue d'expression de l'Universel. C'est aussi une communauté politique et culturelle des pays ayant[3] la langue française en partage[4]. Senghor est le «père de la Francophonie». Dans le contexte d'une anglophonisation croissante[5] de la culture de masse, il lui paraissait nécessaire de rendre justice à l'universalité de la langue française. En 1984, Léopold Sédar Senghor est la première personnalité noire à entrer à l'Académie française.

42 Ecoutez maintenant la voix de Senghor qui chante la «femme noire» et sa beauté.

5. D'après les statistiques de la francophonie, plus de 600 millions de personnes dans le monde s'expriment en français. Il s'agit de la population totale des pays où le français est la langue maternelle et/ou la langue officielle. Pourtant, dans ces pays, beaucoup de personnes ne savent s'exprimer qu'en langues régionales, même si on les considère[5] comme francophones. Il y aurait environ 175 millions de personnes effectivement[6] francophones dans le monde.

> « Au nombre d'environ 175 millions, les francophones se situent au 9e rang des communautés linguistiques, mais ils sont, avec les anglophones, les seuls présents sur tous les continents. »

Atlas mondial de la Francophonie, Gérard Sournia, Ariane Poissonnier, cartographie par Fabrice le Goff, Atlas/Monde © Editions Autrement, 2006

Les langues parlées par les 15–24 ans en 2050

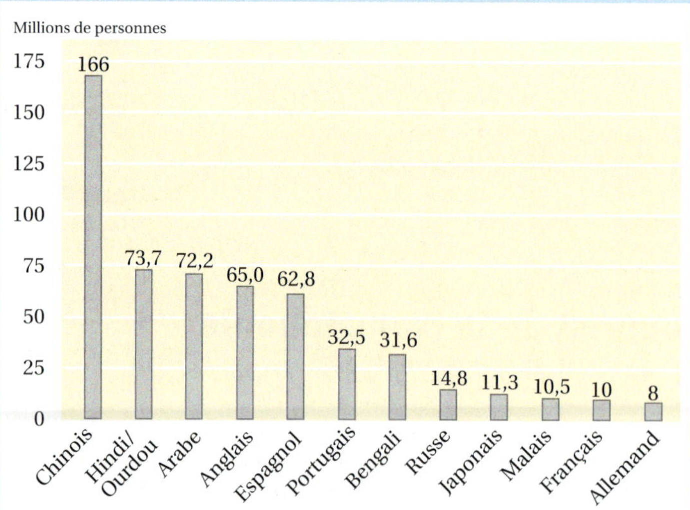

Source: David Graddol, *The Future of English*, The British Council, Londres, 1997 in: *Le Monde*, Paris, 26-08-2005

Les langues employées aux assemblées générales de l'ONU*

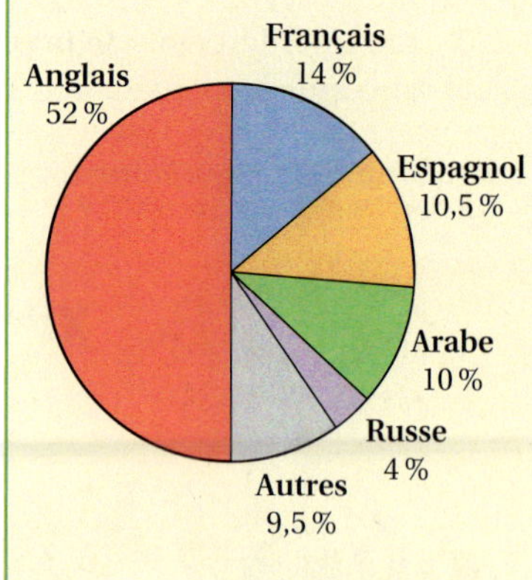

---

1 tenir à cœur am Herzen liegen – **2 le renforcement** die Verstärkung – **3 ayant** *(participe présent) qui ont* – **4 en partage** gemeinsam – **5 croissant(e)** wachsend

Autour du texte

(→ la carte de l'Afrique à la fin du livre)

1. *Expliquez avec vos mots «la francophonie» et parlez du rôle de Léopold Sédar Senghor.*
2. *Quelle est la fonction de l'OIF?*
3. *D'après Senghor, quel est le rôle du français dans le monde? Et d'après vous?*
4. *Comment Senghor décrit-il la femme noire dans son poème? (→ p. 188)*
5. *Analysez* la bulle* et les statistiques. Parlez du français dans le monde et de son avenir.*
6. *En 2006, le sommet a eu lieu à Bucarest. Renseignez-vous sur le statut du français en Roumanie*. Qu'est-ce que ça montre pour les pays membres de l'OIF?*

Au-delà du texte

1. *Regardez le logo du XIe sommet de la Francophonie à Bucarest en 2006, page 49. A quoi pensez-vous en le regardant?*
2. *Léopold Sédar Senghor parlait d'un «grand rendez-vous du donner et du recevoir» des différents peuples du monde.*

a *Expliquez cette phrase.*
b *Regardez ce dessin et décrivez-le.*
c *Qu'est-ce que chaque personne/pays apporte à la francophonie. Faites une liste. Présentez vos résultats devant la classe.*

A Pratique de la langue

1 S'exercer: A quoi est-ce que tu penses …?

Travaillez à deux. ***A*** *pose la première question et* ***B*** *répond. Puis, changez de rôle. Utilisez* ***«lequel, laquelle, quoi»*** *sans ou avec* ***une préposition****.*

Exemple: **A** – Laquelle de ces trois définitions de la francophonie est la plus ancienne?
B – C'est la définition géographique qui est la plus ancienne.

1. ? ces trois définitions de la francophonie – être la plus ancienne?	a) géographique b) culturelle c) économique et politique
2. ? ces hommes – faire beaucoup pour la francophonie?	a) Camara Laye b) L. S. Senghor c) Jacques Chirac*
3. ? ces trois villes – avoir lieu – un sommet de la Francophonie?	a) Berlin b) Bucarest c) Dakar
4. ? – les membres de l'OIF – discuter?	a) des problèmes dans leurs pays b) de sujets internationaux c) des colonies françaises
5. ? ces pays – Léopold Sédar Senghor – être président?	a) la Guinée b) la Côte d'Ivoire c) le Sénégal
6. ? ces trois chiffres – donner le nombre des «vrais» francophones dans le monde?	a) 425 millions b) 175 millions c) 600 millions

Continuez en trouvant d'autres questions.

44 S

B L'enfant noir

Approche

Qu'est-ce qu'un roman autobiographique?

Dans son roman «L'enfant noir», Camara Laye parle de son pays: la Haute-Guinée. Le roman raconte la vie quotidienne[1] mais aussi les traditions de tout un peuple.

J'étais enfant et je jouais près de la case[2] de mon père. Quel âge avais-je en ce temps-là? Je devais être très jeune encore: cinq ans, six ans peut-être. Ma mère était dans l'atelier, près de mon père, et j'entendais leurs voix, tranquilles, mêlées[3] à celles des clients de la forge[4] et au bruit de l'enclume[5].
Tout à coup, j'avais interrompu de jouer, l'attention, toute mon attention, s'était tournée vers[6] un serpent qui rampait[7] autour de la case, qui vraiment paraissait se promener autour de la case; il n'était ni agressif, ni méchant. J'avais ramassé un roseau[8] qui traînait[9] dans la cour, et maintenant, j'enfonçais[10] ce roseau dans la gueule de la bête. Le serpent avalait lentement le roseau, les yeux brillants[11] de bonheur, et sa tête petit à petit se rapprochait de ma main. Il vint un moment où le roseau se trouva presque avalé et où la gueule et les crochets[12] du serpent se trouvèrent terriblement proche de mes doigts.
Je riais, je n'avais pas peur du tout, et je crois bien que le serpent m'aurait bientôt enfoncé ses crochets dans les doigts, si, juste à ce moment, Damany, l'un des apprentis, n'était sorti de l'atelier. L'apprenti regarda mon père, et quelques secondes plus tard, je me trouvai dans les bras de cet ami de mon père, loin des crochets du serpent!
Autour de moi, on menait grand bruit; ma mère surtout criait fort et elle me donna quelques claques. Je me mis à pleurer.

Un jour, je remarquai un petit serpent noir au corps particulièrement brillant, qui rampait tranquillement vers l'atelier de mon père. Je courus avertir[13] ma mère, comme j'en avais pris l'habitude; mais ma mère qui comme moi vit le serpent noir, me dit gravement:
– Celui-ci, mon enfant, il ne faut pas le tuer: ce serpent n'est pas un serpent comme les autres, il ne te fera aucun mal; mais surtout, laisse-le suivre son chemin.

Ni les apprentis, ni personne dans la forge, n'ignorait que ce serpent-là, on ne devait pas le tuer, sauf moi, sauf mes petits camarades de jeu qui étions encore des enfants naïfs.
– Ce serpent, ajouta ma mère, c'est le génie de ton père.
Le petit serpent continuait sa route vers l'atelier et disparut dans un trou que je remarquai pour la première fois.
– Tu vois: le serpent va rendre visite à ton père, dit encore ma mère.
C'était un serpent comme les autres; un serpent noir, oui, mais un serpent d'un brillant extraordinaire. Je savais qu'il y avait des bons et des mauvais génies, mais «le génie de mon père» … c'était un petit serpent noir? Je n'y comprenais rien, pourtant je ne demandais rien à ma mère: je pensais qu'il me fallait interroger directement mon père; oui, comme si ce mystère était une affaire à débattre entre hommes …

L'enfant noir de Camara Laye © éditions Pocket Jeunesse, Paris: 1994, p. 9–10, 15–16, texte légèrement adapté

1 quotidien(ne) tagtäglich – **2 une case** eine Hütte – **3 mêlé(e) à qc** vermischt mit etw. – **4 une forge** eine Schmiede – **5 une enclume** ein Amboss – **6 se tourner vers** sich richten auf – **7 ramper** kriechen – **8 le roseau** das Schilfrohr – **9 traîner** *hier:* herumliegen – **10 enfoncer** hineindrücken – **11 brillants** *(participe présent) qui brillaient* – **12 le crochet** *hier:* der Giftzahn – **13 avertir** warnen

Autour du texte

1. *Cherchez les indices* qui montrent que l'action se passe dans un pays africain.*
2. *Faites le portrait du petit garçon et de sa famille (âge/activités).*
3. *Quelle est la réaction des autres et surtout de la mère de l'enfant quand il joue pour la première fois avec un serpent?*
4. *Pourquoi est-ce que le petit garçon pleure et qu'est-ce qu'il apprend?*
5. *Expliquez la réaction de la mère, quand son fils découvre le serpent noir.*
6. *Résumez le texte en allemand.*

L'enfant noir de Camara Laye © éditions Pocket Jeunesse, Faris: 1994; illustration de Kéna

Au-delà du texte

1. *«Ce serpent est le génie de ton père». Imaginez ce que cela veut dire?*
2. *Imaginez le dialogue entre le petit garçon et son père.*
3. *Avez-vous un porte-bonheur, un grigri* ou un talisman? Si oui, décrivez-le.*

B Pratique de la langue

1 S'exercer: Ce fut un jour …

a *Cherchez dans le texte les verbes au passé simple, écrivez-les dans votre cahier et notez la forme du passé composé qui correspond* au passé simple.*

b *Quand utilise-t-on le passé simple?*

Exemple:
il vint → il est venu
le roseau
se trouva → …

2 S'exercer: La réponse n'est pas toujours positive.

Vous parlez du roman «L'enfant noir» en classe. Répondez aux questions en utilisant ***«… ne … ni … ni/Ni … ni … ne/… ne … que».***

Exemple: – Est-ce que Camara Laye a écrit ce roman, quand il était <u>déjà vieux</u>?
– **Non**, il **n'**avait **que** 25 ans.

1. Est-ce que <u>le père</u> et <u>la mère</u> ont vu le serpent avec lequel leur fils jouait? Non, …
2. Ce serpent, était-il <u>vert</u> et <u>froid</u>? Non, …
3. Est-ce que son attention s'est tournée vers <u>un arbre</u> ou <u>une autre bête</u>? Non, …
4. Est-ce que <u>tous</u> les apprentis sont sortis de l'atelier? Non, …
5. <u>Le petit garçon</u> et <u>ses copains</u> savaient qu'il ne fallait pas tuer certains serpents? Non, …
6. Est-ce que le garçon a demandé <u>à tous</u> les hommes du village ce qu'est, ce génie? Non, …

45

C Réalités?

Approche

Connaissez-vous des chanteurs/chanteuses ou des musiciens africains? Lesquels?

Amadou et Mariam, «le couple aveugle du Mali», chantent depuis plus de trente ans. Après un long début de carrière en Afrique, le duo est arrivé sur la scène internationale et sur les chaînes de télévisions européennes en 2004 avec l'album «Dimanche à Bamako».

La réalité

Que de hauts, que de bas
C'est la vie dans ce monde
Triste réalité
Il faut que d'autres naissent,
d'autres meurent dans ce monde,
Triste réalité
Pendant que d'autres crient,
d'autres rient dans ce monde,
Triste réalité
Que de hauts, que de bas
C'est la vie dans ce monde
Triste réalité
Pendant que d'autres travaillent,
d'autres chôment dans ce monde,
Triste réalité
Il faut que d'autres veillent[1],
d'autres dorment dans ce monde,
Triste réalité
Que de hauts, que de bas
C'est la vie dans ce monde
Triste réalité
Pendant que certains naissent,
d'autres meurent dans ce monde,
Triste réalité
Pendant que d'autres chantent, d'autres
pleurent dans ce monde,
Triste réalité

La réalité, Amadou Bagayoko © Reva Sons, Sony/ATV Music Publishing (Germany) GmbH, Berlin, 2004

Info F

Amadou & Mariam, c'est aussi une réalité: Le «couple aveugle du Mali» est ambassadeur[2] du «Programme alimentaire mondial[3]» (PAM) au profit des jeunes aveugles de Bamako. Cette nomination honore[4] une fois de plus la musique du Mali dont les acteurs sont souvent engagés dans des œuvres de bienfaisance[5] à travers le monde.
Amadou et Mariam ont reçu en France un disque d'or[6] pour avoir vendu 100 000 albums «Dimanche à Bamako».

© D'après Le Républicain du 29 août 2006

---

1 veiller *hier:* aufbleiben – **2 un ambassadeur** ein Botschafter – **3 le Programme alimentaire mondial** das Welternährungsprogramm – **4 honorer** ehren – **5 des œuvres de bienfaisance** wohltätige Zwecke – **6 un disque d'or** *un prix*

Autour du texte

Pour parler d'une chanson

- **La musique:** la mélodie / le rythme* / la voix du chanteur / les instruments
  doux, mélancolique, triste, gai*, rapide, lent, dynamique, monotone, expressif, …
- **La forme: les paroles*:**
  La chanson comprend / se compose d(e)
  – … couplets* qui riment / ne riment pas.
  – … un refrain qui revient … fois.
- **Le message:**
  Le texte de la chanson parle de …
  Le chanteur met l'accent sur …
  Le chanteur veut faire passer un message: …
- **Le style: la langue:**
  L'auteur / Le chanteur utilise des images, une langue simple, claire, concrète, abstraite, facile, difficile, …

a *Décrivez la chanson «La réalité». Utilisez les expressions.*

b *Dans leur chanson, Amadou et Mariam parlent des hauts et des bas dans la vie. Copiez le tableau dans votre cahier et complétez-le:*

les hauts dans la vie	les bas dans la vie
• d'autres naissent • …	• d'autres meurent • …

c *Lisez un journal français. Faites une liste des nouvelles positives et négatives* sur l'Afrique.*

Au-delà du texte

1. *Amadou et Mariam s'engagent aussi dans le domaine social*. Expliquez.*
2. *Préparez un texte d'info sur le Mali avec des mots-clés qui montrent les hauts et les bas.*

C Pratique de la langue

1 Mot à mot: Les anciennes colonies

Mettez les adjectifs à la bonne place. Faites aussi attention à l'accord.

cher certain ancien pauvre pauvre triste ancien vrai seul dernier pauvre cher

1. ~ Madame ~, ~ personnes ~ disent que la France ne s'occupe pas assez de «ses» ~ colonies ~. Pourquoi?
2. Ma ~ dame ~ ! Aujourd'hui, ce sont souvent des ~ pays ~ qui ont des graves problèmes économiques.
3. C'est une ~ réalité ~!
4. Même dans les quatre DOM* ou «départements d'outre-mer*», des ~ départements ~ français, la situation n'est pas bien meilleure.
5. Les produits qui faisaient la ~ richesse* ~ de ces régions, les épices, la banane et la canne à sucre*, ne se vendent plus beaucoup aujourd'hui.
6. Et le tourisme comme ~ source* d'argent ~ ne suffit pas, non plus.
7. Résultat: D'après les ~ statistiques ~, environ 170 000 des 1,5 millions d'habitants des DOM n'ont pas de travail!
8. On voit partout des ~ gens ~, sans travail qui ne peuvent même pas s'acheter des ~ produits ~.

D Aya de Yopougon

Approche

Quelles BD en langue française connaissez-vous? Quels en sont les héros?

Yopougon, c'est un quartier populaire d'Abidjan en Côte d'Ivoire; les habitants l'appellent «Yop City». Et Aya, c'est le nom de l'héroïne de la BD, une lycéenne d'Abidjan.

Aya de Yopougon de Marguerite Abouet et Clément Oubrerie © Gallimard Jeunesse: Paris, 2005, p. 22

Autour du texte

1. *Qu'est-ce qu'Aya veut faire plus tard et pourquoi?*
2. *Précisez* et expliquez la réaction de son père. Qu'est-ce qu'elle montre?*
3. *Analysez la réaction d'Aya à la fin.*

1 fatiguer qn jdn. ermüden – **2 elles sont faites / on est invités** *Passivformen* – **3 je suis fichu(e)** *je suis perdu(e)*

Au-delà du texte

1. *Travaillez à deux. Cherchez des arguments pour convaincre* le père d'Aya.*
2. *Imaginez la réaction de la mère d'Aya et la discussion entre Aya et sa mère.*
3. *Cette BD a reçu un prix au festival d'Angoulême* en 2006. Renseignez-vous sur ce festival et présentez vos résultats devant la classe. Quelles BD lisez-vous?*

D Pratique de la langue

1 Ecrire: Chez les Sissoko

Cette scène montre l'invitation chez les Sissoko, la famille du patron du père d'Aya. Regardez-la et imaginez la suite.*

Aya de Yopougon de Marguerite Abouet et Clément Oubrerie © Gallimard Jeunesse: Paris, 2005, p. 32

2 Présenter un exposé

(→ SB3/M3, ex. 10, p. 91 + SB5, p. 189–190)

Stratégie

Zu einem gelungenen Vortrag gehört auch eine überzeugende Präsentation:
1. Verwendet **kein** vorgefertigtes **Textblatt**. So vermeidet ihr, euren Text nur abzulesen!
2. Bereitet stattdessen einen **Stichwortzettel** vor, der euch im Falle eines „Hängers" weiterhilft und auf dem ihr vermerkt, an welchen Stellen **welches Medium** (Bild / Tondokument o. a.) zum Einsatz kommen soll.
3. Informiert euer „Publikum" vorab, worüber ihr sprecht, und erläutert ihm den **Aufbau eures Vortrags** (evtl. mit Powerpoint oder Overheadfolie).
4. Sprecht **laut, deutlich und nicht zu schnell.**
5. Macht **Pausen** und sucht den **Blickkontakt** zu den Zuhörern.
6. **Erklärt** schwierige und **unbekannte Wörter**. Schreibt sie an die Tafel / auf OHP-Folie.
7. Versichert euch durch **Nachfragen**, ob die Zuhörer alles verstehen, euch folgen können und ob euer Vortrag somit „ankommt".

3 Savoir faire: S'engager en Afrique!

(→ la carte de l'Afrique à la fin du livre)

Formez 4 groupes. Chaque groupe choisit une organisation internationale et prépare une petite exposition (textes, statistiques, photos) sur son organisation.

1 Médecins sans frontières	2 Enfants d'Afrique	3 Association AiDé	4 Croix rouge française
http://www.msf.fr	www.childrenofafrica.org	www.asso-aide.org	http://www.croix-rouge.fr

[A la carte 1]

Accro de l'info?

Le test

L'Actu No. 2, 185, 14.12.06, p. 4

1. Ce que tu aimes le plus dans ton magazine préféré, ce sont
- ● les affiches et les conseils pour sortir le soir.
- ■ le dossier et les infos sur l'actualité.
- ◆ le courrier des lecteurs.

2. Ce qui te fait rêver dans le métier de journaliste, c'est de
- ● rencontrer les stars.
- ◆ faire le tour du monde.
- ■ savoir ce qui se passe dans le monde.

3. Tu passes tes week-ends
- ■ sur ton ordinateur.
- ◆ à la campagne avec ton portable.
- ● avec tes amis au cinéma ou au café.

4. A ton avis, aujourd'hui, on ne peut pas vivre sans
- ■ Internet.
- ● téléphone portable.
- ◆ voiture.

5. Quand tu rentres à la maison,
- ◆ tu lis tes e-mails sur ton ordinateur à la maison.
- ■ tu as déjà lu tes e-mails pendant la journée.
- ● tu ne lis tes e-mails que tous les 15 jours.

6. Tu vas chercher les informations
- ■ toute la journée sur Internet, à la télé ou / et à la radio.
- ● dans les magazines que tu ne lis que chez le coiffeur / médecin.
- ◆ en parlant avec la famille, des amis, des gens.

7. Un bon journal doit
- ◆ t'aider dans la vie de tous les jours.
- ■ te parler des gens et des pays que tu ne connais pas.
- ● raconter la vie des stars.

8. Tu achètes un journal dont le titre est
- ● **Pamela:** Comment je suis devenue une star dans mon pays.
- ◆ **Débat:** Est-ce que l'école est utile?
- ■ **Le Monde:** La nouvelle crise économique: encore 10% de chômeurs en plus.

Les résultats

Tu as plus de ●:
L'info t'intéresse comme autrefois quand tu étais petit(e) et quand on te racontait des contes de fée.

Tu as plus de ■:
Tu ferais un bon journaliste. Mais fais cette expérience: reste deux jours sans médias et tu verras que l'info viendra à toi.

Tu as plus de ◆:
Tu es un(e) vrai(e) curieux / curieuse. Tu as besoin de savoir qui tu es pour comprendre les autres et le monde.

1. *Faites le test en choisissant une seule réponse à chaque fois. Comptez les points dans votre cahier: Quel type de lecteur/spectateur*/auditeur* êtes-vous? Echangez vos résultats.*
2. *Est-ce que vous aimeriez travailler comme journaliste plus tard? Justifiez votre réponse en 2–3 phrases.*

01

A Les jeunes et l'information

Approche

Avec quels médias vous informez-vous?

A quoi ça sert d'être informé?

Dans Okapi, le philosophe Yves Michaud discute avec des jeunes de l'information.

© Bayard Presse, Illustration: Catherine Meurisse

Yves Michaud: Dans le monde, beaucoup de choses se passent. Difficile de faire la part des choses[1]. Selon vous, sur quoi est-il important de s'informer?

Julien: Sur ce qui nous intéresse: le sport, le cinéma, les inventions[2], la sortie d'un disque.

Martin: Sur ce qui est utile. Par exemple, avant de partir en vacances [...].

Yves Michaud: Soit, mais vous ne parlez que de choses qui vous touchent directement. «Je me sens concerné», dans ce cas-là, se dit donc facilement. Il y a d'autres choses qui sont importantes, non?

Martin: Oui, savoir qu'il y a des attentats. Quand je vois ces images, ça me touche.

Audrey: L'environnement, c'est important, la politique aussi. Même si on ne comprend pas tout, les hommes politiques prennent des décisions qui nous concernent.

Yves Michaud: Tu as raison. Sur certains sujets qui nous touchent, on est obligé de s'informer. [...]

Martin: C'est difficile de se sentir concerné par ce qui se passe à des milliers de km.

Kevin: Mais c'est bien: grâce à l'information, on est lié aux[3] autres. On sait ce qui arrive et on peut parfois aider. [...]

Yves Michaud: En effet. Certains faits nous concernent parce que nous sommes humains et qu'ils touchent d'autres humains. C'est le travail des journalistes d'en faire des informations: dans «informer», il y a «forme». Informer, c'est «donner de la forme» aux faits, les rendre compréhensibles[4]. C'est important, car nous avons de plus en plus de moyens de communication: télé, radio, journaux, Internet. Nous recevons donc de plus en plus d'infos.

Pierre: Il y en a tant[5] qu'on risque d'être blasé[6]. Souvent, nous sommes influencés par trop d'infos. [...]

Yves Michaud: Oui, on ne nous a jamais autant informés, cela ne veut pas dire que nous savons mieux ce qui est important.

de Jean-Yves Dana © Okapi, Bayard Jeunesse 2006

Autour du texte

1. *D'après le texte, à quoi ça sert d'être informé? Répondez en une ou deux phrases.*
2. *Quelles informations intéressent d'abord Julien et Martin?*
3. *D'après l'article, sur quels sujets importants devrait-on s'informer? Etes-vous d'accord?*
4. *Comment est-ce qu'Yves Michaud décrit le métier de journaliste?*

Au-delà du texte

A votre avis, est-ce qu'il y a des sujets dont on ne parle pas assez? Lesquels?

1 faire la part des choses differenzieren – **2 une invention** eine Erfindung – **3 être lié à** verbunden sein mit – **4 compréhensible** verständlich – **5 tant** soviel – **6 être blasé(e)** übersättigt sein

A Pratique de la langue

1 Pour parler des moyens de communication

La presse* Les médias *(m. pl.)* La maison d'édition*	présente publie* informe	des informations un article des quotidiens / des hebdomadaires* / des mensuels* le public	au public à ses lecteurs
Le magazine La revue* Le journal Le courrier des lecteurs	paraît est influence décrit critique	tous les jours/mois / 1x par semaine neutre* / de gauche / de droite objectif(-ve) / subjectif(ve) les lecteurs / le public les faits la politique de …	
Les journalistes Les animateurs / animatrices	se servent (de)* utilisent présentent font écrivent	des moyens de communication des reportages des interviews	
Les spectateurs / spectatrices	zappent* regardent choisissent	la télé les infos / le journal* / le 20 heures la météo / la publicité / un feuilleton* le programme de télé / des émissions des débats télévisés* / un magazine un film documentaire*/policier* une chaîne de télévision / une série*	
Les auditeurs / auditrices	écoutent	la radio une émission	
Les internautes*	surfent* chattent* communiquent téléchargent* écrivent	des documents* / le matériel des e-mails	sur Internet / sur les blogs / dans les salons de chat*

Journaux et magazines français

Chaînes de télévision françaises

Choisissez 2 ou 3 journaux, magazines ou chaînes de télévision et cherchez-en des informations sur leurs spécialités, leur public et leur politique. Utilisez les expressions du tableau.*

B Programme de télé

Approche

Parlez de vos habitudes et expériences avec la télévision.

JEUDI 25 JANVIER 2007 **programme tv** 39

★★★ *À ne pas manquer* ★★ *À voir* ★ *Pourquoi pas*

TF1	FRANCE 2	FRANCE 3	CANAL+	ARTE	M6
17.25 7 à la maison. « Un nouveau départ ». **18.15** Un contre 100. **19.05** La Roue de la fortune. **20.00 Journal**	**16.05** Rex. **17.00** La Cible. **17.45** Un monde presque parfait. **18.50** On a tout essayé. **20.00 Journal**	**17.35** Des chiffres et des lettres. **18.05** Questions pour un champion. **18.35** 19/20. **20.20 Plus belle la vie**	**19.10** Le Grand Journal de Canal+. (C) **19.55** Les Guignols. (C) **20.10 Le Grand Journal, la suite** (C) Divertissement.	**19.00** Islande, le paradis des macareux. **19.45** Arte info. **20.00** Journal de la culture. **20.15 Les Aventures culinaires de Sarah Wiener**	**17.10** Jour J. **17.55** Un, dos, tres. **18.55** Charmed. « Mauvais génie ». **19.50** Six'. **20.10** Friends. **20.40 Kaamelott**

20.50 R.I.S. Police scientifique Série. « Preuve d'amour ». (Fr., 2006). Avec Jean-Pierre Michaël, Pierre-Loup Rajot, Aurélie	**20.50 A vous de juger** Magazine. Présenté par Arlette Chabot. Invités : François Fillon, François Hollande, Arlette Laguiller,	**20.55 Patinage artistique** Championnats d'Europe 2007. Programme libre messieurs. A Varsovie (Pologne). En direct. Com-	**20.50 24 Heures chrono** Série. « 21 h 00 - 22 h 00 ». (USA, 2006). Avec Kiefer Sutherland, Kim Raver, Julian Sands.	**20.45 Short Cuts** ★★ Comédie de Robert Altman (USA, 1993). 3 h 05. VO. Avec Andie MacDowell, Bruce Davison, Jack Lemmon.	**20.50 NCIS : enquêtes spéciales** Série. « Les immortels ». (USA, 2003). Avec Mark Harmon, Sasha Alexander, Michael Weatherly.
21.45 R.I.S. Police scientifique Série. « Cœurs à vif ». **22.55 La Méthode Cauet** Divertissement. Présenté par Cauet, Cécile de Ménibus. **1.15 Les Coulisses de l'économie** Magazine. Présenté par Jean-Marc Sylvestre. **2.10 Reportages**	**22.55 Stars des cités** Documentaire. **23.50 Les Tenaces** Documentaire. **0.50 Journal de la nuit** **1.10 Sentez-vous bien** Magazine. Présenté par Sophie Aurenche, Manuel Erminy. « Le foie ». **2.05 K2 : la montagne inachevée** Documentaire.	**22.45 Soir 3** **23.15 Choses secrètes** ★★ Drame de Jean-Claude Brisseau. (Fr., 2002). Avec **Sabrina Seyvecou, Coralie Revel**. **1.10 Espace francophone** Magazine. « Mémoriel, l'actualité du monde francophone ». **1.40 Plus belle la vie** Feuilleton.	**21.35 24 Heures chrono** Série. « 22 h 00 - 23 h 00 ». **22.15 Cold Case** Série. « Immortels ». Avec **Kathryn Morris.** **23.00 The Good, The Bad And The Queen** Concert. Enregistré en décembre 2006. **0.00 Je vous trouve très beau** ★★ Drame.	**23.45 Robert Altman, un portrait** Documentaire. **0.50 Arte info** **1.05 La Fiancée de Dracula** ★ Fantastique de Jean Rollin. (Fr., 2002). Avec **Cyrille Iste, Jacques Régis**. Dracula est sur le point d'épouser une jeune vierge.	**21.40 NCIS : enquêtes spéciales** Série. « La momie ». « Trafic en haute mer ». **23.25 Killer Instinct** Série. « L'amour assassin ». Avec **Johnny Messner, Kristin Lehman**. **0.30 10 pièges à éviter** Documentaire. « Escroqueries à domicile ».

© 20 minutes, No. 1119, 25.01.07, p. 39

Autour du texte

1. *A 18h05, il y a une émission sur «France 3» qui s'appelle «Questions pour un champion*». Qu'est-ce que c'est, à votre avis? Comment s'appelle l'émission allemande?*
2. *Regardez ce programme. Y a-t-il des émissions du même style qui passent aussi à la télé allemande? Comparez et décrivez-les.*

Au-delà du texte

Quel programme choisirais-tu ce soir, si tu étais en France? Pourquoi?

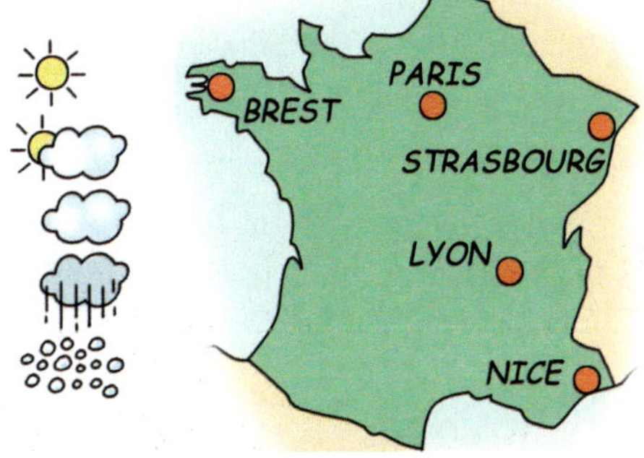

B Pratique de la langue

01

1 Ecouter: La météo à la radio

a *Ecoutez la météo et répondez aux questions: Est-ce qu'il fait beau partout en France? Où est-ce qu'il fait le plus froid?*

Ville	Temps matin	Temps après-midi	Température

b *Ecoutez une autre fois. Complétez le tableau en indiquant le temps qu'il fait dans les villes.*

c *Vous êtes animateur(-trice) de la radio. Présentez la météo avec vos propres* mots.*

C Tous des internautes?

Approche

Quelles sont vos habitudes en surfant sur Internet?

1. Jeunes et médias

Ralph et Potétoz © Okapi 767 01.10.04, p. 16

2. Les ados apprivoisent Internet

Une étude montre qu'ils utilisent surtout le Web pour garder le contact en se méfiant des inconnus. Ils n'ont pas envie de se faire identifier par n'importe qui.
Six ados sur dix disent ne jamais communiquer avec des inconnus [...]. Les ados délaissent[3] les salons de chat anonymes au profit de la messagerie instantanée[4] pour discuter entre copains clairement identifiés. Garder le contact avec leur réseau est d'ailleurs le principal usage[5] qu'ils font d'Internet. Le téléchargement ne concerne qu'un jeune sur deux et la blogomania reste limitée: un quart déclare avoir un blog qu'on délaisse rapidement la plupart du temps. On considère donc l'influence de l'Internet sur les ados comme moins inquiétante que l'on croyait avant l'étude.

© D'après Olivier Lapirot, Micro Hebdo, n° 438, 05/09/2006

3. Deux ados de 13 et 14 ans arrêtés pour avoir insulté la police

Mardi 30 août 2005 à 00:11. On avait soupçonné deux adolescents âgés de 14 et 13 ans d'avoir tenu un blog, journal personnel sur Internet, insultant la police. Alors c'est la police qui les a arrêtés à Roubaix (Nord), a-t-on appris vendredi 26 août de source policière. [...] Dans ce blog, il n'y avait pas seulement de banales photos de jeunes avec leurs amis, mais aussi des appels à la violence contre la police ainsi que des photos de véhicules de police en feu. Ce sont de jeunes adolescents, dont certains montraient des armes à feu[6], qui y apparaissaient très clairement en photo. Les auteurs indiquaient l'immeuble où ils habitaient. Quelles mesures a-t-on prises contre cet abus? On avait fermé ce blog que le site www.skyblog.fr de la radio «Skyrock» hébergeait.

© D'après http://blog.france3.fr/connaitre-ses-droit/index.php/2005/08/30/5338-deux-ados-de-13-14-ans-arretes-pour-avoir-insulte-la-police

Autour du texte

1. *Décrivez la chute de la caricature.*
2. *Qu'est-ce qui intéresse les jeunes Français sur Internet? Comparez-les avec vous-mêmes.*
3. *Pourquoi est-ce que la police a arrêté ces deux jeunes?*

Au-delà du texte

HA

A votre avis, quels sont les risques et les avantages de l'Internet?

---

1 faillir faire qc beinahe etw. getan haben – **2 wentwer** *(fam.)* rentrer – **3 délaisser qc** etwas vernachlässigen – **4 une messagerie instantanée** eine MSN – **5 un usage** ein Gebrauch – **6 une arme à feu** eine Schusswaffe

C Pratique de la langue

1 S'exercer: Un accro de l'Internet

Un sociologue veut savoir combien de temps un jeune passe sur Internet. Alors, il pose des questions à Paul, un accro de l'Internet. Faites ***attention à l'accord*** *et à l'interrogation!*

Le sociologue	Paul
1. Combien d'heures *(tu / passer)* devant ton écran, hier? 2. Quels sites *(tu / visiter)* ces derniers jours? 3. Combien d'e-mails *(tu / recevoir)*, hier? 4. Hier, *(tu / télécharger)* des vidéos sur ton ordinateur? 5. Quelle série *(tu / trouver intéressant)*? 6. Tu ne penses pas qu'hier, *(tu / passer)* trop de temps devant ton ordinateur? Et tes devoirs?	1. *(je / ne pas les compter).* 2. *(visiter)* tous les sites que *(je / trouver intéressant).* 3. *(je / en recevoir)* entre 10 et 15, mais *(je / ne pas encore les ouvrir tous).* 4. Bien sûr, des films que *(je / copier)* sur Internet et que mes copains *(me passer).* 5. La série que *(je / trouver intéressant)* était une série de science-fiction*. Mais, *(je / en oublier)* le titre. 6. Oui, c'est vrai. Hier, par exemple, *(je / ne pas les faire).*

2 S'exercer: Chatter avec un nouvel ordinateur

descendre – sortir – monter – rentrer – aller – arriver

1. transitiv: descendre + direktes Objekt → **Elle a descendu l'escalier.**
2. intransitiv: descendre → **Elle est descendue dans la rue.**

Complétez le texte avec ces verbes. Utilisez le passé composé. Attention à l'accord du participe passé!

Paul raconte: «J'adore communiquer et depuis toujours, je rêve de chatter avec mes amis sur Internet, mais comme notre ordinateur est trop vieux, ça ne marche pas très bien.

1. Heureusement hier, mon père a eu tout à coup envie d'avoir un meilleur accès à Internet à la maison et donc, nous (aller) au magasin pour acheter un nouvel ordinateur. 2. Mon père (sortir) son portemonnaie pour payer, les vendeurs* (descendre) l'appareil dans notre voiture et nous (rentrer) à la maison. 3. Quand maman a entendu que nous (arriver), elle (tout de suite descendre) avec mon petit frère pour regarder. 4. Papa (rentrer) la voiture dans le garage et maman et moi, nous (monter) l'ordinateur dans ma chambre. Mais il y avait un problème: qui savait installer un ordinateur? 5. J'ai eu une idée: la fille qui habite au 4e étage a toujours eu un ordinateur dernier cri. Alors, je (monter) la chercher, et elle n'a eu aucun problème pour nous aider. En ce moment, je n'arrête pas de surfer, chatter et jouer sur Internet! Surtout avec elle!»

3 S'exercer: Comment présenter une information?

Traduisez en allemand à la forme active et passive pour exprimer le même contenu.*

1. Ce mot [layn] s'écrit comment? – 2. Comment est-ce qu'on prononce* ce mot? – 3. Jouer à des jeux vidéo agressifs*, cela ne se fait pas, en plus, ça fait mal! – 4. Sur Internet, on communique surtout en anglais. – 5. On soupçonne deux personnes d'avoir abusé* d'un site sérieux sur Internet. – 6. En général, les nouvelles se publient dans les journaux, à la télé, à la radio ou sur Internet. – 7. On considère l'influence des images télévisées comme plus fortes que celle d'autres médias. – 8. Dans une pub anglaise, le thé* se boit avec du lait.

4 Mot à mot: Ce n'est pas vrai!

Corrigez en donnant la bonne définition. Utilisez ***«c'est/ce sont ... qui/que».***

Exemple: 1. Non, ce sont les internautes qui communiquent dans un salon de chat.

1. Les chats communiquent dans un salon de chat. 2. Les internautes surfent sur la côte.
3. Les spectateurs téléchargent des cartons du camions. 4. Un blog offre un site.
5. On publie des faits objectifs dans un courrier des lecteurs. 6. Les hebdomadaires paraissent une fois par mois. 7. Une animatrice écoute une émission à la radio.

5 Ecouter: Un reportage de sport

(→ Stratégie, p. 65)

Voici 4 séquences de sports différentes. Quel sport passe sur quelle chaîne?*

02 L

6 Transmettre: Le bain de langue dans le pays

Votre corres ne comprend pas cet article. Aidez-le/-la ***en résumant l'article en français.***

Kölner Stadt-Anzeiger
KÖLNISCHE ZEITUNG

Spielerisch die Sprache lernen

Nirgendwo lernt man eine Fremdsprache leichter als im „Mutterland" der Sprache. Kinder und Jugendliche aus aller Welt kommen in Sommercamps zusammen, um im internationalen Umfeld ihre Englisch- oder Französischkenntnisse zu verbessern. Morgens gibt es Sprachunterricht auf dem Level ihres Kenntnisstandes. Anschließend lernen alle gemeinsam Kanufahren, Segeln, Tennis, Schwimmen, Basketball, Soccer, basteln oder spielen Theater – und das alles auf Englisch oder Französisch. So verlieren sie spielerisch ihre Hemmungen, werden oft selbstbewusster und kommen [...] voller aufregender Eindrücke und Erlebnisse aus ihren Ferien zurück. Nicht selten stellt sich zu Hause dann der gewünschte Effekt ein: die Kids können freier und besser auf Englisch bzw. Französisch kommunizieren und verbessern ihre Noten.

© Kölner Stadtanzeiger, 24.01.07

D Des ados au micro*

Approche

02 a *Quelles émissions vous intéressent à la radio?*

b *Ecoutez quelques minutes sur www.radiofrance.fr. Une émission de votre choix.*

Bicle, Funda et Fatima font un journal en banlieue de Toul (54) et animent «Ta cité va parler», une émission de radio qui bouge! «Ça va faire deux ans qu'on a commencé à écrire notre journal de quartier», explique Bicle. Les rubriques? L'actualité internationale, la musique, des jeux, mais aussi les news de la Croix-de-Metz, quartier où habitent les six apprentis journalistes. «Pour faire ce journal, on va à la rencontre des personnes motivées. On montre ainsi que notre quartier n'est pas qu'une cité où les jeunes glandent», explique Funda. [...] Aujourd'hui, les filles ont une heure d'émission mensuelle. Elles n'hésitent pas à aborder les sujets les plus divers: le rap, des recettes et ... Le joyeux groupe ne manque pas d'auditeurs: «Tout le quartier nous écoute!», explique Bicle.

© Béatrice Quintin, Le Monde des ados No. 138, 8 mars 2006. p. 36

Autour du texte

1. *Pour quels auditeurs est-ce que les filles parlent dans leur émission de radio?*
2. *Cherchez des informations sur les radios des jeunes en France. Comparez-les.*

(→ www.klett.de, SB 3, L 1)

Au-delà du texte

Quelles émissions du même style connaissez-vous? Etes-vous pour ou contre? Expliquez.

D Pratique de la langue

1 Se préparer pour l'examen de DELF

Stratégie

→ **1. DELF scolaire:** Es ist eine international anerkannte Prüfung und besteht aus 4 Teilprüfungen: A 1, A 2, B 1 und B 2. Jede Teilprüfung überprüft deine Kompetenzen in den Bereichen: **Hören, Lesen, Schreiben und Sprechen**. Als *Découvertes*-Nutzer hast du nach 5 Unterrichtsjahren die besten Voraussetzungen für eine erfolgreiche DELF-Prüfung zum **Niveau B 1**. Du kennst schon etliche Übungen speziell für DELF (mit dem Delfinsymbol).

→ **2. Tipps zur Prüfungsvorbereitung:** – Um für die Prüfung fit zu sein, muss das **Hörverstehen** von Anfang an regelmäßig trainiert werden, denn in der stressigen Prüfungssituation kommt dir das Sprechtempo schnell vor und du musst dich sehr konzentrieren, um die Fragestellungen oder Zahlen eindeutig zu verstehen. – Beginne **rechtzeitig mit der Vorbereitung**. Plane lieber kürzere und häufigere Lernphasen als wenige lange. – **Kommuniziere** bei Partnerarbeiten so **früh** wie möglich **auf Französisch**, damit du lernst, spontan zu reagieren, zurecht zu kommen, auch wenn du etwas nicht verstanden hast, und das Gespräch am Laufen zu halten. – Geh nochmals **alle Themen und Materialien** durch, die ihr im Unterricht oder für die Vorbereitung der DELF-Prüfung behandelt habt. – Achte am **Tag der Prüfung** auf **Kleidung und Benehmen**.

■ **Savoir faire.** *Simulez* un examen* oral du DELF à deux en préparant l'exercice 5, page 64.*

[A la carte 2]

100 % français?

1.

Le Cirque de Gavarnie

Les Gorges du Tarn

Le Viaduc de Millau

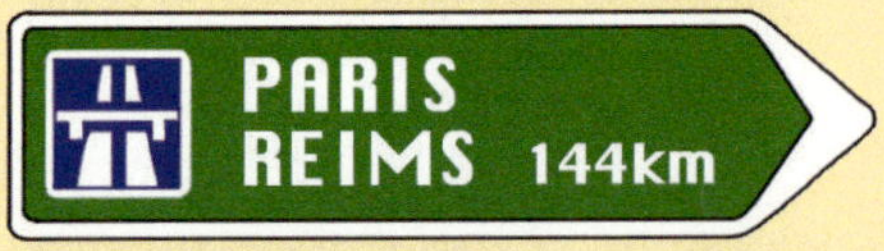

2.

Reims

1. *Ces photos présentent deux régions françaises. Regardez bien tous les détails et trouvez le nom des deux régions. Justifiez votre réponse.*
2. *Quelles autres spécialités* ou curiosités* typiques de ces deux régions connaissez-vous?*

→ voir aussi les cartes au début et à la fin du livre et page 203.

A Le retour des ours

Approche

Quels animaux sauvages connaissez-vous dans votre région?*
D'après vous, où est-ce qu'il y a encore des ours en Europe?

1. Au XIXe siècle, les ours ont disparu peu à peu des montagnes françaises à cause de la chasse. Vers 1920, il ne restait plus que deux cents ours en France, uniquement dans les Pyrénées. Bien que la chasse à l'ours soit interdite en France depuis 1962, leur nombre diminue d'année en année. Sans les ours de Slovénie qui ont été lâchés[1] dans les Pyrénées depuis 1996, il n'y aurait sans doute plus d'ours en France.

Le nombre d'ours dans les Pyrénées

L'ours a disparu des Pyrénées centrales en 1990.
En 1996, trois ours slovènes ont été réintroduits dans cette région.
La femelle abattue mardi par un chasseur était la dernière ourse de souche pyrénéenne.

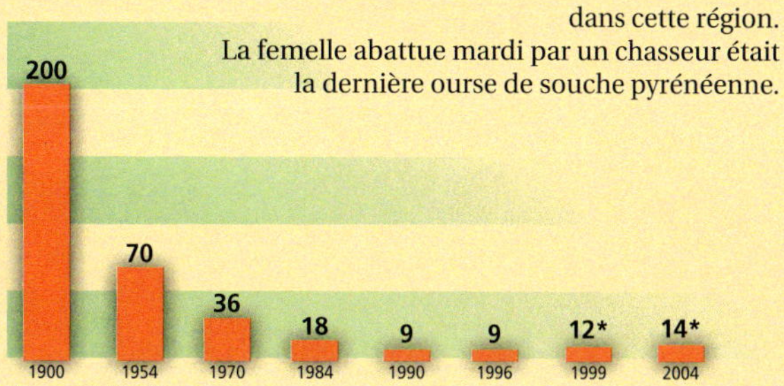

Source: WWF — **estimation*

2. Manifestation contre les ours

Ce samedi 1er avril 2006, environ 200 bergers[2] et éleveurs[3] de moutons ont manifesté dans le village d'Arbas (Haute-Garonne)[4] où il est prévu dans les semaines à venir de lâcher les premiers ours de Slovénie. Les dégâts[5] causés par les manifestants sont importants.

© D'après www.paysdelours.com

3. 162 moutons tués par un ours dans l'Ariège[6] 27 juin 2005

L'ours Boutxy a encore attaqué des moutons. Mais cette fois-ci, il s'agit d'un vrai désastre puisque 162 moutons ont été tués. Attaquant le troupeau, l'ours a fait peur aux bêtes qui sont tombées dans un ravin[7].

© D'après la Dépêche du Midi du 28.06.05: http://www.pyrenees-pireneus.com/OURS-Predations-Ariege.htm#1

4. L'ourse Cannelle a été tuée! mardi 2 novembre 2004

Le 1er novembre, l'ourse Cannelle a été tuée par un chasseur dans les Pyrénées-Atlantiques[8]. Elle était la dernière ourse de race pyrénéenne et elle était accompagnée d'un ourson[9] de 10 mois. On ne sait pas si l'ourson va pouvoir survivre sans sa mère.

© D'après un communiqué de l'association FERUS: http://ours-loup-lynx.info/article.php3?id_article=228

---

1 lâcher freilassen – **2 un berger, une bergère** ein(e) Schäfer(in) – **3 un éleveur** ein Züchter –
4 la Haute-Garonne *département de la région Midi-Pyrénées* – **5 un dégât** ein Schaden –
6 l'Ariège *(f.) département de la région Midi-Pyrénées* – **7 un ravin** eine Schlucht –
8 les Pyrénées-Atlantiques *(f. pl.) département de la région Aquitaine* – **9 un ourson** *un petit ours*

5. L'ours est-il dangereux pour l'homme?

Jusqu'à ce jour, il n'y a jamais eu d'accident. Cependant, même si l'ours n'attaque pas l'homme, il faut quand même rester très prudent. Comme tous les animaux sauvages, il se cache quand il entend un bruit. Très rares sont les personnes se promenant dans les Pyrénées qui se sont retrouvées nez à nez avec un ours. N'ayant jamais tué personne, l'ours ne représente pratiquement aucun danger pour les touristes ni pour les bergers. Le risque le plus important concerne les ourses avec leurs oursons.
Ne pouvant pas quitter leurs oursons, elles ne peuvent pas fuir et deviennent très agressives. En fait, ce n'est pas l'ours qui est un danger pour l'homme, mais le contraire!

Résumé d'un sondage sur: http://www.ferus.org

6. Bonjour à tous!

Moi, je suis totalement contre l'ours, et fière de l'être!!!
J'ai 13 ans. Etant fille d'agriculteur, quand je monte dans la montagne avec mon père et que je vois les moutons tués par l'ours et bien j'ai plus envie de pleurer pour les moutons que pour les ours! Alors, je n'ai qu'une chose à dire: «NON A L'OURS!!!!!» et «NON AUX ECOLOS!!!!!»
G.E.

© Le blog: http://www.loup-ours-berger.org

Autour du texte

1. *Expliquez l'évolution du nombre d'ours en France en utilisant les informations des textes et du graphique.*
2. *Qui est-ce qui manifeste contre le retour des ours dans les Pyrénées? Pourquoi?*
3. *A votre avis, pourquoi est-ce qu'on fait venir des ours dans les montagnes?*
4. *Décrivez les deux points de vue* pour et contre l'ours dans les Pyrénées. Faites une liste des arguments.*

Pour parler d'un graphique

→ p. 67.

– le nombre de … a baissé*/ augmenté de* … % depuis 2000.
– le nombre de … est faible*/élevé*.

Au-delà du texte

Etes-vous pour ou contre le retour des ours en Europe? Prenez position.

(→ www.klett.de: SB3, ex. 7, p. 37)

A Pratique de la langue

1 S'exercer: Deux nouvelles trouvées dans un journal

*Transformez les phrases en utilisant pour **A**: la forme active, pour **B**: la forme passive.*

Exemple: **Une lettre** ouverte a été écrite au maire./… par les manifestants.
→ On a écrit …/Les manifestants ont écrit **une lettre** ouverte au maire.

A Les traces de l'ourson ont été retrouvées pour la première fois depuis le 1er novembre. Il y a quatre mois, sa mère Cannelle avait été tuée par un chasseur. Une ourse et un ourson ont été observés du côté espagnol le 31 mai.

B Arbas, 4 avril 2006: Samedi, la police a arrêté une femme qui a essayé de voler de l'argent dans un magasin. Le propriétaire du magasin l'avait surprise* quand elle ouvrait la caisse. On rouvrira le magasin demain.

2 S'exercer: Faits divers*

*Remplacez les participes présents par **«comme/parce que»** ou **«qui»**.*

1. Etant malade, le maire d'Argelès-Gazost n'a pas pu parler aux écologistes. 2. Voyant l'ours dans son jardin, Mme Dupré est tombée dans les pommes. 3. Les paysans voulant manifester contre les ours, ont occupé l'hôtel de ville. 4. Ne trouvant pas de travail, les jeunes quittent les villages. 5. L'ours, sentant que les chasseurs étaient là, s'est caché.

3 S'exercer: Rencontre avec un ours

Raccourcissez (Verkürzt) les phrases en utilisant le participe présent.

1. Les gens pensent que les ours qui tuent des moutons, attaquent aussi les hommes.
2. Les ours s'éloignent plutôt des villages parce qu'ils craignent l'homme. 3. Alors, comme ils restent loin des maisons, ils ne voient jamais l'homme. 4. Seul un ours qui a peur ou qui a faim peut devenir dangereux. 5. Comme certains ours n'ont jamais vu d'hommes, ils ne savent pas comment réagir. 6. Les personnes qui gardent leur calme n'ont rien à craindre.

4 Organiser un débat*

Stratégie

Um eine Debatte zu führen, braucht man einen neutralen Moderator und Debattierende.

	Pour	Contre
1. In jeder Gruppe vertreten 2 Schüler das Pro und 2 das Contra. Wählt eine 5. Person als Moderator, der für die Einhaltung der Regeln sorgt (Reihenfolge, Redezeit, Aussprechen lassen, Nachfragen). **2. Vorbereitung:** Ordnet eure Argumente nach Wichtigkeit in einer Tabelle und findet einen Leitfaden. **3. Debatte:** Tragt eure Argumente vor und geht auf die Beiträge eurer *Gegner* ein. Behaltet dabei euren Standpunkt bei. Ihr führt die Debatte mit der Klasse.	– A mon avis, … – Je suis du même avis que … – Je suis d'accord. – Moi, personnellement, je pense … – L'avantage, c'est que …	– Je trouve que c'est faux ce que tu dis parce que … – Je ne suis pas d'accord car … – A vrai dire, … – L'inconvénient, c'est que …

■ **Savoir faire.** *Etes-vous pour ou contre les animaux dans les zoos*? Organisez un débat.*

10 S

B L'Alsace aux portes de Paris

Approche

Quel moyen de transport choisiriez-vous pour aller à Paris? Justifiez votre choix.

	Distance	TGV	Voiture	Avion
Paris–Reims	144 km	45 min.	1 h 30	*
Paris–Bruxelles	305 km	1 h 22	3 h	1 h
Paris–Strasbourg	488 km	2 h 20	4 h 30	1 h 10
Paris–Amsterdam	503 km	3 h	5 h	3 h 15*
Paris–Cologne	484 km	3 h	4 h 45	3 h 10*
Paris–Stuttgart	620 km	3 h 30	7 h	55 min.
Paris–Marseille	777 km	3 h	7 h	1 h 25

* pas de vol, ou pas de vol direct

En juin 2007, le TGV a changé l'Est de la France. Disneyland est devenu une destination de week-end pour les habitants de Strasbourg (à 2 h 20 de Paris) et de Reims (à 45 minutes de Paris). Avec ce nouveau *TGV Est*, c'est 85 % du trafic qui a changé: 300 km de nouvelles lignes à grande vitesse sur lesquelles les trains roulent à 320 km/h.

Sur les distances de moins de 500 km, le train est devenu plus rapide que l'avion. «Avec le *Thalys*[1], nous avons tué la ligne aérienne Paris–Bruxelles», rappelle **Jean-Michel Dancoisne**, directeur général du train qui met Bruxelles à moins d'une heure et demie de Paris. L'*Eurostar* qui relie la gare du Nord à celle de Saint-Pancras à Londres en 2 h 40 ne laisse que 30 % du marché «Paris–Londres» à Air France, British Airways et BMI[2].

«Alors sur Paris–Strasbourg, on espère avoir 80 % du marché», déclare **Alain Le Guellec**, directeur du *TGV Est* européen. Avec 24 allers-retours par jour entre l'Alsace et Paris, la SNCF ne laisse pas le choix aux compagnies aériennes.

Jean-Cyril Spinetta, président d'Air France, a bien compris le danger du TGV pour sa compagnie et a déjà annoncé que des «*TGV Air France*» pourraient rouler en Europe à partir de 2010. «Finalement, ajoute-t-il, nous nous sommes dit à Air France qu'un TGV est comme un avion qui roule».

© D'après l'article de Newzy, 31-05-2006

Autour du texte

1. *Regardez le tableau. Est-ce que le TGV est le moyen de transport le plus rapide?*
2. *A votre avis, pourquoi est-que le TGV est plus rapide que l'avion sur les distances de moins de 500 km?*
3. *Quelles sont les conséquences* du TGV pour:*
   - *les habitants des grandes villes,*
   - *les compagnies aériennes,*
   - *l'environnement?*
4. *Expliquez et commentez pourquoi le «TGV Est» est aussi important pour l'Europe.*

1 Thalys *le nom du train à grande vitesse belge Paris – Cologne* – **2 Air France, British Airways, BMI** *compagnies aériennes*

Au-delà du texte

1. Pour préparer une publicité sur le TGV, vous faites une liste de tous les avantages de ce moyen de transport.
2. Faites une liste de tous les inconvénients pour préparer des slogans d'une manif contre une nouvelle ligne TGV.
3. Faites une affiche de publicité pour le TGV. Complétez-la avec des photos trouvées sur Internet. Présentez-la.

B Pratique de la langue

1 S'exercer: Contre le TGV

Mettez les verbes entre parenthèses au passé composé et faites l'accord si nécessaire.

1. Quand les écologistes ont appris que la SNCF allait construire le *TGV Est*, ils (se téléphoner) puis ils (se rencontrer) pour discuter du projet. 2. Ils (se dire) que la nouvelle ligne du TGV allait couper la région en deux et détruire la nature. 3. Ils (se donner) rendez-vous à Pomponne* où ils ont rencontré le maire et les responsables* de la SNCF. 4. Ils (se parler) pendant plus de deux heures et ils (se disputer) sur presque tous les points. 5. Les écologistes (se promettre) de continuer à se battre contre ce projet.

2 Son et image: Une publicité de la SNCF

http://www.sncf-ideesdavance.com

SNCF

a *Lisez les questions et regardez cette publicité sur Internet une première fois. Puis répondez aux questions.*

1. D'où sortent les petits personnages du film?
2. Qu'est-ce qu'ils représentent?

b *Regardez la pub une 2e fois. Répondez aux questions.*

1. Qu'est-ce qui se passe quand on ferme la porte aux idées nouvelles?
2. Qu'est-ce qu'on fait avec elles à la SNCF?
3. Quel est le message de la publicité?

3 Projet: Sur les ponts … (→ SB2, L4 + L7/SB3, M3/SB4, M2)

Pont du Gard – Viaduc de Garabit – Pont Saint-Bénezet – Viaduc de Millau

Travaillez en 4 groupes et choisissez un pont sur lequel vous faites une recherche sur Internet. Chaque groupe prépare un petit exposé pour le présenter à la classe.
Pour chaque pont, présentez ces sujets: 1. la géographie – 2. l'architecture – 3. l'histoire – 4. les faits divers.

C «La langue de la République est le français.[1]»

Approche

Regardez la carte de la France et de ses langues page 214. Qu'est-ce que vous constatez?

03

a) De Hunger macht üss Brot Lebkuesche. *(La faim transforme notre pain en pain d'épice.)*	d) De grote vissen eten de kleine. *(Les gros poissons mangent les petits.)*
b) Chì cerca trova. *(Celui qui cherche trouve.)*	c) Gortozit an noz evit lavarout eo bet kaer an deiz. *(Attendez la nuit pour dire que la jounée a été belle.)*

Jusqu'au XIXe siècle, la France était multilingue; le français n'était parlé que par une petite partie de la population. L'emploi du français a augmenté beaucoup finalement avec l'école obligatoire[2], où le français était d'abord la seule langue d'enseignement[3].

Par contre, il y a des minorités[4] culturelles qui ont préservé leur langue jusqu'à nos jours. Ces langues ne sont ni françaises ni officielles. Ce sont des langues régionales. Mais elles sont enseignées aujourd'hui officiellement dans les régions d'origine.

Voilà la liste des langues régionales les plus connues:

- **L'alsacien et le lorrain** sont des dialectes de la même famille que l'allemand. (975 000 locuteurs)
- **Le flamand** est proche du néerlandais. Il est langue officielle en Belgique et aux Pays-Bas. (100 000 locuteurs en France)
- **Le breton** est une langue celtique[5] comme par exemple l'irlandais. Son origine est la langue des Gaulois (pensez à Astérix et Obélix!). (450 000 locuteurs)
- **Le basque** est une très vieille langue dont on connaît mal l'origine. En Espagne, elle est une des langues officielles. (100 000 locuteurs en France)
- **L'occitan** est aussi une très vieille langue qui désigne aujourd'hui tous les dialectes du sud de la France. Cette «langue d'oc» était la langue courante au Moyen Âge.
- **Le catalan** est parlé en France, près de Perpignan. En Catalogne[6] et en Andorre, il est même langue officielle. (180 000 locuteurs en France)
- **Le corse** ressemble beaucoup à l'italien. (220 000 locuteurs)

D'après *Grundwissen La France* de W. Fischer, G. Renaud, A.-M. Le Plouhinec
© Ernst Klett Schulbuchverlag GmbH, Leipzig 2005, S. 145

Estimation: Leclerc, Jacques. «Les langues régionales en France» dans *L'aménagement linguistique dans le monde*, Québec, TLFQ, Université Laval, année 2005–2006

Autour du texte

1. *Quel proverbe va avec quelle langue? Discutez-en avec votre voisin(e).*
2. *Qu'est-ce que vous savez sur les «langues régionales ou les dialectes» en Allemagne?*

---

1 *article 2 de la Constitution de la République française* – **2 l'école obligatoire** *hier:* die Schulpflicht – **3 une langue d'enseignement** eine Unterrichtssprache – **4 une minorité** eine Minderheit – **5 celtique** keltisch – **6 la Catalogne** Katalonien *(une province espagnole)*

Au-delà du texte

Choisissez un des thèmes suivants et présentez vos résultats (→ Stratégie SB 4, M 2).

1. *Expliquez le titre du texte: «La langue de la République est le français».*
2. *Faut-il apprendre les langues régionales à l'école? Donnez votre avis sur le rôle des langues régionales.*
3. *Faites des recherches sur les langues régionales, d'enseignement et les dialectes en Allemagne.*

C Pratique de la langue

1 Transmettre: Deux annonces

Grâce au français, vous comprendrez les annonces facilement. Traduisez-les en français.

1.	Hola, **vivo** en Barcelona, soy un chico de 22 **años**. Soy **simpático**, **inteligente** y **con una buena cultura**. Busco **una** chica **atractiva** e **interesante** para **conocer**.
2.	Signora, **bella presenza**, 30.enne, **bionda**, alta 1,65, **magra**, **buona cultura** cerca **compagno sportivo**, **tranquillo** e molto **intelligente**, **zona Milano**.

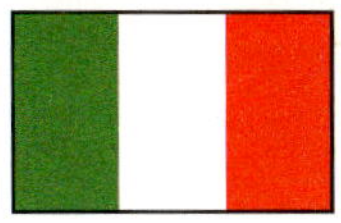

© D'après: http://www.kom.tu-darmstadt.de/eurocom/

2 Mot à mot: La langue

a *En français, le mot «langue» a deux sens*. Lesquels?*

«Il parle plusieurs langues.»
«Il faut tourner sept fois sa langue dans sa bouche avant de parler.»

1

2

3

4

donner sa langue au chat	avoir un cheveu sur la langue	tenir sa langue	être mauvaise langue

b *Quelle traduction allemande va avec quelle expression idiomatique* française?*
→ verleumden, lispeln, aufgeben, schweigen

c *Imaginez quatre autres petits dialogues dans lesquels vous utilisez ces expressions.*

[A la carte 3]

Voyage à travers les siècles

1

2

3

4

5

6

7

8

9

10

1. *Montrez sur quelle image sont Charles de Gaulle (1890–1970) – Gustave Eiffel (1832–1923) – Maximilien de Robespierre (1758–1794) – Claude Monet (1840–1926) – Fulgence Bienvenüe (1852–1936).*
2. *Cherchez les paires* de chiffres qui vont ensemble. Justifiez votre choix.*
3. *Expliquez pourquoi ces hommes ont marqué leur époque.*

12 S

A «Aux armes, citoyens!»

Approche

Regardez l'image et décrivez-la. Qu'est-ce qu'elle montre?

L'historien français Michel Vovelle explique la Révolution française à sa petite-fille:

– *La Révolution française est-elle une révolte d'esclaves comme celle de Spartacus[1]?*
– Non, la Révolution française de 1789 prend place dans tout un ensemble de révolutions, à Genève, en Belgique, aux Pays-Bas … la plus importante étant la révolution américaine, c'est-à-dire le soulèvement[2] des treize colonies anglaises contre leur métropole, entre 1779 et 1783. Elle a donné naissance aux Etats-Unis qui sont devenus la démocratie que l'on connaît. Une révolution, à la différence d'une révolte, change l'histoire d'un pays.
– *Mais alors, la Révolution française n'est qu'une révolution comme les autres?*
– C'est une révolution parmi d'autres, mais elle a une importance particulière[3]. Je m'explique: les hommes de la Révolution, dès l'origine, ont appelé «Ancien Régime[4]» le monde qu'ils avaient détruit, comme s'ils voulaient tourner la page en entrant dans une nouvelle aventure. Cet Ancien Régime était celui du royaume[5] de France, une monarchie sur laquelle régnaient[6] Louis XVI et sa femme Marie-Antoinette. Louis XVI n'était pas un mauvais homme, il avait de bonnes intentions, mais pas de grandes qualités. Il n'a pas su ni garder ses bons ministres comme Turgot ou Necker, ni défendre leurs réformes. La résistance des privilégiés et la crise étaient trop fortes.
– *Et c'étaient qui exactement, ces privilégiés?*
– Dans la France de l'Ancien Régime, tous n'étaient pas égaux; la société était divisée en ordres[7], qui avaient plus ou moins de privilèges et de pouvoir. En premier, le clergé[8], l'église catholique, qui était très riche en terres et en argent. Puis, plus riches encore, les aristocrates qui formaient l'ordre de la noblesse, qui possédaient au moins un quart des terres en s'ennuyant dans leurs châteaux ou à la cour du roi.
– *Et les paysans, comment est-ce qu'ils vivaient?*
– A la fin du XVIIIe siècle, en France, les paysans étaient souvent propriétaires de leurs biens[9]. Ceux-ci représentaient au total près de la moitié du sol[10] français. Mais les paysans devaient payer au seigneur[11] des redevances[12] qui étaient parfois très lourdes. J'ajoute qu'en 1788 et 1789 les récoltes[13] ont été très mauvaises et que les pauvres ne pouvaient plus s'acheter de pain, tant il était cher. Alors, les gens se sont révoltés … Ils ont pris la Bastille le 14 juillet 1789.

La Révolution française expliquée à ma petite-fille de Michel Vovelle © Editions Seuil, 2006, p. 10-15

---

1 Spartacus *esclave romain († 71 avant J.-C.)* – **2 un soulèvement** ein Aufstand – **3 particulier (-ère)** besondere(r/s) – **4 l'Ancien Régime** *die absolutistische Monarchie bis zur frz. Rev.* – **5 le royaume** das Königreich – **6 régner** herrschen – **7 un ordre** ein Stand – **8 le clergé** der Klerus / die Kirche – **9 les biens** die Güter – **10 le sol** der Boden – **11 un seigneur** ein Herr / Landesfürst – **12 une redevance** eine Gebühr / Steuer – **13 la récolte** die Ernte

Autour du texte

1. *Comment est-ce que M. Vovelle explique la Révolution française? Quels sont ses arguments?*
2. *«Dans la France de l'Ancien Régime, tous n'étaient pas égaux». Expliquez.*

Au-delà du texte

1. *Lisez la fable* «L'enfant et le miroir[1]» et résumez-la en français.*
2. *Quelle est la morale* de la fable, quel message y lisez-vous?*

Un enfant élevé dans un pauvre village
revint chez ses parents, et fut surpris* d'y voir
un miroir.
D'abord il aima son image;
et puis, par un travers[2] bien digne d'un enfant,
et même d'un être plus grand,
il veut outrager[3] ce qu'il aime,
lui fait une grimace, et le miroir la rend[4].
Alors son dépit[5] est extrême;
il lui montre un poing[6] menaçant*,
il se voit menacé de même.
Notre enfant fâché[7] s'en vient, en frémissant[8],
battre cette image insolente[9]; il se fait mal aux
mains. Sa colère en augmente*;
et, furieux[10], au désespoir[11],
le voilà devant ce miroir,
criant, pleurant, frappant[12] la glace[13].
Sa mère, qui survient, le console, l'embrasse,
tarit[14] ses pleurs, et doucement lui dit:
n'as-tu pas commencé par faire la grimace
à ce méchant enfant qui cause* ton dépit?
– Oui. – Regarde à présent: tu souris, il sourit;
tu tends[15] vers lui les bras, il te les tend de
même;
tu n'es plus en colère, il ne se fâche plus:
de la société tu vois ici l'emblème;
le bien, le mal, nous sont rendus.

Jean-Pierre Claris de Florian (1755–1794)

A Pratique de la langue

Réviser: Liberté, égalité*, fraternité*

a *Ecrivez les phrases suivantes en utilisant un gérondif là où c'est possible.*

1. Si les gens avaient eu assez à manger, ils n'auraient pas pris la Bastille. 2. Quand Louis XVI et Marie-Antoinette fuient Paris dans la nuit du 20 juin 1791, ils ne savent pas encore qu'on les arrêtera à Varennes*. 3. On les a reconduit à Paris, comme ça, on a pu les juger*. 4. Quand Louis XVI meurt sous la guillotine* le 21 janvier 1793, la monarchie laisse la place à la révolution puis à Napoléon.

b *Ecrivez les phrases suivantes en remplaçant les gérondifs par une autre construction.*

1. Robespierre* installe la «Terreur*» <u>en envoyant</u> ceux qui ne pensent pas comme lui à la guillotine. 2. <u>En étant</u> plus humains, lui et ses amis n'auraient peut-être pas trouvé la mort de la même façon. 3. <u>En prenant</u> le pouvoir en 1799, Napoléon Bonaparte réussit à contrôler la situation en France <u>en créant</u> une administration centralisée et une monnaie sûre, le franc. 4. Mais une chose est sûre: <u>en faisant</u> moins de guerres, il aurait encore mieux servi la France.

---

1 le miroir der Spiegel – **2 un travers** ein Charakterfehler – **3 outrager** *hier:* provozieren – **4 rendre** widerspiegeln – **5 le dépit** = *la colère* – **6 le poing** die Faust – **7 fâché(e)** verärgert – **8 frémir** zittern – **9 insolent(e)** frech – **10 furieux (-euse)** wütend – **11 le désespoir** ⟷ l'espoir – **12 frapper** schlagen – **13 la glace** = *le miroir* – **14 tarir** stillen – **15 tendre** hinstrecken

13 B Au XIXe siècle, ça bouge à Paris!

Approche

Comparez ces deux photos prises en 1889 et en 2007. Qu'est-ce qui a changé?

Rien n'attire autant de monde que la tour Eiffel. Il y a tant de touristes qui la visitent qu'il faut souvent faire la queue pendant des heures. Et pourtant, au début elle ne plaisait pas tant que ça …

1. Pour fêter les 100 ans de la Révolution, le gouvernement français décide d'organiser à Paris une grande exposition […]. Cette exposition universelle aura pour entrée triomphale une tour de 300 mètres: la tour Eiffel. Des Invalides au Champ de Mars, les bords de la Seine deviennent un chantier colossal. […] Les visiteurs du monde entier affluent[1] à cheval, à pied et en voiture. […] Les Parisiens, y viennent en famille, le dimanche, avec un pique-nique. […] Ils vont admirer les nouvelles inventions au Palais des Machines où des demoiselles des postes font des démonstrations étonnantes avec le tout nouveau téléphone. […] La tour Eiffel monte[2], mais elle ne plaît pas à tout le monde. Une armée d'artistes et d'écrivains partent en guerre contre ce «lampadaire[3] tragique». […] Eiffel défend son monument: «Il sera beau, colossal et utile». […] Le 31 mars 1889, la tour Eiffel est achevée[4]. […] Un groupe de cinquante personnes attaque, à la suite d'Eiffel, l'ascension[5] de la «grande dame de fer». Vingt d'entre eux seulement arrivent au sommet. […] Ils ont escaladé plus de 1700 marches! […] Eiffel […] hisse un gigantesque drapeau français et vingt et un coups de canon retentissent[6] pour annoncer la bonne nouvelle […].

Le livre de la tour Eiffel, Sylvie Girardet, Claire Merleau-Pontry, Anne Tardy, Nicole Claveloux
© Découverte Cadet Editions Gallimard, 1983, p. 40–42, 46–47

2. A l'approche de l'Exposition de 1900, la circulation dans Paris est de plus en plus préoccupante[7]. […] Un nouveau mode de transport devient indispensable. Dirigés par l'ingénieur Fulgence Bienvenüe, les travaux de la première ligne du métropolitain ne dureront que 2 ans. Le 19 juillet 1900, les voyageurs, étonnés et ravis[8], parcourent en 25 minutes le trajet Vincennes-Maillot. Le succès est immédiat.

Le livre de Paris (2) de Françoise et Philippe Fix © Découverte Cadet Editions Gallimard, 1988, p. 52

Autour du texte

1. *A quelle occasion a-t-on construit la tour Eiffel? Comment a-t-on fêté la fin des travaux?*
2. *Quelle était l'autre découverte de l'exposition universelle de 1889?*
3. *En quelle année et pour quelle raison a-t-on construit la première ligne du métro?*

Au-delà du texte

Renseignez-vous sur G. Eiffel ou F. Bienvenüe. Ecrivez une biographie en 60 mots.

1 affluer herbeiströmen – **2 monter** *hier:* (hinauf)schießen – **3 un lampadaire** eine Laterne – **4 achevé(e)** fertig – **5 l'ascension** *(f.)* der Aufstieg – **6 retentir** ertönen – **7 préoccupant(e)** beunruhigend – **8 ravi(e)** entzückt

B Pratique de la langue

1 S'exercer: Autant que je sache* ...

Complétez l'interview de G. Eiffel avec «tant» et «autant».

1. – Monsieur Eiffel, ? de gens ont visité la tour, alors, pourquoi l'enlever? 2. – ? que vous le sachiez, moi, je veux la garder. 3. – Pourquoi y a-t-il ? de haine contre elle? 4. – Je ne sais pas. Nous avons ? travaillé. Nous avons utilisé ? d'énergie, presque ? que pour construire les pyramides. 5. – Oui, mais il y a ? de fer dans cette tour et elle est si lourde, qu'un jour elle nous tombera sur la tête!».

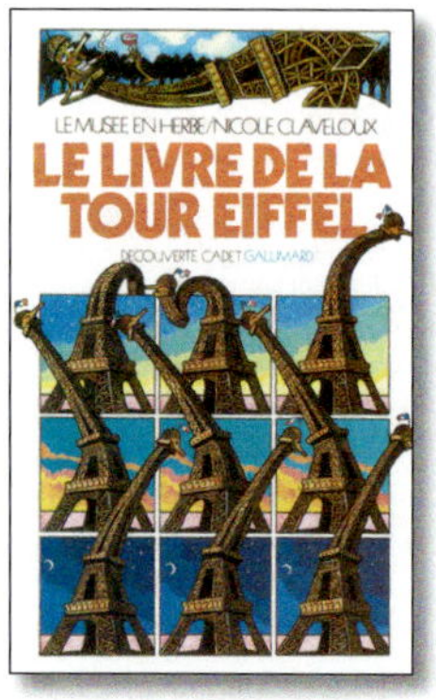

2 Réviser: Le père de la «dame de fer»

Répondez à la place de G. Eiffel. Remplacez les parties soulignées par un pronom.

1. Est-ce que vous avez déjà lu les critiques sur votre invention? Non, je ne ... jamais ...
2. Connaissez-vous le nombre exact des marches? Oui, il ... (y avoir plus de 1700)
3. Avez-vous déjà montré votre appartement au 3e étage à vos amis? Oui, je ...
4. Est-ce que vous permettez à votre famille d'y passer la nuit? Non, je ...
5. Pensez-vous qu'au XXIe siècle, les gens se rappelleront votre nom? Oui, j'espère qu'ils ...
6. Auriez-vous envie de m'accompagner au restaurant de la tour? Oui, ça me ferait plaisir de ...

3 Réviser: La tour-aventure

Reliez les phrases. Utilisez une fois «avant de / pour / sans / après + infinitif».

1. Sylvain Doinon, un boulanger, n'est pas encore monté à pied sur la tour. Quand même, il réussit en 1891 à monter au premier étage sur des échasses*.
2. En 1923, Pierre Labric descend en vélo les 363 marches du premier étage. Comme ça, il veut montrer à ses amis qu'il est l'homme le plus sportif de Paris.
3. Le 4 février 1912, l'Autrichien* Franz Reichel met un vêtement qu'il a fait avant lui-même et avec lequel il pense pouvoir voler. Puis, à 8 h 30, il se jette du 1er étage en bas ... mais il meurt.
4. En 1996, Alain Robert grimpe sur le sommet de la tour à mains nues* et sans protection en 45 minutes. Avant, il s'est entraîné longtemps.

4 Langue, culture et civilisation française (→ Strategie p. 166)

Stratégie

Um euch aktuelle Informationen über Sprache und Kultur zu verschaffen, könnt ihr:
- eine Suchmaschine aufrufen, z. B. www.google.fr: „images" für Bilder, „video" für DVDs, „YouTube" bzw. www.rfi.fr für Musik(-Clips) oder „actualités" für Nachrichten.
- im Internet folgende Seiten oder andere Linksammlungen zu Rate ziehen: www.culture.gouv.fr, fr.wikipedia.org/wiki/Accueil.
- in Stadt- oder Schulbibliotheken unter „Geschichte" bzw. „Frankreich" fündig werden.
- in Lexika und Nachschlagewerken schmökern, z. B. in: *Grundwissen – La France* (Klett).

Savoir-faire. *Quelle invention est la plus importante? Comment a-t-elle changé son époque?*

15

C Impression(niste)s!

Bien qu'ils soient aujourd'hui dans tous les musées, les impressionnistes n'ont pas toujours eu du succès …

Quelle horreur! Je vous passe[1] les autres exclamations et injures […] qui accueillirent[2], en 1874, la première exposition des peintres impressionnistes. Un journaliste les traita[3] d'«impressionnistes» pour se moquer d'un tableau de Claude Monet intitulé[4] «Impression, soleil levant». C'est ce qui nous est resté! Mais si elle était alors synonyme de scandale, cette expression suscita[5] plus tard l'admiration des foules. Petit à petit, […] le public s'était habitué à cette nouvelle peinture et s'était mis à l'aimer. Les impressionnistes s'intéressèrent moins à respecter la forme exacte des objets, des personnages qu'ils peignaient, qu'à les recréer par la couleur et la lumière. […] En regardant de près leurs tableaux, on voit des petites touches[6] de couleur qui vibrent les unes à côté des autres.

Le livre de la peinture et des peintres d'Adrian Sington et Tony Ross © Découverte Cadet Editions Gallimard, 1983, p. 76–77

Autour du texte

1. Pourquoi dit-on que ces peintres sont «impressionnistes»?
2. Regardez la caricature ci-dessus. Lequel des 5 tableaux s'appelle «Impression, soleil levant»?

Au-delà du texte

Chacun de 6 groupes choisit un de ces tableaux, le décrit et le présente. Chacun exprime son avis.

Claude Monet «La gare Saint-Lazare»

Alfred Sisley «Inondation à Port-Marly»

Pierre-Auguste Renoir «Les jeunes filles au piano»

Edouard Manet «En bateau»

Camille Pissaro «Les boulevards extérieurs»

Edgar Degas «Classe de danse»

1 Je vous passe … Ganz zu schweigen von … – **2 accueillir** *hier:* begleiten – **3 traiter qn** jdn beschimpfen – **4 intitulé** mit dem Titel – **5 susciter** hervorrufen – **6 une touche** ein Farbtupfer

16

D Un héros du XXe siècle: Charles de Gaulle

Approche

Quels hommes politiques célèbres du XXe siècle connaissez-vous?*

1. Charles de Gaulle naquit le 22 novembre 1890 à Lille et mourut le 9 novembre 1970 à Colombey-les-deux-Eglises. Pendant la Seconde Guerre mondiale, le Général de Gaulle organisa depuis Londres, puis Alger où il était en exil, la Résistance à l'occupation[1] allemande. En août 1944, c'est en héros qu'il entre dans Paris, enfin libéré[2].

2. Entre 1958 et 1969, il fut président de la République, une période pendant laquelle il mit fin à la guerre d'Algérie, une guerre qui aura duré de 1954 à 1962. La France qui colonisait ce pays d'Afrique du Nord depuis le XIXe siècle finit par lui donner son indépendance, une indépendance pour laquelle les Algériens se sont longtemps et durement battus. Les pieds noirs (les Français qui habitaient en Algérie) durent quitter cette terre où ils étaient nés. Ils ne pardonneront jamais au Général de Gaulle ce qu'ils appelleront une «trahison»[3].

3. Le 22 janvier 1963, de Gaulle signa avec le chancelier Konrad Adenauer le «traité de l'Elysée» qui marqua la réconciliation entre les deux ennemis d'hier, la France et l'Allemagne.

4. En 1967, en visite officielle au Canada, de Gaulle défia[4] le gouvernement canadien en souhaitant l'indépendance de sa province francophone, le Québec. Il termina son discours, devenu célèbre, par: «Vive le Québec libre!».

5. En mai 1968, beaucoup d'étudiants et d'ouvriers, se révoltèrent contre de Gaulle à qui ils reprochaient de ne plus comprendre son temps. Ils firent grève et bloquèrent tout le pays. Un an plus tard, de Gaulle quitta le pouvoir.

Aujourd'hui, le «Général» est l'une des personnalités préférées des Français. Il est le héros qui, le 18 juin 1940, a appelé les Français à résister.

Autour du texte

1. *Décrivez les deux caricatures. De quoi est-ce que les dessinateurs se moquent?*
2. *Pourquoi est-ce que les Français considèrent Charles de Gaulle comme un héros?*

1 une occupation eine Besatzung – **2 libéré(e)** befreit – **3 une trahison** ein Verrat – **4 défier** trotzen

Au-delà du texte

04

1. Avant l'écoute: Qu'est-ce qui s'est passé en France en 1944?
2. Ecoutez le discours de Charles de Gaulle une première fois et dites
• où il se trouve • à qui il parle • ce qu'il demande
3. Après la 2e écoute, donnez les trois mots les plus fréquents du discours.
4. Après la 3e écoute, cherchez les phrases qui ne sont pas dans le discours:

1. Paris libéré! Libéré par l'Amérique*, libéré par son peuple.
2. La France rentre à Paris, chez elle. Elle y rentre contente.
3. L'ennemi chancelle* mais il n'est pas encore battu. Il reste sur notre sol*.
4. C'est pour cela que l'avant-garde française est entrée à Paris sans canon.
5. C'est pour cela que la grande armée* française d'Italie a débarqué* …
6. «Vive la France libre!»

D Pratique de la langue

1 Réviser: Une vie au service de* la France

Subjonctif ou indicatif? Mettez les verbes entre parenthèses à la bonne forme.

1. Comme de Gaulle ~ (être) un très bon élève, il entre à 19 ans à l'école militaire de Saint-Cyr. 2. Bien qu'il ~ (être) gravement blessé* pendant la 1ère Guerre mondiale, il continue à s'engager dans la politique. 3. En juin 1940, il quitte le gouvernement de Vichy* parce qu'il ~ (savoir) que la collaboration* avec Hitler est une mauvaise solution. 4. Quand la situation ~ (devenir) dangereuse, il quitte la France, avant que les Allemands ~ (pouvoir) réagir. 5. De Londres, il parle aux Français pour qu'ils ~ (faire) tout contre l'occupation allemande. 6. Même avec l'aide des Alliés*, il faut attendre des mois jusqu'à ce que les Allemands ~ (avoir quitté) la France.

2 Travailler avec le dictionnaire unilingue*

Stratégie

Um die Bedeutung eines Wortes im einsprachigen Wörterbuch zu ermitteln,
- sucht das Wort zunächst in den fett gedruckten Einträgen. Andernfalls schlagt bei Einträgen der gleichen Wortfamilie nach.
- Lest die „*définition*" (Worterklärung) durch. Versteht ihr sie nicht, helfen euch die Verweise auf Synonyme (→) / Antonyme (contr.) weiter.
- Schaut euch auch die Anwendungsbeispiele und die unterschiedlichen Bedeutungen an.

COLLABORATION [kɔllabɔʀasjɔ̃] n.f. – 1829; «travaux d'un couple» 1753; bas lat. collaborare → collaborer Travail en commun, action de collaborer avec qqn. *La collaboration d'un spécialiste à une revue, à un journal. Livre écrit en collaboration.* → **association**; **collectif**. *Apporter sa collaboration à une œuvre.*
→ **1. aide, appui, concours, coopération, participation.** *Je vous remercie de votre collaboration.* **2.** Politique d'entente avec l'occupant allemand mise en œuvre par le gouvernement de Vichy; mouvement, attitude des partisans de cette politique.

Le Nouveau Petit Robert © Dictionnaires Le Robert, Paris, 2004, p. 469

■ **Savoir faire.** *Travaillez avec un dictionnaire unilingue.*

1. Cherchez un synonyme pour: • la résistance • se mettre à faire qc • le soutien • vaincre
2. Cherchez le genre (Genus) des noms et le mot en question de la même famille: • ? trahison → verbe • reprocher → nom • admirer → nom + adjectif • ? occupation → verbe
3. Donnez le contraire de: • la victoire • se battre • fort(e) • capituler • des alliés • accepter qc

[A la carte 4]

Passages

Un sport individuel*

La danse

La lecture

L'informatique

La musique moderne

Un sport d'équipe*

Joker

Le théâtre

Le tennis

1. *Décrivez trois photos de votre choix. Donnez votre avis.*
2. *Quelle est votre activité préférée, pourquoi et depuis quand? Décrivez-la. Si vous ne la trouvez pas parmi les photos, prenez le joker.*
3. *Quelle était votre motivation de choisir une activité?*

19 S

A Jeu, set et match

Approche

Avant de lire le texte, regardez la photo et expliquez la situation.
Cherchez sur Internet le vocabulaire français du tennis.

Michel est une bête de tennis. Aujourd'hui Cédric, son fils, joue bien, trop bien. Ils savent tous les deux que quand ils auront terminé ce match de tennis, rien ne sera plus comme avant.

Cédric servait[1] pour le match.
Il regarda son adversaire de l'autre côté du filet et sut qu'il allait gagner. Il le sentait depuis le début du troisième set. […] Son père était cuit[2]. […] Combien de fois avaient-ils joué l'un contre l'autre? Chaque dimanche matin depuis … depuis huit ans.[…]

Michel […] savait qu'il allait perdre. Il avait su à l'instant[3] que plus jamais de sa vie il ne prendrait un set à Cédric. C'était ainsi: à quinze ans, on franchissait des étapes[4] pour ne plus reculer. Il avait lui-même éprouvé cette règle trente ans plus tôt. […]

Perdre contre Cédric n'était pas le problème, c'était même plutôt une victoire puisqu'il lui avait tout appris, mais c'est ce que symbolisait ce résultat qui lui serra le cœur. Il était rendu[5] sur l'autre côté du versant[6] de la vie, celui de la descente. Il avait atteint un âge où on ne progresse plus. […] Il voulait se battre jusqu'au bout. Pas pour lui mais pour Cédric, pour que sa victoire soit encore plus belle. […]

Cédric était un garçon brillant et joyeux, un fils facile qui faisait l'orgueil de ses parents. Il comprenait vite, parfois plus que Michel depuis quelque temps, comme en informatique. […] Le tennis était l'un des derniers bastions de Michel, *l'ancien première série*, le professeur, le père. Il se jouait[7] beaucoup plus sur le court[8] n° 3 qu'une simple partie de tennis. […]
Deux balles de match. Cédric savait qu'il n'en aurait besoin que d'une. […]
Il était en train de vivre une minute que ni lui ni son père n'oublieraient jamais.
Un moment historique dans leur vie. […]
Cédric croisa ensuite le regard de Michel et fit un effort pour ne pas sourire. […]
Cédric servit à la va-vite, avec la même nonchalance qu'il avait souvent vue chez son père quand il faisait des échanges avec ses élèves. […]
Jeu, set et match.
Michel sourit et fit l'effort de rejoindre le filet en petites foulées[9].
Son fils l'attendait, triomphant, même s'il cherchait à cacher sa joie. […]
Qu'avait-il encore à lui apprendre?

Mikaël Ollivier; «Jeu, set et match» dans *Va y avoir du sport*
© Editions Gallimard Jeunesse, collection Scripto, 2006, p. 197–204.

1 servir Aufschlag machen – **2 être cuit** *(fam.)* erledigt sein – **3 à l'instant** sofort – **4 franchir une étape** einen Schritt vorankommen – **5 être rendu(e)** être arrivé – **6 le versant** der Berghang – **7 il se jouait** *on jouait* – **8 le court** der Tennisplatz – **9 courir en petites foulées** mit kurzen Schritten laufen

Autour du texte

1. *Présentez Cédric à l'aide des informations du texte.*
2. *Voici une petite liste d'expressions et d'adjectifs avec leurs antonymes*.*
   Choisissez celles ou ceux qui correspondent le mieux à Michel et expliquez pourquoi.

il est fier – il a honte	rapide – lent	joyeux – triste	fatigué – en pleine forme	cool – cuit

3. *Après le match, qu'est-ce qui change dans la relation entre Michel et Cédric?*

Au-delà du texte

Expliquez les sentiments et les réactions de Cédric et de son père.
Avez-vous déjà eu un petit succès en sport? Racontez.

A Pratique de la langue

1 S'exercer: Projets d'avenir

a *Quelle phrase va avec quelle situation?*
b *Complétez les phrases avec le futur simple et le futur antérieur.*

1. Michel pense que son fils va gagner le match de tennis:	?	a) «Elle (arriver) quand je (partir)».
2. Un professeur donne un texte à lire à sa classe:		b) «Oui, maman, nous (passer) tout de suite chez toi quand nous (arriver)».
3. Une fille est dans le train avec sa copine. Elle téléphone:		c) «Je (contacter) le maire quand je (terminer) mon article».
4. Un garçon montre la photo de sa copine à ses parents:		d) «Vous me (donner) votre avis quand vous (lire) le texte».
5. Un journaliste travaille dans son bureau. Il regarde son calendrier:		e) «D'accord, on (faire) ce que vous (décider)».
6. Un garçon est devant la porte de sa copine. Il regarde l'heure:		f) «Cédric (être) content quand il (me battre)».
7. Deux vendeurs* parlent à leur chef:		g) «Vous la (trouver) sûrement sympathique quand vous (la rencontrer)».

2 S'exercer: Qu'est-ce que tu aimes mieux faire?

Dites ce que vous préférez faire et pour quelle raison.
Un élève pose la question, l'autre répond. Changez de rôle.

Exemple:
– Qu'est-ce que tu aimes mieux faire? / Qu'est-ce que tu préfères? Danser ou chanter? Pourquoi?
– J'aime mieux danser que chanter parce que … / Je préfère danser plutôt que de chanter car …

sortir / rester à la maison
écouter des CD / regarder la télé
lire un roman / aller au cinéma
se lever tôt / rester au lit
dessiner / faire des photos
préparer le repas / faire la vaisselle* / faire de l'équitation* / jouer au foot

20 S

B Bizarre?

Approche

Décrivez comment s'habillent les garçons et les filles de votre âge.

Lola, 15 ans, n'est pas bien dans sa peau. Alors que les garçons et les filles de sa classe ne parlent que de mode, de bars branchés, de ciné ou de musique, Lola s'intéresse à la poésie et reste fidèle à son style personnel: pantalon de treillis[1] noir, baskets, pulls d'occasion. «Lola est une fille bizarre …» disent les jeunes de son âge. En vacances au bord de la mer, Lola espère enfin rencontrer des amis qui l'accepteront comme elle est, mais là encore, on continue à se moquer d'elle et de ses vêtements. Lola est triste, mais elle ne sait pas à qui en parler. Sa vie va-t-elle continuer comme ça?

Je ne faisais pas exprès d'être bizarre, j'étais donc naturellement anormale. […] Je voulais plein de choses que je ne savais pas dire. Je voulais l'Alaska, et y rester des années, je voulais apprendre à parler inca, même si ça n'existait pas. Apprendre à jouer de la guitare en trois jours et faire du trapèze fixe aussi. […] Je voulais être la meilleure amie d'une fille formidable. […] Je voulais être vivante tout le temps, même si ça faisait mal. […] Et, par hasard, rencontrer un garçon silencieux avec des yeux verts par exemple, qui m'aurait comprise, il m'aurait expliqué qui j'étais.Un début de soirée du mois d'août, ma mère a frappé à la porte de ma chambre au moment même où je commençais à trouver un joli prénom à ce garçon que je rencontrerais un jour, plus tard.

– Qu'est-ce que tu fais, Lola, tu rêves?
– J'essaie …
– Ce soir, je sors avec ton père, on va dîner chez Marie. Tu t'en souviens? Invite une ou deux copines ici, si tu veux, comme ça tu ne seras pas seule. Ta sœur est avec Vincent …

J'ai pensé très fort aux copines que je n'avais pas. […] Maman s'est assise sur le lit, elle a souri aux larmes que je n'avais pas entendues venir. Mes larmes ne s'arrêtaient jamais. […] Mon cœur, je crois, ne m'aimait plus, il voulait être le cœur d'une autre fille, normale. […]

Je ne me souviens plus si c'est le lendemain de la discussion avec ma mère ou un peu plus tard, mais cet après-midi-là, je suis allée chercher un peu d'ombre dans ma chambre. […] Sur mon lit, posé là, un cahier rouge. Toutes les pages étaient blanches. Ce cahier était neuf. Alors, à la toute première page, j'ai vu quelques lignes. C'était la petite écriture douce de ma mère. «Je sais que tu es triste, Lola, et je m'en veux de ne rien pouvoir faire pour changer tout ça. Voilà un cahier auquel tu parleras peut-être plus qu'à nous. Il est là pour ça.» […]

J'ai fermé le cahier. Puis, cette nuit-là, je l'ai rouvert. J'ai écrit la date, l'heure. J'ai raconté à moi-même ces pensées qui s'entrechoquaient[2] dans ma tête depuis des mois et qui avaient fini par laisser des petits bleus partout. […] Au fur et à mesure[3] que j'écrivais, ces mots embarquaient avec eux de sales souvenirs. Ça me faisait de l'espace et de l'air. Il n'y avait personne dans ce cahier pour me trouver stupide. […]

---

1 pantalon de treillis Militärhose – **2 s'entrechoquer** aneinanderstoßen – **3 au fur et à mesure** je mehr …

Ces vacances-là, bien sûr, j'ai mangé des glaces, et écouté des chansons. Mais je ne m'en souviens plus trop. [...] Je me souviens que j'écrivais chaque jour, un peu d'abord, puis des pages entières. [...]
Les vacances se sont terminées aux premiers jours de septembre. Quand je suis rentrée dans la cour du lycée, j'avais mon treillis noir et un pull que je venais de trouver aux fripes[1], marin. [...] Une fille m'a interpellée: «Eh Lola, t'as pas une clope[2]?» je savais qu'elle savait que je ne fumais pas. «Non, je ne fume pas, toujours pas. Elle m'a souri, un garçon à côté d'elle a rajouté: «Ton pull, il est vraiment ...». J'ai répondu: «Il est bizarre, c'est pour ça que je l'ai acheté.» J'ai glissé ma main dans mon sac, j'ai effleuré[3] mon cahier rouge, avec sur la première page l'écriture de ma mère qui me poussait juste à arrêter de regretter d'être celle que j'étais. 120 pages.
Et j'ai inventé ma vie à moi. [...]

Extrait de la nouvelle «Au(x) singulier(s), à toutes les singulières» tirée de *Bonnes vacances* de Lola Lafon © Editions Gallimard Jeunesse, Scripto, 2004, p. 158–166.

Autour du texte

1. *Pourquoi Lola est-elle différente des autres jeunes de son âge?*
2. *Quels sont ses rêves?*
3. *Qu'est-ce qui se passe dans sa tête quand elle écrit son journal? A votre avis, qu'est-ce qu'elle écrit dans son cahier rouge?*
4. *Qu'est-ce qui a motivé sa mère de lui offrir un cahier? Qu'en pensez-vous?*

Au-delà du texte

1. *A votre avis, est-ce que c'est facile de ne pas vivre comme les autres, d'avoir d'autres goûts*, de porter d'autres vêtements? Discutez en classe.*
2. *Commencez à écrire le début de «votre» cahier rouge (80 à 100 mots).*

B Pratique de la langue

1 S'exercer: Qu'est-ce qu'elle a, Lola?

Formez des questions d'après le tableau: **a** *l'interrogation par intonation,* **b** *l'interrogation avec «est-ce que»,* **c** *l'interrogation complexe.*

Lola est triste. Elle parle à sa mère.	**a français familier** (parlé)	**b français standard** (parlé et écrit)	**c français littéraire** (parlé et écrit)
	Lola est triste? Elle parle à qui?	Est-ce que Lola est triste? A qui est-ce qu'elle parle?	Lola est-elle triste? A qui Lola parle-t-elle?

1. Lola pleure. 2. Elle va mal. 3. Elle voulait rencontrer un copain ou une copine.
4. Elle est partie en vacances avec ses parents. 5. Un après-midi, elle est allée dans sa chambre.
6. Elle rêve. 7. Elle écrira 120 pages. 8. Elle écrit parce que cela lui donne du courage.

1 les fripes *(f. pl.)* die Altkleidersammlung, der Secondhandladen – 2 **une clope** eine Kippe – **3 effleurer** flüchtig berühren

21

C Gazelle ou panthère?

Approche

Avant de découvrir le texte, expliquez le titre. Que symbolisent ces deux animaux? Lisez le texte et vérifiez votre hypothèse.

J'ai un livre sur les panthères. On dit que personne les voit quand elles sont à l'arrêt[1]. A l'arrêt … Je sais pas de quel arrêt ils parlent. Si c'est l'arrêt du tram ou quoi. L'arrêt du bus ou du train … […] Moi aussi, à l'arrêt du tramway, les garçons me voyaient pas. J'étais noire et transparente. On s'est mis à me regarder quand j'ai commencé à courir avec Anita Belle[2]. C'est ça, c'est marqué dans le livre: on découvre la panthère quand elle bondit. J'ai quinze ans demain, je m'appelle Kaline.

Avant ma première médaille, Anita Belle m'a assise sur la banquette du vestiaire.
– Il y a deux genres de coureurs, Kaline. Ceux qui courent parce qu'ils se sentent poursuivis. Ceux-là, ils vont vite parce qu'ils fuient. C'est ce qui les fait avancer. Toi, quand je t'ai vue, la première fois, tu fuyais quelque chose.
J'ai rien dit, mais je la trouvais trop forte, Anita Belle. Elle avait raison. Quand je m'arrêtais de courir, je sentais ça: j'étais rattrapée par ma vie. C'est ça que je fuyais. Elle continuait:

– Et il y a les autres, ceux qui courent pour gagner. Ils ne fuient pas. Ils chassent. Ils courent après quelque chose. J'ai sursauté[2]. C'était sûr qu'elle connaissait le livre. J'ai demandé:
– Vous l'avez lu?
– Quoi?
– Le livre de la panthère?
– Non.
– La panthère, elle court pour attraper la gazelle. Elle m'a regardée attentivement[3] avec ses yeux.
– Et qui gagne à chaque fois, Kaline? Qui, entre les deux, gagne à chaque fois?
– La panthère.
– Alors, Kaline, il faut que tu choisisses:
gazelle ou panthère.
Anita Belle n'a rien dit d'autre. Elle m'a laissée seule dans mon vestiaire. Le soir, j'avais ma médaille.

Anita Belle venait souvent me chercher en voiture. En bas de l'immeuble, elle me disait quelquefois:
– Tu me présenteras tes parents, un de ces jours.
– On verra.
J'étais un peu gênée. Je voulais pas.

1 être à l'arrêt = auf der Lauer sein – **2 Anita Belle** *est professeur de tennis et l'entraîneuse (Trainerin)* – **sursauter** zusammenzucken – **3 attentif, -ve** aufmerksam

Mes parents sont très différents d'Anita Belle. Ils viennent jamais aux compétitions. Ils me félicitent jamais. C'est pas contre moi. Mon père comprend pas trop ce que je fais. Il dit:

– Pense à l'école, Kaline. Avant, tu voulais faire la coiffure[1] …

Ma mère ne parle pas beaucoup. Je lui dis:

– J'ai gagné aujourd'hui.

Elle répond toujours:

– Je vais laver tes affaires.

Mais j'ai un souvenir, un seul, qui efface tout. Un jour, j'ai surpris ma mère qui se regardait dans la glace de l'entrée. Elle se tenait bien droite, le menton relevé[2] le regard mouillé[3] et fier. Elle était contente. Elle ne m'a pas remarquée. Mais moi, j'ai bien vu qu'elle avait mis ma médaille d'or autour de son cou[4].

«La fille qui courait sur le plafond» dans *Va y avoir du sport* de Timothée de Fombelle © Scripto Gallimard, 2006, p. 133–139.

Autour du texte

1. *Décrivez Kaline avant et après sa rencontre avec Anita Belle?*
2. *Expliquez le jeu de mots «être à l'arrêt/être à l'arrêt du bus».*
3. *Expliquez la différence entre la panthère et la gazelle dans ce texte.*
4. *Décrivez les parents de Kaline. A votre avis, pourquoi ne viennent-ils pas voir leur fille?*

Au-delà du texte

1. *Comparez la famille de Kaline à celle de Cédric. Quelles sont les différences?*
2. *Quel personnage vous plaît le mieux: Cédric, Lola ou Kaline? Justifiez votre réponse.*
3. *Quel est le point commun des trois histoires par rapport au titre du module?*

Projet: Je vous fait un portrait.

Choisissez une personnalité du monde francophone. Prenez son rôle et présentez-vous devant la classe.

Diam's Bernard Kouchner Yannick Noah Alizée Jacques Villeneuve Juliette Binoche Zinedine Zidane Faïza Guène

Quelques conseils pour préparer votre présentation:

Vous trouverez des informations générales sur Wikipédia: http://fr.wikipedia.org en tapant* par exemple «chanteurs francophones», «acteurs français» ou «football» …

- Vous pouvez utiliser des transparents* ou vous servir d'un ordinateur.
- Faites une liste des mots nouveaux avec leur traduction allemande et distribuez*-la à vos camarades avant votre présentation.
- Essayez de parler librement sans regarder vos notes.

1 tu voulais faire la coiffure du wolltest Friseuse werden – **2 le menton relevé** mit erhobenem Kinn – **3 mouillé(e)** feucht – **4 le cou** der Hals

C Pratique de la langue

1 Mot à Mot: Les sports

a *Faites une liste des sports que vous connaissez.*
b *Préparez un grand filet à mots comme affiche. Cherchez les mots par exemple pour: «le football», «le tennis», «la course», «le sport: compétition et échec*».*

2 Réviser: Il faut que tu choisisses.

Kaline doit quitter sa famille parce qu'elle doit s'entraîner dans une autre ville. Anita Belle lui parle. Subjonctif ou indicatif? Mettez les bonnes formes.

Anita Belle: 1. Avant que tu (partir), il faut que tu (savoir) que tes parents (être) très tristes. 2. Ils savent bien que ce (être) ta seule chance de réussir dans ton sport, mais ils craignent que tu ne (venir) plus beaucoup les voir. 3. Ton père préfèrerait que tu (apprendre) un vrai métier comme la coiffure. 4. Bref, il voudrait que tu (vivre) plus souvent près d'eux.
Kaline: 5. Je comprends bien sa réaction, mais je sais aussi qu'il (avoir) peur que je (faire) des bêtises. 6. Mais ce n'est pas juste qu'il (avoir) ces idées. 7. Il est temps qu'il (comprendre) que je (vouloir) m'entraîner sérieusement.
Anita Belle: 8. Oui, tu as raison, Kaline. Moi, je suis sûre que tu (faire) attention à toi. 9. Alors je vais parler à tes parents. Qu'est-ce que tu veux que je leur (dire)?
Kaline: 10. Parlez à maman et dites-lui qu'il faut qu'elle (avoir) confiance en moi. 11. Moi, je vais parler à papa pour qu'il (pouvoir) accepter que je (partir).

3 Code oral* et code écrit

Stratégie

Ihr habt bereits zahlreiche Ausdrücke kennen gelernt, die besonders im familiären und vertrauten Umfeld gebraucht werden. In den Wortlisten sind sie mit *fam.* wie *familier* gekennzeichnet. Sie gehören alle der **gesprochenen** Sprache an, dem *code oral.* Neben diesem umgangssprachlichen Wortschatz gibt es noch weitere Merkmale, die man in der **geschriebenen** Standardsprache, dem *code écrit,* in der Regel vermeidet.

- Auslassungen: → C'est pas bien! / Y a personne ici. [sɛpabjɛ̃/ ja pɛrson]
- Abkürzungen: → J'sais pas! [ʃɛpa]
- Umgangssprachliche Intonationsfragen: → La zik est super! / T'es sympa. [lazikɛsypɛr/ tɛsɛ̃mpa]
- Herausheben von Satzgliedern aus dem üblichen Satzrahmen *(la phrase segmentée)*: → Tu viens avec nous? [tywjɛ̃aweknu] T'es géniale, toi! / Ton frère, il est fou.

■ **Savoir faire.** *Transformez les phrases suivantes en français standard.*

1. T'es complètement ouf! T'as un blème, toi?
2. Les fringues, je m'en fous! J'déteste la mode.
3. Hier, j'ai flashé sur un mec canon.
4. J'ai toujours pas de boulot. J'en ai marre.
5. Les jeunes, faut bouger! Nous, on bosse tout le temps.
6. J'le crois pas. Il a mis son jeans le plus crade.

Lautzeichen

Vokale

[a] mad**a**me; wie das deutsche *a*.
[e] caf**é**, mang**er**, regard**ez**;
geschlossenes *e*, etwa wie in *geben*.
[ɛ] il f**ai**t, il **est**, m**e**rci; offenes *ä*,
etwa wie in *Ärger.*
[i] **i**l, dess**i**ner; geschlossener als das deutsche *i*,
Lippen stark spreizen; etwa wie in *Liebe*.
[o] phot**o**, all**ô**, **au**ssi; geschlossenes *o*, wie in *Rose*.
[ɔ] l'éc**o**le, al**o**rs, c**o**llège; offenes *o*,
offener als in *Loch*.
[ø] d**eux**, monsi**eu**r; geschlossenes *ö*,
etwa wie in *böse*.
[œ] s**œu**r, n**eu**f, h**eu**re; offenes *ö*,
bei kurzem Vokal etwa wie in *Röcke*.
[ə] l**e**, d**e**main; der Laut liegt zwischen
[œ] und [ø], näher bei [œ], etwa wie in *Farbe*.
[u] **où**, bonj**ou**r; geschlossenes *u*, etwa wie in *Ufer*.
[y] t**u**, r**ue**, sal**u**t; geschlossenes *ü*, etwa wie in *Tüte*.

Nasalvokale

[ɛ̃] **un**, chi**en**, l**un**di, cop**ain**; nasales [ɛ]
[õ] **on**, s**on**t, n**om**; nasales [o]
[ɑ̃] d**an**s, ch**am**bre, je pr**en**ds; nasales [ɑ]

Die Nasalvokale haben im Deutschen keine Entsprechung.
Beachte: *un, lundi:* Neben [ɛ̃] hört man in Frankreich auch [œ̃] = nasales [œ].

Konsonanten

[f] **f**rère, **ph**oto; wie das deutsche *f* in *falsch*.
[v] de**v**ant, il arri**v**e; wie das deutsche *w* in *werden*.
[s] **s**œur, **c**'est, **ç**a, re**s**ter, atten**t**ion;
stimmloses *s*, wie in *Los*; als Anlaut
vor Vokal ist *s* immer stimmlos.
[z] phra**s**e, mai**s**on, il**s**‿arrivent, **z**éro;
stimmhaftes *s*, wie in *Esel*; zwischen zwei Vokalen
ist *s* stimmhaft.
[ʃ] je **ch**er**ch**e; stimmloses *sch*, wie in *schön*.
[ʒ] **j**e, bon**j**our, éta**g**e; stimmhaft wie *j* in *Journalist*.
[ɲ] campa**gn**e; klingt *nj* wie das *gn* in *Kognak*.
[ŋ] in Wörtern aus dem Englischen,
z. B. campi**ng**.
[ʀ] **r**ega**r**der; Zäpfchen-Reibelaut; wird auch
am Wortende und vor Konsonant deutlich
ausgesprochen.

Die nicht erwähnten Konsonanten sind den deutschen sehr ähnlich. Bei [p], [b], [t], [d], [k], [g] ist jedoch darauf zu achten, dass sie ohne „Hauchlaut" gesprochen werden.

Halbkonsonanten

[j] quart**i**er; weicher als das deutsche *j* in *ja*.
[w] **ou**i, t**oi**; flüchtiger [u]-Laut, gehört
zum folgenden Vokal.
[ɥ] c**u**isine, je s**u**is, h**u**it; flüchtiger [y]-Laut,
gehört zum folgenden Vokal.

Symbole und Abkürzungen

D	Deutsch	→	Vergleiche mit …
F	Französisch	↔	Achte auf den Unterschied zwischen
E	Englisch	=	bedeutet
I	Italienisch	≠	ist das Gegenteil von
SP	Spanisch	≈	ungefähr wie
L	Latein	*inv.*	unveränderlich
	Vokabelnetz	*m.*	*masculin* (= maskulin)
	Wortfamilie	*f.*	*féminin* (= feminin)
	Schreibung	*pl.*	*pluriel* (= Plural)
	Aussprache	*sg.*	*singulier* (= Singular)
!	Achtung!	qc	*quelque chose* (= etwas)
	leicht zu merken	qn	*quelqu'un* (= jemand)
fam.	*familier* (= umgangssprachlich)	jd.	jemand
ugs.	umgangssprachlich	jdn.	jemanden
		jdm.	jemandem

DOSSIER 1

Entrée Des amis pour la vie

un **dossier** [ɛ̃dɔsje]	= un ensemble de textes	eine Akte, ein Fall

Texte A Sous le même signe

un **signe** [ɛ̃siɲ]	E a sign	ein Zeichen

Approche

une **approche** [ynapʀɔʃ]	E an approach	eine Herangehensweise
2 **justifier** qc [ʒystifje]	= présenter des arguments	etw. rechtfertigen; etw. bestätigen
Cancale [kɑ̃kal]		Cancale *(Ort in der Bretagne)*
incroyable/incroyable [ɛ̃kʀwajabl/ɛ̃kʀwajabl]	E incredible; I incredibile; SP increíble	unglaublich
le **destin** [lədɛstɛ̃]	E destiny; I + SP destino	das Schicksal
le **hasard** [ləazaʀ]	E hazard	der Zufall
d'avance [davɑ̃]	avant	vorher, im Voraus
remarquer qn/qc [ʀ(ə)maʀke]	E to remark	jdn./etw. bemerken
vérifier qc [veʀifje]	= contrôler qc	etw. überprüfen, etw. kontrollieren
4 un **pas** [ɛ̃pa]	I passo; SP paso	ein Schritt
une **pointe** [ynpwɛ̃t]	Il marche sur la ~ des pieds.	eine Spitze
une **jetée** [ynʒəte]	E a jetty	eine (Hafen)Mole
la **force** [lafɔʀs]	fort/forte	die Kraft, die Stärke
pousser qn/qc [puse]	E to push	etw. schieben, etw. drücken; *(hier)* jdn. drängen
s'approcher de qn/qc [sapʀɔʃe]	une approche	sich jdm./etw. nähern, jdm./etw. näher kommen
toucher qn/qc [tuʃe]	E to touch	jdn./etw. berühren, jdn./etw. anfassen
murmurer qc à qn [myʀmyʀe]	= parler à voix basse	jdm. etw. zuflüstern
un **doute** [ɛ̃dut]	E a doubt	ein Zweifel
briser qc [bʀize]	= casser qc	etw. zerbrechen

* Illustration de Lucie Durbiano
© *Je Bouquine*, Bayard Jeunesse, 2006

la **sérénité** [laseʀenite]	= l'action d'être calme	die Ausgeglichenheit; die Heiterkeit
déplacer qc [deplase]	= changer de place de qc	etw. verschieben, etw. an einen anderen Platz legen

déplacer wird konjugiert wie **commencer**: je déplace, nous déplaçons; j'ai déplacé

un **miracle** [ɛ̃miʀakl]	F ~ = E ~	ein Wunder
se produire [səpʀɔdɥiʀ]	E to produce	sich ereignen, eintreten

produire qc (etw. produzieren) wird konjugiert wie **construire**: je produis, nous produisons; j'ai produit
se produire: je me produis, nous nous produisons; je me suis produit(e)

doux/douce [du/dus]	≠ dur/dure	weich, zart, mild
un **corps** [ɛ̃kɔʀ]	I corpo; SP cuerpo	ein Körper

Autour du texte

autour de qn/qc [otuʀ]	La terre tourne ~ du soleil.	um jdn./etw. herum

Au-delà du texte

au-delà de qc [od(ə)la]	= plus loin	über etw. hinaus

Pratique A

1 **s'exercer** [sɛgzɛʀse]	un exercice	üben, trainieren

s'exercer: je m'exerce, nous nous exerçons; je me suis exercé(e)

2 un **croissant** [ɛ̃kʀwasɑ̃]	On achète des ~[1] dans une boulangerie.	ein Croissant, ein Hörnchen
3 une **clé** [ynkle]	I chiave; SP llave	ein Schlüssel
réparer qc [ʀepaʀe]	E to repair	etw. reparieren
un **risque** [ɛ̃ʀisk]	E a risk	ein Risiko
prendre des risques [pʀɑ̃dʀədeʀisk]		ein Risiko in Kauf nehmen

Texte B JF cherche JH !

roux/rousse [ʀu/ʀus]	= une couleur de cheveux entre jaune et rouge	rothaarig
encourager qn [ɑ̃kuʀaʒe]	le courage	jdn. ermutigen

encourager wird konjugiert wie **manger**: j'encourage, nous encourageons; j'ai encouragé

une **lèvre** [ynlɛvʀ]	E lip; I labbro; SP labio	eine Lippe

[1] croissants

Autour du texte

mystérieux/mystérieuse [misteʀjø/misteʀjøz]	E mysteri**ous**	geheim, geheimnisvoll

Au-delà du texte

général/générale [ʒeneʀal/ʒeneʀal]	Une règle ~ est pour tout le monde.	allgemein
un **lieu**/des **lieux** [ɛ̃ljø]	N'oublie pas de me dire le ~ et l'heure.	ein Ort
le **premier plan** [ləpʀəmjeplɑ̃]		der Vordergrund
le **second plan** [ləs(ə)gɔ̃plɑ̃]		der Mittelgrund
l'**arrière-plan** *(m.)* [laʀjɛʀplɑ̃]		der Hintergrund
un **personnage principal** [ɛ̃pɛʀsɔnaʒpʀɛ̃sipal]	Louis de Funès est le ~ dans le film «Fantômas».	ein Hauptdarsteller

Texte C Le blog des fans

un **blog** [ɛ̃blɔg]	= un journal sur Internet	ein Blog, ein Internet-Tagebuch

Approche

	cliquer sur qc [klike]		auf etw. klicken
1	un **amoureux**/une **amoureuse** [ɛ̃namuʀø/ynamuʀøz]	l'amour *(m.)*; amoureux/amoureuse	ein Verliebter/eine Verliebte
	un **concours** [ɛ̃kɔ̃kuʀ]	Agnès a gagné au ~ de danse.	ein Wettbewerb
	Virginie Lou [viʀʒinilu]		Virginie Lou *(französische Schriftstellerin, *1954)*
2	**serrer** qn/qc [seʀe]	Il m'a ~[1] la main pour me saluer.	jdn./etw. drücken, jdn./etw. umklammern
	tellement [tɛlmɑ̃]	Tu aimes la banlieue? – Pas ~!	so, so sehr, so viel
	le **chagrin** [ləʃagʀɛ̃]	Pourquoi est-ce que tu pleures? Tu as du ~?	der Kummer
	le **chagrin d'amour** [ləʃagʀɛ̃damuʀ]	l'amour *(m.)*	der Liebeskummer
	ne rien y pouvoir [nəʀjɛ̃nypuvwaʀ]		nichts dagegen machen können
	un **millier** [ɛ̃milje]	≈ 1000	etwa tausend
3	**Rachel Hausfater** [ʀaʃɛlosfatɛʀ]		Rachel Hausfater *(französische Schriftstellerin *1955)*
	Cali [kali]		Cali *(französischer Komponist und Sänger, *1968)*

Autour du texte

un **lecteur**/une **lectrice** [ɛ̃lɛktœʀ/ynlɛktʀis]	= qn qui lit	ein Leser/eine Leserin

Pratique C

2	**ces derniers temps** [sedɛʀnjetɑ̃]	in letzter Zeit

[1] serré

3 une **amitié** [ynamitje]	[Familie-Symbol] un ami/une amie	eine Freundschaft
jeter qc [ʒ(ə)te]	Luc ~[1] le ballon contre le mur.	etw. werfen

> **jeter**: je je**tt**e, tu je**tt**es, il je**tt**e, nous jetons, vous jetez, ils je**tt**ent; j'ai jeté

4 un **remue-méninges** [ɛ̃ʀ(ə)mymenɛ̃ʒ]	→ D Meningitis	ein Brainstorming
concret/concrète [kõkʀɛ/kõkʀɛt]	Loïc a beaucoup de projets, mais il ne fait jamais rien de ~.	konkret

Texte D Paris at night

une **allumette** [ynalymɛt]	On utilise une ~ pour mettre le feu à quelque chose.	ein Streichholz
allumer qc [alyme]	= mettre le feu à qc; ouvrir qc	etw. einschalten, etw. anzünden
entier/entière [ɑ̃tje/ɑ̃tjɛʀ]	I intero/intera; SP entero/entera	ganz, völlig, heil
l'**obscurité** *(f.)* [lɔpskyʀite]	→ D obskur	die Dunkelheit, die Finsternis
se rappeler qn/qc [səʀap(ə)le]	≠ avoir oublié qn/qc	sich an jdn./etw. erinnern

> **se rappeler** wird konjugiert wie **s'appeler**: je me rappe**ll**e, nous nous rappe**l**ons; je me suis rappel**é**(e)

s'intéresser à qc [sɛ̃teʀɛse]	Tu aimes le sport? – Non, ça ne ~[2] pas.	sich für etw. interessieren
simple/simple [sɛ̃pl/sɛ̃pl]	→ D simpel	einfach
la **liberté** [libɛʀte]	[Familie-Symbol] libre/libre; E liberty	die Freiheit
le **bonheur** [ləbɔnœʀ]	= une grande joie	das Glück

Autour du texte

se composer de qc [səkõpoze]	La maison ~[3] de cinq pièces.	aus etw. bestehen; sich aus etw. zusammensetzen
un **vers** [ɛ̃vɛʀ]	! F ~ ≠ E a verse: eine Strophe	ein Vers, eine Zeile
rimer avec qc [ʀime]	E to **rhyme**	auf etw. reimen
un **style** [ɛ̃stil]	Vous écrivez bien; votre ~ est correct.	ein Stil
personnel/personnelle [pɛʀsɔnɛl/pɛʀsɔnɛl]	Ce sont ses affaires ~[4]; ne les touche pas!	persönlich
familier/familière [familje/familjɛʀ]	le français standard ⟷ la langue ~	umgangsspachlich
une **allitération** [ynalitɛʀasjõ]	Pour qui sont ces serpents qui sifflent sur vos têtes? (Racine, *Andromaque.*)	eine Alliteration, ein Stabreim

> Die **Alliteration**, in der germanischen Dichtung auch Stabreim genannt, ist eine literarische Stilfigur, bei der die betonten Stammsilben zweier oder mehrerer aufeinanderfolgender Wörter den gleichen Anfangslaut besitzen.

utiliser qc [ytilize]	Tu ~[5] ce mot tout le temps, sans savoir ce qu'il veut dire.	etw. benutzen

[1] jette – [2] m'intéresse – [3] se compose
[4] personnelles – [5] utilises

abstrait/abstraite [apstʀɛ/ apstʀɛt]	≠ concret/concrète	abstrakt
faire faire qc [fɛʀfɛʀ]	Notre prof sait comment ~ travailler ses élèves.	etw. tun lassen

Pratique D

1 **transmettre** qc à qn [tʀɑ̃smɛtʀ]	= passer qc à qn	jdm. etw. übermitteln, jdm. etw. weitergeben
	transmettre wird konjugiert wie **mettre**: je transmets, nous transmettons; j'ai transmis	
une **tempête** [yntɑ̃pɛt]	E tempest; I tempesta; SP tempestad	ein Sturm
un **comprimé** [ynkɔ̃pʀime]	= une sorte de médicament	eine Tablette
2 une **fiche de lecture** [ynfiʃdəlɛktyʀ]		ein Textverlaufsplan

Révisions

Les signes astrologiques

 le Bélier* 21/03 – 20/04	 le Taureau* 21/04 – 20/05	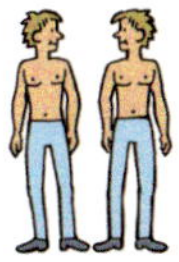 les Gémeaux* 21/05 – 21/06	 le Cancer* 22/06 – 22/07	 le Lion* 23/07 – 22/08	 la Vierge* 23/08 – 22/09
 la Balance* 23/09 – 22/10	 le Scorpion* 23/10 – 21/11	 le Sagittaire* 22/11 – 20/12	 le Capricorne* 21/12 – 19/01	 le Verseau* 20/01 – 18/02	 les Poissons 19/02 – 20/03

*Wörter, die hier zur Vervollständigung zusätzlich erwähnt werden.

En France

Les blogs

„Le blog" (dt.: „das Blog", auch „der Blog") ist eine Art Tagebuch im Internet, dem ständig neue Einträge hinzugefügt werden, von denen der neuste ganz oben steht. Die Leser können den Einträgen Kommentare hinzufügen, so dass das Blog Ähnlichkeit mit einem Internetforum hat. Das Wort „blog" ist eine Abkürzung des englischen **„weblog"** (dt.: „Logbuch"). Die ersten Blogs entstanden Mitte der 1990er Jahre. Zunächst für persönliche Themen genutzt, wurden sie um 2004 zunehmend von Medienunternehmen entdeckt.
Der Autor eines Blogs wird **„un blogueur"** (dt.: „ein Blogger") oder **„une blogueuse"** (dt.: „eine Bloggerin") genannt, das Verfassen von Blog-Einträgen als **„bloguer"** (dt.: „bloggen") bezeichnet.
Ein interessantes Blog rund um das Thema „Frankreich" und „Französisch lernen" findet ihr unter **www.france-blog.info**.

En France

Cancale

In der nördlichen Bretagne, im Departement Ille-et-Vilaine [ilevilɛn], 15 km östlich von Saint-Malo, liegt das kleine Fischerstädtchen **Cancale**. Es ist berühmt für seine besonders schmackhaften Austern, die in Austernbänken im Hafen gezüchtet werden. Vom Strand aus hat man einen herrlichen Blick auf die Bucht des Mont-Saint-Michel [mɔ̃sɛ̃miʃɛl].

DOSSIER 2

Entrée Au cœur des banlieues

un **moteur** [ɛ̃mɔtœʀ]	E motor; I motore; SP motor	ein Motor
une **recherche** [ynʀəʃɛʀʃ]	= l'action de chercher et découvrir dans les sciences	eine (Nach)Forschung
un **moteur de recherche** [ɛ̃mɔtœʀdəʀəʃɛʀʃ]	Internet	eine Suchmaschine

Texte A La Star Ac des quartiers

1 une **cité** [ynsite]	E a city	eine Stadt; *(hier)* eine Vorort
un **spectacle** [ɛ̃spɛktakl]	Au théâtre, il y a un ~ pour les enfants.	ein Schauspiel, eine Darbietung, eine Vorstellung
2 le **fric** *(fam.)* [ləfʀik]	= l'argent	der Zaster *(ugs.)*
un **chant** [ɛ̃ʃɑ̃]	chanter; un chanteur/une chanteuse	ein Gesang
pas grand-chose [pagʀɑ̃ʃoz]	= pas beaucoup	nicht viel
mériter qc [meʀite]	= être digne de qc	etw. verdienen
une **mairie** [ynmɛʀi]	= un hôtel de ville	ein Rathaus, ein Bürgermeisteramt

Ein **hôtel de ville** steht in einer größeren Stadt. In Kleinstädten, Gemeinden oder auch in Stadtvierteln steht hingegen die **mairie**.

Marseille [maʀsɛj]		Marseille *(Stadt in Südfrankreich)*

	un **débardeur** [ɛ̃debaʀdœʀ]	les vêtements	*(hier)* ein Muscleshirt

un débardeur/une débardeuse: ein Transportarbeiter/eine Transportarbeiterin, ein Hafenarbeiter/eine Hafenarbeiterin

	pieds nus [pjeny]	= sans chaussures et sans chaussettes	barfuß
3	une **époque** [ynepɔk]	≈ un siècle; un moment; une date; une saison	eine Epoche, ein Zeitalter
	à l'époque [alepɔk]		damals, zu der Zeit
	algérien/algérienne [alʒeʀjɛ̃/alʒeʀjɛn]		algerisch
	un **Algérien**/une **Algérienne** [ɛ̃nalʒeʀjɛ̃/ynalʒeʀjɛn]		ein Algerier/eine Algerierin
	Tant pis! [tɑ̃pi]	On ne peut pas sortir: il pleut! – ~!	Macht nichts!
	au moins [omwɛ̃]		mindestens
	un **producteur**/une **productrice** [ɛ̃pʀɔdyktœʀ/ynpʀɔdyktʀis]	= qn qui produit un film ou une pièce de théâtre	ein Produzent/eine Produzentin
	un **public** [ɛ̃pyblik]	F ~ ⟷ E ~	ein Publikum
4	un **compositeur**/une **compositrice** [ɛ̃kɔ̃pozitœʀ/ynkɔ̃pozitʀis]	= qn qui écrit de la musique	ein Komponist/eine Komponistin
	un **malheur** [ɛ̃malœʀ]	≠ un bonheur	ein Unglück
	un **danseur**/une **danseuse** [ɛ̃dɑ̃sœʀ/yndɑ̃søz]	= qn qui fait de la danse	ein Tänzer/eine Tänzerin
	un **retour** [ɛ̃ʀətuʀ]	= l'action de retourner	eine Rückkehr; eine Rückfahrt, eine Rückreise
	jusqu'à ce que [ʒyskas(ə)kə]	≠ depuis que	bis
6	l'**alcool** *(m.)* [lalkɔl]	Dans le vin, il y a de l'~.	der Alkohol
7	**de plus en plus** [d(ə)plyzɑ̃ply]	= toujours plus	immer mehr
8	une **sonorisation** [ynsɔnɔʀizasjɔ̃]	→ Abk. une sono [ynsɔno]	eine Musikanlage
	un **décor** [ɛ̃dekɔʀ]	= tous les objets dans un film ou une pièce de théâtre	ein Bühnenbild

Autour du texte

	d'après qn/qc [dapʀɛ]	~ la radio, il fera beau demain.	nach jdm./etw.

Au-delà du texte

	se renseigner sur qn/qc [səʀɑ̃sɛɲe]	= chercher des information sur qn/qc	sich über jdn./etw. erkundigen

Pratique A

1	**bien que** [bjɛ̃kə]	F bien ⟷ D wohl	obwohl
	avant que [avɑ̃kə]	avant	bevor
	sans que [sɑ̃kə]	sans	ohne dass
	défavorisé/défavorisée [defavɔʀize/defavɔʀize]	= qui n'a pas beaucoup d'argent	benachteiligt

	un **effort** [ɛ̃nefɔʀ]	Si tu veux réussir, il faut faire des ~[1].	eine Anstrengung
	curieux/curieuse [kyʀjø/kyʀjøz]	C'est une histoire ~[2].	neugierig; merkwürdig
	un **flic** *(fam.)* [ɛ̃flik]	= un policier	ein Bulle *(ugs.)*
2	**flipper** *(fam.)* [flipe]	☺	ausflippen *(ugs.)*

Texte B «Kiffe kiffe demain» de Faïza Guène

	Faïza Guène [faizagɛn]		Faïza Guène *(frz. Autorin, *1985)*
1	**marocain/marocaine** [maʀɔkɛ̃/maʀɔkɛn]	le Maroc	marokkanisch
	un **Marocain**/une **Marocaine** [ɛ̃maʀɔkɛ̃/ynmaʀɔkɛn]		ein Marokkaner/eine Marokkanerin
	Livry-Gargan [livʀigaʀgɑ̃]		Livry-Gargan *(Stadt nördlich von Paris)*
	la **Seine-Saint-Denis** [lasɛnsɛ̃dəni]		Seine-Saint-Denis *(Departement nördlich von Paris)*
2	**emmener** qn/qc [ɑ̃m(ə)ne]	≠ laisser qn/qc	jdn./etw. mitnehmen

emmener: j'emm**è**ne, tu emm**è**nes, il emm**è**ne, nous emm**e**nons, vous emm**e**nez, ils emm**è**nent; j'ai emm**e**né

	refuser de faire qc [ʀ(ə)fyse]	E to refuse	sich weigern, etw. zu tun
	un **mouton** [ɛ̃mutɔ̃]	les animaux	ein Schaf
	un **mélange** [ɛ̃melɑ̃ʒ]	= l'action de mettre ensemble plusieurs choses	eine Mischung
	une **séparation** [ynsepaʀasjɔ̃]	= l'action de ne plus rester ensemble	eine Trennung
	une **pierre** [ynpjɛʀ]	Il faut s'arrêter; j'ai ~ dans ma chaussure.	ein Stein
	pire/pire [piʀ/piʀ]	= le comparatif de «mauvais/mauvaise»	schlimmer

mauvais: schlimm → Komparativ: pire
mauvais: schlecht → Komparativ: plus mauvais

	un **tag** [ɛ̃tag]	taguer	ein Graffito

Autour du texte

	un **geste** [ɛ̃ʒɛst]	E a gesture	eine (Hand)Bewegung, eine Geste
	symboliser [sɛ̃bɔlize]	E to symbolise	symbolisieren

Texte C La banlieue aux mille visages

1	**agréable/agréable** [agʀeabl/agʀeabl]	= gentil/gentille; sympa/sympa	angenehm
	insolite/insolite [ɛ̃sɔlit/ɛ̃sɔlit]	= bizarre/bizarre	ungewöhnlich, außergewöhnlich
	un **immeuble** [ɛ̃nimœbl]	= plusieurs appartements sous un toit	ein Gebäude

[1] efforts – [2] curieuse

2	**loger** [lɔʒe]	= habiter	wohnen
		loger wird konjugiert wie **manger**: je loge, nous loge**ons**; j'ai logé	
	un **ouvrier**/une **ouvrière** [ɛ̃nuvʀije/ynuvʀijɛʀ]	= qn qui travaille avec ses mains	ein Arbeiter/eine Arbeiterin
	au milieu de qc [omiljø]	= au cœur de qc	mitten in etw.
	un **espace vert** [ɛ̃nɛspasvɛʀ]	F espace ⟷ E space	eine Grünfläche
	un **château** [ɛ̃ʃato]	E a cast**le**	ein Schloss
3	**Aubervilliers** [obɛʀvilje]		Aubervilliers *(Vorstadt im Nordosten von Paris)*
	une **H.L.M.** [ynaʃɛlɛm]	→ une **H**abitation à **L**oyer **M**odéré	eine Sozialwohnung
	un **renseignement** [ɛ̃ʀɑ̃sɛɲmɑ̃]	= une information	eine Auskunft
4	**ordinaire/ordinaire** [ɔʀdinɛʀ/ɔʀdinɛʀ]	= normal/normale	gewöhnlich
	Mireille Mathieu [miʀɛjmatjø]		Mireille Mathieu *(frz. Schlagersängerin, *1946)*
	le **ciel** [ləsjɛl]	Regarde ces beaux nuages dans le ~!	der Himmel
	une **occasion** [ynɔkazjɔ̃]	→ Abk. une occase [ynɔkaz]	eine Gelegenheit
	un **chariot** [ɛ̃ʃaʀjo]	= une voiture qu'on trouve dans les supermarchés	ein Einkaufswagen; ein Gepäckwagen
	remplir qc [ʀɑ̃pliʀ]	= compléter qc sur des papiers	etw. (aus)füllen; etw. erfüllen
	une **lessive** [ynlesiv]	= qc pour nettoyer des vêtements	ein Waschmittel
	un **cas** [ɛ̃ka]	E case; I + SP caso	ein Fall
	en cas de qc [ɑ̃kadə]	~ pluie, nous restons à la maison.	im Falle von etw.
	une **victoire** [ynviktwaʀ]	E a vict**ory**	ein Sieg
	nulle part [nylpaʀ]	≠ partout	nirgends
	une **usine** [ynyzin]	= un lieu où travaillent des ouvriers	eine Fabrik

Autour du texte

	un **prospectus** [ɛ̃pʀɔspɛktys]	= un texte de publicité	ein Prospekt

Au-delà du texte

	idéal/idéale [ideal/ideal]		ideal

Pratique C

1	**Le Corbusier** [ləkɔʀbyzje]		Le Corbusier *(schweizer Architekt, 1887–1965)*
	radieux/radieuse [ʀadjø/ʀadjøz]	= qui donne beaucoup de lumière	strahlend
3	une **communication** [ynkɔmynikasjɔ̃]	communiquer avec qn	ein Gespräch, eine Verbindung
	signifier qc [siɲifje]	= vouloir dire qc	etw. bedeuten, etw. heißen
	Ça alors! [saalɔʀ]		Na so etwas!
	une **émission** [ynemisjɔ̃]	Qu'est-ce qu'il y a à la télé? – ~ sur la campagne.	eine (Fernseh)Sendung

servir à qc [sɛʀviʀ]	= être utile de qc	zu etw. nützlich sein

> **servir**: je sers, tu sers, il sert, nous servons, vous servez, ils servent; j'ai servi

Texte D Métis(se)

métis/métisse [metis/metis]		gemischt
Yannick Noah [janiknɔa]		Yannick Noah *(frz. Tennisspieler und Musiker, *1960)*
Disiz la Peste [dizizlapɛst]		Disiz la Peste *(frz. Rapper und Schauspieler)*
camerounais/camerounaise [kamʀunɛ/kamʀunɛz]		kamerunisch
un **Camerounais**/une **Camerounaise** [ɛ̃kamʀunɛ/ynkamʀunɛz]		ein Kameruner/eine Kamerunerin
le **Cameroun**	[E] Cameroon; [I] Camerun; [SP] Camérun	Kamerun *(Staat in Zentralafrika)*

> **Kamerun** war zunächst deutsche Kolonie, dann unter englischer und französischer Verwaltung. England zog sich schon bald aus Kamerun zurück. Erst 1960 erhielt Kamerun die Unabhängigkeit von Frankreich.

d'ailleurs [dajœʀ]	= en plus	übrigens
fier/fière [fjɛʀ/fjɛʀ]	= content/contente; heureux/heureuse	stolz
parfois [paʀfwa]	Mais si, il y a ~ des bons films à la télé …	manchmal, gelegentlich
une **preuve vivante** [ynpʀœvvivɑ̃t]	vivre	ein lebender Beweis
un **humain** [ɛ̃nymɛ̃]	[E] a human	ein Mensch
la **haine** [laɛn]	= l'action de détester qn/qc	der Hass
un **ange** [ɛ̃nɑ̃ʒ]	L'~ Gabriel a annoncé que Jésus Christ était né.	ein Engel
l'**Inde** *(f.)* [lɛ̃d]	[E] + [I] + [SP] India	Indien
le **Brésil** [ləbʀezil]	[E] Brazil; [I] Brasile; [SP] Brasil	Brasilien
se marrer *(fam.)* [səmaʀe]	= mourir de rire	sich kaputtlachen *(ugs.)*
se barrer *(fam.)* [səbaʀe]	= disparaître	abhauen *(ugs.)*
un **être** [ɛ̃nɛtʀ]		ein (Lebe)Wesen
mélanger qc [melɑ̃ʒe]	un mélange	etw. mischen

> **mélanger** wird konjugiert wie **manger**: je mélange, nous mélangeons; j'ai mélangé

se rassembler [səʀasɑ̃ble]	= se rencontrer en groupe	sich versammeln

Autour du texte

une **impression** [ynɛ̃pʀesjɔ̃]	= un sentiment; une idée	ein Eindruck
un **avantage** [ɛ̃navɑ̃taʒ]	[F] ~ ⟷ [E] advantage	ein Vorteil

selon (qn/qc) [s(ə)lõ]	= d'après (qn/qc)	gemäß
un **clip** [ɛ̃klip]	☺	ein Clip

Révisions

Quelques mots français d'origine arabe

Im *Français populaire* und im *Français familier* werden eine Reihe von Wörtern arabischer Herkunft verwendet. Hier einige Beispiele:

mots d'origine arabe	français standard	mots d'origine arabe	français standard
avoir **la baraka** [avwaʀlabaʀaka]	avoir de la chance	**kiffer** [kife]	aimer bien
		kif-kif [kifkif]	la même chose
bésef [bezɛf]	beaucoup	**maboul** [mabul]	fou
un **bled** [ɛ̃blɛd]	un village (loin des grandes villes)	**macache** [makaʃ]	pas du tout, rien du tout
un **clebs** [ɛ̃klɛps]	un chien	un **moujingue** [ɛ̃muʒɛ̃g]	un enfant
droper [dʀɔpe]	courir très vite	faire la **nouba** [fɛʀlanuba]	faire la fête
le **flouze** [ləfluz]	l'argent		
faire **fissa** [fisa]	faire vite	un **toubib** [ɛ̃tubib]	un médecin

En France

Les cités

Aufgrund der Wohnungsnot wurden in den Vorstädten **(les banlieues)** der französischen Großstädte in den 1960er Jahren riesige Neubaugebiete in Plattenbauweise errichtet: les **cités**. In den 70er Jahren wohnten hier Arbeiterfamilien in staatlich geförderten Mietwohnungen, den **H.L.M.** (habitations à loyer modéré = Wohnungen mit moderatem Mietpreis). Heute sind die Bewohner meist Arbeitslose und Immigranten, die cités entwickeln sich immer mehr zu sozialen Brennpunkten. Die Jugendlichen haben oft schlechte Französischkenntnisse (sie erfinden sich ihre eigene Sprache, z. B. den **Verlan**) und eine schlechte Schulbildung; die Gewaltbereitschaft ist hoch.

En France

La Star Academy

La **Star Academy** (kurz: la **Star Ac'**) ist eine Fernsehshow des französischen Fernsehsenders **TF1**, bei der junge Gesangstalente ähnlich wie bei „Deutschland sucht den Superstar" einen Plattenvertrag gewinnen können.
Die Teilnehmer wohnen vier Monate lang in einem Schloss bei Paris, in dem sie Gesangs-, Tanz- und Schauspielunterricht erhalten. Freitagabends interpretieren sie Lieder meist in französischer Sprache. Stars wie Céline Dion, Alain Souchon, Zazie, Mylène Farmer oder auch Robbie Williams werden dabei zuweilen zum Duett eingeladen. Jede Woche wird ein Kandidat durch das Publikum und die anderen Kandidaten herausgewählt. Bekannte und heute sehr erfolgreiche ehemalige Star-Academy-Teilnehmer sind Jenifer, Nolwenn Leroy und Olivia Ruiz.

DOSSIER 3

Entrée — Ville ou campagne?

une **relation** [ynʀəlasjõ]	E a relation**ship**; E relation: Verwandter/Verwandte	eine Beziehung, ein Verhältnis
un **scénario** [ɛ̃senaʀjo]	= l'action dans un film ou dans une pièce de théâtre	ein Drehbuch, eine Story
une **ferme** [ynfɛʀm]	E a farm	ein Bauernhof

Texte A — Le blog de Delphine: Vivre à la campagne

retourner [ʀətuʀne]	E to return	zurückgeben; *(hier)* zurückkehren

retourner qc à qn wird mit *avoir* konjugiert. → Elle **a retourné** les vêtements au magazin.
retourner à qc wird mit *être* konjugiert. → Elle **est retournée** à Clermont-Ferrand.

	un **choix** [ɛ̃ʃwa]	choisier qc; E a choi**ce**	eine (Aus)Wahl
1	la **densité** [ladɑ̃site]	F -té ⟷ E -ty	die Dichte
	une **population** [ynpɔpylasjõ]	= l'ensemble des habitants dans un certain espace	eine Bevölkerung
	le **voisin du dessus**/la **voisine du dessus** [ləvwazɛ̃dyd(ə)sy/ lavwazindyd(ə)sy]		der Nachbar von oben/die Nachbarin von oben
	tousser [tuse]	On ~[1] quand on est malade.	husten
	une **cage** [ynkaʒ]	F ~ = E ~	ein Käfig
	le **droit** [lədʀwa]	Loïc a étudié le ~. Il peut t'aider.	das Recht
	un **salon** [ɛ̃salõ]	= une salle de séjour élégante	ein Wohnzimmer
	alors que [alɔʀkə]	= bien que	während, obwohl
	griller qc [gʀije]	☺	etw. grillen
	une **merguez** [ynmɛʀgɛz]		eine Bratwurst

Eine **merguez** ist eine kleine, scharf gewürzte Bratwurst aus Rind- oder Lammfleisch. Sie stammt aus Nordafrika und schmeckt gut zu Couscous.

[1] tousse

gêner qn [ʒene]	→ D sich genieren	jdn. stören; jdn. in Verlegenheit bringen
le **stress** [ləstʀɛs]		der Stress
une **pollution** [ynpɔlysjõ]	F ~ = E ~	eine Umweltverschmutzung
2 **profiter** de qn/qc [pʀɔfite]	Tu as bien ~[1] de tes vacances?	jdn./etw. (aus)nutzen
papoter *(fam.)* [papɔte]	= ce que fait un baratineur/une baratineuse	schwatzen *(ugs.)*
rassurant/rassurante [ʀasyʀɑ̃/ʀasyʀɑ̃t]	→ E to reassure	beruhigend
3 **haut/haute** [o/ot]	≠ bas/basse	hoch
Saint-Tropez [sɛ̃tʀɔpe]		Saint-Tropez *(Hafenort an der Côte d'Azur)*
4 **être stressé(e)** [ɛtʀəstʀese]	le stress	gestresst sein
respirer qc [ʀɛspiʀe]	I respirare; SP respirar	etw. (ein)atmen
frais/fraîche [fʀɛ/fʀɛʃ]	≈ froid/froide	frisch
critiquer qn/qc [kʀitike]	Tout le monde le ~[2], mais il s'en fout.	jdn./etw. kritisieren
vachement *(fam.)* [vaʃmɑ̃]	= très	wahnsinnig; echt *(ugs.)*

Autour du texte

un **bruit** [ɛ̃bʀɥi]	J'entends ~ bizarre. Est-ce qu'il y a quelqu'un dans la maison?	ein Geräusch, ein Lärm

Texte B Camping à la ferme

Approche

Azouz Begag [azuzbegag]		Azouz Begag *(frz. Schriftsteller, *1957)*
1 la **justice** [laʒystis]	F ~ = E ~	die Justiz; die Gerechtigkeit
un **juge**/une **juge** [ɛ̃ʒyʒ/ynʒyʒ]	F ~ ⟷ E judge	ein Richter/eine Richterin
un **éducateur**/une **éducatrice** [ɛ̃nedykatœʀ/ynedukatʀis]	E an educator	ein Erzieher/eine Erzieherin
le **centre social** [ləsɑ̃tʀəsɔsjal]		das Gemeindezentrum; *(hier)* die Jugendgerichtshilfe
2 une **zone** [ynzon]		eine Zone; ein sozialer Brennpunkt
ressembler à qn/qc [ʀəsɑ̃ble]	≠ être different/différente de qn/qc	jdm./etw. ähneln
celui/**celle**/**ceux**/**celles** [səlɥi/sɛl/sø/sɛl]	Regarde les garçons. ~[3] qui est est à gauche est mon ami.	jener/jene/jenes
une **habitude** [ynabityd]	s'habituer à qn/qc	eine (An)Gewohnheit
tout le temps [tul(ə)tɑ̃]	= toujours; sans arrêt	die ganze Zeit
un **petit ami**/une **petite amie** [ɛ̃p(ə)titami/ynp(ə)titami]		ein fester Freund/eine feste Freundin
3 un **maire** [ɛ̃mɛʀ]	une mairie	ein Bürgermeister/eine Bürgermeisterin
ambitieux/ambitieuse [ɑ̃bisjø/ɑ̃bisjøz]	E ambitious	ehrgeizig
une **élection** [ynelɛksjõ]	E an election	eine Wahl
la **politique** [lapɔlitik]	E politics	die Politik

[1] profité – [2] critique – [3] Celui

4 **certainement** [sɛʀtɛnmɑ̃]	certain/certaine	gewiss, sicher
un **paysan**/une **paysanne** [ɛ̃peizɑ̃/ynpeizan]	Mon grand-père vient de la campagne. Il était ~.	ein Bauer/eine Bäuerin
un **champ** [ɛ̃ʃɑ̃]	I + SP campo	ein Feld, ein Acker
5 un **musulman**/une **musulmane** [ɛ̃myzylmɑ̃/ynmyzylman]	= qn qui suit les règles de l'Islam	ein Muslim/eine Muslimin
un **clocher** [ɛ̃klɔʃe]	= la tour d'une église ou d'une cathédrale	ein Kirchturm
6 **fatigant/fatigante** [fatigɑ̃/fatigɑ̃t]	fatigué/fatiguée	anstrengend, ermüdend
terminer qc [tɛʀmine]	= finir qc	etw. beenden, etw. fertigstellen
faire de la publicité pour qn/qc [fɛʀdəlapyblisite]		für jdn./etw. Werbung machen

Autour du texte

réagir à qc [ʀeaʒiʀ]	E to react	auf etw. reagieren

Au-delà du texte

un **plan** [ɛ̃plɑ̃]		*(hier)* eine Einstellung
un **angle (de vue)** [ɛ̃nɑ̃gl(ədəvy)]	E angle; I angolo; SP ángulo	ein (Blick)Winkel
un **plan d'ensemble** [ɛ̃plɑ̃dɑ̃sɑ̃bl]	le film	eine Gesamtaufnahme, eine Totale
un **paysage** [ɛ̃peizaʒ]	un pays; un paysan/une paysane	eine Landschaft
un **gros plan** [ɛ̃gʀoplɑ̃]	le film	eine Großaufnahme
une **émotion** [ynemosjɔ̃]		eine Emotion, eine Rührung; eine Aufregung
un **plan américain** [ɛ̃plɑ̃ameʀikɛ̃]	le film	eine amerikanische Einstellung
une **ceinture** [ynsɛ̃tyʀ]	Ton jean est trop grand, tu devrais serrer la ~.	ein Gürtel; *(hier)* eine Taille
la **plongée** [laplɔ̃ʒe]	plonger	das Tauchen; *(hier)* die Aufnahme von oben
la **fragilité** [lafʀaʒilite]	= l'action d'être facile à casser	die Zerbrechlichkeit; die Schwäche; die Zartheit
un **caméraman** [ɛ̃kameʀaman]	aussi: un **cameraman**	ein Kameramann
la **contre-plongée** [lakɔ̃tʀəplɔ̃ʒe]		die Aufnahme von unten

Pratique B

1 **Jean-Pierre Sinapi** [ʒɑ̃pjɛʀsinapi]		Jean-Pierre Sinapi *(franz. Filmautor und -regisseur)*
un **metteur en scène**/une **metteuse en scène** [ɛ̃mɛtœʀɑ̃sɛn/ynmɛtøzɑ̃sɛn]	= un réalisateur/une réalisatrice (au théâtre)	ein Regisseur/eine Regisseurin
2 le **tournage** [ləturnaʒ]	tourner (un film)	das Drehen

	un **agriculteur**/une **agricultrice** [ɛ̃nagʀikyltœʀ/ynagʀikyltʀis]	= un paysan/une paysane	ein Landwirt/eine Landwirtin
		Das französische Wort **agriculteur** ebenso wie das deutsche Wort Landwirt sind die heute üblichen Bezeichnungen. Der Begriff **paysan** (Bauer) gilt heute als veraltet bzw. beleidigend.	
	un **âne**/une **ânesse** [ɛ̃nan/ynanɛs]	les animaux	ein Esel/eine Eselin
	une **casquette** [ynkaskɛt]	les vêtements	eine Mütze
	une **veste** [ynvɛst]	les vêtements	ein Jacket, ein Sakko
		! **un gilet** [ɛ̃ʒilɛ]: eine Weste	
	une **montre** [ynmõtʀ]	Il est quelle heure? Ma ~ ne marche plus.	eine Armbanduhr
3	la **compréhension** [lakõpʀeɑ̃sjõ]	= l'action de comprendre qn/qc	das Verständnis
	audiovisuel/audiovisuelle [odjovizɥɛl/odjovizɥɛl]	= qui est à regarder et à écouter	audiovisuell
	une **bande-annonce** [ynbɑ̃danõs]	= une publicité pour un film avec quelques scènes	ein Trailer

Texte C Deux mondes bien différents …

1	**fondre** [fõdʀ]	La neige ~[1] sous le soleil.	schmelzen
		fondre wird konjugiert wie **rendre**: je fonds, nous fondons; j'ai fondu	
	une **larme** [ynlaʀm]	Les ~[2] coulent de ses yeux.	eine Träne
	fondre en larmes [fõdʀɑ̃laʀm]	= commencer à pleurer	in Tränen ausbrechen
	la **maladie de la vache folle** [lamaladidəlavaʃfɔl]		der Rinderwahn
	en même temps [ɑ̃mɛmtɑ̃]	= au même moment	gleichzeitig
	l'**exode rural** *(m.)* [lɛgzɔdʀyʀal]	→ D Exodus = Auszug; Tod	die Landflucht
	une **racine** [ynʀasin]	I radice; SP raíz	eine Wurzel
	paysan/paysanne [peizɑ̃/peizan]	un pays; un paysage	ländlich, bäuerlich
2	un **milieu** [ɛ̃miljø]	au milieu de qn/qc	eine Schicht, ein Milieu; eine Mitte
	le **quotidien** [ləkɔtidjɛ̃]	= un journal qui vient tous les jours	die Tageszeitung; *(hier)* der Alltag
	au jour le jour [oʒuʀləʒuʀ]		in den Tag hinein
3	**tomber bien** [tõbebjɛ̃]	≠ tomber mal	gelegen kommen
	typique/typique de qn/qc [tipik/tipik]	E **typical of**	typisch für jdn./etw.
	faire une gaffe *(fam.)* [fɛʀyngaf]	= faire une bêtise	ins Fettnäpfchen treten *(ugs.)*
	responsabiliser qn [ʀɛspõsabilize]	→ E responsible: verantwortlich	jds. Verantwortungsbewusstsein wecken

[1] fond – [2] larmes

Texte D Quelques chiffres sur la France

un **graphique** [ɛ̃gʀafik]	[F] un **-phique** ⟷ [D] eine **-fik**	eine Grafik
actuel/actuelle [aktɥɛl/aktɥɛl]	☺	aktuell
démographique/démographique [demɔgʀafik/demɔgʀafik]	= qui parle du nombre de la population	demografisch
croître [kʀwatʀ]	= devenir plus grand ou plus gros	wachsen, zunehmen

croître: je croîs, tu croîs, il croît, nous croissons, vous croissez, ils croissent; j'ai crû

contribuer à qc [kɔ̃tʀibɥe]	= participer à qc	zu etw. beitragen
la **hauteur** [laotœʀ]	haut/haute	die Höhe
industriel/industrielle [ɛ̃dystʀijɛl/ɛ̃dystʀijɛl]	Dans une région ~, il y a beaucoup d'usines.	industriell
certes [sɛʀt]	certains/certaines	gewiss, sicher, zwar
élever qn/qc [el(ə)ve]	un élève/une élève	jdn. großziehen, jdn. erziehen; etw. züchten

élever: j'é**l**ève, tu é**l**èves, il é**l**ève, nous élevons, vous élevez, ils é**l**èvent; j'ai élevé

la **sécurité** [lasekyʀite]	= la confiance	die Sicherheit
une **chute** [ynʃyt]	= l'action de tomber	ein Fall, ein Sturz; eine Pointe
la **pression** [lapʀesjɔ̃]	= l'action d'exiger qc de qn avec de la force	der Druck
une **organisation** [ynɔʀganizasjɔ̃]	organiser qc	eine Organisation
la **scolarité** [laskɔlaʀite]	une école	die Schulzeit

Autour du texte

irlandais/irlandaise [iʀlɑ̃dɛ/iʀlɑ̃dɛz]		irisch
l'**Irlande** *(f.)* [liʀlɑ̃d]	[E] Ireland; [I] + [SP] Irlanda	Irland

Au-delà du texte

une **statistique** [ynstatistik]	= l'ensemble d'informations qui concerne un sujet	eine Statistik

Pratique D

1 une **commune** [ynkɔmyn]	≈ une ville, un village	eine Gemeinde
une **administration** [ynadministʀasjɔ̃]	✎ [F] ~ = [E] ~	eine Verwaltung
élire qn/qc [eliʀ]	une élection	jdn./etw. wählen

élire wird konjugiert wie **lire**: j'élis, nous élisons; j'ai élu

un **conseil municipal** [ɛ̃kõsɛjmynisipal]		ein Gemeinderat
un **conseiller**/une **conseillère** [ɛ̃kõseje/ynkõsejɛʀ]	un conseil	ein Berater/eine Beraterin
appliquer qc [aplike]	= mettre en pratique	etw. ausführen, etw. befolgen
une **décision** [yndesizjõ]	E a decision	eine Entscheidung
un **Etat** [ɛ̃neta]	E state; I stato; SP estado	ein Staat
une **loi** [ynlwa]	la justice	ein Gesetz
un **mariage** [ɛ̃maʀjaʒ]	Adrien nous invite à son ~.	eine Hochzeit
un **électeur**/une **électrice** [ɛ̃nelɛktøʀ/ynelɛktʀis]	une élection; élire qn/qc	ein Wähler/eine Wählerin
un **résultat** [ɛ̃ʀezylta]		ein Ergebnis
un **inconvénient** [ɛ̃nɛ̃kõvenjɑ̃]	≠ un avantage	ein Nachteil

En France

La cuisine française change

Traditionell besitzt jede Region Frankreichs ihre eigene *cuisine régionale*, für die bestimmte Gerichte, Zutaten und Arten der Zubereitung typisch sind. Das gemütliche Zusammensitzen gehört ebenso zum guten Essen wie Käse und Wein.
Aber das Leben der Franzosen wandelt sich und mit ihm auch die Essgewohnheiten. So haben Fastfood- oder Selbstbedienungsrestaurants wie *Quick* oder *Flunch* längst das Land erobert, ebenso wie Spezialitäten aus anderen Ländern, so z. B.

amerikanische Gerichte
- des poissons ou de la viande grillés au barbecue – Grillgerichte

arabische Gerichte
- le couscous – der Kuskus (*Grießkügelchen*)
- la merguez – *kleine, scharf gewürzte Paprikabratwurst aus Lammfleisch*
- le méchoui – *Hammel am Spieß*

griechische Gerichte
- le sandwich grec – das Gyros
- le tarama – Fischeier mit Olivenöl und Zitrone

italienische Gerichte
- la pizza – die Pizza
- les pâtes – Pasta

türkische Gerichte
- le kébab – der Döner

Révisions

Quelques prénoms arabes qu'on trouve en France

prénoms de garçon

Amine*
Djamel/Gamal/Jamel
Hassan*
Karim*
Rachid
Tarek*
Wahid
Zinedine*

prénoms de fille

Aïcha*
Dalila*
Fatma*
Houda*
Lina*
Malika
Nouria
Samira

*Vornamen, die hier zur Vervollständigung zusätzlich erwähnt werden.

Révisions

Les plans – die Kameraeinstellungen

le très gros plan –
die Detailaufnahme

le gros plan –
die Großaufnahme

le plan rapproché –
die Nahaufnahme

le plan américain –
die amerikanische Einstellung

le plan moyen –
die mittlere Einstellung

le plan général,
le plan d'ensemble –
die Gesamtaufnahme,
die Totale

Les angles – die Aufnahmewinkel

la vue de face –
die Vorderansicht

l'angle de 45 degrés –
der 45-Grad-Winkel

la vue latérale, la vue de côté –
das Profil, die Seitenansicht

la vue de l'arrière –
die Rückansicht

Les perspectives – die Perspektiven

la vue en plongée *(f.)* –
die Vogelperspektive

la vue parallèle au sol –
die Augenhöhe

la vue en contre-plongée *(f.)* –
die Froschperspektive

DOSSIER 4

Entrée La France et l'Allemagne

commenter qc [kɔmɑ̃te]	= donner son avis sur qc	etw. kommentieren
une **caricature** [ynkaʀikatyʀ]	= un dessin qui exagère des détails	eine Karikatur
un **témoignage** [ɛ̃temwaɲaʒ]	la justice	eine Aussage, ein Augenzeugenbericht

Texte A Une interview avec Michaela

1 un **étudiant**/une **étudiante** [ɛ̃netydjɑ̃/ynetydjɑ̃t]	les études; étudier qc	ein Student/eine Studentin
la **littérature** [laliteʀatyʀ]	F _ _tté_ _ _ _ _e ⟷ D _ _ te _ _ _ _ _	die Literatur
scolaire/scolaire [skɔlɛʀ/skɔlɛʀ]	une école; la scolarité	schulisch, Schul-
une **année scolaire** [ynaneskɔlɛʀ]		ein Schuljahr
Draguignan [dʀagiɲɑ̃]		Draguignan *(Stadt in der Region Provence-Alpes-Côte d'Azur)*
la **terminale** [latɛʀminal]	= la dernière classe du lycée	die Abschlussklasse *(entspricht der dt. 12./13. Klasse)*
2 une **motivation** [ynmɔtivasjɔ̃]	motiver qn	eine Motivation
faire la connaissance de qn/qc [fɛʀlakɔnɛsɑ̃s]	connaître qn/qc	mit jdm./etw. Bekanntschaft machen
partager qn/qc avec qn/qc [paʀtaʒe]	une partie	jdn./etw. mit jdm./etw. teilen

partager wird konjugiert wie **manger**: je partage, nous partageons; j'ai partagé

3 **proche/proche** (de) [pʀɔʃ/pʀɔʃ]	prochain/prochaine	nahe (bei)
la **patience** [lapasjɑ̃s]	E patience; I pazienza; SP paciencia	die Geduld
à l'écrit [alekʀi]	écrire qc	schriftlich
à l'oral [alɔʀal]	≠ à l'écrit	mündlich
étonner qn [etɔne]	= prendre qn par surprise	jdn. erstaunen
un **surveillant**/une **surveillante** [ɛ̃syʀvɛjɑ̃/ynsyʀvɛjɑ̃t]	= un pion/une pionne	eine Aufsicht, ein Aufseher/eine Aufseherin

4	la **réunification** [laʀeynifikasjõ]	La ~ de l'Allemagne était le 3 octobre 1990.	die Wiedervereinigung
	en général [ɑ̃ʒeneʀal]	= généralement	im Allgemeinen
5	l'**économie** *(f.)* [lekɔnɔmi]	→ [D] Ökonomie	die Wirtschaft
	un **cliché** [ɛkliʃe]	= une image négative sur un groupe de personnes	ein Klischee
	la **civilisation** [lasivilizasjõ]		die Kultur, die Zivilisation; *(hier)* die Landeskunde
	un **saucisson** [ɛ̃sosisõ]	Le salami est un ~ italien.	eine Salami
	une **bière** [ynbjɛʀ]	[F] **une** ~ ⟷ [D] **ein** Bier	ein Bier
6	**conclure** qc de qc [kõklyʀ]	→ [E] conclusion = Folgerung	etw. aus etw. folgern

conclure: je conclus, tu conclus, il conclut, nous concluson, vous conclusez, ils concuent; j'ai conclu

	sincère/sincère [sɛ̃sɛʀ/sɛ̃sɛʀ]	= qui ne ment pas	ehrlich

Pratique A

1	un **collègue**/une **collègue** [ɛ̃kɔlɛg/ynkɔlɛg]	= qn avec qui on travaille ensemble	ein Kollege/eine Kollegin
	une **tasse** [yntas]	☺	eine Tasse
2	un **bol** [ɛ̃bɔl]	Tu bois ton café dans un ~ ou dans une tasse?	ein Bol *(eine Trinkschale)*
	une **tartine** [yntaʀtin]		ein belegtes Brot
	tremper qc [tʀɑ̃pe]	= plonger et laisser qc dans l'eau	etw. durchnässen; etw. befeuchten; *(hier)* etw. eintunken

Texte B Dialogue en perspective

	une **perspective** [ynpɛʀspɛktiv]	Regarde par la fenêtre, la ~ est jolie.	eine Perspektive, ein Blickwinkel

Approche

	TV5 Monde [tevesɛ̃kmõd]		TV5 Monde *(Fernsehsender)*

TV5 Monde ist ein internationaler, frankophoner Fernsehsender. Er wird auf allen fünf Kontinenten ausgestrahlt.

	l'**Office franco-allemand pour la jeunesse** [lɔfisfʀɑ̃koalmɑ̃puʀlaʒœnɛs]	→ Abk. l'OFAJ [lɔfaʒ]	Deutsch-Französisches Jugendwerk (DFJW)
1	une **tonne** [yntɔn]	= 1000 kilos	eine Tonne
	le **jury** [ɛ̃ʒyʀi]	☺	die Geschworenen *(pl.)*; *(hier)* die Jury
	un **festival** [ɛ̃fɛstival]	La Berlinale est le ~ du film allemand.	Festspiele *(pl)*, ein Festival
	un **membre** [ɛ̃mɑ̃bʀ]	= qn qui fait partie d'un groupe	ein Mitglied
	concerner qn/qc [kõsɛʀne]	[E] to concern	jdn./etw. betreffen
2	un **mètre carré** [ɛ̃mɛtʀ(ə)kaʀe]	= 1 m^2	ein Quadratmeter

un **objectif** [ɛ̃nɔbʒɛktif]	= qc qu'on veut réaliser	ein Ziel
la **critique** [lakʀitik]	[famille] critiquer qn/qc	die Kritik

un critique/une critrique: ein Kritiker/eine Kritikerin

3 un **appel à candidature** [ɛ̃napɛlakɑ̃didatyʀ]	[famille] une lettre de candidature	eine Ausschreibung
âgé/âgée (de) [aʒe/aʒe]	[famille] l'âge *(m.)*	alt
un **lycéen**/une **lycéenne** [ɛ̃liseɛ̃/ynliseɛn]	[famille] un lycée	ein Gymnasiast/eine Gymnasiastin
une **possibilité** [ynpɔsibilite]	E a possiblity	eine Möglichkeit
une **dizaine** [yndizɛn]	[famille] dix	zehn, etwa zehn
être situé(e) à qc [ɛtʀ(ə)sitɥe]	= se trouver	bei etw. gelegen sein
Francfort-sur-le-Main [fʀɑ̃fɔʀsyʀləmɛ̃]		Frankfurt am Main
approfondir qc [apʀɔfɔ̃diʀ]	I approfondire; SP profundizar	etw. vertiefen
une **connaissance** [ynkɔnɛsɑ̃s]	[famille] connaître qn/qc	eine Kenntnis, eine Erkenntnis
Louis Malle [lwimal]		Louis Malle *(frz. Regisseur, 1932–1995)*
François Truffaut [fʀɑ̃swatʀyfo]		François Truffaut *(frz. Regisseur, 1932–1984)*
également [egalmɑ̃]	= aussi	gleich(ermaßen), auch
contemporain/contemporaine [kɔ̃tɑ̃pɔʀɛ̃/kɔ̃tɑ̃pɔʀɛn]	E contemporary	zeitgenössisch
Luc Besson [lykbɛsɔ̃]		Luc Besson *(frz. Regisseur, *1959)*
Mathieu Kassovitz [matjøkasɔvits]		Mathieu Kassovitz *(frz. Schauspieler und Regisseur, *1967)*
Cédric Klapisch [sedʀikklapiʃ]		Cédric Klapisch *(frz. Schauspieler und Regisseur, *1961)*
en particulier [ɑ̃paʀtikylje]	= surtout	besonders
un **événement** [ɛ̃nevɛnmɑ̃]	E an event	ein Ereignis
extraordinaire/extraordinaire [ɛkstʀaɔʀdinɛʀ/ɛkstʀaɔʀdinɛʀ]	≠ normal/normale	außergewöhnlich, ungewöhnlich
avoir l'intention de faire qc [avwaʀlɛ̃tɑ̃sjɔ̃]	= vouloir faire qc	beabsichtigen, etw. zu tun

Autour du texte

une **fiche** [ynfiʃ]	= une carte sur laquelle on écrit qc	ein Blatt, ein Zettel, eine (Kartei)Karte

Pratique B

1 **Charles de Gaulle** [ʃaʀldəgol]		Charles de Gaulle *(frz. General und Politiker, 1890–1970)*
Konrad Adenauer [kɔ̃ʀadadɛnɔɛʀ]		Konrad Adenauer *dt. Politiker, 1876–1967*

une **entreprise** [ynɑ̃tʀəpʀiz]	Plus de cent ouvriers travaillent dans cette ~.	ein Betrieb, eine Firma, ein Unternehmen
2 **économique/économique** [ekɔnɔmik/ekɔnɔmik]	l'économie *(f.)*	wirtschaftlich
un **milliard** [ɛ̃miljaʀ]	= 1.000.000.000	eine Millarde
une **marchandise** [ynmaʀʃɑ̃diz]	E a merchandise	eine Ware
un **produit** [ɛ̃pʀɔdɥi]	se produire	ein Erzeugnis, ein Produkt
un **produit de luxe** [ɛ̃pʀɔdɥidəluks]		ein Luxusartikel
un **client**/une **cliente** [ɛ̃klijɑ̃/ynklijɑ̃t]	F ~ = E ~	ein Kunde/eine Kundin
un **fournisseur**/une **fournisseuse** [ɛ̃fuʀnisœʀ/ynfuʀnisøz]	= qn qui apporte des marchandises à un client	ein Lieferant/eine Lieferantin
3 une **date de naissance** [yndatdənɛsɑ̃s]	Quelle est ta ~ ? – C'est le 29 février 1992.	ein Geburtstag
4 un **emploi** [ɛ̃nɑ̃plwa]	= un travail	eine Beschäftigung
un **mode d'emploi** [ɛ̃mɔddɑ̃plwa]	Je ne peux pas lire ce ~; il est en finnois.	eine Gebrauchsanweisung
une **qualité** [ynkalite]	Lis les étiquettes et fais attention à la ~ des produits.	eine Qualität, eine Eigenschaft
un **stylo** [ɛ̃stilo]	Je n'ai ni crayon ni ~ pour écrire.	ein Füller; ein Kugelschreiber
en tant que [ɑ̃tɑ̃kə]	= comme	als
un **atout** [ɛ̃natu]	= une chance; un avantage	ein Trumpf, ein Pluspunkt

Texte C La France et l'Allemagne dans l'Europe

une **superficie** [ynsupɛʀfisi]	On parle de la ~ en mm^2, cm^2, m^2 et km^2.	eine Oberfläche
un **traité** [ɛ̃tʀete]	= un contrat officiel	eine Abhandlung; *(hier)* ein Vertrag
Maastricht [mastʀiʃ(t)]		Maastricht *(Stadt im Südosten der Niederlande)*
une **communauté** [ynkɔmynote]	= un group social qui vit ensemble	eine Gemeinschaft
l'**Union européenne** *(f.)* [lynjõøʀɔpeɛn]		die Europäische Union (EU)
une **coopération** [ynkɔɔpeʀasjõ]	E cooperation; I cooperazione; SP cooperación	eine Zusammenarbeit
un **tribunal**/des **tribunaux** [ɛ̃tʀibynal/detʀibyno]	la justice	ein Gericht/Gerichte

Texte D La France et l'Allemagne après 1945

1 une **réconciliation** [ynʀekõsiliasjõ]	= l'action de se dire pardon après une dispute	eine Versöhnung, eine Aussöhnung
un **président**/une **présidente** [ɛ̃pʀezidɑ̃/ynpʀezidɑ̃t]	= qn qu'on élit et qui a la première place à la tête de l'Etat	ein Präsident/eine Präsidentin

une **république** [ynʀepyblik]	E republic; I repubblica; SP república	eine Republik
le **palais de l'Elysée** [ləpalɛdəlelize]		der Elysée-Palast

Der **Élysée-Palast**, benannt nach der nahe gelegenen Champs-Élysées im Herzen von Paris, ist der Amtssitz des französischen Staatspräsidenten. Er steht nördlich der Seine in der 55 Rue du Faubourg-Saint-Honoré im 8. Arrondissement – nur einige Schritte von der Champs-Elysées und der Place de la Concorde entfernt.

se rapprocher de qn/qc [səʀapʀɔʃe]	proche/proche de qn/qc	sich jdm./etw. nähern
un **homme politique**/une **femme politique** [ɛ̃nɔmpɔlitik/ynfampɔlitik]	= qn qui est dans la politique	ein Politiker/eine Politikerin
2 **Helmut Kohl** [ɛlmutkɔl]		Helmut Kohl *(dt. Politiker, *1930)*
François Mitterrand [fʀɑ̃swamitɛʀɑ̃]		François Mitterrand *(frz. Politiker, 1916–1996)*
un **cimetière** [ɛ̃simtjɛʀ]	= un lieu où les morts sont enterrés	ein Friedhof
Verdun [vɛʀdɛ̃]		Verdun *(Stadt in der Region Lorraine)*
une **guerre mondiale** [yngɛʀmɔ̃djal]	le monde	ein Weltkrieg
définitif/définitive [definitif/definitiv]	Je vais quitter mon mari; c'est ~.	endgültig
3 **en commun** [ɑ̃kɔmɛ̃]	La vie ~ avec mon mari est devenue l'horreur.	zusammen
un **gouvernement** [ɛ̃guvɛʀnəmɑ̃]	E a government	eine Regierung
régulier/régulière [ʀegylje/ʀegyljɛʀ]	Le verbe «chercher» est un verbe ~.	regelmäßig
un **organisme** [ɛ̃nɔʀganism]	Votre ~ a besoin d'eau, mais pas d'alcool.	ein Organismus

Pratique D

3 la **plupart** [laplypaʀ]	= la plus grande partie	die meisten
une **majorité** [ynmaʒɔʀite]	> 50 pour cent	eine Mehrheit

En France

L'Office franco-allemand pour la jeunesse (OFAJ) – das Deutsch-französische Jugendwerk (DFJW)

Das **Deutsch-französische Jugendwerk** wurde 1963 in Folge des im selben Jahr unterzeichneten Deutsch-französischen Freundschaftsvertrags gegründet. Seine Aufgabe ist es, Projekte finanziell und beratend zu unterstützen, die Begegnungen zwischen französischen und deutschen Kindern und Jugendlichen zum Ziel haben bzw. das Erlernen der Sprache des Nachbarlandes fördern.
So beteiligt sich das DFJW z. B. an Schulpartnerschaftsprojekten, schreibt Schülerwettbewerbe aus, unterstützt Sportveranstaltungen, Literaturübersetzungen, Medienprojekte, u. v. m. Zusammen mit dem Pädagogischen Austauschdienst (PAD) organisiert das DFJW das *Programm Voltaire*, bei dem französische Schüler der Seconde und deutsche Schüler der 9./10. Klasse für je 6 Monate im Nachbarland zur Schule gehen und in der Familie ihres Austauschpartners leben können.

En Europe

L'Union européenne

Die Europäische Union ist ein Staatenverbund, derzeit aus 27 europäischen Staaten bestehend. Ihre Anfänge gehen auf die Zeit nach dem Zweiten Weltkrieg zurück: Damals sollte eine wirtschaftliche Abhängigkeit der Gründerstaaten der **Europäischen Gemeinschaft für Kohle und Stahl EGKS** (frz.: la Communauté européenne du charbon et de l'acier CECA), später **Europäischen Wirtschaftsgemeinschaft EWG** (frz.: la Communauté économique européenne CEE), erneute Kriege verhindern. Neben die wirtschaftliche Zusammenarbeit trat 1992 mit der Gründung der **Europäischen Union EU** (frz.: l'Union européenne UE) auch eine politische Zusammenarbeit. Zu deren Zweck wurden verschiedene Organe gegründet, so z. B. das Europäische Parlament mit Sitz in Straßburg. An einer europäischen Verfassung wird aktuell gearbeitet.
Die Flagge der EU besteht aus 12 kreisförmig angeordneten Sternen auf einem blauen Hintergrund, die Hymne ist Beethovens *Ode an die Freude* (frz.: *l'Ode à la joie*), der Europatag ist der 9. Mai, die gemeinsame Währung ist der Euro, der jedoch nicht von allen Mitgliedsstaaten eingeführt wurde.
Mit Frankreich gehören natürlich auch die Départements d'outre-mer mit zur EU: la Guadeloupe, la Guyane française, la Martinique, la Réunion.

L'année	Les nouveaux Etats membres
1951	la Belgique, l'Allemagne, la France, l'Italie, le Luxembourg*, les Pays-Bas
1973	le Royaume Uni* [ləʀwajomyni], le Danemark, l'Irlande
1981	la Grèce
1986	le Portugal, l'Espagne
1995	l'Autriche, la Finlande, la Suède* [lasɥɛd]
2004	l'Estonie*, la Lettonie, la Lituanie* [lalitɥani], la Pologne*, la République tchèque*, la Slovénie*, la Slovaquie*, la Hongrie* [laɔ̃gʀi], Malte*, Chypre* [ʃipʀ]
2007	la Roumanie, la Bulgarie* [labylgaʀi]

*Ländernamen, die hier zur Vervollständigung zusätzlich erwähnt werden.

DOSSIER 5

Entrée «Do you speak French ?»

	la **Polynésie française** [lapɔlinezifʀɑ̃sɛz]		Französisch Polynesien *(französisches Überseeland)*
	la **Réunion** [laʀeynjɔ̃]		Réunion *(zu Frankreich gehörende Insel im Indischen Ozean)*

Texte A La francophonie, c'est quoi ?

	la **francophonie** [lafʀɑ̃kɔfɔni]	= l'ensemble des personnes qui parlent français	die Frankophonie
1	**soit …, soit …** [swa … swa]	= ou bien … ou bien	entweder … oder
	obtenir qc [ɔptəniʀ]	= recevoir qc	etw. bekommen

obtenir wird konjugiert wie **tenir**: j'obtiens, nous obtenons; j'ai obtenu

	une **indépendance** [ynɛ̃depɑ̃dɑ̃s]	L'Algérie a reçu son ~ en 1962.	eine Unabhängigkeit
	francophone/francophone [fʀɑ̃kɔfɔn/fʀɑ̃kɔfɔn]	Une partie du Canada est ~.	französischsprachig
	un **continent** [ɛ̃kɔ̃tinɑ̃]	L'Europe est un ~.	ein Kontinent
2	**ancien/ancienne** [ɑ̃sjɛ̃/ɑ̃sjɛn]	≠ nouveau/nouvel/nouvelle	alt, antik, ehemalig
	géographique/géographique [ʒeɔgʀafik/ʒeɔgʀafik]	[Wortfamilie] la géographie	geografisch
	vu que [vykə]	[Wortfamilie] voir qc	in Anbetracht der Tatsache, dass
	politique/politique [pɔlitik/pɔlitik]	[Wortfamilie] la politique; un homme politique/une femme politique	politisch
3	**exister** [ɛgziste]	= vivre	existieren, leben
	l'**Organisation des Nations Unies** [lɔʀganizasjɔ̃denasjɔ̃yni]	→ Abk. l'ONU [lɔny]	Vereinten Nationen (UNO)
	une **conférence** [ynkɔ̃feʀɑ̃s]	E conference; I conferenza; SP conferencia	eine Konferenz
	un **chef d'Etat** [ɛ̃ʃɛfdeta]	= en France: le président de la République	ein Staatschef

	avoir lieu [avwaʀljø]	= se passer	sich ereignen, stattfinden
	Beyrouth [bɛʀut]		Beirut *(Hauptstadt des Libanon)*
	Bucarest [bykaʀɛst]		Bukarest *(Hauptstadt von Rumänien)*
4	**Léopold Sédar Senghor** [leɔpɔlsedaʀsɛ̃gɔʀ]		Léopold Sédar Senghor *(senegalesischer Dichter und Politiker, 1906–2001)*
	une **passion** [ynpasjõ]	= le sentiment d'amour pour qn/qc	eine Leidenschaft
	la **gentillesse** [ynʒɑ̃tijɛs]	[famille] gentil/gentille	die Freundlichkeit, die Liebenswürdigkeit
	l'**honnêteté** *(f.)* [lɔnɛtte]	→ E honest	die Ehrlichkeit
	un **contexte** [ɛ̃kõtɛkst]	E context; I contesto; SP contexto	ein Zusammenhang
	rendre qc à qn [ʀɑ̃dʀ]	≠ donner qc à qn	jdm. etw. zurückgeben

rendre wird konjugiert wie **vendre**: je rends, nous rendons; j'ai **rendu**

	rendre justice à qn/qc [ʀɑ̃dʀ(ə)ʒystis]	[famille] la justice	jdm./etw. Gerechtigkeit widerfahren lassen
	une **personnalité** [ynpɛʀsɔnalite]	Les deux frères ont des ~[1] complètement différentes.	eine Persönlichkeit
	l'**Académie française** *(f.)* [lakademifʀɑ̃sɛz]		die Académie française
	une **beauté** [ynbote]	[famille] beau/bel/belle	eine Schönheit
5	**s'exprimer** [sɛkspʀime]	= parler	sich ausdrücken
	s'agir de qn/qc [saʒiʀ]	Je ne sais pas de quoi vous parlez. De quoi est-ce qu'il ~[2]?	um jdn./etw. gehen, von jdm./etw. handeln

s'agir tritt nur in Verbindung mit dem unpersönlichen **il** auf:
il s'agit; il s'est agi (selten!)

même si [mɛmsi]		auch wenn, selbst wenn
considérer qn/qc comme qn/qc [kõsideʀe]	= regarder qn/qc comme qn/qc	jdn./etw. als jdn./etw. betrachten, jdn./etw. für jdn./etw. halten

considérer wird konjugiert wie **préférer**: je consid**è**re, nous consid**é**rons; j'ai consid**é**ré

effectivement [efɛktivmɑ̃]	= vraiment	tatsächlich

Autour du texte

analyser qn/qc [analize]	= étudier qc; approfondir qc	jdn./etw. analysieren
une **bulle** [ynbyl]	Les dialoges dans les BD sont dans des ~[3].	eine Sprechblase
la **Roumanie** [laʀumani]	E + I Romania; I Rumania	Rumänien *(Land in Südosteuropa)*

[1] personnalités – [2] s'agit – [3] bulles

Pratique A

1	**Jacques Chirac** [ʒakʃiʀak]		Jacques Chirac *(frz. Politiker, *1932)*

Texte B L'enfant noir

1	**Camara Laye** [kamaʀalɛ]		Camara Laye *(guineischer Schriftsteller, 1928–1980)*
	la **Guinée** [lagine]	E + I + SP Guinea	Guinea *(Staat in Westafrika)*

Guinea ist ein Staat in Westafrika. Ihre Unabhängigkeit erlangte die ehemalige französische Kolonie am 2. Oktober 1958. Trotz der Bodenschätze lebt der Großteil der Bürger in Armut. Diese wurde durch Versuche zur Etablierung des Kommunismus und der Diktatur von Ahmed Sékou Touré [amɛtsekutuʀe] noch verstärkt.

	un **peuple** [ɛ̃pœpl]	= une population	ein Volk
2	un **serpent** [ɛ̃sɛʀpɑ̃]	les animaux; → D Serpentine	eine Schlange
	paraître [paʀɛtʀ]	= sortir	erscheinen

paraître wird konjugiert wie **connaître**: je parais, il paraît, nous paraissons; j'ai **paru**

	une **gueule** [yngœl]	= la bouche de certains animaux	ein Maul
	une **bête** [ynbɛt]	= un animal	ein Tier
	avaler qn/qc [avale]	= manger qn/qc; boire qc	jdn./etw. (hinunter)schlucken
	lent/lente [lɑ̃/lɑ̃t]	≠ rapide/rapide	langsam
	un **doigt** [ɛ̃dwa]	Une main a cinq ~[1].	ein Finger
	un **apprenti**/une **apprentie** [ɛ̃napʀɑ̃ti/ynapʀɑ̃ti]	apprendre qc	ein Lehrling
3	une **claque** [ynklak]	J'ai reçu une ~ de ma mère pour avoir menti.	eine Ohrfeige
4	**particulièrement** [paʀtikyljɛʀmɑ̃]	= en particulier	besonders

Autour du texte

un **indice** [ɛ̃nɛ̃dis]	→ D Indiz	ein Anzeichen; eine Spur

Au-delà du texte

un **grigri** [ɛ̃gʀigʀi]	= un porte-bonheur	ein Talisman

Pratique B

1	**correspondre** à qc [kɔʀɛspɔ̃dʀ]	Tu as fait une faute. Ton résultat ne ~[2] pas avec le mien.	etw. entsprechen

correspondre wird konjugiert wie **répondre**: je corresponds, nous correspondons; j'ai correspondu

[1] doigts – [2] correspond

Texte C Réalités ?

une **réalité** [ynʀealite]	≠ un rêve	eine Wirklichkeit, eine Realität
un **couple** [ɛ̃kupl]	F ~ = E ~	ein (Ehe)Paar
aveugle/aveugle [avœgl/avœgl]	= qui ne peut pas voir	blind
le **Mali** [ləmali]	E + I + SP Mali	Mali *(Staat in Westafrika)*

Mali ist ein seit 1960 von Frankreich unabhängiger Staat in Westafrika. Mali gilt als gelungenes Beispiel einer Demokratisierung in Afrika, ist aber eines der ärmsten und am wenigsten entwickelten Länder der Welt.

chômer [ʃome]	= ne pas travailler	nicht arbeiten
Bamako [bamako]		Bamako *(Hauptstadt von Mali)*
à travers [atʀavɛʀ]	= par	durch
un **disque** [ɛ̃disk]	Mon père a encore des vieux ~[1] qu'il a acheté il y a trente ans.	eine Schallplatte

Autour du texte

un **rythme** [ɛ̃ʀitm]	E a r**h**ythm	ein Rhythmus
gai/gaie [ge/ge]	= heureux/heureuse	fröhlich
la **parole** [lapaʀɔl]	= le mot; le texte	das Wort *(in einem literarischen Text)*
un **couplet** [ɛ̃kuplɛ]	= une partie d'une chanson	eine Strophe
négatif/négative [negatif/negativ]	≠ positif/positive	negativ

Au-delà du texte

social/sociale [sɔsjal/sɔsjal]		sozial

Pratique C

1	un **département d'outre-mer** [ɛ̃depaʀt(ə)mɑ̃dutʀəmɛʀ]		ein Überseedepartement
	la **richesse** [laʀiʃɛs]	riche/riche	der Reichtum
	la **canne à sucre** [lakanasykʀ]	le sucre	das Zuckerrohr
	une **source** [ynsuʀs]	F ~ = E ~	eine Quelle

Texte D Aya de Yopougon

un **héros**/une **héroïne** [ɛeʀo/yneʀoin]	= le personnage principal dans un roman où dans une pièce de théâtre	ein Held/eine Heldin

Das *h* in **héros** ist ein *h aspiré* (behauchtes h), darum wird bei bestimmtem Artikel „le héros" [ləeʀo] geschrieben bzw. gesprochen. Bei **héroïne** handelt es sich um ein *h muet* (stummes h), daher wird es „l'héroïne" [leʀoin] geschrieben bzw. gesprochen.

[1] disques

populaire/populaire [pɔpylɛʀ/pɔpylɛʀ]	= qui plaît à la majorité	populär
Abidjan [abidʒɑ̃]		Abidjan *(Stadt der Elfenbeinküste)*
la **Côte d'Ivoire** [lakotdivwaʀ]	E Ivory Coast; I Costa d'Avorio; SP Costa de Marfil	die Elfenbeinküste *(Staat in Westafrika)*

Die **Elfenbeinküste** ist ein Staat in Westafrika. Seit 1983 ist Yamoussoukro die offizielle Hauptstadt, die frühere Hauptstadt Abidjan stellt aber weiterhin das wirtschaftliche Zentrum der Côte d'Ivoire dar. Nationalfeiertag ist der 7. August, an dem die Unabhängigkeit von der ehemaligen Kolonialmacht Frankreich im Jahr 1960 gefeiert wird.

un **patron**/une **patronne** [ɛ̃patʀɔ̃/ynpatʀɔn]	= le chef/la chef d'une entreprise	ein Chef/eine Chefin, ein Arbeitgeber/eine Arbeitgeberin
Au tour du texte		
préciser qc [pʀesize]	→ D präzise	etw. präzisieren, etw. klarstellen
Au delà du texte		
convaincre qn de qc [kɔ̃vɛ̃kʀ]	E to convince	jdn. von etw. überzeugen

convaincre: je convaincs, tu convaincs, il convainc, nous convain**qu**ons, vous convain**qu**ez, ils convainquent; j'ai convaincu

Angoulême [ɑ̃gulɛm]		Angoulême *(westfranzösische Stadt)*

Pratique D

1 une **invitation** [ynɛ̃vitasjɔ̃]	inviter qn	eine Einladung
des **félicitations** *(f., pl.)* [defelisitasjɔ̃]	A son 16e anniversaire, Paul a reçu les ~ de ses amis.	Glückwünsche *(pl.)*
se rendre compte de qc [s(ə)ʀɑ̃ndʀ(ə)kɔ̃t]	= comprendre qc	sich über etw. im Klaren sein

En France

Pourquoi parle-t-on français en Afrique?

Zwischen 1870 und 1914 strebten verschiedene europäische Großmächte (v. a. Frankreich und Großbritannien) an, die Welt untereinander aufzuteilen. Es kam zu einem harten Konkurrenzkampf insbesondere bei der Kolonialisierung Afrikas.
Zu den französischen Kolonien zählten: l'Algérie, le Bénin*, le Burkina Faso*, le Cameroun, le Tchad*, la Centrafrique*, le Congo*, la Côte d'Ivoire, le Gabon*, la Guinée, le Mali, le Maroc*, la Mauritanie*, le Niger*, le Sénégal, le Togo*, la Tunésie, etc.
Noch heute ist die französische Sprache in vielen ehemaligen Kolonien Amts- oder Kultursprache. Sie unterscheidet sich jedoch durch den Einfluss der afrikanischen Sprachen vom in Frankreich gesprochenen Französisch, zuweilen in der Aussprache, zuweilen in einzelnen Wörtern und Satzkonstruktionen.

*Wörter, die hier zur Vervollständigung zusätzlich erwähnt werden.

En France

Le franglais

Über viele Jahrhunderte beeinflusste die französische Sprache die englische, sodass ein hoher Prozentsatz der heutigen englischen Wörter französischen Ursprungs ist. Seit einigen Jahrzehnten dringen jedoch immer mehr Anglizismen in die französische Sprache ein, man spricht in diesem Zusammenhang vom Boomerangeffekt (l'effet boomerang).
Als **franglais** bezeichnet man den häufigen Gebrauch dieser englischen Wörter in der französischen Sprache. Das Wort **franglais** entstand durch Verschmelzung der Wörter „**français**" und „**anglais**".
Die Politik versucht zum Schutz der Reinheit der französischen Sprache gegenzusteuern, indem sie englischen Fachbegriffen aus Wirtschaft und Technik französische Wörter entgegensetzt (z. B. „l'ordinateur" für „computer", „le logiciel" für „software", etc.). Vor allem Jugendliche erfreuen sich jedoch am Franglais, z. B. „Je préfère rester *alone* soir ce." oder „Ça marche plus. Il faut *rizèter* (am Computer den Reset-Knopf drücken)."

[A la carte 1]

Entrée — Accro de l'info ?

	accroché/accrochée [akʀɔʃe/akʀɔʃe]	→ Abk. accro/accro [akʀo/akʀo]	süchtig
	un **lien** [ɛ̃ljɛ̃]	= une relation	eine Verbindung; *(hier)* ein Link
1	un **magazine** [ɛ̃magazin]	= une émission à la télé	eine Zeitschrift; *(hier)* ein (TV)Magazin
		! **un magasin** [ɛ̃magazɛ̃]: ein Geschäft **un magazine** [ɛ̃magazin]: eine Zeitschrift	
	le **courrier des lecteurs** [lekuʀjedelɛktœʀ]		die Leserbriefe *(pl.)*
8	un **débat** [ɛ̃deba]	= une discussion	eine Diskussion, eine Debatte
	un **chômeur**/une **chômeuse** [ɛ̃ʃomœʀ/ynʃomøz]	= qn qui n'a pas de travail	ein Arbeitsloser/eine Arbeitslose
	autrefois [otʀəfwa]	= dans le passé	früher
	un **conte** [ɛ̃kɔ̃t]	racconter	eine Erzählung
	un **conte de fée** [ɛ̃kɔ̃tdəfe]	«Cendrillon» est un ~ de Charles Perrault.	ein Märchen
	les **médias** *(m., pl.)* [lemedja]	[E] the media *(pl.)*	die Medien

un **spectateur**/une **spectatrice** [ɛ̃spɛktatœʀ/ynspɛktatʀis]	= qn qui regarde un spectacle (cinéma, télévision, théâtre)	ein Zuschauer/eine Zuschauerin
un **auditeur**/une **auditrice** [ɛ̃noditœʀ/ynoditʀis]	= qn qui écoute des émissions à la radio	ein Zuhörer/eine Zuhörerin

Texte A Les jeunes et l'information

informer qn de qc [ɛ̃fɔʀme]	= donner des informations sur qc à qn	jdn. über etw. informieren
	[!] **s'informer sur qc:** sich über etw. informieren	
Yves Michaud [ivmiʃo]		Yves Michaud *(kanadischer Politiker und Philosoph, *1930)*
soit [swat]	= d'accord	einverstanden
se sentir concerné(e) par qc [səsɑ̃tiʀkɔ̃sɛʀne]		sich von etw. betroffen fühlen
un **effet** [ɛ̃nefɛ]	Je sens l'~ du médicament; je me sens déjà mieux.	eine Wirkung, ein Eindruck; ein Effekt
en effet [ɑ̃nefɛ]	= effectivement	tatsächlich, nämlich
un **fait** [ɛ̃fɛ]	= une réalité; une chose	eine Tatsache
un **moyen de communication** [ɛ̃mwajɛ̃dəkɔmynikasjɔ̃]		ein Verständigungsmittel
tant (que) [tɑ̃]		so viel (, dass); so sehr (, dass)
risquer de faire qc [ʀiske]	un risque	Gefahr laufen, etw. zu tun
influencer qn/qc [ɛ̃flyɑ̃se]	[E] to influence; [I] influenzare; [SP] influenciar	jdn./etw. beeinflussen
	influencer wird konjugiert wie **commencer**: j'influence, nous influençons; j'ai influencé	

Pratique A

1 la **presse** [lapʀɛs]	☺	die Presse
une **maison d'édition** [ynmɛzɔ̃dedisjɔ̃]	= une entreprise qui fait des livres	ein Verlag
publier qc [pyblije]	[E] to **publish**	etw. veröffentlichen, etw. herausgeben
un **hebdomadaire** [ɛ̃nɛbdɔmadɛʀ]	→ Abk. un hebdo [ɛ̃nɛbdo]	eine Wochenzeitung
un **mensuel** [ɛ̃mɑ̃sɥɛl]	= un magazine qui paraît une fois par mois	eine Monatszeitschrift
une **revue** [ynʀ(ə)vy]	= un magazine	eine Zeitschrift
neutre/neutre [nøtʀ/nøtʀ]	= qui ne prend pas de position dans un débat	neutral
se servir de qn/qc [sɛʀviʀ]	= utiliser qc	jdn./etw. benutzen
zapper [zape]	☺	zappen
un **journal** [ɛ̃ʒuʀnal]	= une émission qui montre des nouvelles	*(hier)* eine Nachrichtensendung

un **feuilleton** [ɛ̃fœjtɔ̃]	= une émission à plusieurs parties	eine Serie, eine Sendereihe
un **débat télévisé** [ɛ̃debatelevize]	la télé	eine Fernsehdebatte
un **film documentaire** [ɛ̃filmdɔkymɑ̃tɛʀ]	la télé	ein Dokumentarfilm
un **film policier** [ɛ̃filmpɔlisje]	la police	ein Kriminalfilm
une **série** [ynseʀi]	= une émission à plusieurs parties	eine Serie
un **internaute**/une **internaute** [ɛ̃nɛ̃tɛʀnot/ynɛ̃tɛʀnot]	Internet	ein Internetsurfer/eine Internetsurferin
surfer [sœʀfe]	= faire du surf	surfen
chatter avec qn [tʃate]		mit jdm. chatten
télécharger qc [teleʃaʀʒe]		etw. herunterladen

télécharger wird konjugiert wie **manger**: je télécharge, nous téléchargeons; j'ai téléchargé

un **document** [ɛ̃dɔkymɑ̃]	F ~ = E ~	ein Dokument
un **salon de chat** [ɛ̃salɔ̃dətʃat]	Internet	ein Chatroom
une **spécialité** [ynspesjalite]	= l'activité de qn dans un certain domaine	eine Besonderheit; eine Spezialität

Texte B Programme de télé

Autour du texte

un **champion**/une **championne** [ɛ̃ʃɑ̃pjɔ̃/ynʃɑ̃pjɔn]	= le plus sportif/la plus sportive dans un concours	ein Meister/eine Meisterin, ein Champion

Pratique B

1 **propre/propre** [pʀɔpʀ/pʀɔpʀ]	= même; ≠ sale/sale	eigen; sauber

! **avec ses propres mains:** mit seinen eigenen Händen
avec ses mains propres: mit (seinen) sauberen Händen

Texte C Tous des internautes?

1 **ficher le camp** *(fam.)* [fiʃeləkɑ̃]	= disparaître	abhauen, verduften *(ugs.)*
marrant/marrante *(fam.)* [maʀɑ̃/maʀɑ̃t]	= drôle/drôle	witzig *(ugs.)*
2 **apprivoiser** qn/qc [apʀivwaze]	= faire qu'un animal ne soit plus dangereux	jdn./etw. zähmen
se méfier de qn/qc [s(ə)mefje]	≠ avoir confiance en qn/qc	jdm./etw. misstrauen
inconnu/inconnue [ɛ̃kɔny/ɛ̃kɔny]	= qu'on ne connaît pas	unbekannt
n'importe qui [nɛ̃pɔʀt(ə)ki]		irgendwer
au profit de qn/qc [opʀɔfi]	= pour	zugunsten von jdm./etw.
un **réseau** [ɛ̃ʀezo]	Le ~ de métro à Paris est très grand.	ein Netz

	principal/principale [pʀɛ̃sipal/pʀɛ̃sipal]	Une jeune actrice a le rôle ~ dans ce nouveau film.	wichtigster/wichtigste/wichtigstes
	limité/limitée [limite/limite]	→ E limit	begrenzt
	inquiétant/inquiétante [ɛ̃kjetɑ̃/ɛ̃kjetɑ̃t]	≠ rassurant/rassurante	beunruhigend
3	**insulter** qn/qc [ɛ̃sylte]	= dire qc de négatif à qn	jdn./etw. beleidigen, jdn./etw. beschimpfen
	soupçonner qn [supsɔne]	= croire que qn a fait qc qui est interdit	jdn. verdächtigen
	Roubaix [ʀubɛ]		Roubaix *(frz. Stadt nahe der belgischen Grenze)*
	ainsi que [ɛ̃sikə]	= et	so wie; und auch
	apparaître [apaʀɛtʀ]	Tout à coup, Marie ~[1] avec son vélo.	(plötzlich) erscheinen, auftauchen

apparaître wird konjugiert wie **connaître:** j'apparais, il apparaît, nous apparaissons; j'ai apparu

	une **mesure** [ynməzyʀ]	E a measure	eine Maßnahme
	un **abus** [ɛ̃naby]	E an abuse	ein Missbrauch
	héberger qn/qc [ebɛʀʒe]	SP albergar	jdn./etw. beherbergen, jdn./etw. unterbringen

héberger wird konjugiert wie **manger**: j'héberge, nous hébergeons; j'ai hébergé

Pratique C

1	la **science-fiction** [lasjɑ̃sfiksjɔ̃]		die Sciencefiction
2	un **vendeur**/une **vendeuse** [ɛ̃vɑ̃dœʀ/ynvɑ̃døz]	vendre	ein Verkäufer/eine Verkäuferin
3	un **contenu** [ɛ̃kɔ̃t(ə)ny]	= ce qu'exprime un texte	ein Inhalt
	prononcer qc [pʀɔnɔ̃se]	= dire qc	etw. aussprechen

prononcer wird konjugiert wie **commencer**: je prononce, nous prononçons; j'ai prononcé

	agressif/agressive [agʀesif/agʀesiv]	Julien est très ~ avec ses camarades.	aggressiv
	abuser de qc [abyze]	un abus	etw. missbrauchen
	un **thé** [ɛ̃te]	= la boisson préférée des Anglais	ein Tee
5	une **séquence** [ynsekɑ̃s]	E sequence; I sequenza; SP sequencia	eine Folge, eine Sequenz

Texte D Des ados au micro

un **microphone** [ɛ̃mikʀɔfɔn]	→ Abk. un micro [ɛ̃mikʀo]	ein Mikro(fon)
Toul [tul]		Toul *(Gemeinde in Lothringen)*
animer qc [anime]	→ D animieren	*(hier)* etw. leiten

[1] est apparue

ainsi [ɛ̃si]	= comme ça	so
glander *(fam.)* [glɑ̃de]	= perdre son temps	herumgammeln *(ugs.)*
mensuel/mensuelle [mɑ̃sɥɛl/mɑ̃sɥɛl]	= une fois par mois	monatlich
hésiter à faire qc [ezite]	= craindre de faire qc	zögern, etw. zu tun
aborder qn/qc [abɔʀde]	= parler à qn; parler de qc	jdn./etw. ansprechen

aborder qn *(fam.)*: jdn. anquatschen, jdn. anpöbeln *(ugs.)*

divers/diverse [divɛʀ/divɛʀs]	= plusieurs	verschieden, unterschiedlich
joyeux/joyeuse [ʒwajø/ʒwajøz]	= heureux/heureuse	fröhlich

Pratique D

1 **simuler** qc [simyle]	= faire comme s'il y avait qc	etw. simulieren
un **examen** [ɛ̃nɛgzamɛ̃]	= un long test à l'écrit	eine Prüfung, ein Examen; eine Untersuchung

En France

Le français des médias

Die Sprache der Medien beeinflusst je nach Art und Verbreitung des Mediums mehr oder weniger die Sprache der Menschen. So bereichern z. B. literarische Bücher den Ausdruck der Leser. Mit der Verbreitung des Radios und des Fernsehens im 20. Jahrhundert drang die französische **Normsprache** zu Menschen in ganz Frankreich vor, die bisher nur ihr *français régional* kannten. Heute werden die Medien aber auch immer mehr von **nicht normsprachlichen Varianten** durchdrungen, z. B. Comics (bandes dessinées) und Zeichentrickfilme (dessins animés) von Jugendsprache. Insbesondere neue Medien wie das Internet dienen der Verbreitung verschiedenster Ausprägungen des Französischen. Zudem entstehen hier neue Sprachformen, z. B. die Chatsprache (le langage du chat).

En France

La presse jeunesse

In Frankreich gibt es eine Vielzahl unterschiedlicher Zeitschriften für Jugendliche, die sich verschiedenen Themen widmen: l'actualité*, le monde, l'école, les amis, les parents, le cinéma, la musique, les stars, les sciences, l'amour, la sexualité*, la beauté, la télé, le portable, les métiers de rêve, le bonheur, etc.
Zu den beliebtesten Jugendzeitschriften in Frankreich gehören:

Titre du magazine	Périodicité
Le Monde des ados	hebdomadaire/bimensuel*
Fan2	bimestriel*
Okapi	bimensuel*
Star Club	mensuel

*Wörter, die hier zur Vervollständigung zusätzlich erwähnt werden.

[A la carte 2]

Entrée 100 % français ?

	une **spécialité** [ynspesjalite]	= l'activité de qn dans un certain domaine	eine Besonderheit; eine Spezialität
	la **curiosité** [ynkyʀjozite]	La ~ la plus connue de Paris, c'est la tour Eiffel.	die Neugier(de); *(hier)* die Sehenswürdigkeit

Texte A Le retour des ours

Approche

	sauvage/sauvage [sovaʒ/sovaʒ]	Un ours est un animal ~.	wild
1	**peu à peu** [pøapø]		nach und nach
	uniquement [ynikmɑ̃]	= seulement	einzig und allein, bloß
	diminuer [diminɥe]	E to dimin**ish**	abnehmen, sinken
	la **Slovénie** [laslɔveni]	E + I Slovenia; SP Eslovenia	Slowenien
2	**manifester** [manifɛste]	une manifestation	demonstrieren
	prévoir qc [pʀevwaʀ]	Il pleut. On pourrait le ~ à cause des nuages.	etw. voraussehen, etw. vorhersagen

prévoir wird konjugiert wie **voir**: je prévois, nous prévoyons; j'ai prévu; ! je prévoirai

	lâcher qn/qc [laʃe]	= laisser qn/qc	jdn./etw. loslassen
	causer qc [koze]	= apporter qc	etw. verursachen
	un **manifestant**/une **manifestante** [ɛ̃manifɛstɑ̃/ynmanifɛstɑ̃t]	une manifestation; manifester	ein Demonstrant/eine Demonstrantin
3	**puisque** [pɥiskə]	= comme; parce que	da (ja)
	un **troupeau** [ɛ̃tʀupo]	= un groupe d'animaux	eine Herde
4	un **chasseur**/une **chasseuse** [ɛ̃ʃasœʀ/ynʃasøz]	= qn qui fait de la chasse	ein Jäger/eine Jägerin
	une **race** [ynʀas]	E race; I razza; SP raza	eine Rasse
	survivre à qn/qc [syʀvivʀ]	vivre	jdn./etw. überleben

survivre wird konjugiert wie **vivre**: je survis, nous survivons; j'ai survécu

5	un **homme** [ɛ̃nɔm]	= un être humain	*(hier)* ein Mensch
	cependant [s(ə)pɑ̃dɑ̃]	= mais; pourtant	doch, jedoch

	prudent/prudente [pʀydɑ̃/pʀydɑ̃t]	= réfléchi/réfléchie	vorsichtig
	rare/rare [ʀaʀ/ʀaʀ]	✎ F ~ = E ~	selten
	se retrouver nez à nez avec qn/qc [səʀ(ə)tʀuveneane]		plötzlich jdm./etw. gegenüberstehen
	agressif/agressive [agʀesif/agʀesiv]	Julien est très ~ avec ses camarades.	aggressiv
6	un **écologiste**/une **écologiste** [ɛ̃nekɔlɔʒist/ynekɔlɔʒist]	→ Abk. un écolo/yne écolo [ɛ̃nekɔlo/ynekɔlo]	ein Umweltschützer/eine Umweltschützerin; ein Grüner/eine Grüne

Autour du texte

un **point de vue** [ɛ̃pwɛ̃d(ə)vy]	= un avis	ein Standpunkt, eine Ansicht
baisser [bese]	bas/basse	sinken, fallen, zurückgehen
augmenter [ɔgmɑ̃te]	= faire monter	steigen, erhöhen
faible/faible [fɛbl/fɛbl]	≠ fort/forte	schwach, gering
élevé/élevée [el(ə)ve/el(ə)ve]	= haut/haute	hoch

Pratique A

1	**surprendre** qn [syʀpʀɑ̃dʀ]	une surprise	jdn. überraschen; *(hier)* jdn. ertappen

surprendre wird konjugiert wie **prendre**: je surprends, nous surprenons; j'ai **surpris**

2	des **faits divers** *(m., pl.)* [defɛdivɛʀ]	= un événement peu important décrit dans un journal	Vermischtes *(pl.)*
4	un **débat** [ɛ̃deba]	= une discussion	eine Diskussion, eine Debatte
	un **zoo** [ɛ̃z(o)o]	☺	ein Zoo

Texte B L'Alsace aux portes de Paris

	l'**Alsace** *(f.)* [lalzas]		das Elsass
	aux portes de qc [opɔʀt]	= devant les portes de qc	vor den Toren von etw.
	Reims [ʀɛ̃s]		Reims *(Stadt in Nordost-Frankreich)*
1	une **destination** [yndestinasjɔ̃]	E destination; I destinazione; SP destinación	ein Ziel, ein Bestimmungsort
	une **vitesse** [ynvitɛs]	vite	eine Geschwindigkeit
2	**aérien/aérienne** [aeʀjɛ̃/aeʀjɛn]	l'air *(m.)*	Luft-
	une **ligne aérienne** [ynliɲaeʀjɛn]	= une route fait par un avion, p. ex. Paris–Marseille	eine Fluglinie
	un **directeur général**/une **directrice générale** [ɛ̃diʀɛktœʀʒeneʀal/yndiʀɛktʀisʒeneʀal]	les métiers	ein geschäftsführende Direktor/eine geschäftsführende Direktorin

	relier qn/qc [ʀəlje]	Une nouvelle ligne aérienne ~[1] les deux villes.	jdn./etw. verbinden
	Londres [lɔ̃dʀ]		London *(Hauptstadt des Vereinigten Königreichs)*
3	un **aller-retour**/des **allers-retours** [ɛ̃naleʀ(ə)tuʀ/dezaleʀ(ə)tuʀ]	= un billet pour aller de A à B et pour retourner de B à A	eine Hin- und Rückfahrkarte/Hin- und Rückfahrkarten
	la **SNCF** [laɛsɛnseɛf]	→ la **S**ociété **n**ationale des **c**hemins de **f**er français	*staatliche französische Eisenbahngesellschaft*
	une **compagnie** [ynkɔ̃paɲi]		eine Gesellschaft
	une **compagnie aérienne** [ynkɔ̃paɲiaeʀjɛn]	Air France est une ~ française.	eine Fluggesellschaft

Autour du texte

une **conséquence** [ynkɔ̃sekɑ̃s]	[E] consequence; [I] conseguenza; [SP] consecuencia	eine Folge

Pratique B

1	**Pomponne** [pɔ̃pɔn]		Pomponne *(Gemeinde in der Region Ile-de-France)*
	un **responsable**/une **responsable** [ɛ̃ʀɛspɔ̃sabl/ynʀɛspɔ̃sabl]	[E] a responsible	ein Verantwortlicher/eine Verantwortliche

Texte C «La langue de la République est le français.»

Approche

	constater qc [kɔ̃state]	= observer qc; remarquer qc	etw. feststellen
2	**préserver** qc [pʀezɛʀve]	[E] to preserve	etw. bewahren, etw. schützen
	enseigner qc à qn [ɑ̃seɲe]	= faire apprendre qc à qn	jdn. in etw. unterrichten
3	l'**alsacien** *(m.)* [lalzasjɛ̃]	l'Alsace	das Elsässische
	le **lorrain** [ləlɔʀɛ̃]		das Lothringische
	un **dialecte** [ɛ̃djalɛkt]	= une forme régionale d'une langue	ein Dialekt
	un **locuteur**/une **locutrice** [ɛ̃lɔkytœʀ/ynlɔkytʀis]	= qn qui parle	ein Sprecher/eine Sprecherin
	le **flamand** [ləflamɑ̃]	Dans une partie de la Belgique, on parle ~.	das Flämische *(niederländische Sprache)*
	l'**irlandais** *(m.)* [liʀlɑ̃dɛ]	irlandais/irlandaise	das Irische, die irische Sprache
	un **Gaulois**/une **Gauloise** [ɛ̃golwa/yngolwaz]	Astérix et Obélix sont des ~[2].	ein Gallier/eine Gallierin
	le **basque** [ləbask]		das Baskische, die baskische Sprache

[1] relie – [2] Gaulois

l'**occitan** *(m.)* [lɔksitɑ̃]		das Okzitanische, die okzitanische Sprache

Das **Okzitanische** ist – wie das Französische – eine romanische Sprache. Es wird im südlichen Drittel Frankreichs gesprochen. (Beispiel: okz. Alemanha → frz. Allemagne.) Es darf nicht mit dem so genannten **accent du Midi** verwechselt werden. Dieser ist ein vom Standardfranzösischen abweichender Dialekt, der in Südfrankreich gesprochen wird.

désigner qc [deziɲe]	= montrer qc en disant son nom	etw. bezeichnen
la **langue d'oc** [lalɑ̃gdɔk]		das Languedokische, die langedokische Sprache

Das **Languedokische** (*la langue d'oc* oder *le languedocien*) ist ein Dialekt des Okzitanischen, der in der Region Languedoc (*le Languedoc*) gesprochen wird.

courant/courante [kuʀɑ̃/kuʀɑ̃t]	≠ rare/rare	üblich, geläufig, häufig
le **catalan** [lekatalɑ̃]		das Katalanische, die katalanische Sprache
Perpignan [pɛʀpiɲɑ̃]		Perpignan *(Stadt in der Region Languedoc-Roussillon)*
le **corse** [ləkɔʀs]		das Korsische, die korsische Sprache

Pratique C

2 un **sens** [ɛ̃sɑ̃s]	E a sense	ein Sinn; eine Richtung
idiomatique/idiomatique [idjɔmatik/idjɔmatik]	«Avoir un cheveu sur la langue» est une expression ~ française.	idiomatisch

En France

Umwelt/Technik

Der TGV [teʒeve], Train à Grande Vitesse, ist ein französischer Hochgeschwindigkeitszug. Die TGV-Züge sowie deren Geschwisterzüge Thalys und Eurostar verkehren außer in Frankreich auch in Belgien, Deutschland, Großbritannien, in den Niederlanden, Italien, Luxemburg und in der Schweiz. Am 3. April 2007 wurde auf der Strecke Paris–Straßburg ein Geschwindigkeitsrekord von 574,8 km/h aufgestellt. Seit Juni 2007 verkehrt der TGV zwischen Paris und Straßburg mit einer Reisegeschwindigkeit von 320 km/h. Die Reisezeit zwischen Stuttgart und Paris verkürzte sich dadurch auf drei Stunden und 39 Minuten!

In den ersten fünf Betriebsjahren beförderte der TGV insgesamt 60 Millionen Passagiere zwischen 37 Städten. Die Reisen per TGV haben aufgrund der Zeitersparnis die Flugreisen weitgehend verdrängt und sind ein bedeutender Beitrag zur Umwelt in einer Zeit von hohen Energiepreisen.

[A la carte 3]

Entrée Voyage à travers les siècles

une **paire** [ynpɛʀ]	[E] a pair	ein Paar

Texte A «Aux armes, citoyens!»

une **arme** [ynaʀm]	[E] arm; [I] + [SP] arma	eine Waffe
Aux armes! [ozaʀm]		Zu den Waffen!
un **citoyen**/une **citoyenne** [ɛ̃sitwajɛ̃/ynsitwajɛn]	[E] citizen; [I] cittadino/~a; [SP] ciudadano/~a	ein (Staats)Bürger/eine (Staats)Bürgerin
1 une **révolution** [ynʀevɔlysjɔ̃]	[E] revolution; [I] rivoluzione; [SP] revolución	eine Revolution
la **Révolution française** [laʀevɔlysjɔ̃fʀɑ̃sɛz]		die Französische Revolution
un **petit-fils**/une **petite-fille** [ɛ̃p(ə)tifis/ynp(ə)titfij]	= les enfants des enfants	ein Enkel/eine Enkelin
2 une **révolte** [ynʀevɔlt]	= une révolution	eine Revolte, ein Aufstand
c'est-à-dire [sɛtadiʀ]	= ou plutôt	das heißt
une **naissance** [ynnɛsɑ̃s]	naître; une date de naissance	eine Geburt
les **Etats-Unis** *(m., pl.)* [lezetazyni]	[E] United States; [I] Stati Uniti; [SP] Estados Unidas	die USA
une **démocratie** [yndemɔkʀasi]	[E] a democracy	eine Demokratie
à la différence de qn/qc [aladifeʀɑ̃s]	différent/différente	im Gegensatz zu jdm./etw.
3 **dès** [dɛ]	= à partir de	seit
une **monarchie** [ynmɔnaʀʃi]	= un système politique dont le chef d'Etat est un roi/une reine	eine Monarchie
Louis XVI [lwisɛz]		Ludwig XVI. *(frz. König, 1754–1793)*
Marie-Antoinette [maʀiɑ̃twanɛt]		Marie-Antoinette *(frz. Königin, 1755–1793)*
Anne Robert Jacques Turgot [anʀɔbɛʀʒaktyʀgo]		Anne Robert Jacques Turgot *(frz. Staatsmann, 1727–1781)*
Jacques Necker [ʒaknekɛʀ]		Jacques Necker *(Finanzminister unter Ludwig XVI., 1732–1804)*

	une **réforme** [ynʀefɔʀm]	= l'action de changer qc	eine Reform
		[!] **la Réforme:** die Reformation	
	une **résistance** [ynʀezistɑ̃s]	Gilles était dans la ~ pendant la Seconde Guerre mondiale.	ein Widerstand
		la Résistance: Sammelbegriff für die französische Widerstandsbewegung gegen die deutsche und italienische Besatzungsmacht sowie gegen die mit diesen kollaborierenden französischen Institutionen und Teile der französischen Bevölkerung im Zweiten Weltkrieg 	
4	une **société** [ynsɔsjete]	social/sociale	eine Gesellschaft
	diviser qc [divize]	= partager qc	etw. teilen, etw. dividieren
	le **pouvoir** [ləpuvwaʀ]	[E] **power**	die Macht, die Gewalt
	la **noblesse** [lanɔblɛs]	Un roi et une reine font partie de la ~.	der Adel
	posséder qc [pɔsede]	= avoir qc	etw. besitzen
		posséder wird konjugiert wie **préférer**: je poss**è**de, nous poss**é**dons; j'ai possédé	
	s'ennuyer [sɑ̃nɥije]	l'ennui *(m.)*	sich langweilen
		s'ennuyer: je m'ennu**i**e, tu t'ennu**i**es, il s'ennu**i**e, nous nous ennu**y**ons, vous vous ennu**y**ez, ils s'ennu**i**ent; je me suis ennu**y**é(e)	
5	**se révolter** contre qn [s(ə)ʀevɔlte]	une révolte	sich gegen jdn. auflehnen
	la **Bastille** [labastij]		die Bastille *(Pariser Gefängnis im 18. Jh.)*

Au-delà du texte

la **morale** [lamɔʀal]	= la leçon	die Moral
une **fable** [ynfabl]	= une histoire avec des animaux comme personnages principaux	eine Fabel
surpris/surprise [syʀpʀi/syʀpʀiz]	une surprise	überrascht
menacer qn [mənase]	Le voleur ~[1] les policiers avec un pistolet.	jdm. drohen, jdn. bedrohen
	menacer wird konjugiert wie **commencer**: je menace, nous mena**ç**ons; j'ai menacé	
augmenter [ɔgmɑ̃te]	= faire monter	steigen, erhöhen
causer qc [koze]	= apporter qc	etw. verursachen

[1] menace

Pratique A

1 l'**égalité** *(f.)* [legalite]	égal/égale	die Gleichheit
la **fraternité** [lafʀatɛʀnite]	un frère	die Brüderlichkeit
Varennes [vaʀɛn]		Varennes *(Stadt im Departement Meuse)*
juger qn [ʒyʒe]	la justice	jdn. verurteilen

juger wird konjugiert wie **manger**: je juge, nous juge**ons**; j'ai jugé

une **guillotine** [yngijɔtin]		eine Guillotine, ein Fallbeil
Maximilien de Robespierre [maksimiljɛ̃d(ə)ʀɔbɛspjɛʀ]		Maximilien de Robespierre *(frz. Politiker, 1738–1794)*
la **terreur** [lateʀœʀ]	E terror	der Schrecken, das Entsetzen

Texte B Au XIXe siècle, ça bouge à Paris !

autant (de … que/que) [otɑ̃]		so viel (wie)
tant de [tɑ̃də]	= tellement	so viel
une **queue** [ynkø]	= la partie finale de qc	ein Schwanz; ein Ende; *(hier)* eine Warteschlange
faire la queue [fɛʀlakø]	= attendre	Schlange stehen
1 **universel/universelle** [ynivɛʀsɛl/ynivɛʀsɛl]	= qui comprend tout	universal
une **exposition universelle** [ynɛkspozisjɔ̃ynivɛʀsɛl]	une exposition	eine Weltausstellung
admirer qn/qc [admiʀe]	E to admire; I ammirare; SP admirar	jdn./etw. bewundern
une **invention** [ynɛ̃vɑ̃sjɔ̃]	inventer qc	eine Erfindung
un **écrivain**/une **femme écrivain** [ɛ̃nekʀivɛ̃/ynfamekʀivɛ̃]	écrire qc	ein Schriftsteller/eine Schriftstellerin
un **monument** [ɛ̃mɔnymɑ̃]	La tour Eiffel est le ~ le plus connu de Paris.	ein Denkmal, ein Monument
le **fer** [ləfɛʀ]	I ferro; SP hierro	das Eisen
un **sommet** [ɛ̃sɔmɛ]	= la plus haute partie d'une montagne	ein Gipfel
une **marche** [ynmaʀʃ]	= une partie d'un escalier	eine Stufe
un **coup** [ɛ̃ku]	= l'action de battre	ein Schlag
2 la **circulation** [lasiʀkylasjɔ̃]	= le traffic	der Verkehr
indispensable/indispensable [ɛ̃dispɑ̃sabl/ɛ̃dispɑ̃sabl]	= très nécessaire/nécessaire	unbedingt notwendig
Fulgence Bienvenüe [fylʒɑ̃sbjɛ̃v(ə)ny]		Fulgence Bienvenüe *(frz. Ingenieur, 1852–1936)*
durer [dyʀe]	Le film «Camping à la ferme» ~[1] une heure et trente minutes.	dauern
un **voyageur**/une **voyageuse** [ɛ̃vwajaʒœʀ/ynvwajaʒøz]	voyager; un voyage	ein Reisender/eine Reisende

[1] dure

	la **Porte de Vincennes** [lapɔʀtdəvɛ̃sɛn]		Porte de Vincennes *(Pariser Metro-Station)*
	la **Porte Maillot** [lapɔʀtmajo]		Porte Maillot *(Pariser Metro-Station)*
	immédiat/immédiate [imedja/imedjat]	= qui suit juste après	unmittelbar

Pratique B

1	**autant que je sache** [otɑ̃kəʒəsaʃ]	→ savoir	soviel ich weiß
3	une **échasse** [yneʃas]		eine Stelze
	un **Autrichien**/une **Autrichienne** [ɛ̃notʀiʃjɛ̃/ynotʀiʃjɛn]		ein Österreicher/eine Österreicherin
	nu/nue [ny/ny]	= qui ne porte pas de vêtements	nackt

Texte C Impression(niste)s !

	un **impressionniste**/une **impressionniste** [ɛ̃nɛ̃pʀesjɔnist/ynɛ̃pʀesjɔnist]	☺	ein Impressionist/eine Impressionistin
	une **injure** [ynɛ̃ʒyʀ]	E injury; I ingiuria; SP injuria	eine Beleidigung
	Claude Monet [klodmɔnɛ]		Claude Monet *(frz. Maler, 1840–1926)*
	le **soleil levant** [ləsɔlɛjləvɑ̃]		der Sonnenaufgang
	petit à petit [p(ə)titap(ə)ti]	= peu à peu	nach und nach
	de près [d(ə)pʀɛ]	≠ de loin	aus der Nähe

Texte D Un héros du XXe siècle: Charles de Gaulle

Approche

	célèbre/célèbre [selɛbʀ/selɛbʀ]	Montreux est ~ pour son festival.	berühmt
1	**Londres** [lɔ̃dʀ]		London *(Hauptstadt des Vereinigten Königreichs)*
	Alger [alʒe]		Algier *(Hauptstadt von Algerien)*
2	**se battre** avec qn [səbatʀ]	battre	sich mit jdm. prügeln, mit jdm. kämpfen

se battre: je me bats, nous nous battons; je me suis battu(e)

	pardonner qc à qn [paʀdɔne]	= accepter que qn s'excuse	jdm. etw. verzeihen
3	un **ennemi**/une **ennemie** [ɛ̃nen(ə)mi/ynen(ə)mi]	≠ un ami/une amie	ein Feind/eine Feindin
4	le **Canada** [ləkanada]		Kanada

le **Québec** [ləkebɛk]		Quebec

Quebec ist die größte Provinz Kanadas und die mit der größten frankophonen Bevölkerung.

un **discours** [ɛ̃diskuʀ]	= un exposé	eine Rede, eine Ansprache
5 **reprocher** qc à qn [ʀ(ə)pʀɔʃe]	E to reproach; SP reprochar	jdm. etw. vorwerfen
une **grève** [yngʀɛv]	= l'action d'arrêter son travail	ein Streik
résister à qn/qc [ʀeziste]	E to resist	jdm./etw. Widerstand leisten

Au-delà du texte

l'**Amérique** *(f.)* [lameʀik]	un Américain/une Américaine	Amerika
chanceler [ʃɑ̃s(ə)le]	Paul ~[1] parce qu'il a bu trop d'alcool.	schwanken

chanceler wird konjugiert wie **appeler**: je chance**ll**e, nous chance**l**ons; j'ai chance**l**é

un **sol** [ɛ̃sɔl]	Christine nettoie le ~ de sa cuisine tous les jours.	ein (Fuß)Boden
une **armée** [ynaʀme]	En 1940, l'~ allemande a battu l'~ française.	eine Armee, ein Heer
débarquer [debaʀke]	= descendre d'un bateau	von Bord gehen, an Land gehen

Pratique D

1 un **service** [ɛ̃sɛʀvis]	servir à qc	eine Bedienung, ein Service
au service de qn/qc [osɛʀvis]		im Dienste von jdm./etw.
blesser qn [blese]	Hier, Paul ~ sa sœur en jouant.	jdn. verletzen
Vichy [viʃi]		Vichy *(Stadt in der Region Auvergne)*
une **collaboration** [ynkɔ(l)labɔʀasjɔ̃]	= l'action de travailler avec qn	eine Kollaboration *(eine Zusammenarbeit mit dem Feind)*
un **allié**/une **alliée** [ɛ̃nalje/ynalje]	Pendant la Seconde Guerre mondiale, les Americains et les Anglais étaient des ~[2].	ein Verbündeter/eine Verbündete
2 **unilingue/unilingue** [ynilɛ̃g/ynilɛ̃g]	= qui ne parle qu'une seule langue	einsprachig

[1] chancelle – [2] alliés

En France

Französische Geschichte ab 1800

Mit der Französischen Revolution von 1789 wurden Ludwig XVI. und Marie-Antoinette gestürzt. So begann eine Periode des Umbruchs, in der Republik und Monarchie einander immer wieder ablösten (I. Republik, Kaiserreich Napoleon Bonapartes, Louis XVIII, Charles X, Louis-Philippe, II. Republik, Kaiserreich Napoleons III., III. Republik). Im Zweiten Weltkrieg wurde Frankreich geteilt: Im Südosten regierte das Vichy-Regime. Nach Kriegsende wurde die schwache IV. Republik ausgerufen, in der Frankreich seine größten Kolonien verlor: Indochina (Vietnam) und Algerien. Der Algerien-Krieg löste eine Institutionskrise aus, die 1958 durch die Rückkehr von Charles de Gaulle an die Macht in die Gründung der V. Republik mündete. Seitdem verfügt der französische Staatspräsident über umfassende Exekutivgewalt. Beim europäischen Einigungsprozess spielt Frankreich heute gemeinsam mit Deutschland eine tragende Rolle.

[A la carte 4]

Entrée Passages

	un **passage** [ɛ̃pasaʒ]	passer	ein Abschnitt; ein Durchgang
	un **sport individuel** [ɛ̃spɔʀɛ̃dividɥɛl]	= un sport qu'on fait seul	eine Einzelsportart
	un **sport d'équipe** [ɛ̃spɔʀdekip]	= un sport qu'on fait en groupe	eine Mannschaftssportart

Texte A Jeu, set et match

2	**servir** [sɛʀviʀ]	= mettre qc en jeu	aufschlagen
	un **adversaire**/une **adversaire** [ɛ̃nadvɛʀsɛʀ/ynadvɛʀsɛʀ]	= l'autre personne/groupe dans un jeu	ein Gegner/eine Gegnerin
	de l'autre côté [delotʀəkote]	une côté	auf der anderen Seite *(räumlich)*
	un **filet** [ɛ̃filɛ]	On prend les poissons avec un ~.	ein Netz
3	**ainsi** [ɛ̃si]	= comme ça *(fam.)*	so
	franchir qc [fʀɑ̃ʃiʀ]	= passer qc	etw. überwinden
	reculer [ʀ(ə)kyle]	≠ avancer	rückwärts gehen; rückwärts fahren
	éprouver qc (pour qn) [epʀuve]	= sentir qc (pour qn)	etw. (für jdn.) verspüren, etw. (für jdn.) empfinden

tôt [to]	≠ tard	früh *(Adv.)*
4 **puisque** [pɥiskə]	= comme; parce que	da (ja)
serrer le cœur à qn [seʀeləkœʀ]	= faire que qn est triste	jdn. traurig machen
une **descente** [yndesɑ̃t]	descendre	ein Abstieg; eine Abfahrt(s-lauf)
atteindre qc [atɛ̃dʀ]	= arriver à qc	etw. erreichen

> **atteindre** wird konjugiert wie **éteindre**: j'atteins, nous attei**gn**ons; j'ai atteint

progresser [pʀɔgʀese]	→ E progress	sich entwickeln
au bout de qc [obu]	On est parti ~[1] un quart d'heure.	am Ende von etw.
5 **joyeux/joyeuse** [ʒwajø/ʒwajøz]	= heureux/heureuse	fröhlich
l'**orgueil** *(m.)* [lɔʀgœj]	= l'action de se sentir mieux que les autres	der Stolz, die Überheblichkeit
une **balle** [ynbal]	E ball; I pallo	ein Ball

> Une **balle** ist kleiner als un **ballon**. Une **balle** verwendet man beim Tennis, Tischtennis oder Squash. Un **ballon** wird beim Fußball, Handball, Basketball, Volleyball und Rugby benutzt.

croiser qc [kʀwaze]	E to cross	etw. kreuzen, etw. begegnen
un **regard** [ɛ̃ʀ(ə)gaʀ]	regarder qn/qc	ein Blick
une **nonchalance** [ynnõʃalɑ̃s]		eine Gelassenheit
6 **rejoindre** qn/qc [ʀ(ə)ʒwɛ̃dʀ]	= retrouver qn	zu etw. zurückkehren, jdn. einholen

> **rejoindre**: je rejoins, tu rejoins, il rejoint, nous rejoi**gn**ons, vous rejoi**gn**ez, ils rejoi**gn**ent; j'ai rejoint

Autour du texte

un **antonyme** [ɛ̃nɑ̃tɔnim]	≠ un synonyme	ein Antonym

Pratique A

1 un **vendeur**/une **vendeuse** [ɛ̃vɑ̃dœʀ/ynvɑ̃døz]	vendre	ein Verkäufer/eine Verkäuferin
2 la **vaisselle** [lavɛsɛl]	= l'ensemble des objets sur la table	das Geschirr
faire la vaisselle [fɛʀlavɛsɛl]	= nettoyer la vaisselle	Geschirr spülen, abwaschen
faire de l'équitation [fɛʀdəlekitasjõ]	→ L equus	reiten

Texte B Bizarre ?

1 la **poésie** [lapɔezi]	E poetry; I poesia; SP poesía	die Poesie, die Lyrik
fidèle/fidèle [fidɛl/fidɛl]	Le chien est l'ami le plus ~ de l'homme.	treu
2 **faire exprès** de faire qc [fɛʀɛkspʀɛ]	≠ faire qc sans le remarquer	etw. absichtlich tun

[1] au bout d'

	formidable/formidable [fɔʀmidabl/fɔʀmidabl]	= très bien	fantastisch
	vivant/vivante [vivɑ̃/vivɑ̃t]	vivre	lebendig
	frapper qn/qc [fʀape]	= battre qn/qc	jdn./etw. schlagen
	frapper à la porte [fʀapealapɔʀt]		anklopfen
3	**se souvenir** de qn/qc [səsuv(ə)niʀ]	= se rappeler qn/qc	sich an jdn./etw. erinnern

se souvenir wird konjugiert wie **venir:** je me souviens, nous nous souvenons; je me suis souvenu(e)

	une **écriture** [ynekʀityʀ]	écrire qc	eine Schrift
	en vouloir à qn de qc [ɑ̃vulwaʀ]	= reprocher qc à qn	jdm. wegen etw. böse sein
4	**rouvrir** qc [ʀuvʀiʀ]	= ouvrir encore une fois	etw. wieder aufmachen

rouvrir wird konjugiert wie **ouvrir**: je rouvre, nous rouvrons; j'ai rouvert

	une **pensée** [ynpɑ̃se]	penser à qn	ein Gedanke
	stupide/stupide [stypid/stypid]	E stupid	dumm
5	**marin/marine** [maʀɛ̃/maʀin]	→ D Marine	Matrosen-
	interpeller qc à qn [ɛ̃tɛʀpəle]	= appeler qc à qn très fortement	jdm. etw. zurufen

interpeller: j'interpelle, tu interpelles, il interpelle, nous interpe**ll**ons, vous interpe**ll**ez, ils interpellent; j'ai interpe**llé**

	glisser [glise]	Ne cours pas au bord de la piscine, tu vas ~.	gleiten, rutschen

Au-delà du texte

	le **goût** [ləgu]	goûter (à) qc	der Geschmack(ssinn)

Texte C Gazelle ou panthère ?

	une **gazelle** [yngazɛl]	les animaux	eine Gazelle
	une **panthère** [ynpɑ̃tɛʀ]	les animaux	ein Panther
1	**se mettre** à faire qc [s(ə)mɛtʀ]	= commencer à faire qc	anfangen, etw. zu tun
	bondir [bɔ̃diʀ]		hochspringen
2	un **genre** [ɛ̃ʒɑ̃ʀ]	E a gen**der**	eine Gattung, eine Art
	un **coureur**/une **coureuse** [ɛ̃kuʀœʀ/ynkuʀøz]	courir; le courrier	ein Läufer/eine Läuferin
	poursuivre qc [puʀsɥivʀ]	= continuer à faire qc	*(hier)* mit etw. fortfahren

poursuivre wird konjugiert wie **suivre**: je poursuis, nous poursuivons; j'ai poursuivi

	avoir raison [avwaʀʀɛzɔ̃]	C'est vrai. Vous ~[1].	Recht haben
3	**chasser** qn/qc [ʃase]	la chasse	jdn./etw. jagen

[1] avez raison

5 **féliciter** qn de/pour qc [felisite]	des félicitations	jdn. zu etw. beglückwünschen
laver qn/qc [lave]	= nettoyer qn/qc	jdn./etw. waschen
effacer qc [efase]	= faire disparaître qc	etw. löschen

effacer wird konjugiert wie **commencer**: j'efface, nous effaçons; j'ai effacé

une **glace** [ynglas]	Qui a cassé la ~ dans la salle de bain?	*(hier)* ein Spiegel
un **cou** [ɛ̃ku]	les parties du corps	ein Hals

Au-delà du texte

taper qc [tape]	Est-ce que je dois ~ le texte où est-ce que je peux l'écrire à la main?	etw. tippen
un **transparent** [ɛ̃tʀɑ̃spaʀɑ̃]	→ D transparent = durchsichtig	eine Folie
distribuer qc [distʀibɥe]	= donner qc à chacun	etw. austragen, etw. verteilen

Pratique C

1 une **compétition** [ynkõpetisjõ]	E competition; I competizione; SP competición	ein Wettkampf
un **échec** [ɛ̃neʃɛk]	≠ un succès	ein Misserfolg

jouer aux échecs: Schach spielen

3 **oral/orale** [ɔʀal/ɔʀal]	≠ écrit/écrite	mündlich

En France

Sport

Die Franzosen gelten im europäischen Durchschnitt als weniger sportlich als ihre Nachbarn. Dennoch wurde in den letzten Jahren vor allem im Bereich Jugendförderung viel getan. Die besten Sportschulen für Jugendliche und zukünftige Fußballtalente sind Nantes, Auxerres [osɛʀ] und Sochaux [sɔʃo]. Rugby verfügt über eine immer größer werdende Beliebtheit. Die besten Vereine sind Toulouse *(Découvertes 2)*, Béziers [bezje], Agen [aʒɛ̃] und Perpignan [pɛʀpiɲɑ̃]. Im Bereich Tennis haben große Namen und Vorbilder wie Yannick Noah und Henri Leconte diese Sportart beliebt gemacht. Andere Sportarten, vor allem Boxen und Judo, bleiben für tausende von Jugendlichen aus den ärmeren Vorstädten aber die einzige Möglichkeit, in der Gesellschaft etwas zu erreichen. Große Namen im Boxen sind Fabrice Tiozzo, Brahim Asloum aber auch neuerdings Frauen wie Anne-Sophie Mathis. Andere früher beliebte Sportarten wie Radfahren oder Leichtathletik wurden von Doping-Skandalen erschüttert.

Hier ein paar wichtige Sportereignisse in Frankreich:

- Grand Prix de France (Formel 1)
- 24 heures du Mans [dymɑ̃] (Formel 1)
- Prix d'Amérique (Pferderennen)
- Bol d'or (Motorrad)
- Tour de France (Fahrrad)
- Paris–Roubaix (Fahrrad)
- Tournoi de Roland Garros (Tennis)
- Tour de France à la voile (Segeln)
- Championnat de France de football
- Coupe de France de football
- Championnat de France de rugby

- Die *Liste des mots* führt die Wörter aus *Découvertes* Band 1–5 auf. Nicht enthalten ist der Wortschatz aus den ⟨*Album*⟩ und den ⟨*Plateau*⟩-Teilen.
- Die Zahlen verweisen auf das erstmalige Vorkommen der Wörter, z. B.
  une **forme I 3B,** 3 eine Form = Band **1**, Leçon **3**, Lektionsteil **B**, Übung **3**.
  A = Lektionsteil A; **B** = Lektionsteil B; **C** = Lektionsteil C; **D** = Lektionsteil D; **E** = Lektionsteil *Entrée*; **M** = Module;
  C = A la Carte
  Steht hinter der Lektionszahl kein Buchstabe, so wird das betreffende Wort im Textteil der Lektion eingeführt,
  z. B. **facile I 4** leicht = Band 1, Leçon 4, Text oder la **plongée V 3B** = Band 5, Dossier 3, Texte B.
- In der Lektion **IV 5** (Stationenlernen) gibt es keinen genaueren Verweis auf die Fundstelle.
- Das Zeichen ⟨ ⟩ bedeutet, dass das Wort in den folgenden Lektionen nicht als bekannt vorausgesetzt wird.
- Grammatische Basiswörter wie z. B. die Subjektpronomen *je, tu, …* usw. sowie die auf den Seiten selbst erklärten Wörter werden in der folgenden Liste nicht aufgeführt.

A

abdiquer [abdike] aufgeben, kapitulieren, abdanken **IV 4, 9**
à bientôt [abjɛ̃to] bis bald **I 8E**
aborder qn/qc [abɔʀde] jdn./etw. ansprechen **⟨V C1D⟩**
une **abréviation** [ynabʀevjasjõ] eine Abkürzung **⟨III M1, 6⟩**
un **absent**/une **absente** [ɛ̃nabsɑ̃/ynabsɑ̃t] ein Abwesender/eine Abwesende **III 5, 6**
abstrait/abstraite [apstʀɛ/apstʀɛt] abstrakt **V 1D**
un **abus** [ɛ̃naby] ein Missbrauch **⟨V C1C⟩**
abuser de qc [abyze] etw. missbrauchen **⟨V C1C, 3⟩**
un **accent** [ɛ̃naksɑ̃] ein Akzent, einTonfall **II 2**
accepter qn/qc [aksɛpte] jdn./etw. akzeptieren; jdn./etw. annehmen **IV 1**
un **accès** [ɛ̃naksɛ] ein Zugang, ein Zutritt **⟨IV M3, 10⟩**
un **accident** [ɛ̃naksidɑ̃] ein Unfall **II 7B**
accompagner qn [akõpaɲe] jdn. begleiten **I 8E**
un **accordéon** [ɛ̃nakɔʀdeõ] eine Ziehharmonika **IV 4, 9**
accroché/accrochée [akʀɔʃe/akʀɔʃe] süchtig **⟨V C1E⟩**
s'accrocher à qc [sakʀɔʃe] sich an etw. (fest)klammern **⟨IV M2⟩**
un **accueil** [ɛ̃nakœj] ein Empfang; *(hier)* eine Auftaktseite **III 4**
acheter qc [aʃte] etw. kaufen **I 8**
un **acte** [ɛ̃nakt] eine Tat, eine Handlung **IV 4, 5**
un **acteur**/une **actrice** [ɛ̃naktœʀ/ynaktʀis] ein Schauspieler/eine Schauspielerin **I 5, 14**
une **action** [ynaksjõ] eine Handlung **⟨II 8B, 5⟩; IV 4, 11**
une **activité** [ynaktivite] eine Tätigkeit; *(hier)* eine Freizeitbeschäftigung **I 4E**
actuel/actuelle [aktɥɛl/aktɥɛl] aktuell **V 3D**
une **adaptation** [ynadaptasõ] eine Anpassung, eine Adaption **⟨IV M1C, 5⟩**
à deux [adø] zu zweit **I 4, 6**
une **administration** [ynadministʀasjõ] eine Verwaltung **V 3D, 1**
admirer qn/qc [admiʀe] jdn./etw. bewundern **⟨V C3B⟩**
un **adolescent**/une **adolescente** [ɛ̃nadɔlɛsɑ̃/ynadɔlɛsɑ̃t] ein Jugendlicher/eine Jugendliche **⟨II 8B⟩; III 1**
adorer qc [adɔʀe] etw. sehr gerne mögen **⟨I 9A⟩; II 1**
adorer faire qc [adɔʀe] etw. sehr gern tun **II 4, 12**
une **adresse** [ynadʀɛs] eine Adresse **I 3A**
un **adversaire**/une **adversaire** [ɛ̃nadvɛʀsɛʀ/ynadvɛʀsɛʀ] ein Gegner/eine Gegnerin **⟨V C4A⟩**
aérien/aérienne [aeʀjɛ̃/aeʀjɛn] Luft- **⟨V C2B⟩**
un **aéroport** [ɛ̃naeʀɔpɔʀ] ein Flughafen **⟨III M2⟩; ⟨III M3⟩**
une **affaire** [ynafɛʀ] eine Sache, eine Angelegenheit **I 8**
une **affiche** [ynafiʃ] ein Plakat, ein Poster **I 2**
un **Africain**/une **Africaine** [ɛ̃nafʀikɛ̃/ynafʀikɛn] ein Afrikaner/eine Afrikanerin **IV 5A**
africain/africaine [afʀikɛ̃/afʀikɛn] afrikanisch **IV 5A**
l'**âge** *(m.)* [laʒ] das Alter **I 4**
âgé/âgée (de) [aʒe/aʒe] alt **V 4B**
s'agir de qn/qc [saʒiʀ] um jdn./etw. gehen, von jdm./etw. handeln **⟨IV M1C, 5⟩; ⟨IV M2, 10⟩; V 5A**
agréable/agréable [agʀeabl/agʀeabl] angenehm **⟨IV M3, 12⟩; V 2C**
agressif/agressive [agʀesif/agʀesiv] aggressiv **⟨V C1C, 3⟩; ⟨V C2A⟩**
un **agriculteur**/une **agricultrice** [ɛ̃nagʀikyltœʀ/ynagʀikyltʀis] ein Landwirt/eine Landwirtin **⟨III M1⟩; V 3B, 2**
Ah, bon? [abõ] Ach ja?, Wirklich? **I 3A**
une **aide** [ynɛd] eine Hilfe, eine Unterstützung **IV 1, 3**
aider qn [ede] jdm. helfen **I 6A**
aimer qc [eme] etw. lieben, etw. mögen **I 2**
  aimer faire qc [emefɛʀ] etw. gerne tun **I 6B**
  aimer mieux qc [ememjø] etw. lieber mögen **III 3**
ainsi [ɛ̃si] so **⟨V C1D⟩; ⟨V C4A⟩**
ainsi que [ɛ̃sikə] so wie; und auch **⟨V C1C⟩**
l'**air** *(m.)* [lɛʀ] die Luft; *(hier)* das Aussehen **⟨II 8A⟩; III 1E**
ajouter qc [aʒute] etw. hinzufügen **II 5**
un **album** [ɛ̃nalbɔm] ein Album; *(hier)* eine CD **II 3B**
l'**alcool** *(m.)* [lalkɔl] der Alkohol **V 2A**
à l'écrit [alekʀi] schriftlich **V 4A**
un **Algérien**/une **Algérienne** [ɛ̃nalʒeʀjɛ̃/ynalʒeʀjɛn] ein Algerier/eine Algerierin **V 2A**
algérien/algérienne [alʒeʀjɛ̃/alʒeʀjɛn] algerisch **V 2A**
allemand/allemande [almɑ̃/almɑ̃d] deutsch **I 1**
aller [ale] gehen, fahren **I 5E**
  s'en aller [sɑ̃nale] weggehen **IV 5B**
  On y va! [õniva] Gehen wir!, Auf geht's! **I 6B**
  Comment allez-vous? [komɑ̃talevu] Wie geht es Ihnen? **I 8E**
aller chercher qc [aleʃɛʀʃe] etw. holen **I 6B**
aller faire qc [alefɛʀ] etw. tun werden **I 6E**

un **aller-retour**/des **allers-retours** [ɛ̃naleʀ(ə)tuʀ/dezaleʀ(ə)tuʀ] eine Hin- und Rückfahrkarte/Hin- und Rückfahrkarten ⟨V C2B⟩

un **allié**/une **alliée** [ɛ̃nalje/ynalje] ein Verbündeter/eine Verbündete ⟨V C3D, 1⟩

une **allitération** [ynaliteʀasjɔ̃] eine Alliteration, ein Stabreim **V 1D**

Allô? [alo] Hallo? *(am Telefon)* **I 3A**

s'allonger [salɔ̃ʒe] sich hinlegen, sich ausstrecken **III 1**

allumer qc [alyme] etw. einschalten, etw. anzünden **V 1D**

une **allumette** [ynalymɛt] ein Streichholz **V 1D**

à l'oral [alɔʀal] mündlich **V 4A**

alors [alɔʀ] nun, jetzt, dann **I 4**

alors que [alɔʀkə] während; obwohl **V 3A**

un **alphabet** [ɛ̃nalfabɛ] ein Alphabet **IV 3**

l'**alsacien** *(m.)* [lalzasjɛ̃] das Elsässische ⟨**V C2C**⟩

alsacien/alsacienne [alzasjɛ̃/alzasjɛn] elsässisch **IV 3**

une **ambiance** [ynɑ̃bjɑ̃s] eine Stimmung, eine Atmosphäre **II 6,** 3

ambitieux/ambitieuse [ɑ̃bisjø/ɑ̃bisjøz] ehrgezig **V 3B**

une **ambulance** [ynɑ̃bylɑ̃s] ein Krankenwagen **II 7B**

amener qn/qc [am(ə)ne] jdn./etw. mitbringen ⟨**IV M3**⟩

un **Américain**/une **Américaine** [ɛ̃nameʀikɛ̃/ynameʀikɛn] ein Amerikaner/eine Amerikanerin ⟨**III M3E**⟩

américain/américaine [ameʀikɛ̃/ameʀikɛn] amerikanisch ⟨**III M3E**⟩; ⟨**V C3A**⟩

un **ami**/une **amie** [ɛ̃nami/ynami] ein Freund/eine Freundin **I 5**

un faux ami [ɛ̃fozami] ein falscher Freund **I 8,** 3

un petit ami/une petite amie [ɛ̃p(ə)titami/ynp(ə)titami] ein fester Freund/eine feste Freundin **V 3B**

Amicalement. [amikalmɑ̃] Herzliche Grüße. *(Grußformel in einem persönlichen Brief)* **II 4,** 2

une **amitié** [ynamitje] eine Freundschaft **V 1C,** 3

l'**amour** *(m.)* [lamuʀ] die Liebe **II 3B**

Tu es un amour! *(fam.)* [tyɛzɛ̃namuʀ] Du bist ein Schatz! *(ugs.)* **II 3B**

un **amoureux**/une **amoureuse** [ɛ̃namuʀø/ynamuʀøz] ein Verliebter/eine Verliebte ⟨**III M2,** 6⟩; **V 1C**

amoureux/amoureuse [amuʀø/amuʀøz] verliebt **II 3A**

amusant/amusante [amyzɑ̃/amyzɑ̃t] unterhaltsam **IV 3**

s'amuser [samyze] sich vergnügen, sich amüsieren **II 7B**

un **an** [ɛ̃nɑ̃] ein Jahr **I 4**

analyser qn/qc [analize] jdn./etw. analysieren **V 5A**

ancien/ancienne [ɑ̃sjɛ̃/ɑ̃sjɛn] alt, antik, ehemalig **V 5A**

un **âne**/une **ânesse** [ɛ̃nan/ynanɛs] ein Esel/eine Eselin **V 3B,** 2

un **ange** [ɛ̃nɑ̃ʒ] ein Engel **V 2D**

un **Anglais**/une **Anglaise** [ɛ̃nɑ̃glɛ/ynɑ̃glɛz] ein Engländer/eine Engländerin **IV 5B**

anglais/anglaise [ɑ̃glɛ/ɑ̃glɛz] englisch **III 3,** 2

un **angle (de vue)** [ɛ̃nɑ̃gl(ədəvy)] ein (Blick)Winkel **V 3B**

un **animal**/des **animaux** [ɛ̃nanimal/dezanimo] ein Tier/Tiere **I 4,** 8

un **animateur**/une **animatrice** [ɛ̃nanimatœʀ/ynanimatʀis] ein Betreuer/eine Betreuerin; ein Moderator/eine Moderatorin **IV 2**

animer qc [anime] *(hier)* etw. leiten ⟨**V C1D**⟩

une **année** [ynane] ein Jahr **I 8**

une **année scolaire** [ynaneskɔlɛʀ] ein Schuljahr **V 4A**

un **anniversaire** [ɛ̃nanivɛʀsɛʀ] ein Geburtstag **I 7E**

Bon anniversaire! [bɔnanivɛʀsɛʀ] Alles Gute zum Geburtstag! **I 7**

une **annonce** [ynanɔ̃s] eine Anzeige, eine Annonce **I 3E**

annoncer qc [anɔ̃se] etw. ankündigen **II 5**

anonyme/anonyme [anɔnim/anɔnim] anonym **IV 1**

antillais/antillaise [ɑ̃tijɛ/ɑ̃tijɛz] antillisch, westindisch **IV 5A**

un **antonyme** [ɛ̃nɑ̃tɔnim] ein Antonym ⟨**V C4A**⟩

août *(m.)* [ut] August **I 7,** 6

s'apercevoir de qc [sapɛʀsəvwaʀ] etw. bemerken **IV 2**

apparaître [apaʀɛtʀ] (plötzlich) erscheinen, auftauchen ⟨**IV M1A**⟩; ⟨**V C1C**⟩

un **appareil** [ɛ̃napaʀɛj] ein Apparat, ein Gerät **I 8E**

un appareil photo [ɛ̃napaʀɛjfɔto] ein Fotoapparat **I 8**

un **appartement** [ɛ̃napaʀtəmɑ̃] eine Wohnung **I 3E**

un **appel à candidature** [ɛ̃napɛlakɑ̃didatyʀ] eine Ausschreibung **V 4B**

appeler qn [apəle] jdn. (an)rufen **II 5**

s'appeler [sapəle] heißen **I 1E**

Bon appétit! [bɔnapeti] Guten Appetit! **II 5,** 6

applaudir qn [aplodiʀ] jdm. Beifall klatschen **II 4**

appliquer qc [aplike] etw. ausführen, etw. befolgen **V 3D,** 1

apporter qc à qn [apɔʀte] jdm. etw. (mit)bringen **II 6E**

apprendre qc par cœur [apʀɑ̃dʀ] etw. auswendig lernen **I 6B,** 10

un **apprenti**/une **apprentie** [ɛ̃napʀɑ̃ti/ynapʀɑ̃ti] ein Lehrling **V 5B**

apprivoiser qn/qc [apʀivwaze] jdn./etw. zähmen ⟨**V C1C**⟩

une **approche** [ynapʀɔʃ] eine Herangehensweise **V 1A**

s'approcher de qn/qc [sapʀɔʃe] sich jdm./etw. nähern, jdm./etw. näher kommen ⟨**IV M3E**⟩; **V 1A**

approfondir qc [apʀɔfɔ̃diʀ] etw. vertiefen **V 4B**

après [apʀɛ] nach, danach **I 5**

après avoir fait qc [apʀɛzavwaʀ] nachdem man etw. getan hat **III 2**

un **après-midi** [ɛ̃napʀɛmidi] ein Nachmittag **I 4**

à propos de [apʀɔpodə] bezüglich, in Bezug auf **I 2E**

à proximité de qn/qc [apʀɔksimite] in der Nähe von jdm./etw. **IV 2,** 3

un **aquarium** [ɛ̃nakwaʀjɔm] ein Aquarium **II 1E**

l'**arabe** *(m.)* [laʀab] das Arabische ⟨**II 8B**⟩; **III 3**

un Arabe/une Arabe [ɛ̃naʀab/ynaʀab] ein Araber/eine Araberin **III 3**

arabe/arabe [aʀab/aʀab] arabisch ⟨**I 9A**⟩

une **araignée** [ynaʀeɲe] eine Spinne **II 4**

un **arbre** [ɛ̃naʀbʀ] ein Baum **I 2**

l'**archéologie** *(f.)* [laʀkeɔlɔʒi] die Archäologie **IV 2E**

archéologique/archéologique [aʀkeɔlɔʒik/aʀkeɔlɔʒik] archäologisch **IV 2E**

un **archéologue**/une **archéologue** [ɛ̃naʀkeɔlɔg/ynaʀkeɔlɔg] ein Archäologe/eine Archäologin **IV 2**

l'**argent** *(m.)* [laʀʒɑ̃] das Geld ⟨**I 9A**⟩; **II 6,** 6; *(hier)* das Silber **IV 2**

l'argent de poche *(m.)* [laʀʒɑ̃dəpɔʃ] das Taschengeld **III 1,** 7

un **argument** [ɛ̃naʀgymɑ̃] ein Argument II 1, 1
une **arme** [ynaʀm] eine Waffe ⟨V C3A⟩
Aux armes! [ozaʀm] Zu den Waffen! ⟨V C3A⟩
une **armée** [ynaʀme] eine Armee, ein Heer ⟨II 9, 8⟩; ⟨V C3D⟩
une **arobase** [ynaʀɔbaz] „at" *(Zeichen in E-Mail-Adressen)* II 7E
un **arrêt** [ɛ̃naʀɛ] ein Halt, eine Haltestelle II 3A
arrêter qn [aʀete] jdn. anhalten, jdn. festnehmen I 5
Arrêtez! [aʀɛte] Hört auf! I 8
arrêter de faire qc [aʀete] aufhören etw. zu tun II 1, 5
s'arrêter [saʀete] anhalten III 2
arrêter qn/qc [aʀete] jdn./etw. aufhalten, jdn./etw. stoppen ⟨III M1⟩
Arrête ton cinéma! *(fam.)* [aʀɛtõsinema] Hör auf mit dem Theater! *(ugs.)* III 1
l'**arrière-plan** *(m.)* [laʀjɛʀplɑ̃] der Hintergrund ⟨IV M1C, 5⟩; V 1B
une **arrivée** [ynaʀive] eine Ankunft ⟨III M2, 1⟩; IV 5B
arriver [aʀive] (an)kommen I 4
qc arrive à qn [aʀiv] etw. geschieht jdm., etw. passiert jdm. II 7A
l'**art** *(m.)* [laʀ] die Kunst IV 4E
un **article** [ɛ̃naʀtikl] ein Artikel II 4, 12
un **artiste**/une **artiste** [ɛ̃naʀtist/ynaʀtist] ein Künstler/eine Künstlerin III 4
un **artiste peintre**/une **artiste peintre** [ɛ̃naʀtistpɛ̃tʀ/ynaʀtistpɛ̃tʀ] ein Kunstmaler/eine Kunstmalerin IV 4E
un **ascenseur** [ɛ̃nasɑ̃sœʀ] ein Aufzug ⟨IV M2, 2⟩
s'asseoir [saswaʀ] sich setzen III 4
assez (de) [asedə] genug, genügend I 8
une **assiette** [ynasjɛt] ein Teller I 3B
une **association** [ynasɔsjasjõ] ein (Sport)Verein, eine Vereinigung IV 3, 8
à ta place [ataplas] an deiner Stelle IV 2E
un **atelier** [ɛ̃natəlje] eine Werkstatt; *(hier)* eine Arbeitsgruppe IV 5E
atlantique/atlantique [atlɑ̃tik/atlɑ̃tik] atlantisch IV 5A
un **atout** [ɛ̃natu] ein Trumpf, ein Pluspunkt V 4B, 4
à tout prix [atupʀi] um jeden Preis IV 3, 9
à travers [atʀavɛʀ] durch V 5C
attacher qc [ataʃe] etw. (fest)binden I 4
attaquer qn/qc [atake] jdn./etw. angreifen ⟨II 9⟩; III 5
atteindre qc [atɛ̃dʀ] etw. erreichen ⟨V C4A⟩
attendre qn [atɑ̃dʀ] auf jdn. warten, jdn. erwarten I 8
l'**attention** [latɑ̃sjõ] die Aufmerksamkeit I 4
Attention! [atɑ̃sjõ] Achtung!, Vorsicht! I 4
faire attention [fɛʀatɑ̃sjõ] aufpassen, Acht geben I 5
attraper qn/qc [atʀape] jdn./etw. (ein)fangen, jdn./etw. erwischen I 5
une **auberge de jeunesse** [ynobɛʀʒdəʒœnɛs] eine Jugendherberge I 8E
au bout de qc [obu] am Ende von etw. ⟨IV M3⟩; ⟨V C4A⟩
aucun/aucune [okɛ̃/okyn] keiner/keine/keines IV 2
au-delà de qc [od(ə)la] über etw. hinaus V 1A
audiovisuel/audiovisuelle [odjovizɥɛl/odjovizɥɛl] audiovisuell V 3B, 3
un **auditeur**/une **auditrice** [ɛ̃noditœʀ/ynoditʀis] ein Zuhörer/eine Zuhörerin ⟨V C1E⟩
augmenter [ɔgmɑ̃te] steigen, erhöhen ⟨V C2A⟩; ⟨V C3A⟩
aujourd'hui [oʒuʀdɥi] heute I 4
aussi [osi] auch I 2E
aussi sportif que [osispɔʀtifkə] ebenso sportlich wie III 1E
autant (de ... que/que) [otɑ̃] so viel (wie) ⟨V C3B⟩
autant que je sache [otɑ̃kəʒəsaʃ] soviel ich weiß ⟨V C3B, 1⟩
un **auteur** [ɛ̃notœʀ] ein Autor/eine Autorin; *(hier)* ein Verursacher/eine Verursacherin IV 4, 5
l'**automne** *(m.)* [lotɔn] der Herbst I 7, 6
une **autoroute** [ynotoʀut] eine Autobahn III 2
autour de qn/qc [otuʀ] um jdn./etw. herum V 1A
autre/autre [otʀ/otʀ] anderer/andere/anderes I 6B
autre chose [otʀəʃoz] etw. anderes II 4, 6
autrefois [otʀəfwa] früher ⟨V C1E⟩
autrement [otʀəmɑ̃] anders ⟨III M3⟩
un **Autrichien**/une **Autrichienne** [ɛ̃notʀiʃjɛ̃/ynotʀiʃjɛn] ein Österreicher/eine Österreicherin ⟨V C3B, 3⟩
avaler qn/qc [avale] jdn./etw. (hinunter)schlucken V 5B
avancer [avɑ̃se] vorankommen ⟨II 8B⟩; ⟨III M1⟩
avant [avɑ̃] vor *(zeitlich)*, vorher II 2
un **avantage** [ɛ̃navɑ̃taʒ] ein Vorteil V 2D
avant de faire qc [avɑ̃də] bevor man etw. tut III 2
avant que [avɑ̃kə] bevor V 2A, 1
avec [avɛk] mit I 1
l'**avenir** *(m.)* [lavniʀ] die Zukunft II 3B
une **aventure** [ynavɑ̃tyʀ] ein Abenteuer ⟨I 9B, 2⟩; II 7E
aveugle/aveugle [avœgl/avœgl] blind V 5C
un **avion** [ɛ̃navjõ] ein Flugzeug II 1
un **avis** [ɛ̃navi] eine Meinung II 6
à mon avis [amɔnavi] meiner Meinung nach II 6
avoir [avwaʀ] haben I 4
avoir lieu [avwaʀljø] sich ereignen, stattfinden V 5A
N'aie pas peur! [nepapœʀ] Hab keine Angst! III 5
avoir un poil dans la main *(fam.)* [avwaʀɛ̃pwaldɑ̃lamɛ̃] auf der faulen Haut liegen *(ugs.)* ⟨IV M1C⟩
avoir l'intention de faire qc [avwaʀlɛ̃tɑ̃sjõ] beabsichtigen, etw. zu tun V 4B
avoir besoin de qc [avwaʀbəswɛ̃] etw. brauchen II 7A
avoir besoin de faire qc [avwaʀbəswɛ̃] etw. tun müssen III 3
avoir confiance en qn/qc [avwaʀkõfjɑ̃s] in jdn./etw. Vertrauen haben IV 4
avouer qc [avwe] etw. zugeben, etw. gestehen III 1
avril *(m.)* [avʀil] April I 7, 6

B

un **baba**/une **baba** [ɛ̃baba/ynbaba] ein Alternativler/eine Alternativlerin IV 1
un **baby-sitter**/une **baby-sitter** [ɛ̃bebisitœʀ/ynbebisitœʀ] ein Babysitter/eine Babysitterin ⟨III M1, 6⟩
le **baby-sitting** [ləbebisitiŋ] das Babysitting IV 2, 11
le **baccalauréat** [ləbakalɔʀea] das Abitur III 4E
une **bagarre** [ynbagaʀ] eine Schlägerei, eine Auseinandersetzung IV 4E
une **baguette** [ynbagɛt] ein Baguette II 5
une **baie** [ynbɛ] eine Bucht IV 5A
se baigner [səbeɲe] baden III 1
baisser [bese] sinken, fallen, zurückgehen ⟨V C2A⟩

se balader *(fam.)* [səbalade] spazieren gehen **III 1**
une **balle** [ynbal] ein Ball **⟨V C4A⟩**
un **ballon** [ɛ̃balõ] ein Ball **II 3B**
une **banane** [ynbanan] eine Banane **II 5E**
un **banc** [ɛ̃bɑ̃] eine (Sitz)Bank **I 2**
une **bande** [ynbɑ̃d] eine Bande, eine Clique **IV 4**
une **bande-annonce** [ynbɑ̃danõs] ein Trailer **V 3B**, 3
une **banlieue** [ynbɑ̃ljø] ein Vorort, ein Vorstadtbereich **I 3A**
baraqué/baraquée *(fam.)* [baʀake/baʀake] kräftig, breitschultrig *(ugs.)* **III 1E**
un **baratineur**/une **baratineuse** *(fam.)* [ɛ̃baʀatinœʀ/ynbaʀatinøz] ein Schwätzer, eine Quasselstrippe *(ugs.)* **III 1**
une **barbe** [ynbaʀb] ein Bart **II 6**
La barbe! *(fam.)* [labaʀb] Jetzt reicht's!, Das nervt! *(ugs.)* **⟨II 9⟩**
Quelle barbe! *(fam.)* [kɛlbaʀb] Wie langweilig! *(ugs.)* **II 6**
se barrer *(fam.)* [səbaʀe] abhauen *(ugs.)* **V 2D**
une **barrière** [ynbaʀjɛʀ] ein Zaun; eine Barriere **IV 3**
bas/basse [ba/bas] niedrig **I 4**
en bas [ɑ̃ba] unten, nach unten **I 4**
une **basket** [ynbaskɛt] ein Turnschuh **IV 1**
le **basque** [ləbask] das Baskische, die baskische Sprache **⟨V C2C⟩**
un **bateau**/des **bateaux** [ɛ̃bato/debato] ein Boot, ein Schiff/Boote, Schiffe **⟨I 9E⟩; II 2**
un **batteur** [ɛ̃batœʀ] ein Schlagzeuger/eine Schlagzeugerin **III 4E**
battre qn [batʀ] jdn. schlagen, jdn. besiegen **III 5**
se battre avec qn [səbatʀ] sich mit jdm. prügeln, mit jdm. kämpfen **⟨IV M1B⟩; ⟨V C3D⟩**
une **BD**/des **BD** [ynbede/debede] ein Comic(Heft)/Comics **I 5**
beau/bel/belle [bo/bɛl/bɛl] schön **II 3B**
il fait beau [ilfɛbo] es ist schönes Wetter **II 1**
beaucoup [boku] viel, sehr **I 7**
beaucoup de [bokudə] viel(e) *(bei Mengen)* **I 7**
beaucoup de monde [bokudmõd] viele Leute **I 7**
une **beauté** [ynbote] eine Schönheit **V 5A**
un **bébé** [ɛ̃bebe] ein Baby **⟨IV M2, 6⟩**
belge/belge [bɛlʒ/bɛlʒ] belgisch **I 8**, 5
un **Belge**/une **Belge** [ɛ̃bɛlʒ/ynbɛlʒ] ein Belgier/eine Belgierin **I 8**, 5
ben [bɛ̃] nun ja **I 2**
une **béquille** [ynbekij] eine Krücke **II 7B**
une **bête** [ynbɛt] ein Tier **V 5B**
bête/bête [bɛt/bɛt] dumm **I 7**
une **bêtise** [ynbetiz] eine Dummheit **II 4**
le **béton** [ləbetõ] der Beton **IV 4**
un **beur**/une **beur(ette)** *(fam.)* [ɛ̃bœʀ/ynbœʀ(ɛt)] ein „Beur"/eine „Beur" *(ugs.) (ein in Frankreich geborenes Kind nordafrikanischer Einwanderer)* **III 3**
Beurk! *(fam.)* [bœʀk] Igitt! *(ugs.)* **II 2**, 3
le **beurre** [ləbœʀ] die Butter **II 5E**
une **bibliothèque** [ynbiblijɔtɛk] eine Bibliothek **I 6B**, 7
bien [bjɛ̃] *(hier)* wohl *(bei einer Nachfrage)* **I 6B**
bien *(Adv.)* [bjɛ̃] gut **I 2**, 3
bien que [bjɛ̃kə] obwohl **V 2A**, 1
bien sûr [bjɛ̃syʀ] sicherlich, na klar! **II 3B**
Bienvenue! [bjɛ̃vny] Willkommen! **I 1**
une **bière** [ynbjɛʀ] ein Bier **V 4A**
un **bijou**/des **bijoux** [ɛ̃biʒu/debiʒu] ein Schmuckstück, ein Schmuck **⟨I 9A⟩**
un **bikini** [ɛ̃bikini] ein Bikini **III 4**
bilingue [bilɛ̃g] zweisprachig **I 8**
un **billet** [ɛ̃bijɛ] eine Fahrkarte **I 7**
une **bise** *(fam.)* [ynbiz] ein Kuss *(ugs.)* **I 8**
faire la bise à qn [fɛʀlabiz] jdn. mit Wangenkuss begrüßen, jdn. mit Wangenkuss verabschieden *(ugs.)* **I 8**
un **bisou** [ɛ̃bizu] ein Küsschen **⟨I 9B⟩**
bizarre/bizarre [bizaʀ/bizaʀ] komisch, merkwürdig **I 1**
une **blague** [ynblag] ein Scherz, ein Streich **⟨III M2⟩**
blanc/blanche [blɑ̃/blɑ̃ʃ] weiß **I 7**
un **blessé**/une **blessée** [ɛ̃blese/ynblese] ein Verletzter/eine Verletzte **⟨IV M2, 6⟩**
blessé/blessée [blese/blese] verletzt, verwundet **⟨IV M2⟩**
blesser qn [blese] jdn. verletzen **⟨III M1⟩; ⟨V C3D, 1⟩**
bleu/bleue [blø/blø] blau **I 7**
un **bloc à dessin** [ɛ̃blɔkadesɛ̃] ein Zeichenblock **I 2**
un **blog** [ɛ̃blɔg] ein Blog, ein Internet-Tagebuch **V 1C**
blond/blonde [blõ/blõd] blond **⟨II 8B, 9⟩**
un **blouson** [ɛ̃bluzõ] eine Jacke **IV 1**
Bof! [bɔf] Na ja!, Ach! *(ugs.)* **I 1**, 3
boire qc [bwaʀ] etw. trinken **I 7**
boire à qc [bwaʀ] auf etw. trinken, auf etw. anstoßen **I 7**
le **bois** [ləbwa] das Holz **⟨II 9E⟩**
une **boisson** [ynbwasõ] ein Getränk **II 5**
une **boîte** [ynbwat] eine Schachtel; *(hier)* eine Dose, eine Büchse **⟨IV M3⟩**
un **bol** [ɛ̃bɔl] ein Bol *(eine Trinkschale)* **V 4A**, 2
une **bombe de peinture** [ynbõbdəpɛ̃tyʀ] eine (Farb)Sprühdose **IV 4E**
bon/bonne [bõ/bɔn] gut **I 3B**
un **bonbon** [ɛ̃bõbõ] ein Bonbon **III 2**
bondir [bõdiʀ] hochspringen **⟨V C4C⟩**
le **bonheur** [ləbɔnœʀ] das Glück **V 1D**
Bonjour! [bõʒuʀ] Guten Tag! **I 1E**
un **bonnet** [ɛ̃bɔnɛ] eine Mütze **⟨II 8A⟩**
Bonsoir. [bõswaʀ] Guten Abend. **I 8E**
au bord de qc [obɔʀdə] am Rande von etw., am Ufer von etw. **⟨I 9A⟩; II 2**
bosser *(fam.)* [bɔse] schuften *(ugs.)* **IV 2**, 3
une **bouche** [ynbuʃ] ein Mund **IV 4**
un **bouchon** [ɛ̃buʃõ] *(hier)* ein Verkehrsstau **I 5**
bouger [buʒe] sich bewegen **I 6A**
une **bougie** [ynbuʒi] eine Kerze **II 5**
une **boulangerie** [ynbulɑ̃ʒʀi] eine Bäckerei **II 5**
une **boule** [ynbul] eine Kugel **I 7**
un **boulevard** [ɛ̃bulvaʀ] ein Boulevard **II 1**, 2
un **boulot** *(fam.)* [ɛ̃bulo] ein Job *(ugs.)* **IV 2**
bousculer qn [buskyle] jdn. anrempeln **I 5**
une **bouteille** [ynbutɛj] eine Flasche **I 2**
une **branche** [ynbʀɑ̃ʃ] ein Ast, ein Zweig **⟨IV M2⟩; ⟨IV M3⟩**
branché/branchée *(fam.)* [bʀɑ̃ʃe/bʀɑ̃ʃe] „in", „up to date" *(ugs.)* **III 1E**
un **bras** [ɛ̃bʀa] ein Arm **II 7B**, 4
une **brasserie** [ynbʀasʀi] eine Gaststätte **II 5**, 7
Bravo! [bʀavo] Bravo! **I 6B**
bref/brève [bʀɛf/bʀɛv] kurz **III 4**
le **breton** [ləbʀətõ] das Bretonische **III 5**, 8
breton/bretonne [bʀətõ/bʀətɔn] bretonisch **⟨I 9A⟩**
un **bretzel** [ɛ̃bʀɛtzɛl] eine Brezel **IV 3**
briser qc [bʀize] etw. zerbrechen **V 1A**

bronzer [bʀõze] braun werden **IV 5A**
un **brouillard** [ɛ̃bʀujaʀ] ein Nebel ⟨**IV M1A**⟩
un **bruit** [ɛ̃bʀɥi] ein Geräusch, ein Lärm ⟨**IV M1B**⟩; **V 3A**
brûler qc [bʀyle] etw. verbrennen ⟨**III M1**⟩; **IV 5A, 2**
une **bulle** [ynbyl] eine Sprechblase **V 5A**
un **bureau** [ɛ̃byʀo] ein Arbeitszimmer; *(hier)* ein Schreibtisch **III 5E**
un bureau des objets trouvés [ɛ̃byʀodezɔbʒɛtʀuve] ein Fundbüro **II 3B, 6**
un **bus** [ɛ̃bys] ein Bus **I 5**

C

ça [sa] das **I 2**
Ça alors! [saalɔʀ] Na so etwas! ⟨**I 9A, 3**⟩; **V 2C, 3**
Ça y est! [sajɛ] Das wär's!, Geschafft! **IV 2**
Ça va? [sava] Wie geht's? **I 1**
Ça va bien. [savabjɛ̃] Es geht (mir) gut. **I 1**
Ça va mal. [savamal] Es geht (mir) schlecht. **I 1, 3**
le **cacao** [ləkakao] der Kakao **IV 5B**
se cacher [səkaʃe] sich verstecken **II 7B**
cacher qc [kaʃe] etw. verstecken ⟨**II 8A**⟩
un **cadeau**/des **cadeaux** [ɛ̃kado] ein Geschenk/Geschenke **I 7**
un **café** [ɛ̃kafe] ein Café **II 1, 2**
le **café** [ləkafe] der Kaffee **II 1, 2**
une **cage** [ynkaʒ] ein Käfig **V 3A**
un **cahier** [ɛ̃kaje] ein Heft **I 2, 3**
une **caisse** [ynkɛs] eine Kasse **I 5**
un **calendrier** [ɛ̃kalɑ̃dʀije] ein Kalender **I 8**
le **calme** [ləkalm] die Ruhe, die Gelassenheit **III 5E**
calme/calme [kalm/kalm] ruhig, still **III 3**
un **camarade**/une **camarade** [ɛ̃kamaʀad/ynkamaʀad] ein Kamerad/eine Kameradin **IV 1**
une **caméra** [ynkameʀa] eine (Film)Kamera **I 6B**
un **caméraman** [ɛ̃kameʀaman] ein Kameramann ⟨**IV M1C, 6**⟩; **V 3B**
un **camerounais**/une **camerounaise** [ɛ̃kamʀunɛ/ynkamʀunɛz] ein Kameruner/eine Kamerunerin **V 2D**
camerounais/camerounaise [kamʀunɛ/kamʀunɛz] kamerunisch ⟨**III M3, 6**⟩; **V 2D**

un **camion** [ɛ̃kamjõ] ein Lastwagen **II 2, 12**
la **campagne** [lakɑ̃paɲ] das Land *(im Gegensatz zur Stadt)* **I 7E**
camper [kɑ̃pe] campen, zelten ⟨**IV M3**⟩
un **camping-car** [ɛ̃kɑ̃piŋkaʀ] ein Wohnmobil **II 1**
un **Canadien**/une **Canadienne** [ɛ̃kanadjɛ̃/ynkanadjɛn] ein Kanadier/eine Kanadierin ⟨**III M3E**⟩
canadien/canadienne [kanadjɛ̃/kanadjɛn] kanadisch ⟨**III M3E**⟩
un **canal** [ɛ̃kanal] ein Kanal **II 2**
un **canard** [ɛ̃kanaʀ] eine Ente **II 5**
un **candidat**/une **candidate** [ɛ̃kɑ̃dida/ynkɑ̃didat] ein Kandidat/eine Kandidatin ⟨**III M3**⟩
une **candidature** [ynkɑ̃didatyʀ] eine Kandidatur; *(hier)* eine Bewerbung **IV 2E**
la **canne à sucre** [lakanasykʀ] das Zuckerrohr **V 5C, 1**
canon/canon *(inv.) (fam.)* [kanõ/kanõ] abgefahren *(ugs.)* **III 1E**
une **cantine** [ynkɑ̃tin] eine Kantine **I 5E**
capable/capable [kapabl/kapabl] fähig **IV 4**
une **capitale** [ynkapital] eine Hauptstadt **II 1**
capituler [kapityle] sich ergeben, kapitulieren ⟨**II 9, 8**⟩
un **car** [ɛ̃kaʀ] ein Reisebus **III 2E**
car [kaʀ] denn **I 7, 7**
un **caractère** [ɛ̃kaʀaktɛʀ] ein Charakter ⟨**II 8B, 9**⟩; ⟨**IV M3, 5**⟩
caresser qn/qc [kaʀese] jdn./etw. streicheln **III 2**
une **caricature** [ynkaʀikatyʀ] eine Karikatur **V 4E**
un **carrefour** [ɛ̃kaʀfuʀ] eine Kreuzung; *(frz. Supermarkt-Kette)* **II 7A, 6**
un **cartable** [ɛ̃kaʀtabl] eine Schultasche ⟨**IV M1B**⟩
une **carte** [ynkaʀt] eine (Spiel)Karte **I 6A, 2**
une carte postale [ynkaʀt(ə)pɔstal] eine Postkarte ⟨**I 9A**⟩; **III 2**
une carte de séjour [ynkaʀtdəseʒuʀ] eine Aufenthaltserlaubnis *(hier: Musikgruppe)* ⟨**II 0D**⟩
une **carte d'identité** [ynkaʀtdidɑ̃tite] ein Personalausweis ⟨**IV M3, 11**⟩
un **carton** [ɛ̃kaʀtõ] ein Karton **I 2**
un **cas** [ɛ̃ka] ein Fall ⟨**III M2**⟩; **V 2C**
en tout cas [ɑ̃tuka] jedenfalls, auf jeden Fall ⟨**III M2**⟩
un **casque** [ɛ̃kask] ein Sturzhelm, ein Schutzhelm **I 4**

une **casquette** [ynkaskɛt] eine Mütze **V 3B, 2**
cassé/cassée [kase] gebrochen, zerbrochen **II 7B**
casser qc [kase] etw. kaputt machen ⟨**III M1**⟩; **IV 4**
casser la figure à qn *(fam.)* [kaselafigyʀ] jdm. die Visage polieren *(ugs.)* **IV 4**
casser les pieds à qn *(fam.)* [kaselepje] jdm. auf den Wecker fallen *(ugs.)* ⟨**IV M1C**⟩
une **cassette** [ynkasɛt] eine Kassette **II 4, 11**
le **cassis** [ləkasis] die schwarze Johannisbeere **III 2E**
un **cassoulet** [ɛ̃kasulɛ] ein Cassoulet *(südwestfranzösisches Eintopfgericht)* **II 2, 3**
le **catalan** [ləkatalɑ̃] das Katalanische, die katalanische Sprache ⟨**V C2C**⟩
une **catastrophe** [ynkatastʀɔf] eine Katastrophe **II 5**
une **cathédrale** [ynkatedʀal] eine Kathedrale ⟨**I 9B**⟩; **IV 3**
à **cause** de qn/qc [akoz] (einer Person/einer Sache) wegen **IV 4**
causer qc [koze] etw. verursachen ⟨**V C2A**⟩; ⟨**V C3A**⟩
une **cave** [ynkav] ein Keller **II 2**
un **CD**/des **CD** [ɛ̃sede/desede] eine CD/CDs **I 4, 11**
un **CDI** *(un centre de documentation et d'information)* [ɛ̃sedei] ein CDI *(Dokumentations- und Informationsstelle einer Schule)* **I 6A, 3**
ce/cet/cette/ces [sə/sɛt/sɛt/se] dieser/diese/dieses *(Demonstrativbegleiter)* ⟨**I 9B**⟩; **II 3B**
une **ceinture** [ynsɛ̃tyʀ] ein Gürtel; *(hier)* eine Taille **V 3B**
cela [s(ə)la] das **IV 4, 5**
célèbre/célèbre [selɛbʀ/selɛbʀ] berühmt ⟨**II 9E**⟩; ⟨**III M3**⟩; ⟨**V C3D**⟩
célibataire/célibataire [selibatɛʀ/selibatɛʀ] ledig, unverheiratet ⟨**IV M3, 5**⟩
celui/celle/ceux/celles [səlɥi/sɛl/sø/sɛl] jener/jene/jenes ⟨**III M2**⟩; **V 3B**
la **cendre** [lasɑ̃dʀ] die Asche **IV 5A, 2**
un **centime** [ɛ̃sɑ̃tim] ein Cent **I 8**
le **centre social** [ləsɑ̃tʀəsɔsjal] das Gemeindezentrum; *(hier)* die Jugendgerichtshilfe **V 3B**
un **centre-ville** [ɛ̃sɑ̃tʀəvil] ein Stadtzentrum **III 2**
cependant [s(ə)pɑ̃dɑ̃] doch, jedoch ⟨**IV M2**⟩; ⟨**V C2A**⟩

ce que [səkə] was *(Relativpronomen, Objekt)* **III 2**
ce qui [səki] was *(Relativpronomen, Subjekt)* **III 2**
certainement [sɛʀtɛnmɑ̃] gewiss, sicher **V 3B**
certains/certaines [sɛʀtɛ̃/sɛʀtɛn] gewisse, bestimmte **IV 2**
certes [sɛʀt] gewiss, sicher, zwar **V 3D**
ces derniers temps [sedɛʀnjetɑ̃] in letzter Zeit **V 1C**, 2
c'est-à-dire [sɛtadiʀ] das heißt **⟨V C3A⟩**
chacun/chacune [ʃakɛ̃/ʃakyn] jeder/jede/jedes **III 4**, 6
le **chagrin** [ləʃagʀɛ̃] der Kummer **V 1C**
le **chagrin d'amour** [ləʃagʀɛ̃damuʀ] der Liebeskummer **V 1C**
une **chaîne de télévision** [ynʃɛndətelevizjɔ̃] ein Fernsehsender **II 6**
une **chaise** [ynʃɛz] ein Stuhl **⟨I 9B⟩**; **III 3**
un **chalet** [ɛ̃ʃalɛ] eine (Berg)Hütte **⟨I 9E⟩**; **II 7A**
la **chaleur** [laʃalœʀ] die Hitze **II 6**
une **chambre** [ynʃɑ̃bʀ] ein Schlafzimmer **I 3E**
un **champ** [ɛ̃ʃɑ̃] ein Feld, ein Acker **V 3B**
le **champagne** [ləʃɑ̃paɲ] der Champagner **I 7**
un **champion**/une **championne** [ɛ̃ʃɑ̃pjɔ̃/ynʃɑ̃pjɔn] ein Meister/eine Meisterin, ein Champion **⟨IV M2⟩**; **⟨V C1B⟩**
la **chance** [laʃɑ̃s] das Glück, die Chance **I 5E**
chanceler [ʃɑ̃s(ə)le] schwanken **⟨V C3D⟩**
un **chancelier**/une **chancelière** [ɛ̃ʃɑ̃səlje/ynʃɑ̃səljɛʀ] ein Kanzler/eine Kanzlerin **III 2**
changer [ʃɑ̃ʒe] wechseln; *(hier)* umsteigen **I 7**
changer de train [ʃɑ̃ʒedətʀɛ̃] den Zug wechseln, umsteigen **I 7**
une **chanson** [ynʃɑ̃sɔ̃] ein Lied **I 7**
un **chant** [ɛ̃ʃɑ̃] ein Gesang **V 2A**
chanter [ʃɑ̃te] singen **I 7**
un **chanteur**/une **chanteuse** [ɛ̃ʃɑ̃tœʀ/ynʃɑ̃tøz] ein Sänger/eine Sängerin **II 2**
un **chantier** [ɛ̃ʃɑ̃tje] eine Baustelle; *(hier)* eine Ausgrabungsstätte **IV 2**
un **chapeau** [ɛ̃ʃapo] ein Hut **⟨II 8B⟩**
chaque/chaque [ʃak/ʃak] jeder/jede/jedes + *Nomen* **⟨I 9B⟩**; **II 4**
un **charabia** *(fam.)* [ɛ̃ʃaʀabja] ein Kauderwelsch *(ugs.)* **III 5**, 8
un **chariot** [ɛ̃ʃaʀjo] ein Einkaufswagen; ein Gepäckwagen **V 2C**
la **chasse** [laʃas] die Jagd **II 4**, 9
chasser qn/qc [ʃase] jdn./etw. jagen **⟨V C4C⟩**
un **chasseur**/une **chasseuse** [ɛ̃ʃasœʀ/ynʃasøz] ein Jäger/eine Jägerin **⟨V C2A⟩**
un **chat** [ɛ̃ʃa] eine Katze **I 1**
avoir un chat dans la gorge [avwaʀɛ̃ʃadɑ̃lagɔʀʒ] einen Frosch im Hals haben *(Redensart)*, einen rauen Hals haben **I 6B**
châtain/châtain *(inv.)* [ʃatɛ̃/ʃatɛ̃] kastanienbraun **⟨II 8B, 9⟩**
un **château** [ɛ̃ʃato] ein Schloss **⟨IV M1C, 4⟩**; **⟨IV M3, 2⟩**; **V 2C**
chatter avec qn [tʃate] mit jdm. chatten **⟨V C1A, 1⟩**
chaud/chaude [ʃo/ʃod] warm, heiß **⟨I 9A⟩**; **II 1**
il fait chaud [ilfɛʃo] es ist warm, heiß **⟨I 9A⟩**; **II 1**
une **chaussette** [ynʃosɛt] eine Socke, ein Strumpf **IV 1**, 6
une **chaussure** [ynʃosyʀ] ein Schuh **IV 1**
un **chef**/une **chef** [ɛ̃ʃɛf/ynʃɛf] ein Chef/eine Chefin **IV 1**
un **chef d'Etat** [ɛ̃ʃɛfdeta] ein Staatschef **V 5A**
un **chemin** [ɛ̃ʃəmɛ̃] ein Weg **I 5**, 12
une **chemise** [ynʃəmiz] ein Hemd **I 7**
un **chemisier** [ɛ̃ʃ(ə)mizje] eine Bluse **IV 1**, 6
un **chèque** [ɛ̃ʃɛk] ein Scheck **⟨I 9A⟩**
faire un chèque [fɛʀɛ̃ʃɛk] einen Scheck ausstellen **⟨I 9A⟩**
cher/chère [ʃɛʀ] lieb, teuer **I 8E**
chercher qc [ʃɛʀʃe] etw. suchen **I 2E**
chéri/chérie [ʃeʀi] Liebling **⟨I 9A, 2⟩**; **II 1E**
un **cheval**/des **chevaux** [ɛ̃ʃəval/deʃəvo] ein Pferd/Pferde **⟨II 9⟩**; **III 5**
un **chevalier** [ɛ̃ʃəvalje] ein Ritter **III 5**
un **cheveu**/des **cheveux** [ɛ̃ʃ(ə)vø/deʃ(ə)vø] ein Haar/Haare **⟨II 8A⟩**; **III 1E**
avoir les cheveux noirs [avwaʀleʃəvønwaʀ] schwarze Haare haben **⟨II 8A⟩**
chez [ʃe] bei **I 5E**
chic/chic *(inv.)* [ʃik/ʃik] schick **IV 1**
un **chien** [ɛ̃ʃjɛ̃] ein Hund **I 1**
un **chiffre** [ɛ̃ʃifʀ] eine Ziffer, eine Zahl **⟨II 9⟩**; **IV 4**, 5
la **chlorophylle** [laklɔʀɔfil] das Chlorophyll, das Blattgrün **II 7B**
le **chocolat** [ləʃɔkɔla] die Schokolade **II 5E**
choisir qc [ʃwaziʀ] etw. wählen, etw. aussuchen **II 4**
un **choix** [ɛ̃ʃwa] eine (Aus)Wahl **V 3A**
chômer [ʃome] nicht arbeiten **V 5C**
un **chômeur**/une **chômeuse** [ɛ̃ʃomœʀ/ynʃomøz] ein Arbeitsloser/eine Arbeitslose **⟨V C1E⟩**
un **choriste**/une **choriste** [ɛ̃kɔʀist/ynkɔʀist] ein Chorsänger/eine Chorsängerin **⟨IV M1E⟩**
une **chose** [ynʃoz] eine Sache **I 7**
quelque chose [kɛlkəʃoz] etwas **I 5**
les **choux de Bruxelles** *(m., pl.)* [leʃudəbʀy(k)sɛl] der Rosenkohl **II 4**
un chou à la crème [ɛ̃ʃualakʀɛm] ein Windbeutel **II 4**
la **choucroute** [laʃukʀut] das Sauerkraut **IV 3**
une **chouette** [ynʃwɛt] eine Eule **III 2**
chouette/chouette [ʃwɛt/ʃwɛt] nett, toll **III 2**
Chut! [ʃyt] Pst! **I 1**
une **chute** [ynʃyt] ein Sturz, ein Fall **⟨IV M2⟩**; **V 3D**
ci-dessus [sidəsy] (weiter) oben **II 2**, 9
le **ciel** [ləsjɛl] der Himmel **V 2C**
une **cigarette** [ynsigaʀɛt] eine Zigarette **III 1**, 12
ci-joint [siʒwɛ̃] anbei, als Anlage **IV 2**
un **cimetière** [ɛ̃simtjɛʀ] ein Friedhof **V 4D**
un **cinéma** [ɛ̃sinema] ein Kino **I 5E**
la **circulation** [lasiʀkylasjɔ̃] der Verkehr **⟨V C3B⟩**
un **cirque** [ɛ̃siʀk] ein Zirkus **III 3E**
une **cité** [ynsite] eine Stadt; *(hier)* eine Vorort **V 2A**
un **citoyen**/une **citoyenne** [ɛ̃sitwajɛ̃/ynsitwajɛn] ein (Staats)Bürger/eine (Staats)Bürgerin **⟨V C3A⟩**
la **civilisation** [lasivilizasjɔ̃] die Kultur, die Zivilisation; *(hier)* die Landeskunde **V 4A**
clair/claire [klɛʀ/klɛʀ] hell, klar **IV 5A**
une **claque** [ynklak] eine Ohrfeige **V 5B**
une **classe** [ynklas] eine Klasse **I 1**, 3
classer qc [klase] etw. einordnen **II 1**, 6
une **clé** [ynkle] ein Schlüssel **⟨III M1⟩**; **⟨IV M1A⟩**; **V 1A**, 3
fermer qc à clé [fɛʀme … akle] etw. abschließen **⟨III M1⟩**; **⟨IV M1A⟩**
un **cliché** [ɛklife] ein Klischee **V 4A**
un **client**/une **cliente** [ɛ̃klijɑ̃/ynklijɑ̃t] ein Kunde/eine Kundin **V 4B**, 2
un **climat** [ɛ̃klima] ein Klima **IV 5A**
un **clip** [ɛ̃klip] ein Clip **V 2D**

cliquer sur qc [klike] auf etw. klicken ⟨III M2⟩; V 1C
un **clocher** [ɛ̃klɔʃe] ein Kirchturm **V 3B**
un **clown** [ɛ̃klun] ein Clown **III 3E**
un **club** [ɛ̃klœb] ein Klub; *(hier)* eine Freizeitgruppe, eine AG **I 4E**
 un club de dessin [ɛ̃klœbdədesɛ̃] AG Zeichnen, Arbeitsgemeinschaft Zeichnen **I 4E**
 un club de lecture [ɛ̃klœbdəlɛktyʀ] eine Lesegruppe, eine Lese-AG **I 7**, 16
un **coca** [ɛ̃koka] eine Cola **I 8**, 13
un **cœur** [ɛ̃kœʀ] ein Herz **I 6B**
un **coiffeur**/une **coiffeuse** [ɛ̃kwafœʀ/ynkwaføz] ein Friseur/eine Friseurin **IV 2**, 2
la **colère** [lakɔlɛʀ] der Zorn, die Wut **I 3B**
 être en colère [ɛtʀɑ̃kɔlɛʀ] wütend sein **I 3B**
une **collaboration** [ynkɔ(l)labɔʀasjɔ̃] eine Kollaboration *(eine Zusammenarbeit mit dem Feind)* ⟨**V C3D**, 1⟩
la **colle** [lakɔl] das Nachsitzen **IV 1**
un **collège** [ɛ̃kɔlɛʒ] ein «Collège» *(weiterführende Schule für alle 11- bis 15-Jährigen)* **I 1**
un **collègue**/une **collègue** [ɛ̃kɔlɛg/ynkɔlɛg] eine Kollege/eine Kollegin **V 4A**, 1
coller qc [kɔle] etw. (an)kleben **I 2**
un **colon** [ɛ̃kɔlɔ̃] ein Siedler/eine Siedlerin; ein Kolonist/eine Kolonistin *(Bewohner(in) einer Kolonie)* **IV 5A**
une **colonie** [ynkɔlɔni] eine Kolonie **IV 5B**
une **colonie de vacances** [ynkɔlɔnid(ə)vakɑ̃s] ein Ferienlager ⟨**I 9E**⟩; **IV 2**, 11
combien (de) [kɔ̃bjɛ̃] wie viel **I 8**
combiner qc [kɔ̃bine] etw. kombinieren, etw. verbinden **IV 5C**, 1
une **comédie musicale** [ynkɔmedimysikal] ein Musical **III 4E**
comme [kɔm] als **I 6E**; wie **I 8E**; da, weil **II 5**
comme ça [kɔmsa] so, auf diese Weise **II 1E**
commencer qc [kɔmɑ̃se] etw. anfangen **I 8**
 commencer à faire qc [kɔmɑ̃se] anfangen etw. zu tun **II 2**, 3
 commencer par qc [kɔmɑ̃se] mit etw. beginnen, mit etw. anfangen **III 5**, 5
comment [kɔmɑ̃] wie **I 1**
commenter qc [kɔmɑ̃te] etw. kommentieren **V 4E**
une **communauté** [ynkɔmynote] eine Gemeinschaft **V 4C**
une **commune** [ynkɔmyn] eine Gemeinde **V 3D**, 1
une **communication** [ynkɔmynikasjɔ̃] ein Gespräch, eine Verbindung **V 2C**, 3
communiquer avec qn [kɔmynike] mit jdm. kommunizieren, mit jdm. Nachrichten austauschen **II 6E**
une **compagnie** [ynkɔ̃paɲi] eine Gesellschaft ⟨**V C2B**⟩
une **compagnie aérienne** [ynkɔ̃paɲiaeʀjɛn] eine Fluggesellschaft ⟨**V C2B**⟩
une **compétition** [ynkɔ̃petisjɔ̃] ein Wettkampf ⟨**V C4C**, 1⟩
complet/complète [kɔ̃plɛ/kɔ̃plɛt] vollständig **III 3**
compléter qc [kɔ̃plete] etw. vervollständigen **IV 3E**
se composer de qc [səkɔ̃poze] aus etw. bestehen; sich aus etw. zusammensetzen **V 1D**
un **compositeur**/une **compositrice** [ɛ̃kɔ̃pɔzitœʀ/ynkɔ̃pɔzitʀis] ein Komponist/eine Komponistin **V 2A**
compréhensif/compréhensive [kɔ̃pʀeɛ̃sif/kɔ̃pʀeɛ̃siv] verständnisvoll ⟨**IV M1C**⟩
la **compréhension** [lakɔ̃pʀeɑ̃sjɔ̃] das Verständnis **V 3B**, 3
comprendre qc [kɔ̃pʀɑ̃dʀ] etw. verstehen **I 8**
un **comprimé** [ynkɔ̃pʀime] eine Tablette **V 1D**, 1
compter qc [kɔ̃te] etw. zählen **I 4**, 2
un **comte**/une **comtesse** [ɛ̃kɔ̃t/ynkɔ̃tɛs] ein Graf/eine Gräfin ⟨**IV M1C**⟩
concerner qn/qc [kɔ̃sɛʀne] jdn./etw. betreffen **V 4B**
un **concert** [ɛ̃kɔ̃sɛʀ] ein Konzert ⟨**I 9B**⟩; **II 2**
conclure qc de qc [kɔ̃klyʀ] etw. aus etw. folgern **V 4A**
un **concours** [ɛ̃kɔ̃kuʀ] ein Wettbewerb ⟨**III M3**⟩; **V 1C**
concret/concrète [kɔ̃kʀɛ/kɔ̃kʀɛt] konkret **V 1C**, 4
une **condition** [ynkɔ̃disjɔ̃] eine Bedingung **IV 2**, 3
un **conducteur**/une **conductrice** [ɛ̃kɔ̃dyktœʀ/ynkɔ̃dyktʀis] ein Fahrer/eine Fahrerin **II 3A**
conduire qn/qc [kɔ̃dɥiʀ] jdn./etw. fahren; jdn./etw. führen **II 7B**; *(hier)* jdn. bringen ⟨**III M3**⟩
 conduire qn à bon port [kɔ̃dɥiʀ … abɔ̃pɔʀ] jdn. in den sicheren Hafen führen ⟨**III M2**⟩
une **conférence** [ynkɔ̃feʀɑ̃s] eine Konferenz **V 5A**
une **connaissance** [ynkɔnɛsɑ̃s] eine Kenntnis, eine Erkenntnis **V 4B**
connaître qc [kɔnɛtʀ] etw. kennen **II 3A**
se connecter [səkɔnɛkte] sich einloggen ⟨**III M2**⟩
un **conseil** [ɛ̃kɔ̃sɛj] ein Rat, ein Ratschlag **III 1**, 8
un **conseiller**/une **conseillère** [ɛ̃kɔ̃seje/ynkɔ̃sejɛʀ] ein Berater/eine Beraterin **V 3D**, 1
un **conseil municipal** [ɛ̃kɔ̃sɛjmynisipal] ein Gemeinderat **V 3D**, 1
une **conséquence** [ynkɔ̃sekɑ̃s] eine Folge ⟨**V C2B**⟩
considérer qn/qc comme qn/qc [kɔ̃sideʀe] jdn./etw. als jdn./etw. betrachten, jdn./etw. für jdn./etw. halten **V 5A**
consoler qn [kɔ̃sɔle] jdn. trösten **III 5E**
constater qc [kɔ̃state] etw. feststellen ⟨**V C2C**⟩
construire qc [kɔ̃stʀɥiʀ] etw. bauen **II 7B**
contacter qn [kɔ̃takte] mit jdm. in Verbindung treten **II 7E**
un **conte** [ɛ̃kɔ̃t] eine Erzählung ⟨**III M3**, 6⟩; ⟨**V C1E**⟩
 un conte de fée [ɛ̃kɔ̃tdəfe] ein Märchen ⟨**V C1E**⟩
contemporain/contemporaine [kɔ̃tɑ̃pɔʀɛ̃/kɔ̃tɑ̃pɔʀɛn] zeitgenössisch **V 4B**
content/contente [kɔ̃tɑ̃/kɔ̃tɑ̃t] zufrieden, glücklich **I 7**
 être content(e) de faire qc [ɛtʀəkɔ̃tɑ̃/kɔ̃tɑ̃t] zufrieden sein, sich freuen etwas zu tun **I 8E**
un **contenu** [ɛ̃kɔ̃t(ə)ny] ein Inhalt ⟨**V C1C**, 3⟩
un **contexte** [ɛ̃kɔ̃tɛkst] ein Zusammenhang **V 5A**
un **continent** [ɛ̃kɔ̃tinɑ̃] ein Kontinent **V 5A**
continuer [kɔ̃tinɥe] weitermachen, fortfahren **I 8**
 continuer à faire qc [kɔ̃tinɥe] etw. weitermachen, fortfahren etw. zu tun **II 4**
le **contraire** (de) [ləkɔ̃tʀɛʀ] das Gegenteil (von) **I 8**, 14
un **contrat** [ɛ̃kɔ̃tʀa] ein Vertrag **III 4**
contre [kɔ̃tʀ] gegen **I 3A**, 3
la **contre-plongée** [lakɔ̃tʀəplɔ̃ʒe] die Aufnahme von unten **V 3B**
contribuer à qc [kɔ̃tʀibɥe] zu etw. beitragen **V 3D**

contrôler qn/qc [kõtʀole] jdn./etw. kontrollieren **III 3**
un **contrôleur**/une **contrôleuse** [ɛ̃kõtʀolœʀ/ynkõtʀoløz] ein Kontrolleur/eine Kontrolleurin **III 3**
convaincre qn de qc [kõvɛ̃kʀ] jdn. von etw. überzeugen **V 5D**
convoquer qn [kõvɔke] jdn. (ein)bestellen, jdn. kommen lassen **IV 1**
une **coopération** [ynkɔɔpeʀasjõ] eine Zusammenarbeit **V 4C**
un **copain**/une **copine** *(fam.)* [ɛ̃kɔpɛ̃/ynkɔpin] ein Freund/eine Freundin *(ugs.)* **I 3E**
copier qc [kɔpje] etw. kopieren, etw. abschreiben **II 6, 6**
un **coq** [ɛ̃kɔk] ein Hahn **I 7E**
un **coquillage** [ɛ̃kɔkijaʒ] eine Muschel **⟨I 9E⟩; III 1, 11**
un **corbeau** [ɛ̃kɔʀbo] ein Rabe **⟨II 9, 10⟩**
une **corde** [ynkɔʀd] ein Seil **I 4**
cordial/cordiale [kɔʀdjal] herzlich **II 4, 11**
Cordialement. [kɔʀdjalmɑ̃] Herzliche Grüße. *(Grußformel in einem persönlichen Brief)* **I 8E**
un **corps** [ɛ̃kɔʀ] ein Körper **V 1A**
correct/correcte [kɔʀɛkt/kɔʀɛkt] richtig, korrekt **I 8**
un **correspondant**/une **correspondante** [ɛ̃kɔʀɛspõdɑ̃/ynkɔʀɛspõdɑ̃t] ein Brieffreund/eine Brieffreundin; ein Austauschpartner/eine Austauschpartnerin **⟨I 9A, 7⟩; II 2, 10**
correspondre à qc [kɔʀɛspõdʀ] etw. entsprechen **V 5B, 1**
le **corse** [ləkɔʀs] das Korsische, die korsische Sprache **⟨V C2C⟩**
un **costume** [ɛ̃kɔstym] ein Anzug; ein Kostüm; eine Tracht **IV 1, 6**
une **côte** [ynkot] eine Küste **III 5E**
un **côté** [ɛ̃kote] eine Seite **II 3A**
à côté [akote] daneben, nebenan **⟨I 9A⟩; II 3A**
à côté de [akotedə] neben **⟨I 9A⟩; II 3A**
un **cou** [ɛ̃ku] ein Hals **⟨V C4C⟩**
se coucher [səkuʃe] sich schlafen legen, sich hinlegen **III 5**
coucou [kuku] kuckuck *(Begrüßungsformel)* **IV 1E**
couler [kule] fließen, rinnen, strömen, tropfen **IV 4**
une **couleur** [ynkulœʀ] eine Farbe **I 7, 13**
un **couloir** [ɛ̃kulwaʀ] ein Gang, ein Flur, ein Korridor **⟨IV M1B⟩**
un **coup** [ɛ̃ku] ein Schlag **⟨V C3B⟩**
un coup de téléphone [ɛ̃kudətelefɔn] ein (Telefon)Anruf **I 8E**
le coup de foudre [ləkudfudʀ] Liebe auf den ersten Blick *(wörtl. „der Blitzschlag")* **II 3A**
couper qc [kupe] etw. schneiden **I 6B**; *(hier)* etw. unterbrechen (die Verbindung) **II 6**
un **couple** [ɛ̃kupl] ein (Ehe)Paar **V 5C**
un **couplet** [ɛ̃kuplɛ] eine Strophe **V 5C**
une **cour** [ynkuʀ] ein Hof **I 2**
le **courage** [ləkuʀaʒ] der Mut **III 4**
un **courant** [ɛ̃kuʀɑ̃] ein Strom, eine Strömung **⟨IV M2⟩**
courant/courante [kuʀɑ̃/kuʀɑ̃t] üblich, geläufig, häufig **⟨V C2C⟩**
un **coureur**/une **coureuse** [ɛ̃kuʀœʀ/ynkuʀøz] ein Läufer/eine Läuferin **⟨V C4C⟩**
courir [kuʀiʀ] laufen, rennen **II 2**
le **courrier** [ləkuʀje] die Post **IV 3, 7**
le courrier des lecteurs [lekuʀjedelɛktœʀ] die Leserbriefe *(pl.)* **⟨V C1E⟩**
un **cours** [ɛ̃kuʀ] eine Unterrichtsstunde **II 4**
en cours [ɑ̃kuʀ] im Unterricht **II 4**
faire les courses *(f., pl.)* [fɛʀlekuʀs] einkaufen **II 5E**
court/courte [kuʀ/kuʀt] kurz **⟨II 8B, 9⟩; III 1E**
un **court-métrage** [ɛ̃kuʀmetʀaʒ] ein Kurzfilm **⟨IV M1C, 5⟩**
un **cousin**/une **cousine** [ɛ̃kuzɛ̃/ynkuzin] ein Cousin/eine Cousine **I 5E**
coûter qc [kute] etw. kosten **IV 4**
coûter cher [kuteʃɛʀ] teuer sein; *(hier)* teuer zu stehen kommen **IV 4**
couvrir qn/qc [kuvʀiʀ] jdn./etw. bedecken **IV 5A**
crade/crade *(fam.)* [kʀad/kʀad] versifft *(ugs.)* **IV 2, 3**
craindre qn/qc [kʀɛ̃dʀ] jdn./etw. fürchten **III 5**
un **crayon** [ɛ̃kʀɛjõ] ein Bleistift **I 2**
créer qc [kʀee] etw. schaffen, etw. kreieren **IV 5A**
la **crème chantilly** [lakʀɛmʃɑ̃tiji] die Schlagsahne **II 5E**
le **créole** [lekʀeɔl] das Kreolische, die kreolische Sprache **IV 5B**
créole/créole [kʀeɔl/kʀeɔl] kreolisch **IV 5A**
une **crêpe** [ynkʀɛp] eine Crêpe *(Pfannkuchen)* **⟨I 9A, 4⟩; II 2E**
une **crêperie** [ynkʀɛpʀi] ein Crêpe-Restaurant **⟨I 9B⟩; III 5**
creuser qc [kʀøze] etw. (aus)graben **IV 2**
crier [kʀije] schreien **I 4**
une **crise** [ynkʀiz] eine Krise **IV 4**
la **critique** [lakʀitik] die Kritik **V 4B**
critiquer qn/qc [kʀitike] jdn./etw. kritisieren **V 3A**
croire qc [kʀwaʀ] etw. glauben **II 6**
croire à qc [kʀwaʀ] an etw. glauben **⟨IV M2⟩**
croiser qc [kʀwaze] etw. kreuzen, etw. begegnen **⟨V C4A⟩**
un **croissant** [ɛ̃kʀwasɑ̃] ein Croissant, ein Hörnchen **V 1A, 2**
croître [kʀwatʀ] wachsen, zunehmen **V 3D**
une **croix** [ynkʀwa] ein Kreuz **⟨IV M3⟩**
une **croquette** [ynkʀɔkɛt] eine Krokette; *(hier) Trockenfutter für Katzen* **I 6A**
une **cuisine** [ynkɥizin] eine Küche **I 3E**
un **cuisinier**/une **cuisinière** [ɛ̃kɥizinje/ynkɥizinjɛʀ] ein Koch/eine Köchin **I 5E**
une **culture** [ynkyltyʀ] eine Kultur **⟨III M3E⟩; IV 3**
curieux/curieuse [kyʀjø/kyʀjøz] neugierig; merkwürdig **⟨II 8A⟩; ⟨IV M3, 5⟩; V 2A, 1**
une **curiosité** [ynkyʀjozite] eine Neugier(de); *(hier)* eine Sehenswürdigkeit **⟨IV M3, 10⟩; ⟨V C2E⟩**
un **curriculum vitæ** [ɛ̃kyʀikylɔmvite] ein Lebenslauf **IV 2**
un **cyberprojet** [ɛ̃sibɛʀpʀɔʒɛ] ein Internetprojekt, ein Online-Projekt **⟨III M2E⟩**
un **cycliste**/une **cycliste** [ɛ̃siklist/ynsiklist] ein Radfahrer/eine Radfahrerin **⟨I 9A⟩**
un **cyclone** [ɛ̃siklon] ein Wirbelsturm **IV 5A**

D

d'abord [dabɔʀ] zuerst **I 3E**
d'accord [dakɔʀ] einverstanden, o.k. **I 2E**
d'ailleurs [dajœʀ] übrigens **V 2D**
une **dame** [yndam] eine Dame **I 5**
un **danger** [ɛ̃dɑ̃ʒe] eine Gefahr **IV 5A**
dangereux/dangereuse [dɑ̃ʒʀø/dɑ̃ʒʀøz] gefährlich **II 4**
un **Danois**/une **Danoise** [ɛ̃danwa/yndanwaz] ein Däne/eine Dänin **IV 3E**
le danois [lədanwa] das Dänische, die dänische Sprache **IV 3E**

danois/danoise [danwa/danwaz] dänisch **IV 3E**
dans [dɑ̃] in **I 2E**
la **danse** [ladɑ̃s] das Tanzen; der Tanz **I 4**
danser [dɑ̃se] tanzen **II 2E**
un **danseur**/une **danseuse** [ɛ̃dɑ̃sœʀ/yndɑ̃søz] ein Tänzer/eine Tänzerin **⟨I 9A⟩; V 2A**
d'après qn/qc [dapʀɛ] nach jdm./etw. **⟨IV M3, 6⟩; V 2A**
une **date** [yndat] ein Datum **I 8, 12**
une **date de naissance** [yndatdənɛsɑ̃s] ein Geburtstag **⟨IV M3, 5⟩; V 4B, 3**
un **dauphin** [ɛ̃dofɛ̃] ein Delfin **IV 5A**
d'avance [davɑ̃s] vorher, im Voraus **V 1A**
de/d' [də/d] von, aus **I 1**
de … à [də … a] von … bis **I 5E**
un **débardeur** [ɛ̃debaʀdœʀ] *(hier)* ein Muscleshirt **V 2A**
débarquer [debaʀke] von Bord gehen, an Land gehen **⟨V C3D⟩**
un **débat** [ɛ̃deba] eine Diskussion, eine Debatte **⟨V C1E⟩; ⟨V C2A, 4⟩**
un débat télévisé [ɛ̃debatelevize] eine Fernsehdebatte **⟨V C1A, 1⟩**
se débrouiller [sədebʀuje] zurechtkommen, sich zu helfen wissen **IV 1**
un **début** [ɛ̃deby] ein Anfang **III 5**
au début [odeby] zu Anfang **III 5**
débuter [debyte] anfangen, Anfänger sein **I 4**
décembre *(m.)* [desɑ̃bʀ] Dezember **I 7, 6**
déchirer qc [deʃiʀe] etw. zerreißen **⟨IV M3⟩**
décider de faire qc [deside] beschließen, etw. zu tun; entscheiden, etw. zu tun **IV 1**
une **décision** [yndesizjõ] eine Entscheidung **V 3D, 1**
déclarer qc à qn [deklaʀe] jdm. etw. erklären **III 5**
un **décor** [ɛ̃dekɔʀ] ein Bühnenbild **V 2A**
une **découverte** [yndekuvɛʀt] eine Entdeckung **⟨I 9E⟩; II 1E**
découvrir qc [dekuvʀiʀ] etw. entdecken **II 7B**
décrire qc [dekʀiʀ] etw. beschreiben **II 7A, 5**
déçu/déçue [desy/desy] enttäuscht **IV 2**
un **défaut** [ɛ̃defo] ein (Charakter)Fehler; ein Mangel **⟨IV M3, 5⟩**
défavorisé/défavorisée [defavɔʀize/defavɔʀize] benachteiligt **V 2A, 1**

se défendre [sədefɑ̃dʀ] sich verteidigen **IV 4**
un **défilé** [ɛ̃defile] ein Umzug, eine Parade **IV 5B**
définitif/définitive [definitif/definitiv] endgültig **V 4D**
une **définition** [yndefinisjõ] eine Definition, eine Beschreibung **III 2, 6**
un **degré** [ɛ̃dəgʀe] ein Grad **II 1**
dehors [dəɔʀ] draußen **⟨II 8B, 3⟩; III 4**
déjà [deʒa] schon **I 3B**
de l'autre côté [delotʀəkote] auf der anderen Seite *(räumlich)* **⟨IV M3⟩; ⟨V C4A⟩**
délicieux/délicieuse [delisjø/delisjøz] köstlich **II 5**
demain [dəmɛ̃] morgen **I 6A**
demander qc à qn [dəmɑ̃de] jdn. etw. fragen **I 6A**
demander à qn de faire qc [dəmɑ̃de] jdn. darum bitten, etwas zu tun **II 4, 6**
demander à qn si [dəmɑ̃de] jdn. fragen, ob **I 8**
demander pardon à qn [dəmɑ̃depaʀdõ] sich bei jdm. entschuldigen **III 1**
un **déménagement** [ɛ̃demenaʒmɑ̃] ein Umzug, ein Wohnungswechsel **II 2**
déménager [demenaʒe] umziehen **II 1**
un **déménageur** [ɛ̃demenaʒœʀ] ein Möbelpacker **II 2, 12**
une **demi-heure** [ynd(ə)mijœʀ] eine halbe Stunde **⟨I 9A⟩; III 2**
faire demi-tour [fɛʀdəmituʀ] wenden, umdrehen **II 7A, 6**
une **démocratie** [yndemɔkʀasi] eine Demokratie **⟨V C3A⟩**
démographique/démographique [demɔgʀafik/demɔgʀafik] demografisch **V 3D**
la **densité** [ladɑ̃site] die Dichte **V 3A**
le **départ** [lədepaʀ] die Abfahrt, der Aufbruch **I 8**
un **département** [ɛ̃depaʀtəmɑ̃] ein Departement **III 2, 5**
un **département d'outre-mer** [ɛ̃depaʀtəmɑ̃utʀəmɛʀ] ein Überseedepartement **V 5C, 1**
dépasser [depase] hervorragen, überragen **⟨IV M3⟩**
déplacer qc [deplase] etw. verschieben, etw. an einen anderen Platz legen **V 1A**
de plus en plus [d(ə)plyzɑ̃ply] immer mehr **V 2A**
depuis [dəpɥi] seit **I 8, 2**
depuis que *(Konjunktion)* [dəpɥikə] seit **III 1**

dernier/dernière [dɛʀnje/dɛʀnjɛʀ] letzter/letzte/letztes **II 2, 3**
se dérouler [sədeʀule] sich abspielen, spielen, stattfinden **⟨IV M1C, 5⟩**
derrière [dɛʀjɛʀ] hinter **I 2**
dès [dɛ] seit **⟨V C3A⟩**
descendre [desɑ̃dʀ] hinuntergehen, aussteigen **II 2E**
une **descente** [yndesɑ̃t] ein Abstieg; eine Abfahrt(slauf) **⟨V C4A⟩**
désigner qc [deziɲe] etw. bezeichnen **⟨V C2C⟩**
un **désir** [ɛ̃deziʀ] ein Wunsch, ein Verlangen **⟨IV M3, 5⟩**
désirer qc [deziʀe] etw. wünschen **I 8**
un **dessert** [ɛ̃desɛʀ] ein Nachtisch **II 4**
un **dessin** [ɛ̃desɛ̃] eine Zeichnung **I 2**
un **dessin animé** [ɛ̃desɛ̃anime] ein Zeichentrickfilm **⟨IV M1C, 5⟩**
un **dessinateur**/une **dessinatrice** [ɛ̃desinatœʀ/yndesinatʀis] ein Zeichner/eine Zeichnerin **I 6E**
dessiner qc [desine] etw. zeichnen **I 2**
le **destin** [lədɛstɛ̃] das Schicksal **V 1A**
une **destination** [yndestinasjõ] ein Ziel, ein Bestimmungsort **⟨V C2B⟩**
un **détail** [ɛ̃detaj] eine Einzelheit, ein Detail **IV 1**
détester qc [detɛste] etw. verabscheuen, etw. überhaupt nicht mögen **II 4**
de toute façon [dətutfasõ] in jedem Fall **IV 1**
détruire qc [detʀɥiʀ] etw. zerstören, etw. vernichten **⟨III M1⟩; IV 5A**
le **deuxième**/la **deuxième** [lədøzjɛm/ladøzjɛm] der zweite/die zweite/das zweite **II 5, 11**
devant [dəvɑ̃] vor *(örtlich)* **I 2**
un **développement** [ɛ̃dev(ə)lɔpmɑ̃] eine Entwicklung **⟨IV M3, 10⟩**
devenir qn/qc [dəvəniʀ] jd./etw. werden **⟨II 8A⟩; III 4**
deviner qc [dəvine] etw. erraten **⟨II 8A, 8⟩; III 4E**
une **devinette** [yndəvinɛt] ein Rätsel **II 3A, 5**
un **devoir** [ɛ̃dəvwaʀ] eine (Haus)Aufgabe **⟨I 6A, 9⟩; I 7, 15**
devoir faire qc [devwaʀ] etw. tun müssen **II 2**
un **dialecte** [ɛ̃djalɛkt] ein Dialekt **⟨V C2C⟩**
un **dialogue** [ɛ̃djalɔg] ein Dialog **I 1, 3**
une **dictature** [yndiktatyʀ] eine Diktatur, eine Gewaltherrschaft **IV 1**
une **dictée** [yndikte] ein Diktat **⟨III M3⟩**
un **dictionnaire** [ɛ̃diksjɔnɛʀ] ein Wörterbuch **⟨I 9B⟩; II 7E**

dieu *(m.)* [djø] Gott **I 6A**
Mon Dieu! [mõdjø] Mein Gott! **I 6A**
une **différence** [yndifeʀɑ̃s] ein Unterschied **II 6, 10**
à la différence de qn/qc [aladifeʀɑ̃s] im Gegensatz zu jdm./etw. **⟨V C3A⟩**
différent/différente [difeʀɑ̃/difeʀɑ̃t] anders **I 7, 15**
difficile/difficile [difisil/difisil] schwierig **II 5**
digne/digne de qc [diɲ/diɲ] etw. (einer Sache) würdig **IV 2, 3**
dimanche *(m.)* [dimɑ̃ʃ] Sonntag **I 6E**
diminuer [diminɥe] abnehmen, sinken **⟨V C2A⟩**
dingue/dingue *(fam.)* [dɛ̃g/dɛ̃g] bekloppt *(ugs.)* **III 1**
un **dinosaure** [ɛ̃dinozɔʀ] ein Dinosaurier **IV 2**
dire qc à qn [diʀ] jdm. etw. sagen **I 8**
dire qc dans sa barbe [dɑ̃sabaʀb] etw. undeutlich sagen **II 7A**
Dis donc! *(fam.)* [didõk] Sag bloß! *(ugs.)* **⟨III M3⟩**
dire à qn que … [diʀ] jdm. sagen, dass … **I 8**
direct/directe [diʀɛkt/diʀɛkt] direkt **⟨III M1⟩; IV 2, 10**
en direct [ɑ̃diʀɛkt] „live“ **III 4**
un **directeur**/une **directrice** [ɛ̃diʀɛktœʀ/yndiʀɛktʀis] ein Direktor/eine Direktorin **II 3A, 3**
un **directeur général**/une **directrice générale** [ɛ̃diʀɛktœʀʒeneʀal/yndiʀɛktʀisʒeneʀal] ein geschäftsführende Direktor/eine geschäftsführende Direktorin **⟨V C2B⟩**
un **discours** [ɛ̃diskuʀ] eine Rede, eine Ansprache **⟨V C3D⟩**
une **discussion** [yndiskysjõ] eine Unterhaltung, ein Gespräch **IV 1E**
discuter [diskyte] sich unterhalten, diskutieren **I 3A**
disparaître [dispaʀɛtʀ] verschwinden **IV 4**
la **disparition** [ladispaʀisjõ] das Verschwinden; das Aussterben **⟨IV M3, 12⟩**
une **dispute** [yndispyt] ein Streit **III 1, 1**
se disputer avec qn [sədispyte] sich mit jdm. streiten **II 7B**
un **disque** [ɛ̃disk] eine Schallplatte **V 5C**
distribuer qc [distʀibɥe] etw. austragen, etw. verteilen **⟨V C4C⟩**
divers/diverse [divɛʀ/divɛʀs] verschieden, unterschiedlich **⟨V C1D⟩**
diviser qc [divize] etw. teilen, etw. dividieren **⟨V C3A⟩**
divorcé/divorcée [divɔʀse/divɔʀse] geschieden **⟨IV M3, 5⟩**
un **dixième** [ɛ̃dizjɛm] ein Zehntel **III 3**
une **dizaine** [yndizɛn] zehn, etwa zehn **V 4B**
un **docteur** [ɛ̃dɔktœʀ] ein Doktor, ein Arzt **II 7B, 4**
un **document** [ɛ̃dɔkymɑ̃] ein Dokument **⟨V C1A, 1⟩**
un **doigt** [ɛ̃dwa] ein Finger **V 5B**
un **domaine** [ɛ̃dɔmɛn] ein Gebiet, ein Bereich, eine Domäne **IV 2**
Dommage! [dɔmaʒ] Schade! **III 1**
donc [dõk] also **III 1**
donner qc à qn [dɔne] jdm. etw. geben **I 6A**
donner rendez-vous à qn [dɔneʀɑ̃devu] sich mit jdm. verabreden **IV 2, 4**
se donner du courage [sədɔnedykuʀaʒ] Mut fassen **⟨IV M1B⟩**
dont [dõ] dessen/deren, von dem/von der/von denen *(Relativpronomen)* **III 2;** *(hier)* darunter **⟨III M1⟩**
dormir [dɔʀmiʀ] schlafen **⟨I 9A⟩; II 1**
le **dos** [lədo] der Rücken **II 1E**
un **dossier** [ɛ̃dosje] eine Akte, ein Fall **V 1E**
une **douche** [ynduʃ] eine Dusche **IV 1, 4**
une **douleur** [yndulœʀ] ein Schmerz **II 7B**
un **doute** [ɛ̃dut] ein Zweifel **V 1A**
doux/douce [du/dus] weich, zart, mild **V 1A**
draguer qn *(fam.)* [dʀage] jdn. anbaggern, jdn. anmachen *(ugs.)* **III 1**
un **drapeau** [ɛ̃dʀapo] eine Fahne, eine Flagge **IV 3**
une **drogue** [yndʀɔg] eine Droge **IV 4**
le **droit** [lədʀwa] das Recht **V 3A**
à droite [adʀwat] (nach) rechts **I 5**
droit *(Adv.)* [dʀwa] geradewegs; *(hier)* direkt **III 5E**
drôle/drôle [dʀol/dʀol] lustig **I 8**
un drôle de nom [ɛ̃dʀoldənõ] ein komischer Name **⟨II 8A⟩**
un **duc**/une **duchesse** [ɛ̃dyk/yndyʃɛs] ein Herzog/eine Herzogin **III 2**
d'une part … d'autre part [dynpaʀ … dotʀəpaʀ] einerseits … andererseits **⟨IV M2⟩**
dur/dure [dyʀ/dyʀ] hart **II 4, 7**
durer [dyʀe] dauern **⟨IV M1C, 5⟩; ⟨V C3B⟩**
un **DVD** [ɛ̃devede] eine DVD **II 3B**

E

l'**eau** *(f.)* [lo] das Wasser **I 7**
une eau minérale [ynomineʀal] ein Mineralwasser **II 5**
un **échange** [ɛ̃neʃɑ̃ʒ] ein (Aus)Tausch **IV 3, 4**
une **échasse** [yneʃas] eine Stelze **⟨V C3B, 3⟩**
un **échec** [ɛ̃neʃɛk] ein Misserfolg **⟨V C4C, 1⟩**
un **éclair** [ɛ̃neklɛʀ] ein Blitz **II 7B**
une **école** [ynekɔl] eine Schule **I 4E**
un **écologiste**/une **écologiste** [ɛ̃nekɔlɔʒist/ynekɔlɔʒist] ein Umweltschützer/eine Umweltschützerin; ein Grüner/eine Grüne **⟨V C2A⟩**
l'**économie** *(f.)* [lekɔnɔmi] die Wirtschaft **V 4A**
économique/économique [ekɔnɔmik/ekɔnɔmik] wirtschaftlich **V 4B, 2**
l'**écoute** *(f.)* [lekut] das (Zu)Hören **II 7B, 6**
écouter qn [ekute] jdm. zuhören **I 3B**
un **écran** [ɛ̃nekʀɑ̃] ein Bildschirm, eine Leinwand **II 6**
écrire qc [ekʀiʀ] etw. schreiben **I 7**
une **écriture** [ynekʀityʀ] eine Schrift **⟨V C4B⟩**
un **écrivain**/une **femme écrivain** [ɛ̃nekʀivɛ̃/ynfamekʀivɛ̃] ein Schriftsteller/eine Schriftstellerin **⟨III M3⟩; ⟨V C3B⟩**
un **éducateur**/une **éducatrice** [ɛ̃nedykatœʀ/ynedukatʀis] ein Erzieher/eine Erzieherin **V 3B**
effacer qc [efase] etw. löschen **⟨V C4C⟩**
effectivement [efɛktivmɑ̃] tatsächlich **V 5A**
un **effet** [ɛ̃nefɛ] eine Wirkung, ein Eindruck; ein Effekt **⟨IV M2⟩; ⟨V C1A⟩**
en effet [ɑ̃nefɛ] tatsächlich, nämlich **⟨IV M2⟩; ⟨V C1A⟩**
un **effort** [ɛ̃nefɔʀ] eine Anstrengung **V 2A, 1**
égal/égale [egal/egal] gleich; gleichgültig **⟨II 9, 9⟩; IV 4**
également [egalmɑ̃] gleich(ermaßen), auch **V 4B**
l'**égalité** *(f.)* [legalite] die Gleichheit **⟨V C3A, 1⟩**
une **église** [ynegliz] eine Kirche **⟨II 9⟩; III 2E**
un **électeur**/une **électrice** [ɛ̃nelɛktøʀ/ynelɛktʀis] ein Wähler/eine Wählerin **V 3D, 1**
une **élection** [ynelɛ̃ksjõ] eine Wahl **V 3B**

élégant/élégante [elegɑ̃/elegɑ̃t] elegant, fein, geschmackvoll **IV 1, 6**
un **élève**/une **élève** [ɛ̃nelɛv/ynelɛv] ein Schüler/eine Schülerin **I 4**
élevé/élevée [el(ə)ve/el(ə)ve] hoch **⟨V C2A⟩**
élever qn/qc [el(ə)ve] jdn. großziehen, jdn. erziehen; etw. züchten **V 3D**
élire qn/qc [eliʀ] jdn./etw. wählen **V 3D, 1**
s'éloigner [selwaɲe] sich entfernen **II 7B**
un **e-mail** [ɛ̃nimɛl] eine E-Mail **I 4, 8**
embrasser qn [ɑ̃bʀase] jdn. küssen, jdn. umarmen **⟨I 9A⟩; II 1E**
une **émission** [ynemisjɔ̃] eine (Fernseh)Sendung **⟨III M1, 5⟩; ⟨III M3⟩; ⟨IV M3, 6⟩; V 2C, 3**
emmener qn/qc [ɑ̃m(ə)ne] jdn./etw. mitnehmen **V 2B**
une **émotion** [ynemosjɔ̃] eine Emotion, eine Rührung; eine Aufregung **V 3B**
un **emploi** [ɛ̃nɑ̃plwa] eine Beschäftigung **V 4B, 4**
un emploi du temps [ɛ̃nɑ̃plwadytɑ̃] ein Stundenplan **III 3, 1**
emporter qc [ɑ̃pɔʀte] etw. mitnehmen **⟨I 9B⟩**
en [ɑ̃] *(verschiedene Bedeutungen)* **I 1**
en direct [ɑ̃diʀɛkt] „live" **III 4**
en plus [ɑ̃plys] außerdem, zusätzlich **I 4**
en cas de qc [ɑ̃kadə] im Falle von etw. **V 2C**
en commun [ɑ̃kɔmɛ̃] zusammen **V 4D**
encore [ɑ̃kɔʀ] noch, schon wieder **I 4, 11**
encourager qn [ɑ̃kuʀaʒe] jdn. ermutigen **V 1B**
s'endormir [sɑ̃dɔʀmiʀ] einschlafen **III 3**
un **endroit** [ɛ̃nɑ̃dʀwa] ein Ort, eine Stelle **⟨II 9, 8⟩; ⟨IV M1A⟩**
énerver qn [enɛʀve] jdn. aufregen **II 2**
un **enfant** [ɛ̃nɑ̃fɑ̃] ein Kind **I 3A, 3**
un **enfer** [ɛ̃nɑ̃fɛʀ] eine Hölle **⟨III M3⟩; IV 5A, 2**
d'**enfer** [dɑ̃fɛʀ] Höllen-, Riesen- **⟨III M3⟩**
enfin [ɑ̃fɛ̃] schließlich, endlich **I 5**
engagé/engagée [ɑ̃gaʒe/ɑ̃gaʒe] engagiert **III 4**
s'engager pour qc [sɑ̃gaʒe] sich für etw. einsetzen **IV 2, 8**
enlever qn/qc [ɑ̃l(ə)ve] etw. ausziehen; etw. abräumen; jdn. entführen **IV 1, 4**
en même temps [ɑ̃mɛmtɑ̃] gleichzeitig **V 3C**

un **ennemi**/une **ennemie** [ɛ̃nen(ə)mi/ynen(ə)mi] ein Feind/eine Feindin **⟨V C3D⟩**
l'**ennui** *(m.)* [lɑ̃nɥi] die Langeweile **IV 4**
s'ennuyer [sɑ̃nɥije] sich langweilen **⟨V C3A⟩**
ennuyeux/ennuyeuse [ɑ̃nɥijø/ɑ̃nɥijøz] langweilig **⟨IV M2E⟩**
énormément [enɔʀmemɑ̃] sehr; unheimlich viel **III 5**
enregistrer qc [ɑ̃ʀəʒistʀe] etw. aufnehmen, etw. aufzeichnen **III 4**
l'**enseignement** *(m.)* [lɑ̃sɛɲ(ə)mɑ̃] der Unterricht; das Schulwesen **⟨IV M3, 10⟩**
enseigner qc à qn [ɑ̃sɛɲe] jdn. in etw. unterrichten **⟨V C2C⟩**
ensemble [ɑ̃sɑ̃bl] zusammen **I 1**
ensuite [ɑ̃sɥit] dann, danach **II 5**
en tant que [ɑ̃tɑ̃kə] als **V 4B, 4**
entendre qc [ɑ̃tɑ̃dʀ] etw. hören **I 8**
entier/entière [ɑ̃tje/ɑ̃tjɛʀ] ganz, völlig, heil **V 1D**
en tout cas [ɑ̃tuka] jedenfalls, auf jeden Fall **⟨IV M2⟩**
s'entraîner [sɑ̃tʀene] trainieren, üben **III 3**
entre [ɑ̃tʀ] zwischen **⟨I 9A⟩; II 3A, 9**
une **entrée** [ynɑ̃tʀe] ein Eingang **I 1E**; *(hier)* eine Vorspeise **II 5**
une **entreprise** [ynɑ̃tʀəpʀiz] ein Betrieb, eine Firma, ein Unternehmen **V 4B, 1**
entrer [ɑ̃tʀe] eintreten, betreten, hereinkommen **I 2**
un **entretien** [ɛ̃nɑ̃tʀətjɛ̃] ein (Vorstellungs)Gespräch **IV 2, 11**
avoir **envie** [avwaʀɑ̃vi] Lust haben **I 4**
avoir envie de faire qc [avwaʀɑ̃vi] Lust haben, etw. zu tun **I 6B**
faire envie à qn [fɛʀɑ̃vi] jdn. neidisch machen **III 2**
environ [ɑ̃viʀɔ̃] ungefähr, etwa **IV 4**
un **environnement** [ɛ̃nɑ̃viʀɔnmɑ̃] eine Umwelt; eine Umgebung **IV 3**
envoyer qc à qn [ɑ̃vwaje] jdm. etw. schicken **II 2**
une **épaule** [ynepol] eine Schulter **⟨IV M3E⟩**
une **épice** [ynepis] ein Gewürz **III 2**
une **époque** [ynepɔk] eine Epoche, ein Zeitalter **⟨IV M3⟩; V 2A**
à l'époque [alepɔk] damals, zu der Zeit **⟨IV M3⟩; V 2A**
éprouver qc (pour qn) [epʀuve] etw. (für jdn.) verspüren, etw. (für jdn.) empfinden **⟨V C4A⟩**

une **équipe** [ynekip] eine Mannschaft, ein Team **II 3E**
une **éruption** [yneʀypsjɔ̃] ein (Vulkan)-Ausbruch **IV 5A, 2**
l'**escalade** *(f.)* [lɛskalad] das Klettern **I 4E**
un **escalier** [ɛ̃nɛskalje] eine Treppe **II 2**
un **escargot** [ɛ̃nɛskaʀgo] eine Schnecke **III 2E**
l'**esclavage** *(m.)* [lɛsklavaʒ] die Sklaverei **IV 5A**
un **esclave**/une **esclave** [ɛ̃nɛsklav/ynɛsklav] ein Sklave/eine Sklavin **IV 5A**
un **espace vert** [ɛ̃nɛspasvɛʀ] eine Grünfläche **V 2C**
un **Espagnol**/une **Espagnole** [ɛ̃nɛspaɲɔl/ynɛspaɲɔl] ein Spanier/eine Spanierin **IV 5B**
espagnol/espagnole [ɛspaɲɔl/ɛspaɲɔl] spanisch **I 7E**
espérer qc [ɛspeʀe] etw. hoffen **⟨II 9⟩; III 4**
un **espoir** [ɛ̃nɛspwaʀ] eine Hoffnung **IV 2**
essayer qc [eseje] etw. versuchen, etw. ausprobieren, etw. anprobieren **⟨III M2⟩**
essayer de faire qc [eseje] versuchen, etw. zu tun **IV 4**
l'**est** *(m.)* [lɛst] der Osten **III 2E**
est-ce que [ɛskə] *Frageformel* **I 5**
et [e] und **I 1E**
un **étage** [ɛ̃netaʒ] ein Stockwerk, eine Etage **I 3E**
une **étagère** [ynetaʒɛʀ] ein Regal **I 2**
un **étang** [ɛ̃netɑ̃] ein Teich **⟨IV M3⟩**
une **étape** [ynetap] eine Etappe **⟨II 9⟩**
un **Etat** [ɛ̃neta] ein Staat **V 3D, 1**
l'**été** *(m.)* [lete] der Sommer **I 7, 6**
éteindre qc [etɛ̃dʀ] etw. ausmachen, etw. ausschalten **III 5**
une **étiquette** [ynetikɛt] ein Etikett, ein Aufkleber **IV 1**
une **étoile** [ynetwal] ein Stern **II 1E**
étonner qn [etɔne] jdn. erstaunen **V 4A**
un **étranger**/une **étrangère** [ɛ̃netʀɑ̃ʒe/ynetʀɑ̃ʒɛʀ] ein Ausländer/eine Ausländerin **III 3**
étranger/étrangère [etʀɑ̃ʒe/etʀɑ̃ʒɛʀ] fremd, ausländisch **IV 3E**
un **être** [ɛ̃nɛtʀ] ein (Lebe)Wesen **V 2D**
être [ɛtʀ] sein **I 3A**
ne pas être dans son assiette *(fam.)* [nəpazɛtʀ(ə)dɑ̃sɔnasjɛt] nicht auf dem Damm sein *(ugs.)* **⟨IV M1C, 4⟩**
être désolé(e) [ɛtʀədezɔle] jdm. Leid tun **II 2**

être enterré(e) [ɛtʀɑ̃tɛʀe] begraben sein **IV 2**
être en train de faire qc [ɛtʀɑ̃tʀɛ̃dəfɛʀ] gerade etw. tun **II 4**
être jumelé(e) avec qn/qc [ɛ̃tʀ(ə)ʒym(ə)le] mit jdm./etw. partnerschaftlich verbunden sein **⟨IV M3, 4⟩**
être situé(e) à qc [ɛtʀ(ə)sitɥe] bei etw. gelegen sein **V 4B**
être stressé(e) [ɛtʀestʀɛse] gestresst sein **V 3A**
les **études** *(f., pl.)* [lezetyd] das Studium **IV 2**
un **étudiant**/une **étudiante** [ɛ̃netydjɑ̃/ynetydjɑ̃t] ein Student/eine Studentin **V 4A**
étudier qc [etydje] etw. studieren **IV 3E**
euh ... [ø] äh ... *(Ausdruck des Zögerns)* **I 1**
un **euro**/des **euros** [ɛ̃nøʀo/dezøʀo] ein Euro/Euros **I 7, 8**
un **Européen**/une **Européenne** [ɛ̃nøʀɔpeɛ̃/ynøʀɔpeɛn] ein Europäer/eine Europäerin **IV 2**
européen/européenne [øʀɔpeɛ̃/øʀɔpeɛn] europäisch **IV 2**
un **événement** [ɛ̃nevɛnmɑ̃] ein Ereignis **V 4B**
évident/évidente [evidɑ̃/evidɑ̃t] klar, offensichtlich **III 5**
éviter qc [evite] etw. vermeiden **I 7, 17**
exact/exacte [ɛgza(kt)/ɛgzakt] genau **III 3**
exactement [ɛgzaktəmɑ̃] genau *(Adv.)* **⟨II 9⟩**
un **examen** [ɛ̃nɛgzamɛ̃] eine Prüfung, ein Examen; eine Untersuchung **⟨V C1D, 1⟩**
une **excursion** [ynɛkskyʀsjɔ̃] ein Ausflug **III 2**
s'excuser [sɛkskyze] sich entschuldigen **III 1, 9**
un **exemple** [ɛ̃nɛgzɑ̃pl] ein Beispiel **I 1, 1**
s'exercer [sɛgzɛʀse] üben, trainieren **V 1A, 1**
un **exercice** [ɛ̃nɛgzɛʀsis] eine Übung **I 4**
exiger qc [ɛgziʒe] etw. verlangen, etw. fordern **IV 1**
un **exil** [ɛ̃nɛgzil] ein Exil **IV 5C, 2**
exister [ɛgziste] existieren, leben **V 5A**
un **exo** *(fam.)* [ɛ̃nɛgzo] eine Übung; *(hier)* eine (Haus)Aufgabe *(ugs.)* **IV 4, 8**
l'**exode rural** *(m.)* [lɛgzɔdʀyʀal] die Landflucht **V 3C**
exotique/exotique [ɛgzɔtik/ɛgzɔtik] exotisch **IV 5A**
une **expérience** [ynɛkspeʀjɑ̃s] eine Erfahrung **IV 2**
une **explication** [ynɛksplikasjɔ̃] eine Erklärung **III 1, 9**
expliquer qc à qn [ɛksplike] jdm. etw. erklären **I 8**
un **exploit** [ɛ̃nɛksplwa] eine Leistung, eine (Helden)Tat, ein Kunststück **⟨IV M2⟩**
un **exposé** [ɛ̃nɛkspoze] ein Referat **II 4**
une **exposition** [ynɛkspozisjɔ̃] eine Ausstellung **⟨III M2⟩; IV 1**
une **exposition universelle** [ynɛkspozisjɔ̃ynivɛʀsɛl] eine Weltausstellung **⟨V C3B⟩**
une **expression** [ynɛkspʀesjɔ̃] ein Ausdruck **III 2, 6**
s'exprimer [sɛkspʀime] sich ausdrücken **V 5A**
extraordinaire/extraordinaire [ɛkstʀaɔʀdinɛʀ/ɛkstʀaɔʀdinɛʀ] außergewöhnlich, ungewöhnlich **V 4B**

F

une **fable** [ynfabl] eine Fabel **⟨V C3A⟩**
fabriquer qc [fabʀike] etw. herstellen **⟨II 9E⟩**
en face de qn/qc [ɑ̃fas] gegenüber von jdm./etw. **⟨II 8A⟩; III 5**
facile/facile [fasil/fasil] leicht **I 4**
une **façon** [ynfasɔ̃] eine Art und Weise **IV 1**
faible/faible [fɛbl/fɛbl] schwach, gering **⟨V C2A⟩**
avoir **faim** *(f.)* [avwaʀfɛ̃] Hunger haben **I 8**
faire qc [fɛʀ] etw. machen **I 4E**
faire [fɛʀ] *(hier)* messen **⟨III M1⟩**
faire venir qn [fɛʀvəniʀ] jdn. kommen lassen **IV 1**
faire faire qc [fɛʀfɛʀ] etw. tun lassen **⟨IV M1E⟩; V 1D**
faire attention [fɛʀatɑ̃sjɔ̃] aufpassen, Acht geben **I 5**
faire un rêve [fɛʀɛ̃ʀɛv] träumen **I 6B, 8**
faire la tête *(fam.)* [fɛʀlatɛt] schmollen, sauer sein *(ugs.)* **II 2**
faire envie à qn [fɛʀɑ̃vi] jdn. neidisch machen **III 2**
faire qc au noir [fɛʀ ... onwaʀ] etw. „schwarz" machen *(ohne Berechtigung)* **III 3**
s'en faire [sɑ̃fɛʀ] sich Sorgen machen **IV 4**
faire du cheval [fɛʀdyʃ(ə)val] reiten **IV 5A**
faire école [fɛʀekɔl] Schule machen **⟨IV M1E⟩**
faire la connaissance de qn/qc [fɛʀlakɔnɛsɑ̃s] mit jdm./etw. Bekanntschaft machen **⟨IV M1B⟩**
faire la vaisselle [fɛʀlavɛsɛl] Geschirr spülen, abwaschen **⟨V C4A, 2⟩**
faire de l'équitation [fɛʀdəlekitasjɔ̃] reiten **⟨V C4A, 2⟩**
faire la queue [fɛʀlakø] Schlange stehen **⟨V C3B⟩**
faire de la publicité pour qn/qc [fɛʀdəlapyblisite] für jdn./etw. Werbung machen **V 3B**
faire une gaffe *(fam.)* [fɛʀyngaf] ins Fettnäpfchen treten *(ugs.)* **V 3C**
faire la connaissance de qn/qc [fɛʀlakɔnɛsɑ̃s] mit jdm./etw. Bekanntschaft machen **V 4A**
faire exprès de faire qc [fɛʀɛkspʀɛ] etw. absichtlich tun **⟨V C4B⟩**
un **fait** [ɛ̃fɛ] eine Tatsache **⟨V C1A⟩**
en fait [ɑ̃fɛt] im Grunde genommen **⟨IV M2⟩**
des **faits divers** *(m., pl.)* [defɛ̃divɛʀ] Vermischtes *(pl.)* **⟨V C2A, 2⟩**
falloir [falwaʀ] brauchen, müssen **II 5**
familier/familière [familje/familjɛʀ] umgangsspachlich **V 1D**
une **famille** [ynfamij] eine Familie **I 3A**
un **fan**/une **fan** [ɛfan/ynfan] ein Fan **II 3E**
la **farine** [lafaʀin] das Mehl **II 5E**
fatigant/fatigante [fatigɑ̃/fatigɑ̃t] anstrengend, ermüdend **V 3B**
fatigué/fatiguée [fatige/fatige] müde **II 6**
une **faute** [ynfot] ein Fehler **I 7, 17**
C'est (de) sa faute. [sɛ(də)safot] Das ist seine/ihre Schuld. **II 7B**
faux/fausse [fo/fos] falsch **I 2, 1**
une **fée** [ynfe] eine Fee **III 5**
des **félicitations** *(f., pl.)* Glückwünsche *(pl.)* **V 5D, 1**
féliciter qn de/pour qc [felisite] jdn. zu etw. beglückwünschen **⟨V C4C⟩**
une **femme** [ynfam] eine Frau, eine Ehefrau **I 3B**
une **fenêtre** [ynfənɛtʀ] ein Fenster **III 5**
le **fer** [ləfɛʀ] das Eisen **⟨V C3B⟩**
une **ferme** [ynfɛʀm] ein Bauernhof **V 3E**
fermer qc [fɛʀme] etw. schließen **⟨II 8A⟩; III 5E**

fermer qc à clé [fɛʀme … akle] etw. abschließen ⟨III M1⟩; ⟨IV M1A⟩
un **festival** [ɛ̃fɛstival] Festspiele, ein Festival ⟨**II 9E**⟩; **V 4B**
une **fête** [ynfɛt] ein Fest **I 4**, 11
fêter qc [fete] etw. feiern ⟨**II 9**⟩; ⟨**III M2**⟩; **IV 5B**
un **feu**/des **feux** [ɛ̃fø/defø] ein Feuer; *(hier)* Ampel **II 7A**, 6
Au feu! [ofø] Es brennt! ⟨**III M1**⟩
un **feu d'artifice** [ɛ̃fødaʀtifis] ein Feuerwerk ⟨**I 9B**⟩
une **feuille** [ynfœj] ein Blatt **II 7B**
un **feuilleton** [ɛ̃fœjtõ] eine Serie, eine Sendereihe ⟨**V C1A**, 1⟩
février *(m.)* [fevʀije] Februar **I 7**, 6
une **fiche** [ynfiʃ] ein Blatt, ein Zettel, eine (Kartei)Karte **V 4B**
une **fiche de lecture** [ynfiʃdəlɛktyʀ] ein Textverlaufsplan **V 1D**, 2
ficher le camp *(fam.)* [fiʃeləkɑ̃] abhauen, verduften *(ugs.)* ⟨**V C1C**⟩
fidèle/fidèle [fidɛl/fidɛl] treu ⟨**V C4B**⟩
fier/fière [fjɛʀ/fjɛʀ] stolz **V 2D**
une **figure** [ynfigyʀ] ein Gesicht, eine Figur **IV 4**
un **fil** [ɛ̃fil] eine Schnur, ein Faden **II 7B**
filer qc *(fam.)* [file] etw. rüberwachsen lassen *(ugs.)* **IV 4**
un **filet** [ɛ̃filɛ] ein Netz ⟨**V C4A**⟩
un filet à mots [ɛ̃filɛamo] ein Vokabelnetz **III 1**, 5
une **fille** [ynfij] ein Mädchen **I 1**
un **film** [ɛ̃film] ein Film **I 5**, 13
un film policier [ɛ̃filmpɔlisje] ein Kriminalfilm ⟨**IV M1C**, 5⟩
un film documentaire [ɛ̃filmdɔkymɑ̃tɛʀ] ein Dokumentarfilm ⟨**V C1A**, 1⟩
un film policier [ɛ̃filmpɔlisje] ein Kriminalfilm ⟨**V C1A**, 1⟩
filmer qn/qc [filme] jdn./etw. filmen **III 4**
un **fils** [ɛ̃fis] ein Sohn **II 6**, 11
la **fin** [lafɛ̃] das Ende, der Schluss **II 1**, 7
à la fin [alafɛ̃] schließlich, am Ende **II 1**, 7
une fin de semaine [ynfɛ̃dəsəmɛn] ein Wochenende ⟨**III M3**⟩
une **finale** [ynfinal] ein Finale ⟨**III M3**⟩
finalement [finalmɑ̃] schließlich, zum Schluss ⟨**II 9**⟩; **III 5**
finir qc [finiʀ] etw. beenden **II 4**
finir par qc [finiʀ] mit. etw. aufhören **III 5**, 5
le **finnois** [ləfinwa] das Finnische, die finnische Sprache **IV 3**

le **flamand** [ləflamɑ̃] das Flämische *(niederländische Sprache)* ⟨**II 9**, 5⟩; ⟨**III M3E**⟩; ⟨**V C2C**⟩
une **flamme** [ynflam] eine Flamme ⟨**III M1**⟩
flasher sur qn *(fam.)* [flaʃe] auf jdn./etw. abfahren *(ugs.)* **III 1**
une **fleur** [ynflœʀ] eine Blume **IV 1E**
un **fleuve** [ɛ̃flœv] ein Fluss ⟨**IV M2**⟩
un **flic** *(fam.)* [ɛ̃flik] ein Bulle *(ugs.)* **V 2A**, 1
flipper *(fam.)* [flipe] ausflippen *(ugs.)* **V 2A**, 2
une **flûte** [ynflyt] eine Flöte **I 3B**
une **fois** [ynfwa] einmal **I 4**, 11
36 fois *(fam.)* [tʀɑ̃tsifwa] zig Mal *(ugs.)* **I 6B**
pour une fois que [puʀynfwakə] wenn … (schon) einmal **II 6**
au fond de qc [ofõ] hinten in etw. **IV 4**
fonder qc [fõde] etw. gründen **IV 5A**
fondre [fõdʀ] schmelzen **V 3C**
fondre en larmes [fõdʀɑ̃laʀm] in Tränen ausbrechen **V 3C**
le **foot(ball)** [ləfut(bɔl)] der Fußball *(als Sportart)* **I 4E**
la **force** [lafɔʀs] die Kraft, die Stärke **V 1A**
une **forêt** [ynfɔʀɛ] ein Wald **II 7A**
une forêt tropicale [ynfɔʀɛtʀɔpikal] ein Regenwald **IV 5A**
une **forme** [ynfɔʀm] eine Form **I 3A**, 3
former qc [fɔʀme] etw. gründen **III 4**
formidable/formidable [fɔʀmidabl/fɔʀmidabl] fantastisch ⟨**V C4B**⟩
fort/forte [fɔʀ/fɔʀt] stark **III 1E**
un **forum de discussion** [ɛ̃fɔʀɔmdədiskysjõ] ein (Diskussions)-Forum *(im Internet)* **III 4**
un **fou**/une **folle** [ɛ̃fu/ynfɔl] ein Verrückter/eine Verrückte **II 7B**
fou/fol/folle [fu/fɔl/fɔl] verrückt **I 6B**
une **foule** [ynful] eine (Menschen)-Menge **II 6**
un **fournisseur**/une **fournisseuse** [ɛ̃fuʀnisœʀ/ynfuʀnisøz] ein Lieferant/eine Lieferantin **V 4B**, 2
se foutre de qc *(fam.)* [səfutʀ] jdm. schnuppe sein *(ugs.)* ⟨**II 9**, 9⟩; **III 3**
la **fragilité** [lafʀaʒilite] die Zerbrechlichkeit; die Schwäche; die Zartheit **V 3B**
frais/fraîche [fʀɛ/fʀɛʃ] frisch **V 3A**
un **Franc** [ɛ̃fʀɑ̃] ein Franke ⟨**II 9**⟩
le **français** [ləfʀɑ̃sɛ] das Französische ⟨**I 9A**⟩; **II 2**, 7
un Français/une Française [ɛ̃fʀɑ̃sɛ/ynfʀɑ̃sɛz] ein Franzose/eine Französin **II 4**, 4

le français standard [ləfʀɑ̃sɛstɑ̃daʀ] das Standardfranzösisch *(frz. Hochsprache)* **III 1**, 10
français/française [fʀɑ̃sɛ/fʀɑ̃sɛz] französisch **I 7E**
la **France métropolitaine** [lafʀɑ̃smetʀɔpɔlitɛn] das französische Mutterland, das französische Kernland **V 5B**
franchir qc [fʀɑ̃ʃiʀ] etw. überwinden ⟨**V C4A**⟩
franco-allemand/franco-allemande [fʀɑ̃koalmɑ̃/fʀɑ̃koalmɑ̃d] deutsch-französisch ⟨**III M2**, 9⟩; **IV 3**, 8
francophone/francophone [fʀɑ̃kɔfɔn/fʀɑ̃kɔfɔn] französischsprachig ⟨**III M3E**⟩; **V 5A**
la **francophonie** [lafʀɑ̃kɔfɔni] die Frankophonie **V 5A**
frapper qn/qc [fʀape] jdn./etw. schlagen ⟨**V C4B**⟩
frapper à la porte [fʀapealapɔʀt] anklopfen ⟨**V C4B**⟩
la **fraternité** [lafʀatɛʀnite] die Brüderlichkeit ⟨**V C3A**, 1⟩
un **frère** [ɛ̃fʀɛʀ] ein Bruder **I 3A**, 4
le **fric** *(fam.)* [ləfʀik] der Zaster *(ugs.)* **V 2A**
un **frigidaire** [ɛ̃fʀiʒidɛʀ] ein Kühlschrank **IV 2**, 3
des **fringues** *(f., pl.) (fam.)* [defʀɛ̃g] Klamotten *(ugs.)* **IV 1**
des **frites** *(f., pl.)* [defʀit] Pommes frites **I 8**
froid/froide [fʀwa/fʀwad] kalt **II 1**
un froid de canard *(fam.)* [ɛ̃fʀwadəkanaʀ] eine Hundekälte *(ugs.)* ⟨**III M3**⟩
le **fromage** [ləfʀɔmaʒ] der Käse **II 5**
une **frontière** [ynfʀɔtjɛʀ] eine Grenze **IV 3**
un **fruit** [ɛ̃fʀɥi] eine Frucht, eine Obstsorte **II 5**
fuir [fɥiʀ] fliehen, flüchten **IV 5B**
fumer [fyme] rauchen **III 1**, 12

G

un **gag** [ɛ̃gag] ein Gag *(witziger Einfall)* ⟨**II 9**⟩
gagner qc [gaɲe] etw. gewinnen **II 6**; **II 6**, 6
gai/gaie [ge/ge] fröhlich **V 5C**
un **garage** [ɛ̃gaʀaʒ] eine Garage, eine Autowerkstatt **II 3A**
un **garçon** [ɛ̃gaʀsõ] ein Junge **I 1**
garder qc [gaʀde] etw. behalten ⟨**II 8B**⟩; ⟨**III M3E**⟩; **IV 1**, 3

une **gare** [ygaʀ] ein Bahnhof **I 7**
un **gâteau**/des **gâteaux** [ɛ̃gato/degato] ein Kuchen/Kuchen **I 7**
à **gauche** [agoʃ] (nach) links **I 5**
un **Gaulois**/une **Gauloise** [ɛ̃golwa/yngolwaz] ein Gallier/eine Gallierin **⟨II 9, 8⟩; ⟨V C2C⟩**
gaulois/gauloise [golwa/golwaz] gallisch **⟨II 9, 8⟩**
un **gaz** [ɛ̃gaz] ein Gas **IV 5A, 2**
une **gazelle** [yngazɛl] eine Gazelle **⟨V C4C⟩**
géant/géante [ʒeɑ̃/ʒeɑ̃t] riesig, riesengroß **IV 2, 3**
une **gendarmerie** [ynʒɑ̃daʀməʀi] eine Polizeiwache **⟨III M1⟩**
gêner qn [ʒene] jdn. stören; jdn. in Verlegenheit bringen **V 3A**
en général [ɑ̃ʒeneʀal] im Allgemeinen **V 4A**
général/générale [ʒeneʀal/ʒeneʀal] allgemein **V 1B**
génial/géniale *(fam.)* [ʒenjal/ʒenjal] genial, super, toll *(ugs.)* **I 6B**
un **genre** [ɛ̃ʒɑ̃ʀ] eine Gattung, eine Art **⟨IV M1C, 6⟩; ⟨V C4C⟩**
les **gens** *(m., pl.)* [leʒɑ̃] die Leute **II 1, 7**
gentil/gentille [ʒɑ̃ti/ʒɑ̃tij] nett **III 1E**
la **gentillesse** [ynʒɑ̃tijɛs] die Freundlichkeit, die Liebenswürdigkeit **V 5A**
la **géographie** [laʒeɔgʀafi] die Geographie, die Erdkunde **II 4**
géographique/géographique [ʒeɔgʀafik/ʒeɔgʀafik] geografisch **V 5A**
un **geste** [ɛ̃ʒɛst] eine (Hand)Bewegung, eine Geste **⟨IV M1C, 7⟩; V 2B**
une **girly** [yngœʀli] ein Girlie **IV 1**
une **glace** [ynglas] ein Eis **II 5, 1;** *(hier)* ein Spiegel **⟨V C4C⟩**
glander *(fam.)* [glɑ̃de] herumgammeln *(ugs.)* **⟨V C1D⟩**
glisser [glise] gleiten, rutschen **⟨V C4B⟩**
une **gomme** [yngɔm] ein Radiergummi **I 2**
la **gorge** [lagɔʀʒ] die Kehle, der Hals **II 7B, 4**
gothique/gothique [gɔtik/gɔtik] „gothic", grufti *(ugs.)* **⟨IV M3, 5⟩**
un **gouffre** [ɛ̃gufʀ] ein Abgrund **IV 4**
le **goût** [ləgu] der Geschmack(ssinn) **⟨V C4B⟩**
goûter qc [gute] etw. probieren, etw. kosten **II 5**
goûter à qc [gute] etw. probieren, etw. kosten **IV 3**
un **gouvernement** [ɛ̃guvɛʀnəmɑ̃] eine Regierung **V 4D**

grâce à qn/qc [gʀas] durch jdn./etw. **III 4**
une **grammaire** [yngʀamɛʀ] eine Grammatik **IV 5B**
un **gramme** [ɛ̃gʀam] ein Gramm **II 5, 5**
grand/grande [gʀɑ̃/gʀɑ̃d] groß **I 7E**
grandir [gʀɑ̃diʀ] wachsen **IV 5C**
une **grand-mère** [yngʀɑ̃mɛʀ] eine Großmutter **I 7**
un **grand-père** [ɛ̃gʀɑ̃pɛʀ] ein Großvater **⟨I 9A⟩; II 5**
des **grands-parents** *(m., pl.)* [degʀɑ̃paʀɑ̃] Großeltern **I 7**
un **graphique** [ɛ̃gʀafik] eine Grafik **V 3D**
un **gratin** [ɛ̃gʀatɛ̃] ein Auflauf **II 4**
gratuit/gratuite [gʀatɥi/gʀatɥit] kostenlos, gratis **II 3A**
grave/grave [gʀav/gʀav] schlimm **I 4**
le **grec** [ləgʀɛk] das Griechische **IV 3**
une **grève** [yngʀɛv] ein Streik **⟨V C3D⟩**
un **grigri** [ɛ̃gʀigʀi] ein Talisman **V 5B**
une **grille** [yngʀij] eine Gittertür, ein Drahtzaun **⟨IV M1A⟩**
griller qc [gʀije] etw. grillen **V 3A**
grimper [gʀɛ̃pe] klettern **I 4**
la **grippe** [lagʀip] die Grippe **II 7B, 4**
gris/grise [gʀi/gʀiz] grau **I 7, 4**
gros/grosse [gʀo/gʀos] dick **II 4**
un **gros plan** [ɛ̃gʀoplɑ̃] eine Großaufnahme **V 3B**
un **groupe** [ɛ̃gʀup] eine Gruppe **I 4**
le **gruyère** [ləgʀyjɛʀ] der Greyerzer *(Käsesorte)* **⟨IV M3E⟩**
une **guerre** [yngɛʀ] ein Krieg **III 5**
une guerre mondiale [yngɛʀmɔ̃djal] ein Weltkrieg **V 4D**
une **gueule** [yngœl] ein Maul **V 5B**
un **guide**/une **guide** [ɛ̃gid/yngid] ein Führer/eine Führerin **II 7A**
une **guillotine** [yngijɔtin] eine Guillotine, ein Fallbeil **⟨V C3A, 1⟩**
une **guitare** [yngitaʀ] eine Gitarre **I 3A**
une guitare électrique [yngitaʀelɛktʀik] eine elektrische Gitarre **I 3A**
un **guitariste**/une **guitariste** [gitaʀist] ein Gitarrist/eine Gitarristin **⟨II 8B⟩**
un **gymnase** [ɛ̃ʒimnaz] eine Turnhalle **I 4**

H

s'habiller [sabije] sich anziehen, sich kleiden **IV 1**
un **habitant**/une **habitante** [ɛ̃nabitɑ̃/ynabitɑ̃t] ein Einwohner/eine Einwohnerin **IV 3E**

habiter [abite] wohnen **I 3E**
une **habitude** [ynabityd] eine (An)Gewohnheit **V 3B**
s'habituer à qn/qc [sabitɥe] sich an jdn./etw. gewöhnen **III 3**
la **haine** [laɛn] der Hass **V 2D**
halluciner *(fam.)* [alysine] völlig abdrehen *(ugs.)* **III 4**
une **halte** [ynalt] ein Halt, eine Rast **II 7A**
le **hasard** [ləazaʀ] der Zufall **V 1A**
haut/haute [o/ot] hoch **V 3A**
en haut [ɑ̃o] oben, nach oben **I 4**
la **hauteur** [laotœʀ] die Höhe **V 3D**
hé [e] he, du da **III 5**
un **hebdomadaire** [ɛ̃nɛbdɔmadɛʀ] eine Wochenzeitung **⟨V C1A, 1⟩**
héberger qn/qc [ebɛʀʒe] jdn./etw. beherbergen, jdn./etw. unterbringen **⟨V C1C⟩**
Hein? *(fam.)* [ɛ̃] Wie? *(ugs.)* **I 2**
..., hein? [ɛ̃] ... ja?, ... nicht wahr? **I 4**
l'**herbe** *(f.)* [lɛʀb] das Gras; *(hier)* das Kraut **III 2**
des herbes de Provence *(f.)* Kräuter der Provence **II 5**
un **héros**/une **héroïne** [ɛ̃eʀo/yneʀoin] ein Held/eine Heldin **V 5D**
hésiter à faire qc [ezite] zögern, etw. zu tun **⟨V C1D⟩**
une **heure** [ynœʀ] eine Stunde **I 5**
heureusement [øʀøzmɑ̃] glücklicherweise *(Adv.)* **⟨II 9⟩; III 3E**
heureux/heureuse [øʀø/øʀøz] glücklich **⟨II 8A, 2⟩; III 3E**
hier [jɛʀ] gestern **II 1E**
une **histoire** [ynistwaʀ] eine Geschichte **I 3B**
l'**histoire-géographie** [listwaʀʒeɔgʀafi] Geschichte und Erdkunde **III 3**
l'**hiver** *(m.)* [livɛʀ] der Winter **I 7, 6**
une **H.L.M.** [ynaʃɛlɛm] eine Sozialwohnung **V 2C**
un **hobby** [ɛ̃ɔbi] ein Hobby **⟨IV M3, 5⟩**
le **hockey sur glace** *(m.)* [ləɔkɛsyʀglas] das Eishockey **⟨III M3⟩**
un **homme** [ɛ̃nɔm] ein Mann **I 5;** *(hier)* ein Mensch **⟨V C2A⟩**
un homme à tout faire [ɛ̃nɔmatufɛʀ] ein Mann für alles **⟨IV M1E⟩**
un **homme politique**/une **femme politique** [ɛ̃nɔmpɔlitik/ynfampɔlitik] ein Politiker/eine Politikerin **V 4D**
l'**honnêteté** *(f.)* [lɔnɛtte] die Ehrlichkeit **V 5A**
une **honte** [ynɔ̃t] eine Schande **IV 4, 9**
hop [ɔp] schwupp **IV 4**

un **hôpital** [ɛ̃nɔpital] ein Krankenhaus **II 7B**
un **horaire** [ɛ̃nɔʀɛʀ] ein Fahrplan, ein Stundenplan **I 7,** 8
C'est l'horreur! [sɛlɔʀœʀ] Es ist schrecklich! **I 3A,** 6
avoir horreur de qc [avwaʀɔʀœʀ] etw. verabscheuen, etw. nicht ausstehen können **II 4**
un **hôtel** [ɛ̃notɛl] ein Hotel **I 5,** 12
un **hôtel de ville** [ɛ̃notɛldəvil] ein Rathaus **I 5,** 12
une **huile** [ynɥil] ein Öl **IV 5C**
un **humain** [ɛ̃nymɛ̃] ein Mensch **V 2D**
l'**humour** *(m.)* [lymuʀ] der Humor **IV 5C**
un **hymne** [ɛ̃nimn] eine Hymne **IV 3**
hyper [ipɛʀ] hyper-, über- **III 1**

I

ici [isi] hier **I 2**
idéal/idéale [ideal/ideal] ideal **V 2C**
une **idée** [ynide] eine Idee **I 3A**
des idées noires *(f., pl.)* [dezidenwaʀ] düstere Gedanken **II 2**
une **identité** [ynidɑ̃tite] eine Identität **⟨IV M3,** 5**⟩**
idiomatique/idiomatique [idjɔmatik/idjɔmatik] idiomatisch **⟨IV M1C,** 4**⟩; ⟨V C2C,** 2**⟩**
une **île** [ynil] eine Insel **III 5E**
il y a [ilja] es gibt, es ist, es sind **I 3E**
une **image** [ynimaʒ] ein Bild **I 5,** 15
imaginer qc [imaʒine] sich etw. (aus)denken **II 1,** 1
imiter qc [imite] etw. nachahmen **II 3A**
immédiat/immédiate [imedja/imedjat] unmittelbar **⟨V C3B⟩**
un **immeuble** [ɛ̃nimœbl] ein Gebäude **V 2C**
impatient/impatiente [ɛ̃pasjɑ̃/ɛ̃pasjɑ̃t] ungeduldig **⟨IV M3,** 5**⟩**
important/importante [ɛ̃pɔʀtɑ̃/ɛ̃pɔʀtɑ̃t] wichtig **II 3B**
une **impression** [ynɛ̃pʀɛsjɔ̃] ein Eindruck **V 2D**
un **impressionniste**/une **impressionniste** [ɛ̃nɛ̃pʀesjɔnist/ynɛ̃pʀesjɔnist] ein Impressionist/eine Impressionistin **⟨V C3C⟩**
un **incendie** [ɛ̃nɛ̃sɑ̃di] ein Brand **⟨IV M2,** 6**⟩**
inconnu/inconnue [ɛ̃kɔny/ɛ̃kɔny] unbekannt **⟨V C1C⟩**
un **inconvénient** [ɛ̃nɛ̃kɔ̃venjɑ̃] ein Nachteil **V 3D,** 2
incroyable/incroyable [ɛ̃kʀwajabl/ɛ̃kʀwajabl] unglaublich **⟨IV M2⟩; V 1A**
une **indépendance** [ynɛ̃depɑ̃dɑ̃s] eine Unabhängigkeit **⟨IV M3,** 10**⟩; V 5A**
un **indice** [ɛ̃nɛ̃dis] ein Anzeichen; eine Spur **V 5B**
un **Indien**/une **Indienne** [ɛ̃nɛ̃djɛ̃/ynɛ̃djɛn] ein Inder/eine Inderin; ein Indianer/eine Indianerin **⟨III M3⟩**
indien/indienne [ɛ̃djɛ̃/ɛ̃djɛn] indisch; indianisch **⟨III M3⟩**
indiquer qc à qn [ɛ̃dike] jdm. etw. anzeigen, jdm. eine Angabe machen **II 4,** 5
indispensable/indispensable [ɛ̃dispɑ̃sabl/ɛ̃dispɑ̃sabl] unbedingt notwendig **⟨V C3B⟩**
industriel/industrielle [ɛ̃dystʀijɛl/ɛ̃dystʀijɛl] industriell **V 3D**
une **infirmerie** [ynɛ̃fiʀməʀi] eine Krankenstation **III 3**
influencer qn/qc [ɛ̃flyɑ̃se] jdn./etw. beeinflussen **⟨V C1A⟩**
un **informaticien**/une **informaticienne** [ɛ̃nɛ̃fɔʀmatisjɛ̃/ynɛ̃fɔʀmatisjɛn] ein Informatiker/eine Informatikerin **IV 2,** 2
une **information** [ynɛ̃fɔʀmasjɔ̃] eine Information **I 8E**
informer qn de qc [ɛ̃fɔʀme] jdn. über etw. informieren **⟨V C1A⟩**
un **ingénieur**/une **femme ingénieur** [ɛ̃nɛ̃ʒenjœʀ/ynfamɛ̃ʒenjœʀ] ein Ingenieur/eine Ingenieurin **IV 2,** 2
une **injure** [ynɛ̃ʒyʀ] eine Beleidigung **⟨V C3C⟩**
inquiet/inquiète [ɛ̃kjɛ/ɛ̃kjɛt] unruhig, beunruhigt **IV 5A,** 2
inquiétant/inquiétante [ɛ̃kjetɑ̃/ɛ̃kjetɑ̃t] beunruhigend **⟨V C1C⟩**
insolite/insolite [ɛ̃sɔli/ɛ̃sɔlit] ungewöhnlich, außergewöhnlich **V 2C**
installer qc [ɛ̃stale] etw. aufstellen, etw. installieren **II 6**
un **instrument** [ɛ̃nɛ̃stʀymɑ̃] ein Instrument **III 4E**
insulter qn/qc [ɛ̃sylte] jdn./etw. beleidigen, jdn./etw. beschimpfen **⟨V C1C⟩**
une **interdiction** [ynɛ̃tɛʀdiksjɔ̃] ein Verbot **⟨IV M1A⟩**
interdire à qn de faire qc [ɛ̃tɛʀdiʀ] jdm. verbieten etw. zu tun **III 1,** 9
intéressant/intéressante [ɛ̃teʀɛsɑ̃/ɛ̃teʀɛsɑ̃t] interessant **II 4,** 9
intéresser qn [ɛ̃teʀese] jdn. interessieren **II 2**
s'intéresser à qc [sɛ̃teʀɛse] sich für etw. interessieren **⟨II 8A⟩; ⟨III M3,** 2**⟩; V 1D**
l'**intérieur** *(m.)* [lɛ̃nteʀjœʀ] das Innere **IV 5A**
un **internat** [ɛ̃nɛ̃tɛʀna] ein Internat **⟨IV M1E⟩**
international/internationale [ɛ̃tɛʀnasjɔnal/ɛ̃tɛʀnasjɔnal] international **IV 2E**
un **internaute**/une **internaute** [ɛ̃nɛ̃tɛʀnot/ynɛ̃tɛʀnot] ein Internetsurfer/eine Internetsurferin **⟨V C1A,** 1**⟩**
Internet *(m.)* [ɛ̃tɛʀnɛt] Internet *(n.)* **I 3B**
interpeller qn [ɛ̃tɛʀpəle] jdn. ansprechen **⟨V C4B⟩**
un **interprète**/une **interprète** [ɛ̃nɛ̃tɛʀpʀɛt/ynɛ̃tɛʀpʀɛt] ein Dolmetscher/eine Dolmetscherin; ein Interpret/eine Interpretin **IV 3,** 1
interroger qn [ɛ̃teʀɔʒe] jdn. befragen **IV 4**
interrompre qn/qc [ɛ̃teʀɔ̃pʀ] jdn./etw. unterbrechen **IV 5B**
une **interview** [ynɛ̃tɛʀvju] ein Interview **I 3A,** 4
une **introduction** [ynɛ̃tʀɔdyksjɔ̃] eine Einführung, eine Einleitung **⟨IV M2,** 10**⟩**
un **intrus**/une **intruse** [ɛ̃nɛ̃tʀy/ynɛ̃tʀyz] ein Eindringling **II 5,** 1
inventer qc [ɛ̃vɑ̃te] etw. erfinden **⟨II 9E⟩; III 2,** 7
une **invention** [ynɛ̃vɑ̃sjɔ̃] eine Erfindung **⟨V C3B⟩**
une **invitation** [ynɛ̃vitasjɔ̃] eine Einladung **V 5D,** 1
inviter qn [ɛ̃vite] jdn. einladen **I 6B,** 4
l'**irlandais** *(m.)* [liʀlɑ̃dɛ] das Irische, die irische Sprache **⟨V C2C⟩**
irlandais/irlandaise [iʀlɑ̃dɛ/iʀlɑ̃dɛz] irisch **V 3D**
un **Italien**/une **Italienne** [ɛ̃nitaljɛ̃/ynitaljɛn] ein Italiener/eine Italienerin **II 3A**
italien/italienne [italjɛ̃/italjɛn] italienisch **II 1,** 8

J

jaloux/jalouse de qn [ʒalu/ʒaluz] eifersüchtig auf jdn. **II 7B**
une **jambe** [ynʒɑ̃b] ein Bein **II 7B**
un **jambon** [ɛ̃ʒɑ̃bɔ̃] ein Schinken **III 2**
janvier *(m.)* [ʒɑ̃vje] Januar **I 7,** 6
un **jardin** [ɛ̃ʒaʀdɛ̃] ein Garten **II 1**

jaune/jaune [ʒon/ʒon] gelb **I 7,** 4
le **jazz** [lədʒaz] der Jazz *(Musikstil)* **II 2**
un **jean** [ɛ̃dʒin] eine Jeans, ein Paar Jeans ⟨**I 9A**⟩; ⟨**II 8B,** 9⟩; **III 1**
une **jetée** [ynʒəte] eine (Hafen)Mole **V 1A**
jeter qc [ʒ(ə)te] etw. werfen ⟨**III M1**⟩; **V 1C,** 3
un **jeu** [ɛ̃ʒø] ein Spiel **I 1,** 4
un jeu vidéo/des jeux vidéo [ɛ̃ʒøvideo/deʒøvideo] ein Videospiel/Videospiele **I 4E**
jeudi *(m.)* [ʒødi] Donnerstag **I 7**
un **jeune**/une **jeune** [ɛ̃ʒœn/ynʒœn] ein Jugendlicher/eine Jugendliche **II 3A,** 9
jeune/jeune [ʒœn/ʒœn] jung **II 3A,** 9
la **jeunesse** [laʒœnɛs] die Jugend **I 8E**
un **job** *(fam.)* [ɛ̃dʒɔb] ein Job *(ugs.)* **IV 2E**
un **jogging** [ɛ̃(d)ʒɔgiŋ] ein Jogginganzug **IV 1,** 6
une **joie** [ynʒwa] eine Freude **IV 3**
joli/jolie [ʒɔli/ʒɔli] hübsch **I 7**
jouer [ʒwe] spielen **I 3A**
jouer à qc [ʒwea] etw. spielen *(Spiel)* **I 4**
jouer de qc [ʒwedə] etw. spielen *(Instrument)* **I 7**
jouer à cache-cache avec qn [ʒweakaʃkaʃ] mit jdm. Versteck(en) spielen ⟨**IV M1A**⟩
un **joueur**/une **joueuse** [ɛ̃ʒwœʀ/ynʒwøz] ein Spieler/eine Spielerin ⟨**IV M3,** 4⟩
un **jour** [ɛ̃ʒuʀ] ein Tag **I 3A; I 3A**
au jour le jour [oʒuʀləʒuʀ] in den Tag hinein **V 3C**
un **journal**/des **journaux** [ɛ̃ʒuʀnal/deʒuʀno] eine Zeitung/Zeitungen; *(hier)* ein Tagebuch **I 7;** *(hier)* eine Nachrichtensendung ⟨**III M1**⟩; ⟨**V C1A,** 1⟩
un journal de bord [ɛ̃ʒuʀnaldəbɔʀ] ein Logbuch; *(hier)* ein Reisebericht **III 2E**
un **journaliste**/une **journaliste** [ɛ̃ʒuʀnalist/ynʒuʀnalist] ein Journalist/eine Journalistin ⟨**I 9B,** 6⟩; **II 7B,** 6
une **journée** [ynʒuʀne] ein Tag, ein Tagesablauf **I 5,** 4
joyeux/joyeuse [ʒwajø/ʒwajøz] fröhlich ⟨**V C1D**⟩; ⟨**V C4A**⟩
un **juge**/une **juge** [ɛ̃ʒyʒ/ynʒyʒ] ein Richter/eine Richterin **V 3B**
juger qn [ʒyʒe] jdn. verurteilen ⟨**V C3A,** 1⟩
juillet *(m.)* [ʒɥijɛ] Juli **I 7,** 6
juin *(m.)* [ʒɥɛ̃] Juni **I 7,** 6
un **jumelage** [ɛ̃ʒym(ə)laʒ] eine (Städte)-Partnerschaft **IV 3,** 4
une **jupe** [ynʒyp] ein Rock **IV 1E**
le **jury** [ɛ̃ʒyʀi] die Geschworenen *(pl.)*; *(hier)* die Jury **V 4B**
un **jus** [ɛ̃ʒy] ein Saft **II 5**
un jus d'orange [ɛ̃ʒydɔʀɑ̃ʒ] ein Orangensaft **II 5**
jusqu'à ce que [ʒyskas(ə)kə] bis **V 2A**
jusque [ʒysk] bis ⟨**I 9A**⟩; **II 6**
juste/juste [ʒyst/ʒyst] gerecht **II 4,** 7
justement [ʒystəmɑ̃] genau; *(hier)* gerade **IV 3**
la **justice** [laʒystis] die Justiz; die Gerechtigkeit **V 3B**
justifier qc [ʒystifje] etw. rechtfertigen; etw. bestätigen **V 1A**

K

un **kilo** [ɛ̃kilo] ein Kilo **II 5**
un **kilomètre** [ɛ̃kilɔmɛtʀ] ein Kilometer ⟨**I 9A**⟩; **II 2**
un **kilomètre carré** [ɛ̃kilɔmɛtʀ(ə)kaʀe] ein Quadratkilometer **IV 5A**
un **kir** [ɛ̃kiʀ] ein Kir *(ein Mischgetränk aus Weißwein und Johannisbeerlikör)* **III 2,** 4
un **kouglof** [ɛ̃kuglɔf] ein Gugelhupf *(süddt. Bezeichnung für einen Napfkuchen)* **IV 3**

L

là [la] da, dort **I 2**
là-bas [laba] dort(hin), da(hin) **II 1**
un **laboratoire** [ɛ̃labɔʀatwaʀ] ein Labor(atorium) **III 3,** 6
lâcher qn/qc [laʃe] jdn./etw. loslassen ⟨**V C2A**⟩
laisser qn/qc [lɛse] jdn./etw. (zurück)-lassen **III 5**
laisser qn faire qc [lesefɛʀ] jdn. etw. machen lassen **IV 1**
le **lait** [ləlɛ] die Milch **II 5E**
une **lampe** [ynlɑ̃p] eine Lampe **III 5**
une **langue** [ynlɑ̃g] eine Sprache **I 8**
une langue maternelle [ynlɑgmatɛʀnɛl] eine Muttersprache **IV 5B**
une langue officielle [ynlɑ̃gɔfisjɛl] eine Amtssprache **IV 5B**
la **langue d'oc** [lalɑ̃gdɔk] das Languedokische, die langedokische Sprache ⟨**V C2C**⟩
un **lapin**/une **lapine** [ɛ̃lapɛ/ynlapin] ein Kaninchen ⟨**IV M1C,** 4⟩
une **larme** [ynlaʀm] eine Träne **V 3C**
latin/latine [latɛ̃/latin] lateinisch **IV 3**
laver qn/qc [lave] jdn./etw. waschen ⟨**IV M1A**⟩; ⟨**V C4C**⟩
une **leçon** [ynləsõ] eine Lektion **III 1**
un **lecteur**/une **lectrice** [ɛ̃lɛktœʀ/ynlektʀis] ein Leser/eine Leserin **V 1C**
un **lecteur mp3** [ɛ̃lɛktœʀɛmpetʀwa] ein MP3-Player **IV 2,** 10
la **lecture** [lalɛktyʀ] die Lektüre, das Lesen **I 7,** 16
léger/légère [leʒe/leʒɛʀ] leicht ⟨**IV M2**⟩
un **légume** [ɛ̃legym] ein Gemüse **II 5**
le **lendemain** [ləlɑ̃dmɛ̃] am darauf folgenden Tag **I 8**
lent/lente [lɑ̃/lɑ̃t] langsam **V 5B**
lequel/laquelle/lesquels/lesquelles [ləkɛl/lakɛl/lekɛl/lekɛl] welcher/welche/welches **III 2**
une **lessive** [ynlesiv] ein Waschmittel **V 2C**
une **lettre** [ynlɛtʀ] ein Brief **I 8E; III 4,** 2
une lettre de candidature [ynlɛtʀ(ə)dəkɑ̃didatyʀ] ein Bewerbungsschreiben **IV 2E**
une lettre de motivation [ynlɛtʀ(ə)dəmɔtivasjõ] ein Bewerbungsschreiben **IV 2,** 11
se lever [səlәve] aufstehen; *(hier)* sich erheben, (Wind) aufkommen **II 7B**
une **lèvre** [ynlɛvʀ] eine Lippe **V 1B**
une **libération** [ynlibeʀasjõ] eine Befreiung **II 4,** 11
la **liberté** [alibɛʀte] die Freiheit **V 1D**
une **librairie** [ynlibʀɛʀi] eine Buchhandlung **I 5**
libre/libre [libʀ/libʀ] frei **III 3**
un **lien** [ɛ̃ljɛ̃] eine Verbindung; *(hier)* ein Link ⟨**V C1E**⟩
un **lieu**/des **lieux** [ɛ̃ljø/deljø] ein Ort ⟨**III M1,** 1⟩; **V 1B**
une **ligne** [ynliɲ] eine (Verkehrs)Linie **I 5**
une **ligne aérienne** [ynliɲaeʀjɛn] eine Fluglinie ⟨**V C2B**⟩
limité/limitée [limite/limite] begrenzt ⟨**V C1C**⟩
linguistique/linguistique [lɛ̃gɥistik/lɛgɥistik] Sprach- **IV 3,** 8
lire qc [liʀ] etw. lesen **I 7**
une **liste** [ynlist] eine Liste **I 2,** 12
un **lit** [ɛ̃li] ein Bett **I 3A**
la **littérature** [laliteʀatyʀ] die Literatur **V 4A**
un **livre** [ɛ̃livʀ] ein Buch **I 5**
un livre de cuisine [ɛ̃livʀdəkɥizin] ein Kochbuch **I 5**

un **locuteur**/une **locutrice** [ɛ̃lɔkytœʀ/ ynlɔkytʀis] ein Sprecher/eine Sprecherin ⟨**V C2C**⟩
loger [lɔʒe] wohnen **V 2C**
un **logiciel** [ɛ̃lɔʒisjɛl] eine Software, ein (Computer)Programm ⟨**III M2**⟩
un **logo** [ɛ̃lɔgo] ein Logo, ein Markenzeichen **IV 1E**
une **loi** [ynlwa] ein Gesetz **V 3D**, 1
loin [lwɛ̃] weit **II 1**
long/longue [lõ/lõg] lang **I 7**
longtemps [lõtɑ̃] lange *(Adv.)* **III 3**
le **look** [ləluk] das Aussehen, der Look, die Aufmachung **IV 1E**
le **lorrain** [ləlɔʀɛ̃] das Lothringische ⟨**V C2C**⟩
le **loto** [ləloto] das Lotto ⟨**II 9**⟩
lourd/lourde [luʀ/luʀd] schwer; *(hier)* umfangreich **III 2**
une **lumière** [ynlymjɛʀ] ein Licht **III 5**
lundi *(m.)* [lɛ̃di] Montag **I 7**, 6
la **lune** [lalyn] der Mond ⟨**IV M2**⟩
des **lunettes** *(f., pl.)* [delynɛt] eine Brille ⟨**II 8A**⟩; **III 1E**
des lunettes de soleil *(f., pl.)* [delynɛtdəsɔlɛj] eine Sonnenbrille **III 1E**
un **lutin** [ɛ̃lytɛ̃] ein Lausejunge; *(hier)* ein Kobold **III 5**
le **luxembourgeois** [ləlyksɑ̃buʀʒwa] das Luxemburgische *(deutscher Dialekt)* ⟨**II 9**, 5⟩
un **lycée** [ɛ̃lise] ein Gymnasium **III 2E**
un **lycéen**/une **lycéenne** [ɛ̃liseɛ̃/ ynliseɛn] ein Gymnasiast/eine Gymnasiastin **V 4B**

M

une **machine** [ynmaʃin] eine Maschine **I 6A**, 5
madame … [madam] Frau … **I 1**
mademoiselle … [madmwazɛl] Fräulein … **I 1**, 3
un **magasin** [ɛ̃magazɛ̃] ein Geschäft, ein Laden **I 2**
faire les magasins *(fam.)* [fɛʀlemagazɛ̃] die Geschäfte abklappern *(ugs.)* **II 3B**
un **magazine** [ɛ̃magazin] eine Zeitschrift; *(hier)* ein (TV)Magazin ⟨**V C1E**⟩
la **magie** [lamaʒi] die Zauberei **III 5**
magique/magique [maʒik/maʒik] magisch, zauberhaft **III 5**
magnifique/magnifique [maɲifik/ maɲifik] wunderbar, herrlich **IV 5A**

le **magret de canard** [ləmagʀɛdəkanaʀ] die Entenbrust **II 5**, 1
mai *(m.)* [mɛ] Mai **I 7**
un **maillot de bain** [ɛ̃majodbɛ̃] ein Badeanzug ⟨**I 9A**⟩
une **main** [ynmɛ̃] eine Hand **III 5**
maintenant [mɛ̃tnɑ̃] jetzt **I 2**
un **maire** [ɛ̃mɛʀ] ein Bürgermeister/ eine Bürgermeisterin **V 3B**
une **mairie** [ynmɛʀi] ein Rathaus, ein Bürgermeisteramt **V 2A**
mais [mɛ] aber **I 1**
une **maison** [ynmɛzõ] ein Haus **I 3E**
une maison d'édition [ynmɛzõdedisjõ] ein Verlag ⟨**V C1A**, 1⟩
une **majorité** [ynmaʒɔʀite] eine Mehrheit **V 4D**, 3
avoir **mal** [avwaʀmal] Schmerzen haben **II 3B**
mal [mal] schlecht *(Adv.)* **I 1**, 3
avoir mal au ventre [avwaʀmalovɑ̃tʀ] Bauchweh haben ⟨**I 9A**⟩
malade/malade [malad/malad] krank **II 4E**
tomber malade [tõbemalad] krank werden ⟨**II 8A**⟩
la **maladie de la vache folle** [lamaladidəlavaʃfɔl] der Rinderwahn **V 3C**
malgré [malgʀe] trotz **IV 4**
un **malheur** [ɛ̃malœʀ] ein Unglück **V 2A**
malheureusement [malørøzmɑ̃] unglücklicherweise, leider *(Adv.)* ⟨**II 9**⟩; **III 2**, 3
malheureux/malheureuse [malørø/ malørøz] unglücklich **III 3**
maman *(f.)* [mamɑ̃] Mama, Mutti **I 3E**
mamie *(f.)* *(fam.)* [mami] Oma *(ugs.)* **I 7**
manger qc [mɑ̃ʒe] etw. essen **I 6A**
un **manifestant**/une **manifestante** [ɛ̃manifɛstɑ̃/ynmanifɛstɑ̃t] ein Demonstrant/eine Demonstrantin ⟨**V C2A**⟩
une **manifestation** [ynmanifɛstasjõ] eine Demonstration *(ugs.)* eine Demo **IV 1**
manifester [manifɛste] demonstrieren ⟨**V C2A**⟩
manquer [mɑ̃ke] fehlen, versäumen **II 5**
manqué/manquée [mɑ̃ke] verpasst, fehlgeschlagen **II 6**
maquiller qn [makije] jdn. schminken **IV 1**
un **marchand**/une **marchande** [ɛ̃maʀʃɑ̃/ynmaʀʃɑ̃d] ein Händler/eine Händlerin **II 5**

une **marchandise** [ynmaʀʃɑ̃diz] eine Ware **V 4B**, 2
une **marche** [ynmaʀʃ] eine Stufe ⟨**V C3B**⟩
un **marché** [ɛ̃maʀʃe] ein Markt ⟨**I 9A**⟩; **II 5**
marcher [maʀʃe] gehen, laufen; *(hier)* funktionieren **II 2**
mardi *(m.)* [maʀdi] Dienstag **I 7**, 6
la **marée** [lamaʀe] die Gezeiten *(pl.)* **III 5**
un **mari** [ɛ̃maʀi] ein Ehemann **I 3B**
un **mariage** [ɛ̃maʀjaʒ] eine Hochzeit ⟨**II 9**⟩; **V 3D**, 1
un **marié**/une **mariée** [maʀje] ein Bräutigam/eine Braut ⟨**II 9**⟩
marié/mariée [maʀje/maʀje] verheiratet ⟨**IV M3**, 5⟩
se marier [səmaʀje] jdn. heiraten ⟨**II 9**⟩
marier qn à qn [maʀje] jdn. mit jdm. verheiraten ⟨**IV M3**, 7⟩
marin/marine [maʀɛ̃/maʀin] Matrosen- ⟨**V C4B**⟩
un **Marocain**/une **Marocaine** [ɛ̃maʀɔkɛ̃/ ynmaʀɔkɛn] ein Marokkaner/eine Marokkanerin ⟨**III M3E**⟩; **V 2B**
marocain/marocaine [maʀɔkɛ̃/ maʀɔkɛn] marokkanisch ⟨**I 9A**⟩; ⟨**III M3E**⟩; **V 2B**
une **marque** [ynmaʀk] eine Marke **IV 1E**
marquer qc [maʀke] etw. markieren, etw. anzeigen; *(hier)* schreiben **I 2**
marrant/marrante *(fam.)* [maʀɑ̃/ maʀɑ̃t] witzig *(ugs.)* ⟨**IV M3**⟩; ⟨**V C1C**⟩
en **avoir marre** de qc [ɑ̃navwaʀmaʀ] von etw. die Nase voll haben *(ugs.)* **II 4**
se marrer *(fam.)* [səmaʀe] sich kaputtlachen *(ugs.)* **V 2D**
marron *(inv.)* [maʀõ] (kastanien)-braun **I 7**, 4
mars *(m.)* [maʀs] März **I 7**, 6
un **Martiniquais**/une **Martiniquaise** [ɛ̃maʀtinikɛ/ynmaʀtinikɛz] ein Martinikaner/eine Martinikanerin ⟨**III M3E**⟩; **IV 5B**, 1
un **mascaret** [ɛ̃maskaʀɛ] eine Flutwelle, eine Sprungwelle ⟨**IV M2**⟩
un **match** [ɛ̃matʃ] ein Wettkampf, ein Spiel **II 3E**
le **matériel** [ləmateʀjɛl] das Material, die Ausrüstung **II 4**, 8
les **maths** *(f., pl.)* *(fam.)* [lemat] Mathe *(ugs.)* **II 4**
une **matière** [ynmatjɛʀ] ein Unterrichtsfach **III 3**
un **matin** [ɛ̃matɛ̃] ein Morgen ⟨**I 9A**⟩; **II 1E**

le matin [ləmatɛ̃] morgens ⟨**I 9A**⟩; **II 1E**
mauvais/mauvaise [movɛ/movɛz] schlecht **I 7**
un **mec** *(fam.)* [ɛ̃mɛk] ein Kerl *(ugs.)* **III 1E**
un **mécanicien**/une **mécanicienne** [ɛ̃mekanisjɛ̃/ynmekanisjɛn] ein Mechaniker/eine Mechanikerin **II 1**
un **mécène** [ɛ̃mesɛn] ein Förderer/eine Förderin, ein Mäzen/eine Mäzenin ⟨**IV M1C**⟩
méchant/méchante [meʃɑ̃/meʃɑ̃t] gemein, böse **III 5**
une **médaille** [ynmedaj] eine Medaille, ein Orden **IV 5B,** 3
un **médecin**/une **femme médecin** [ɛ̃medsɛ̃/ynfamedsɛ̃] ein Arzt/eine Ärztin **I 6E**
les **médias** *(m., pl.)* [lemedja] die Medien ⟨**IV M3,** 10⟩; ⟨**V C1E**⟩
une **médiathèque** [ynmedjatɛk] eine Mediathek **II 3A**
un **médicament** [ɛ̃medikamɑ̃] ein Arzneimittel, ein Medikament **IV 4**
se méfier de qn/qc [s(ə)mefje] jdm./etw. misstrauen ⟨**V C1C**⟩
le **meilleur**/la **meilleure** [mɛjœʀ] der beste/die beste/das beste ⟨**II 8A**⟩
meilleur/meilleure [mɛjœʀ/mɛjœʀ] besser *(Steigerungsform von «bon»)* **III 1**
un **mélange** [ɛ̃melɑ̃ʒ] eine Mischung **V 2B**
mélanger qc [melɑ̃ʒe] etw. mischen ⟨**II 8B**⟩; **V 2D**
mêler qn à qc [mele] jdn. in etw. verwickeln **IV 4**
un **membre** [ɛ̃mɑ̃bʀ] ein Mitglied **V 4B**
le **même**/la **même** [ləmɛm/lamɛm] derselbe/dieselbe/dasselbe ⟨**I 9B**⟩; **II 4,** 2
même [mɛm] sogar ⟨**I 9A**⟩; **II 1E**
même si [mɛmsi] auch wenn, selbst wenn **V 5A**
une **menace** [ynmənas] eine Drohung, eine Bedrohung **IV 4**
menacer qn [mənase] jdm. drohen, jdn. bedrohen ⟨**V C3A**⟩
mener qn/qc [m(ə)ne] jdn./etw. führen, jdn./etw. leiten **IV 2,** 11
un **menhir** [ɛ̃meniʀ] ein Menir, ein Hinkelstein **III 5E**
un **mensuel** [ɛ̃mɑ̃sɥɛl] eine Monatszeitschrift ⟨**V C1A,** 1⟩
mensuel/mensuelle [mɑ̃sɥɛl/mɑ̃sɥɛl] monatlich ⟨**V C1D**⟩
mentir [mɑ̃tiʀ] lügen **IV 4**
un **menu** [ɛ̃məny] ein Menü **II 5**
la **mer** [lamɛʀ] das Meer ⟨**I 9E**⟩; **II 7E**
merci [mɛʀsi] danke **I 1**
mercredi *(m.)* [mɛʀkʀədi] Mittwoch **I 4**
une **mère** [ynmɛʀ] eine Mutter **I 6A,** 5
une **merguez** [ynmɛʀgɛz] eine Bratwurst **V 3A**
mériter qc [meʀite] etw. verdienen **V 2A**
Mesdames, Messieurs, … [medammesjø] Sehr geehrte Damen und Herren, … **II 4,** 11
un **message** [ɛ̃mɛsaʒ] eine Mitteilung, eine Nachricht **II 6**
une **mesure** [ynməzyʀ] eine Maßnahme ⟨**V C1C**⟩
une **météorologie** [lameteɔʀɔlɔʒi] die Wettervorhersage **II 1,** 9
une **méthode** [ynmetɔd] eine Methode ⟨**IV M1E**⟩
un **métier** [ɛ̃metje] ein Beruf **I 6E**
un métier de rêve [ɛ̃metjedəʀɛv] ein Traumberuf **III 4E**
métis/métisse [metis/metis] gemischt **V 2D**
un **mètre** [ɛ̃mɛtʀ] ein Meter **II 6,** 8
un **mètre carré** [ɛ̃mɛtʀ(ə)kaʀe] ein Quadratmeter **V 4B**
le **métro** [ləmetʀo] die Metro, die U-Bahn **I 5**
une **métropole** [ynmetʀɔpɔl] eine Metropole **IV 5B**
un **metteur en scène**/une **metteuse en scène** [ɛ̃mɛtœʀɑ̃sɛn/ynmɛtøzensɛn] ein Regisseur/eine Regisseurin **V 3B,** 1
mettre qc [mɛtʀ] etw. legen, setzen, stellen; etw. anziehen ⟨**I 9B**⟩; **II 1**
se mettre à faire qc [s(ə)mɛtʀ] anfangen, etw. zu tun ⟨**V C4C**⟩
mettre la table [mɛtʀlatabl] den Tisch decken **II 1**
mettre qc en relief [mɛtʀɑ̃ʀəljɛf] etw. hervorheben **II 7A,** 4
mettre quatre heures pour faire qc [mɛtʀəkatʀœʀ] vier Stunden brauchen, um etw. zu tun ⟨**IV M2**⟩
un **microphone** [ɛ̃mikʀɔfɔn] ein Mikro(fon) ⟨**V C1D**⟩
le **midi** [ləmidi] der Mittag **I 5E**
le **Midi** [ləmidi] ⟨**III M1E**⟩; **IV 4**
mieux [mjø] besser *(Adv.)* **III 3**
mignon/mignonne [miɲɔ̃/miɲɔn] süß, niedlich **II 3B**
un **milieu** [ɛ̃miljø] eine Schicht, ein Milieu; eine Mitte **V 3C**
au milieu de qc [omiljø] inmitten von etw. ⟨**IV M3**⟩; **V 2C**
mille [mil] tausend ⟨**I 9B**⟩; **II 2**
un **milliard** [ɛ̃miljaʀ] eine Millarde **V 4B,** 2
un **millier** [ɛ̃milje] etwa tausend **V 1C**
un **million** [ɛ̃miljɔ̃] eine Million **III 3**
mince/mince [mɛ̃s/mɛ̃s] dünn ⟨**II 8A**⟩
minuit *(m.)* [minɥi] Mitternacht, 12 Uhr nachts **I 5E**
une **minute** [ynminyt] eine Minute **II 2**
un **miracle** [ɛ̃miʀakl] ein Wunder **V 1A**
le **mistral** [ləmistʀal] der Mistral ⟨**III M2**⟩
la **mode** [lamɔd] die Mode **II 3A**
un **mode d'emploi** [ɛ̃mɔddɑ̃plwa] eine Gebrauchsanweisung **V 4B,** 4
moi [mwa] ich *(betont)* **I 1E**
moins [mwɛ̃] weniger ⟨**II 8A**⟩; **III 1E**
moins beau que [mwɛ̃bokə] weniger schön als **III 1E**
au moins [omwɛ̃] mindestens ⟨**IV M3E**⟩; ⟨**V 2A**⟩
un **mois** [ɛ̃mwa] ein Monat **I 3A**
une **moitié** [ynmwatje] eine Hälfte **III 3**
à moitié [amwatje] zur Hälfte **III 3**
un **moment** [ɛ̃mɔmɑ̃] ein Moment **IV 2,** 10
en ce moment [ɑ̃səmɔmɑ̃] im Augenblick, zurzeit **IV 3**
une **monarchie** [ynmɔnaʀʃi] eine Monarchie ⟨**V C3A**⟩
un **monde** [ɛ̃mɔ̃d] eine Welt **III 2**
beaucoup de monde [bokudmɔ̃d] viele Leute **I 7**
monsieur … [məsjø] Herr … **I 1**
une **montagne** [ynmɔ̃taɲ] ein Berg, ein Gebirge ⟨**I 9E**⟩; **II 1**
monter [mɔ̃te] steigen, einsteigen **I 5**
une **montre** [ynmɔ̃tʀ] eine Armbanduhr ⟨**II 9E**⟩; **V 3B,** 2
montrer qc à qn [mɔ̃tʀe] jdm. etw. zeigen **II 4E**
un **monument** [ɛ̃mɔnymɑ̃] ein Denkmal, ein Monument ⟨**V C3B**⟩
se moquer de qn [səmɔke] sich über jdn. lustig machen **III 1**
le **moral** [ləmɔʀal] die Stimmung, die innere Verfassung **II 2**
la **morale** [lamɔʀal] die Moral ⟨**V C3A**⟩
la **mort** [lamɔʀ] der Tod **III 5**
un mort/une morte [ɛ̃mɔʀ/ynmɔʀt] ein Toter/eine Tote **IV 5A,** 2
un **mot** [ɛ̃mo] ein Wort **I 1,** 4
un mot-clé [ɛ̃mokle] ein Schlüsselwort **I 7,** 10
un **moteur** [ɛ̃mɔtœʀ] ein Motor **V 2E**
un moteur de recherche [ɛ̃mɔtœʀdəʀəʃɛʀʃ] eine Suchmaschine **V 2E**

une **motivation** [ynmɔtivasjõ] eine Motivation V 4A
motiver qn [mɔtive] jdn. motivieren IV 3, 3
une **moto** [ynmoto] ein Motorrad ⟨IV M2, 9⟩
mourir [muʀiʀ] sterben III 4
la **moutarde** [lamutaʀd] der Senf III 2E
un **mouton** [ɛ̃mutõ] ein Schaf V 2B
un **moyen** [ɛ̃mwajɛ̃] ein Mittel; *(hier)* ein Geldmittel IV 1
un moyen de communication [ɛ̃mwajɛ̃dəkɔmynikasjõ] ein Verständigungsmittel ⟨V C1A⟩
un moyen de transport [ɛ̃mwajɛ̃də tʀɑ̃spɔʀ] ein Verkehrsmittel I 5, 2
le **Moyen Age** [ləmwajɛnaʒ] das Mittelalter III 2
en moyenne [ɑ̃mwajɛn] durchschnittlich, im Durchschnitt IV 4
un **mur** [ɛ̃myʀ] eine Mauer, eine Wand I 4
un mur d'escalade [ɛ̃myʀdɛskalad] eine Kletterwand I 4
murmurer qc à qn [myʀmyʀe] jdm. etw. zuflüstern V 1A
un **musée** [ɛ̃myze] ein Museum II 1
un **musicien**/une **musicienne** [ɛ̃myzisjɛ̃/ynmyzisjɛn] ein Musiker/eine Musikerin II 6
la **musique** [lamyzik] die Musik I 3A
la musique rock [lamyzikʀɔk] die Rockmusik I 3A
un **musulman**/une **musulmane** [ɛ̃mysylmɑ̃/ynmysylman] ein Muslim/eine Muslimin V 3B
mystérieux/mystérieuse [misteʀjø/misteʀjøz] geheim, geheimnisvoll V 1B

N

une **naissance** [ynnɛsɑ̃s] eine Geburt ⟨V C3A⟩
naître [nɛtʀ] geboren werden IV 5B
la **natation** [lanatasjõ] das Schwimmen I 4E
une **nationalité** [ynasjɔnalite] eine Nationalität ⟨III M3E⟩; IV 3, 8
la **nature** [lanatyʀ] die Natur I 2
naturel/naturelle [natyʀɛl/natyʀɛl] natürlich; Natur- IV 5A, 2
ne … aucun [nə … okɛ̃] keiner/keine/keines IV 5A
nécessaire/nécessaire [nesesɛʀ/nesesɛʀ] notwendig, erforderlich ⟨III M2⟩; IV 1, 2

le **néerlandais** [ləneɛʀlɑ̃dɛ] das Niederländische, die niederländische Sprache IV 3E
un Néerlandais/une Néerlandaise [ɛ̃neɛʀlɑ̃dɛ/ynneɛʀlɑ̃dɛz] ein Niederländer/eine Niederländerin IV 5B
négatif/négative [negatif/negativ] negativ V 5C
la **neige** [lanɛʒ] der Schnee ⟨III M3⟩; ⟨IV M1A⟩
ne … jamais [nə … ʒamɛ] nie, niemals I 6A
ne … ni … ni [nə … ni … ni] weder … noch IV 5A
ne … pas [nə … pa] nicht I 4
ne … pas de [nə … padə] kein/keine *(bei Mengen)* I 7
ne … pas du tout [nə … padytu] überhaupt nicht II 1
ne … pas encore [nə … pazɑ̃kɔʀ] noch nicht II 1
ne … pas non plus [nə … panõply] auch nicht II 1
ne … personne [nə … pɛʀsɔn] niemand II 5
ne … plus [nə … ply] nicht mehr I 6A
ne … plus jamais [nə … plyʒamɛ] nie mehr III 1
ne … que [nə … kə] nur II 2
ne … rien [nə…ʀjɛ̃] nichts I 6A
nerveux/nerveuse [nɛʀvø/nɛʀvøz] nervös ⟨III M3⟩
nettoyer qc [nɛtwaje] etw. reinigen, etw. säubern IV 2
neuf/neuve [nœf/nœv] neu IV 4, 9
neutre/neutre [nøtʀ/nøtʀ] neutral ⟨V C1A, 1⟩
un **nez** [ɛ̃ne] eine Nase III 2
n'importe qui [nɛ̃mɔʀt(ə)ki] irgendwer ⟨V C1C⟩
N'importe quoi! [nɛ̃pɔʀtəkwa] So ein Quatsch! IV 2
un **niveau** [ɛ̃nivo] ein Niveau III 4
la **noblesse** [lanoblɛs] der Adel ⟨V C3A⟩
noir/noire [nwaʀ/nwaʀ] schwarz I 7
un **nom** [ɛ̃nõ] ein Name I 7, 14
un **nombre** [ɛ̃nõbʀ] eine Zahl ⟨I 9B, 5⟩; II 2, 11
non [nõ] nein I 1
une **nonchalance** [ynnõʃalɑ̃s] eine Gelassenheit ⟨V C4A⟩
le **nord** [lənɔʀ] der Norden III 2E
normal/normale [nɔʀmal/nɔʀmal] normal III 3
une **note** [ynnɔt] eine Note I 8
une **nouille** [ynnuj] eine Nudel II 4; *(hier)* eine Tranfunzel *(ugs.)* III 1
un **nouveau** [ɛ̃nuvo] ein Neuer I 1

nouveau/nouvel/nouvelle [nuvo/nuvɛl/nuvɛl] neu II 3B
à nouveau [anuvo] erneut, nochmals IV 4
une **nouvelle** [ynnuvɛl] eine Nachricht, eine Neuigkeit II 2
novembre *(m.)* [nɔvɑ̃bʀ] November I 7, 6
se noyer [sənwaje] ertrinken; sich ertränken ⟨IV M2⟩
nu/nue [ny/ny] nackt ⟨V C3B, 3⟩
un **nuage** [ɛ̃nyaʒ] eine Wolke II 1, 9
une **nuit** [ynnɥi] eine Nacht II 4
une nuit blanche [ynnɥiblɑ̃ʃ] eine schlaflose Nacht III 2
qc est **nul/nulle** *(fam.)* [nyl/nyl] etw. ist blöd, bringt's nicht *(ugs.)* II 2
nulle part [nylpaʀ] nirgends V 2C
numérique/numérique [nymeʀik/nymeʀik] digital III 2
un **numéro de téléphone** [ɛ̃nymeʀodətelefɔn] eine Telefonnummer I 6B, 4

O

un **objectif** [ɛ̃nɔbʒɛktif] ein Ziel V 4B
un **objet** [ɛ̃nɔbʒɛ] ein Gegenstand; ein Betreff *(Angabe des Themas in einem offiziellen Brief)* II 4, 11
obliger qn à faire qc [ɔbliʒe] jdn. zwingen, etw. zu tun IV 5B
l'**obscurité** *(f.)* [lɔpskyʀite] die Dunkelheit, die Finsternis V 1D
observer qn/qc [ɔpsɛʀve] jdn./etw. beobachten IV 5A
obtenir qc [ɔptəniʀ] etw. bekommen V 5A
une **occasion** [ynɔkazjõ] eine Gelegenheit V 2C
l'**occitan** *(m.)* [lɔksitɑ̃] das Okzitanische, die okzitanische Sprache ⟨V C2C⟩
s'occuper de qn/qc [sɔkype] sich mit jdm./etw. beschäftigen; sich um jdn./etw. kümmern III 3
occuper qc [ɔkype] *(hier)* etw. besetzen IV 5B
octobre *(m.)* [ɔktɔbʀ] Oktober I 7, 6
une **ode** [ynɔd] eine Ode IV 3
un **œil**/des **yeux** [ɛ̃nœj/dezjø] ein Auge/Augen ⟨II 8A⟩; III 1E
avoir les yeux bleus [avwaʀlezjøblø] blaue Augen haben ⟨II 8A⟩
un **œuf**/des **œufs** [ɛ̃nœf/dezø] ein Ei/Eier II 5E
un **office de tourisme** [ɛ̃nɔfisdətuʀism] ein Fremdenverkehrsamt II 7E

l'**Office franco-allemand pour la jeunesse** [lɔfisfʀɑ̃koalmɑ̃puʀlaʒœnɛs] Deutsch-Französisches Jugendwerk **V 4B**
officiel/officielle [ɔfisjɛl/ɔfisjɛl] offiziell **IV 2,** 13
offrir qc à qn [ɔfʀiʀ] jdm. etw. anbieten; jdm. etw. schenken **III 4**
un **oiseau**/des **oiseaux** [ɛ̃nwazo/dezwazo] ein Vogel/Vögel **I 7E**
une **ombre** [ynɔ̃bʀ] ein Schatten **IV 5A**
un **oncle** [ɛ̃nɔ̃kl] ein Onkel **I 7**
l'**or** *(m.)* [lɔʀ] das Gold **IV 2**
un **orage** [ɛ̃nɔʀaʒ] ein Gewitter **II 7B**
oral/orale [ɔʀal/ɔʀal] mündlich **⟨V C4C,** 3**⟩**
une **orange** [ynɔʀɑ̃ʒ] eine Orange **II 5E**
orange/orange *(inv.)* [ɔʀɑ̃ʒ/ɔʀɑ̃ʒ] orange **I 7,** 4
ordinaire/ordinaire [ɔʀdinɛʀ/ɔʀdinɛʀ] gewöhnlich **V 2C**
un **ordinateur** [ɛ̃nɔʀdinatœʀ] ein Computer **I 3A**
une **ordonnance** [ynɔʀdɔnɑ̃s] ein Rezept *(vom Arzt)* **II 7B,** 4
un **ordre** [ɛ̃nɔʀdʀ] eine Reihenfolge **I 3A,** 4
une **oreille** [ynɔʀɛj] ein Ohr **⟨II 9E⟩; III 1,** 11
une **organisation** [ynɔʀganizasjɔ̃] eine Organisation **V 3D**
organiser qc [ɔʀganise] etw. organisieren **I 8E**
un **organisme** [ɛ̃nɔʀganism] ein Organismus **V 4D**
l'**orgueil** *(m.)* [lɔʀgœj] der Stolz, die Überheblichkeit **⟨V C4A⟩**
une **origine** [ynɔʀiʒin] ein Ursprung; eine Herkunft **⟨II 8B⟩; III 5,** 5
un **os**/des **os** [ɛ̃nɔs/dezo] ein Knochen/Knochen **IV 2**
ou [u] oder **I 4**
ou bien ... ou bien [ubjɛ̃ ... ubjɛ̃] entweder ... oder **III 1**
où [u] wo **I 2;** wo *(Relativpronomen)* **II 3A**
oublier qc [ublije] etw. vergessen **I 6B**
l'**ouest** *(m.)* [lwɛst] der Westen **III 2E**
Ouf! [uf] Uff! **II 4**
oui [wi] ja **I 1**
un **ours**/une **ourse** [ɛ̃nuʀs/ynuʀs] ein Bär/eine Bärin **II 7E**
un **outil** [ɛ̃nuti] ein Werkzeug **IV 2**
un **ouvrier**/une **ouvrière** [ɛ̃nuvʀije/ynuvʀijɛʀ] ein Arbeiter/eine Arbeiterin **V 2C**
ouvrir qc [uvʀiʀ] etw. öffnen **I 7**

P

une **page** [ynpaʒ] eine Seite **I 2,** 12
le **pain** [ləpɛ̃] das Brot **II 5**
un pain d'épice [ɛ̃pɛ̃depis] ein Gewürzbrot *(Lebkuchenspezialität aus Dijon)* **III 2**
une **paire** [ynpɛʀ] ein Paar **⟨V C3E⟩**
un **palais** [ɛ̃palɛ] ein Palast **III 2**
une **panique** [ynpanik] eine Panik **II 7B**
un **pantalon** [ɛ̃pɑ̃talɔ̃] eine Hose **I 7**
une **panthère** [ɛ̃pɑ̃tɛʀ] ein Panther **⟨V C4C⟩**
papa *(m.)* [papa] Papa, Vati **I 1**
une **papeterie** [ynpapɛtʀi] ein Schreibwarengeschäft **I 2**
papi *(m.) (fam.)* [papi] Opa *(ugs.)* **I 7**
un **papier** [ɛ̃papje] ein Papier **I 2**
papoter *(fam.)* [papɔte] schwatzen *(ugs.)* **V 3A**
un **paquet** [ɛ̃pakɛ] ein Paket **II 2**
par cœur [paʀkœʀ] auswendig **I 6B**
par exemple [paʀɛgzɑ̃pl] zum Beispiel **II 3B**
par semaine [paʀsəmɛn] pro Woche, wöchentlich **⟨I 9A,** 11**⟩; II 4,** 2
par e-mail [paʀimɛl] per E-Mail **II 4,** 4
par contre [paʀkɔ̃tʀ] hingegen, dagegen **III 2**
un **paradis** [ɛ̃paʀadi] ein Paradies **I 2**
paraître [paʀɛtʀ] erscheinen **V 5B**
un **parapluie** [ɛ̃paʀaplɥi] ein Regenschirm **II 1,** 10
un **parc** [ɛ̃paʀk] ein Park **II 1E**
un parc national [ɛ̃paʀknasjɔnal] ein Nationalpark **II 4,** 11
un parc naturel [ɛ̃paʀknatyʀɛl] ein Naturschutzgebiet **IV 5A**
parce que [paʀskə] weil **I 5E**
un **parcours** [ɛ̃paʀkuʀ] eine Strecke; ein Durchgang **II 7B**
Pardon. [paʀdɔ̃] Verzeihung., Entschuldigung. **I 4,** 12
pardonner qc à qn [paʀdɔne] jdm. etw. verzeihen **⟨V C3D⟩**
les **parents** *(m., pl.)* [lepaʀɑ̃] die Eltern **I 3A**
parfait/parfaite [paʀfɛ/paʀfɛt] perfekt, tadellos **III 5,** 8
parfois [paʀfwa] manchmal, gelegentlich **V 2D**
un **parlement** [ɛ̃paʀləmɑ̃] ein Parlament **IV 3E**
parler à qn [paʀle] mit jdm. sprechen, zu jdm. sprechen **I 6A**
parler de qc [paʀle] über etw. sprechen **II 3B**
Tu parles! *(fam.)* [typaʀl] Von wegen! *(ugs.)* **II 6**
parmi [paʀmi] unter **IV 5A**
la **parole** [lapaʀɔl] das Wort *(in einem literarischen Text)* **V 5C**
partager qn/qc avec qn/qc [paʀtaʒe] jdn./etw. mit jdm./etw. teilen **V 4A**
un **partenaire**/une **partenaire** [ɛ̃paʀtənɛʀ/ynpaʀtənɛʀ] ein Partner/eine Partnerin **IV 3**
participer à qc [paʀtisipe] an etw. teilnehmen **⟨III M3⟩; IV 2**
en particulier [ɑ̃paʀtikylje] besonders **V 4B**
particulièrement [paʀtikyljɛʀmɑ̃] besonders **V 5B**
une **partie** [ynpaʀti] ein Teil **I 2,** 7
partir [paʀtiʀ] weggehen, abfahren **⟨I 9A⟩; II 1**
à partir de [apaʀtiʀdə] von ... an **III 1**
partout [paʀtu] überall **II 3A**
un **pas** [ɛ̃pa] ein Schritt **V 1A**
pas grand-chose [pagʀɑ̃ʃoz] nicht viel **V 2A**
un **passage** [ɛ̃pasaʒ] ein Abschnitt; ein Durchgang **⟨V C4E⟩**
passer qc [pase] *(hier)* etw. verbringen *(einen Tag)* **II 1**
passer [pase] vorbeigehen, -fahren, -kommen **II 3A**
se passer [səpase] geschehen, sich ereignen **II 7B**
passer [pase] *(hier)* laufen, spielen (im Radio) **⟨II 8A,** 5**⟩**
passer à la télé [pasealatele] einen Fernsehauftritt haben **III 4**
passer un entretien [paseɛ̃nɑ̃tʀətjɛ̃] ein Bewerbungsgespräch führen **IV 2,** 11
une **passerelle** [ynpasʀɛl] eine Fußgängerbrücke **IV 3,** 4
une **passion** [ynpasjɔ̃] eine Leidenschaft **V 5A**
des **pâtes** *(f., pl.)* [depat] Nudeln **⟨IV M3E⟩**
la **patience** [lapasjɑ̃s] die Geduld **V 4A**
un **pâtissier**/une **pâtissière** [ɛ̃patisje/ynpatisjɛʀ] ein Konditor/eine Konditorin **⟨II 9⟩**
un **patron**/une **patronne** [ɛ̃patʀɔ̃/ynpatʀɔn] ein Chef/eine Chefin, ein Arbeitgeber/eine Arbeitgeberin **V 5D**
pauvre/pauvre [povʀ/povʀ] arm **II 3B**
payer qc [peje] etw. bezahlen **I 8**
un **pays** [ɛ̃pei] ein Land **II 4E**
un **paysage** [ɛ̃peizaʒ] eine Landschaft **V 3B**

un **paysan**/une **paysanne** [ɛ̃peizɑ̃/ynpeizan] ein Bauer/eine Bäuerin ⟨**II 8B**, 3⟩; **V 3B**
paysan/paysanne [peizɑ̃/peizan] ländlich, bäuerlich **V 3C**
le **péage** [ləpeaʒ] die Mautstelle **III 2**
une **peau** [ynpo] eine Haut **IV 4**, 9
la **pêche** [lapɛʃ] die Fischerei **III 5E**
pêcher qc [peʃe] etw. angeln, etw. fischen ⟨**IV M3**⟩
peindre qc [pɛ̃dʀ] etw. anmalen, etw. anstreichen **III 5**
à peine [apɛn] kaum ⟨**IV M3E**⟩
un **peintre**/une **femme peintre** [ɛ̃pɛ̃tʀ/ynfampɛ̃tʀ] ein Maler/eine Malerin **IV 4E**
un peintre en bâtiment [ɛ̃pɛ̃tʀɑ̃batimɑ̃] ein Anstreicher/eine Anstreicherin **IV 4E**
la **peinture** [lapɛ̃tyʀ] die Malerei, die Farbe *(zum Anmalen)* **II 3A**
une **pellicule** [ynpelikyl] ein Film **I 8**
pendant [pɑ̃dɑ̃] während **I 6B**
pendant ce temps [pɑ̃dɑ̃sətɑ̃] währenddessen, während dieser Zeit **II 5**
pendant que *(Konjunktion)* [pɑ̃dɑ̃kə] während ⟨**II 8B**⟩; **III 1**
une **pensée** [ynpɑ̃se] ein Gedanke ⟨**V C4B**⟩
penser à qn [pɑ̃se] an jdn. denken **II 3B**
perdre qc [pɛʀdʀ] etw. verlieren **II 2**
un **père** [ɛ̃pɛʀ] ein Vater **I 4**
la **permanence** [lapɛʀmanɑ̃s] die beaufsichtigte Freistunde **II 4**
permettre à qn de faire qc [pɛʀmɛtʀ] jdm. erlauben, etw. zu tun **IV 2**
un **personnage** [ɛ̃pɛʀsɔnaʒ] eine Figur, eine Persönlichkeit, eine Person **II 4**, 3
un personnage principal [ɛ̃pɛʀsɔnaʒpʀɛ̃sipal] ein Hauptdarsteller ⟨**IV M1E**⟩; **V 1B**
une **personnalité** [ynpɛʀsɔnalite] eine Persönlichkeit **V 5A**
une **personne** [ynpɛʀsɔn] eine Person **II 3E**
personnel/personnelle [pɛʀsɔnɛl/pɛʀsɔnɛl] persönlich **V 1D**
une **perspective** [ynpɛʀspɛktiv] eine Perspektive, ein Blickwinkel ⟨**IV M1B**⟩; **V 4B**
petit/petite [pəti/pətit] klein **I 7E**
petit à petit [p(ə)titap(ə)ti] nach und nach ⟨**V C3C**⟩
un **petit-déjeuner** [ɛ̃pətideʒœne] ein Frühstück **II 4**
un **petit-fils**/une **petite-fille** [ɛ̃p(ə)tifis/ynp(ə)titfij] ein Enkel/eine Enkelin ⟨**V C3A**⟩
peu [pø] wenig **I 7**
un peu de [ɛ̃pødə] ein wenig *(bei Mengen)* **I 7**
peu à peu [pøapø] nach und nach ⟨**V C2A**⟩
un **peuple** [ɛ̃pœpl] ein Volk **V 5B**
la **peur** [lapœʀ] die Angst **I 4**
avoir peur de faire qc [avwaʀpœʀ] Angst haben etw. zu tun **I 6B**
faire peur à qn [fɛʀpœʀ] jdm. Angst machen **II 5**
N'aie pas peur! [nepapœʀ] Hab keine Angst! **III 5**
peut-être [pøtɛtʀ] vielleicht **I 8**
une **pharmacie** [ynfaʀmasi] eine Apotheke, ein Medizinschrank, eine Hausapotheke **III 2**
une **photo** [ynfoto] ein Foto **I 2E**
une **photographie** [ynfɔtɔgʀafi] eine Fotografie **III 2**
photographier qn/qc [fɔtɔgʀafje] jdn./etw. fotografieren ⟨**III M2**⟩
une **phrase** [ynfʀaz] ein Satz **I 2**, 10
le **physique** [ləfizik] das Äußere ⟨**IV M1E**⟩; ⟨**IV M3**, 5⟩
un **piano** [ɛ̃pjano] ein Klavier, ein Piano **I 4E**
une **pièce** [ynpjɛs] ein Zimmer **I 3E; IV 2**
un **pied** [ɛ̃pje] ein Fuß **II 7B**
à pied [apje] zu Fuß **III 2**
C'est le pied! *(fam.)* [sɛləpje] Das ist der Hammer! *(ugs.)* **III 2**
pieds nus [pjeny] barfuß **V 2A**
une **pierre** [ynpjɛʀ] ein Stein **V 2B**
un **piéton**/une **piétonne** [ɛ̃pjetɔ̃/ynpjetɔn] ein Fußgänger/eine Fußgängerin **IV 3**, 4
un **pilote**/une **pilote** [ɛ̃pilɔt/ynpilɔt] ein Pilot/eine Pilotin **II 3A**, 3
un **pinceau** [ɛ̃pɛ̃so] ein Pinsel **IV 4E**
un **pion**/une **pionne** [ɛ̃pjɔ̃/ynpjɔn] eine Aufsichtsperson **II 4**
un **pique-nique** [ɛ̃piknik] ein Picknick **II 5**, 12
pire/pire [piʀ/piʀ] schlimmer **V 2B**
une **piscine** [ynpisin] ein Schwimmbad, ein Schwimmbecken **II 2**
un **pistolet** [ɛ̃pistɔlɛ] eine Pistole **III 5E**
une **place** [ynplas] ein Platz **I 2**
une **plage** [ynplaʒ] ein Strand ⟨**I 9E**⟩; ⟨**II 9**⟩; **III 1E**
se plaindre de qn/qc [səplɛ̃dʀ] sich über jdn./etw. beschweren, sich über jdn./etw. beklagen **III 5**
plaire à qn [plɛʀ] jdm. gefallen **II 3A**
un **plaisir** [ɛ̃pleziʀ] ein Vergnügen, eine Freude ⟨**II 9**⟩; **IV 5A**
un **plan** [ɛ̃plɑ̃] ein Plan; *(hier)* ein Stadtplan **I 5**; *(hier)* eine Einstellung **V 3B**
un plan américain [ɛ̃plɑ̃ameʀikɛ̃] eine amerikanische Einstellung **V 3B**
une **planche** [ynplɑ̃ʃ] ein Brett; *(hier)* ein Surfbrett ⟨**IV M2**⟩
un **plan d'ensemble** [ɛ̃plɑ̃dɑ̃sɑ̃bl] eine Gesamtaufnahme, eine Totale **V 3B**
un **planétarium** [ɛ̃planetaʀjɔm] ein Planetarium **II 1E**
une **plantation** [ynplɑ̃tasjɔ̃] eine Plantage, eine (An)Pflanzung **IV 5A**
se planter *(fam.)* [səplɑ̃te] abstürzen *(ugs.)* ⟨**III M2**⟩
planter qc [plɑ̃te] etw. pflanzen; *(hier)* etw. errichten ⟨**IV M3**⟩
un **plat principal** [ɛ̃plapʀɛ̃sipal] ein Hauptgericht **II 5**
le **plâtre** [ləplatʀ] der Gips; der Gipsverband **II 7B**
plein/pleine de qc [plɛ̃/plɛn] voll mit etw. **III 2**
pleurer [plœʀe] weinen **II 7A**
pleuvoir [pløvwaʀ] regnen **II 1**
la **plongée** [laplɔ̃ʒe] das Tauchen; *(hier)* die Aufnahme von oben **V 3B**
plonger [plɔ̃ʒe] tauchen **IV 5C**
la **pluie** [laplɥi] der Regen ⟨**I 9B**⟩; **II 7A**
la **plupart** [laplypaʀ] die meisten **V 4D**, 3
plus [ply/plys] mehr ⟨**II 8A**⟩; **III 1E**
en plus [ɑ̃plys] außerdem, zusätzlich **I 4**
le plus … possible [ləply … pɔsibl] möglichst, so … wie möglich **III 3**
plusieurs *(inv.)* [plyzjœʀ] einige ⟨**III M1**⟩; **IV 2**
plutôt [plyto] eher, vielmehr, ziemlich ⟨**III M2**⟩; **IV 4E**
une **poche** [ynpɔʃ] eine Tasche, eine Hosentasche **III 1**, 7
un **poème** [ɛ̃pɔɛm] ein Gedicht **II 2**, 4
la **poésie** [lapɔezi] die Poesie, die Lyrik ⟨**V C4B**⟩
un **poète** [ɛ̃pɔɛt] ein Dichter/eine Dichterin **II 6**, 2
un **poing** [ɛ̃pwɛ̃] eine Faust ⟨**IV M3E**⟩
un **point** [ɛ̃pwɛ̃] ein Punkt **II 7A**, 6
un point de vue [ɛ̃pwɛ̃d(ə)vy] ein Standpunkt, eine Ansicht ⟨**V C2A**⟩
une **pointe** [ynpwɛ̃t] eine Spitze **V 1A**
la **pointure** [lapwɛ̃tyʀ] die Schuhgröße **IV 1**, 7
un **poisson** [ɛ̃pwasɔ̃] ein Fisch **II 1E**

le **poivre** [ləpwavʀ] der Pfeffer **II 5E**
poli/polie [pɔli/pɔli] höflich ⟨**IV M3,** 5⟩
la **police** [lapɔlis] die Polizei **I 4,** 12
un **policier**/une **femme policier** [ɛ̃pɔlisje/ynfampɔlisje] ein Polizist/eine Polizistin **I 4,** 12
la **politique** [lapɔlitik] die Politik **V 3B**
politique/politique [pɔlitik/pɔlitik] politisch **V 5A**
une **pollution** [ynpɔlysjõ] eine Umweltverschmutzung **V 3A**
un **Polonais**/une **Polonaise** [ɛ̃pɔlɔnɛ/ynpɔlɔnɛz] ein Pole/eine Polin **IV 2**
polonais/polonaise [pɔlɔnɛ/pɔlɔnɛz] polnisch **IV 2**
une **pomme** [ynpɔm] ein Apfel **II 5**
une **pomme de terre** [ynpɔmdətɛʀ] eine Kartoffel **II 5**
un **pompier**/une **femme pompier** [ɛ̃põpje/ynfampõpje] ein Feuerwehrmann/eine Feuerwehrfrau ⟨**III M1E**⟩
les pompiers *(m., pl.)* [lepõpje] die Feuerwehr ⟨**III M1E**⟩; ⟨**IV M2**⟩
un **pont** [ɛ̃põ] eine Brücke **II 7B**
le **pop** [ləpɔp] der Pop ⟨**II 8B**⟩; **III 4**
populaire/populaire [pɔpylɛʀ/pɔpylɛʀ] populär **V 5D**
une **population** [ynpɔpylasjõ] eine Bevölkerung **V 3A**
un **port** [ɛ̃pɔʀ] ein Hafen **III 1**
un **portable** [ɛ̃pɔʀtabl] *(hier)* ein Mobiltelefon, ein Handy **I 5**
une **porte** [ynpɔʀt] eine Tür **I 2**
aux portes de qc vor den Toren von etw. ⟨**V C2B**⟩
un **porte-bonheur**/des **porte-bonheurs** [ɛ̃pɔʀt(ə)bɔnœʀ/depɔʀt(ə)bɔnœʀ] ein Glücksbringer ⟨**II 9**⟩; **III 2**
un **porte-monnaie**/des **porte-monnaies** [ɛ̃pɔʀt(ə)mɔnɛ/depɔʀt(ə)mɔnɛ] ein Geldbeutel **I 5**
porter qc [pɔʀte] etw. tragen **I 7**
un **portrait** [ɛ̃pɔʀtʀɛ] ein Porträt, ein Abbild **I 7,** 15
un **Portugais**/une **Portugaise** [ɛ̃pɔʀtygɛ/ynpɔʀtygɛz] ein Portugiese/eine Portugiesin **IV 5B**
poser qc [poze] etw. stellen, setzen, legen **I 2**
poser un lapin à qn *(fam.)* [pozeɛ̃lapɛ̃] jdn. versetzen *(ugs.)* ⟨**IV M1C,** 4⟩
poser sa candidature à qc [pozesakɑ̃didatyʀ] sich bewerben auf etw. **IV 2**
positif/positive [pɔzitif/pɔzitiv] positiv **IV 2**
une **position** [ynpozisjõ] die Stellung **III 3,** 7
posséder qc [pɔsede] etw. besitzen ⟨**V C3A**⟩
une **possibilité** [ynpɔsibilite] eine Möglichkeit **V 4B**
possible/possible [pɔsibl/pɔsibl] möglich ⟨**II 9,** 9⟩; **III 2,** 8
le plus … possible [ləply … pɔsibl] möglichst, so … wie möglich **III 3**
la **poste** [lapɔst] die Post **II 2**
un **poste de secours** [ɛ̃pɔstdəsəkuʀ] eine Rettungsstation ⟨**IV M2**⟩
un **pote**/une **pote** *(fam.)* [ɛ̃pɔt/ynpɔt] ein Kumpel *(ugs.)* **III 4**
une **poubelle** [ynpubɛl] ein Mülleimer **I 2**
une **poule** [ynpul] ein Huhn, eine Henne **I 7E**
une poule mouillée *(fam.)* [ynpulmuje] ein Angsthase *(ugs.)* ⟨**IV M2E**⟩
un **poulet** [ɛ̃pulɛ] ein Huhn, ein Hühnchen **III 2**
pour [puʀ] für **I 2E; I 3A; I 7**
pour une fois que [puʀynfwakə] wenn … (schon) einmal **II 6; II 6**
un **pour cent** *(inv.)* [ɛ̃puʀsɑ̃] ein Prozent **III 3**
pour faire qc [puʀfɛʀ] um etw. zu tun **I 5**
des **pourparlers** *(m., pl.)* [depuʀpaʀle] Verhandlungen, Gespräche *(pl.)* **IV 4,** 9
pour que *(+subj.)* [puʀkə] damit **IV 5C,** 1
pourquoi [puʀkwa] warum **I 5E**
c'est pourquoi [sɛpuʀkwa] deshalb ⟨**II 9**⟩; **III 1**
poursuivre qc [puʀsɥivʀ] *(hier)* mit etw. fortfahren ⟨**V C4C**⟩
pourtant [puʀtɑ̃] dennoch, trotzdem **III 1**
pousser qn/qc [puse] etw. schieben, etw. drücken; *(hier)* jdn. drängen **V 1A**
le **pouvoir** [ləpuvwaʀ] die Macht, die Gewalt ⟨**V C3A**⟩
pouvoir [puvwaʀ] können **I 6B**
pouvoir faire qc [puvwaʀfɛʀ] etw. tun können **I 6B**
ne rien y pouvoir [nəʀjɛ̃nypuvwaʀ] nichts dagegen machen können **V 1C**
la **pratique** [lapʀatik] die Praxis; die Ausübung **I 1**
pratique/pratique [pʀatik/pʀatik] praktisch **II 3B,** 2
préciser qc [pʀesize] etw. präzisieren, etw. klarstellen **V 5D**
préféré/préférée [pʀefeʀe] bevorzugt, Lieblings- **II 6,** 3
préférer qc [pʀefeʀe] etw. vorziehen, lieber mögen **II 5**
préférer faire qc [pʀefeʀefɛʀ] etw. lieber tun **II 5**
préhistorique/préhistorique [pʀeistɔʀik/pʀeistɔʀik] vorgeschichtlich, prähistorisch **IV 2**
un **préjugé** [ɛ̃pʀeʒyʒe] ein Vorurteil **IV 5C,** 1
le **premier**/la **première** [ləpʀəmje/lapʀəmjɛʀ] der erste/die erste/das erste **I 7,** 6; *(hier)* als Erster/als Erste/als Erstes **II 2E**
le **premier plan** [ləpʀəmjeplɑ̃] der Vordergrund ⟨**IV M1C,** 5⟩; **V 1B**
un **premier rôle** [ɛ̃pʀəmjeʀol] eine Hauptrolle ⟨**IV M1C,** 5⟩
prendre qc [pʀɑ̃dʀ] etw. nehmen **I 7**
prendre des notes [pʀɑ̃dʀdenɔt] Notizen machen **II 2,** 2
prendre une photo de qn/qc [pʀɑ̃dʀynfoto] ein Foto von jdm./etw. machen **I 8**
prendre qc en photo [pʀɑ̃dʀɑ̃foto] etw. fotografieren ⟨**I 9A,** 11⟩
prendre position sur qn/qc [pʀɑ̃ndʀəpozisjõ] zu jdm./etw. Stellung beziehen **III 3,** 7
prendre peur [pʀɑ̃dʀəpœʀ] Angst bekommen **IV 1**
prendre des risques [pʀɑ̃dʀədeʀisk] ein Risiko in Kauf nehmen **V 1A,** 3
un **prénom** [ɛ̃pʀenõ] ein Vorname **I 1**
préparer qc [pʀepaʀe] etw. vorbereiten **I 4**
près de qn/qc [pʀɛdə] nahe bei jdm./etw., neben jdm./etw. **I 8E**
de près [d(ə)pʀɛ] aus der Nähe ⟨**V C3C**⟩
une **présentation** [ynpʀesɑ̃tasjõ] eine Vorstellung **IV 3**
présenter qc à qn [pʀezɑ̃te] jdm. etw. vorstellen **II 4**
se présenter [səpʀezɑ̃te] sich vorstellen ⟨**IV M1A**⟩
préserver qc [pʀezɛʀve] etw. bewahren, etw. schützen ⟨**V C2C**⟩
un **président**/une **présidente** [ɛ̃pʀezidɑ̃/ynpʀezidɑ̃t] ein Präsident/eine Präsidentin **V 4D**
presque [pʀɛsk] fast, beinahe **IV 3**
la **presse** [lapʀɛs] die Presse ⟨**V C1A,** 1⟩
la **pression** [lapʀesjõ] der Druck **V 3D**
prêt/prête [pʀɛ/pʀɛt] fertig, bereit **II 2**

prétendre qc [pʀetɑ̃dʀ] etw. behaupten **IV 4**
une **preuve vivante** [ynpʀœvvivɑ̃t] ein lebender Beweis **V 2D**
prévoir qc [pʀevwaʀ] etw. vorausehen, etw. vorhersagen **⟨V C2A⟩**
prier qn de faire qc [pʀije] jdn. bitten, etw. zu tun **IV 2**
un **principal**/une **principale** [pʀɛ̃sipal] ein Schuldirektor/eine Schuldirektorin **⟨II 8B⟩**
principal/principale [pʀɛ̃sipal/pʀɛ̃sipal] wichtigster/wichtigste/wichtigstes **⟨IV M1E⟩; ⟨IV M2, 10⟩; ⟨V C1C⟩**
le **printemps** [ləpʀɛ̃tɑ̃] der Frühling **I 7**
une **prison** [ynpʀizɔ̃] ein Gefängnis **⟨III M1⟩; IV 5A, 2**
un **prix** [ɛ̃pʀi] ein Preis **II 6**
un **problème** [ɛ̃pʀɔblɛm] ein Problem **I 3A**
un **procès-verbal** [ɛ̃pʀɔsɛvɛʀbal] ein Strafzettel **III 3**
prochain/prochaine [pʀɔʃɛ̃/pʀɔʃɛn] nächster/nächste/nächstes **II 7B, 2**
proche/proche (de) [pʀɔʃ/pʀɔʃ] nahe (bei) **V 4A**
un **producteur**/une **productrice** [ɛ̃pʀɔdyktœʀ/ynpʀɔdyktʀis] ein Produzent/eine Produzentin **V 2A**
se produire [səpʀɔdɥiʀ] sich ereignen, eintreten **V 1A**
un **produit** [ɛ̃pʀɔdɥi] ein Erzeugnis, ein Produkt **V 4B, 2**
un produit de luxe [ɛ̃pʀɔdɥidəluks] ein Luxusartikel **V 4B, 2**
un **professeur** [ɛ̃pʀɔfɛsœʀ] ein Lehrer/eine Lehrerin **I 1**
au profit de qn/qc [opʀɔfidə] zugunsten von jdm./etw. **⟨V C1C⟩**
profiter de qn/qc [pʀɔfite] jdn./etw. (aus)nutzen **⟨III M3⟩; V 3A**
un **programme** [ɛ̃pʀɔgʀam] ein Programm **II 3B**
progresser [pʀɔgʀese] sich entwickeln **⟨V C4A⟩**
un **projet** [ɛ̃pʀɔʒɛ] ein Projekt, ein Vorhaben **I 8E**
se promener [səpʀɔmne] spazieren gehen **II 7B**
promettre à qn de faire qc [pʀɔmɛtʀ] jdm. versprechen, etw. zu tun **IV 4**
prononcer qc [pʀɔnɔ̃se] etw. aussprechen **⟨V C1C, 3⟩**
à propos [apʀɔpo] übrigens **I 2E**
proposer qc [pʀɔpoze] etw. vorschlagen **⟨II 8B⟩**
proposer à qn de faire qc [pʀɔpoze] jdm. vorschlagen, etw. zu tun **III 1**
propre/propre [pʀɔpʀ/pʀɔpʀ] eigen; sauber **⟨V C1B, 1⟩**
un **propriétaire**/une **propriétaire** [ɛ̃pʀɔpʀijetɛʀ/ynpʀɔpʀijetɛʀ] ein Eigentümer/eine Eigentümerin **I 3A**
un **prospectus** [ɛ̃pʀɔspɛktys] ein Prospekt **V 2C**
un **proverbe** [ɛ̃pʀɔvɛʀb] ein Sprichwort **II 4, 9**
une **province** [ynpʀɔvɛ̃s] eine Provinz **⟨III M3, 3⟩; IV 4**
un **proviseur**/une **femme proviseur** [ɛ̃pʀɔvizœʀ/ynfampʀɔvisœʀ] ein Schulleiter/eine Schulleiterin **IV 1**
la **proximité** [lapʀɔksimite] die Nähe **IV 2, 3**
prudent/prudente [pʀydɑ̃/pʀydɑ̃t] vorsichtig **⟨V C2A⟩**
un **public** [ɛ̃pyblik] ein Publikum **V 2A**
une **publicité** [ynpyblisite] eine Werbung, ein Werbespot **I 6A**
publier qc [pyblije] etw. veröffentlichen, etw. herausgeben **⟨V C1A, 1⟩**
puis [pɥi] dann **I 4**
puisque [pɥiskə] da (ja) **⟨V C4A⟩; ⟨V C2A⟩**
un **pull** *(fam.)* [ɛ̃pyl] ein Pulli *(ugs.)* **⟨I 9A⟩**
un **pull-over** [ɛ̃pylovɛʀ] ein Pullover **IV 1**

Q

une **qualité** [ynkalite] eine Qualität, eine Eigenschaft **⟨IV M3, 5⟩; V 4B, 4**
quand [kɑ̃] wann **I 5;** wenn, als *(zeitlich)* **⟨I 9A⟩; II 1**
quand même [kɑ̃mɛm] trotzdem; doch **IV 3**
un **quart** [ɛ̃kaʀ] ein Viertel **III 3**
un **quartier** [ɛ̃kaʀtje] ein Stadtviertel **I 2E**
que [kə] den/die/das *(Relativpronomen, Objekt)* **I 8; II 3A**
Que ... ? *(Fragepronomen)* [kə] Was ...? **I 2**
que [kə] dass *(Konjunktion)* **I 8**
Qu'est-ce que [kɛskə] Was ... ? **I 5**
Qu'est-ce que c'est? [kɛskəsɛ] Was ist das? **I 2E**
Qu'est-ce qui [kɛski] Was ... ? *(Fragepronomen, Subjekt ist eine Sache)* **II 7E**
Qu'est-ce qu'il y a? [kɛskilja] Was gibt es? **I 3A, 6**
un **Québécois**/une **Québécoise** [ɛ̃kebekwa/ynkebekwaz] ein Quebecer/eine Quebecerin **⟨III M3E⟩**
québécois/québécoise [kebekwa/kebekwaz] aus Quebec **⟨III M3⟩**
Quelle horreur! *(fam.)* [kɛlɔʀœʀ] Wie grässlich!, Wie schrecklich! *(ugs.)* **I 3A**
Quelle chance! [kɛlʃɑ̃s] Welch ein Glück! **I 5E**
Quelle histoire! [kɛlistwaʀ] Was für eine Geschichte! **I 4**
quel/quelle/quels/quelles [kɛl/kɛl/kɛl/kɛl] welcher/welche/welches *(Fragebegleiter)* **II 3B**
quelques *(pl.)* [kɛlk(ə)] einige, wenige **III 4**
quelque chose [kɛlkəʃoz] etwas **I 5**
quelqu'un [kɛlkɛ̃] jemand **II 4, 6**
une **question** [ynkɛstjɔ̃] eine Frage **I 1, 1**
une **queue** [ynkø] ein Schwanz; ein Ende; *(hier)* eine Warteschlange **⟨V C3B⟩**
qui [ki] der/die/das *(Relativpronomen, Subjekt)* **I 8**
Qui ... ? [ki] Wer ... ? **I 1**
Qui est-ce? [kiɛs] Wer ist das? **I 1**
Qui est-ce qui ... ? [kiɛski] Wer ... ? *(Fragepronomen, Subjekt ist eine Person)* **II 7E**
Qui est-ce que ... ? [kiɛskə] Wer ... ? *(Fragepronomen, Objekt ist eine Person)* **II 7E**
quitter qc [kite] etw. verlassen **I 2**
un **quiz** [ɛ̃kwiz] ein Quiz **⟨III M3, 3⟩**
Quoi? [kwa] Was? **I 3E**
le **quotidien** [ləkɔtidjɛ̃] die Tageszeitung; *(hier)* der Alltag **V 3C**

R

une **race** [ynʀas] eine Rasse **⟨V C2A⟩**
une **racine** [ynʀasin] eine Wurzel **V 3C**
le **racket** [ləʀakɛt] die (Schutzgeld)Erpressung **IV 1**
racketter qn [ʀakete] jdn. erpressen, von jdm. Schutzgeld erpressen **IV 4**
raconter qc [ʀakɔ̃te] etw. erzählen **I 3A**
radieux/radieuse [ʀadjø/ʀadjøz] strahlend **V 2C, 1**
la **radio** [laʀadjo] das Radio, der Rundfunk **I 6A**
une **raison** [ynʀɛzɔ̃] ein Grund, eine Vernunft **III 2**
avoir raison [avwaʀʀɛzɔ̃] Recht haben **⟨II 9⟩; ⟨V C4C⟩**
ramasser qc [ʀamase] etw. einsammeln **I 2**
ranger qc [ʀɑ̃ʒe] etw. aufräumen **II 5E**

le **rap** [ləʀap] der Rap *(Musikstil)* **I 7, 15**
rapide/rapide [ʀapid/ʀapid] schnell **III 3**
se rappeler qn/qc [səʀap(ə)le] sich an jdn./etw. erinnern **V 1D**
se rapprocher de qn/qc [səʀapʀɔʃe] sich jdm./etw. nähern **V 4D**
rare/rare [ʀaʀ/ʀaʀ] selten **⟨V C2A⟩**
se rassembler [səʀasɑ̃ble] sich versammeln **V 2D**
rassurant/rassurante [ʀasyʀɑ̃/ʀasyʀɑ̃t] beruhigend **V 3A**
rater qc [ʀate] etw. verpassen **II 4**
rattraper qn/qc [ʀatʀape] jdn./etw. (wieder) einholen **III 5, 7**
une **réaction** [ynʀeaksjɔ̃] eine Reaktion **II 4, 10**
réagir à qc [ʀeaʒiʀ] auf etw. reagieren **V 3B**
un **réalisateur**/une **réalisatrice** [ɛ̃ʀealizatœʀ/ynʀealizatʀis] ein (Film)-Regisseur **I 6E**
réaliser qc [ʀealize] etw. verwirklichen **IV 2, 12**
une **réalité** [ynʀealite] eine Wirklichkeit, eine Realität **V 5C**
un **rebelle**/une **rebelle** [ɛ̃ʀəbɛl/ynʀəbɛl] ein Rebell/eine Rebellin; *(hier) (Name einer Schülerzeitung)* **III 3**
rebelle/rebelle [ʀəbɛl/ʀəbɛl] aufrührerisch **III 4**
une **recette** [ynʀəsɛt] ein Rezept *(Küche)* **II 5E**
recevoir qc [ʀəsəvwaʀ] etw. empfangen **II 2**
une **recherche** [ynʀəʃɛʀʃ] eine (Nach)-Forschung **V 2E**
une **réconciliation** [ynʀekɔ̃siliasjɔ̃] eine Versöhnung, eine Aussöhnung **V 4D**
reconnaître qc [ʀəkɔnetʀ] etw. wieder erkennen **II 3A**
la **récréation** [laʀekʀeasjɔ̃] die Pause **II 4**
reculer [ʀ(ə)kyle] rückwärts gehen; rückwärts fahren **⟨V C4A⟩**
refaire qc [ʀəfɛʀ] etw. erneuern, etw. neu machen, etw. noch einmal machen **II 3A**
réfléchir [ʀefleʃiʀ] nachdenken, überlegen **II 4**
une **réforme** [ynʀefɔʀm] eine Reform **⟨V C3A⟩**
refuser de faire qc [ʀ(ə)fyse] sich weigern, etw. zu tun **V 2B**
un **regard** [ɛ̃ʀ(ə)gaʀ] ein Blick **⟨V C4A⟩**
regarder qc [ʀəgaʀde] etw. sehen, etw. ansehen, etw. betrachten **I 2E**
une **région** [ynʀeʒjɔ̃] eine Region **II 1**
régional/régionale [ʀeʒjɔnal/ʀeʒjɔnal] regional **IV 5A**
une **règle** [ynʀɛgl] eine Regel **⟨III M2, 2⟩; IV 3E**
regretter qc [ʀ(ə)gʀete] etw. bedauern **IV 3, 6**
régulier/régulière [ʀegylje/ʀegyljɛʀ] regelmäßig **V 4D**
une **reine** [ynʀɛn] eine Königin **⟨III M2⟩**
rejoindre qn/qc [ʀ(ə)ʒwɛ̃dʀ] zu etw. zurückkehren, jdn. einholen **⟨V C4A⟩**
un **relais** [ɛ̃ʀəlɛ] eine Staffel, ein Staffellauf **IV 5B, 3**
une **relation** [ynʀəlasjɔ̃] eine Beziehung, ein Verhältnis **⟨IV M3, 1⟩; V 3E**
relier qn/qc [ʀəlje] jdn./etw. verbinden **⟨V C2B⟩**
remarquer qn/qc [ʀ(ə)maʀke] jdn./etw. bemerken **⟨IV M2⟩; V 1A**
remercier qn [ʀəmɛʀsje] sich bei jdm. bedanken **⟨I 9A⟩; ⟨II 9⟩**
remercier qn de/pour qc [ʀəmɛʀsje] jdm. für etw. danken, sich bei jdm. für etw. bedanken **IV 2**
remonter qc [ʀəmɔ̃te] etw. (wieder) hinaufsteigen **⟨IV M2⟩**
remplir qc [ʀɑ̃pliʀ] etw. (aus)füllen; etw. erfüllen **V 2C**
un **remue-méninges** [ɛ̃ʀ(ə)mymenɛ̃ʒ] ein Brainstorming **V 1C, 4**
un **renard** [ɛ̃ʀənaʀ] ein Fuchs **⟨II 9, 10⟩**
une **rencontre** [ynʀɑ̃kɔ̃tʀ] eine Begegnung, ein Treffen **I 8E**
rencontrer qn [ʀɑ̃kɔ̃tʀe] jdn. treffen, jdm. begegnen **I 8E**
un **rendez-vous** [ɛ̃ʀɑ̃devu] eine Verabredung, ein Termin **I 4, 3**
avoir rendez-vous [avwaʀʀɑ̃devu] eine Verabredung haben, einen Termin haben **I 4, 3**
rendre qc à qn [ʀɑ̃dʀ] jdm. etw. zurückgeben **V 5A**
se rendre compte de qc [s(ə)ʀɑ̃ndʀ(ə)kɔ̃t] sich über etw. im Klaren sein **V 5D, 1**
rendre justice à qn/qc [ʀɑ̃dʀ(ə)ʒystis] jdm./etw. Gerechtigkeit widerfahren lassen **V 5A**
rendre visite à qn [ʀɑ̃dʀəvisit] jdn. besuchen **IV 4**
un **renseignement** [ɛ̃ʀɑ̃sɛɲmɑ̃] eine Auskunft **V 2C**
se renseigner sur qn/qc [səʀɑ̃sɛɲe] sich über jdn./etw. erkundigen **V 2A**
la **rentrée** [laʀɑ̃tʀe] der Schul(jahres)-beginn **III 3**
rentrer [ʀɑ̃tʀe] heimgehen, heimkommen **II 1, 2**
renvoyer qn de qc [ʀɑ̃vwaje] jdn. von etw. verweisen **IV 1**
une **réparation** [ynʀepaʀasjɔ̃] eine Reparatur **II 3A**
réparer qc [ʀepaʀe] etw. reparieren **V 1A, 3**
repartir [ʀəpaʀtiʀ] (wieder) weggehen; *(hier)* wegfahren **III 5**
un **repas** [ɛ̃ʀəpa] ein Essen, eine Mahlzeit **I 7**
répéter qc [ʀepete] etw. wiederholen **II 5, 2**
une **répétition** [ynʀepetisjɔ̃] eine Probe; eine Wiederholung **III 4**
répondre à qn [ʀepɔ̃dʀ] jdm. antworten **I 8**
une **réponse** [ynʀepɔ̃s] eine Antwort **I 2, 8**
un **reportage** [ɛ̃ʀəpɔʀtaʒ] eine Reportage **II 2, 5**
représenter qn/qc [ʀəpʀesɑ̃te] jdn./etw. vertreten, jdn./etw. darstellen, jdn./etw. verkörpern **⟨III M3⟩; IV 4, 5**
reprocher qc à qn [ʀ(ə)pʀɔʃe] jdm. etw. vorwerfen **⟨V C3D⟩**
une **république** [ynʀepyblik] eine Republik **V 4D**
un **requin** [ɛ̃ʀəkɛ̃] ein Hai **IV 5A**
un **réseau** [ɛ̃ʀezo] ein Netz **⟨V C1C⟩**
réserver qc [ʀesɛʀve] etw. reservieren **⟨II 9⟩**
une **résistance** [ynʀesistɑ̃s] ein Widerstand **⟨V C3A⟩**
résister à qn/qc [ʀesiste] jdm./etw. Widerstand leisten **⟨V C3D⟩**
respecter qc [ʀɛspɛkte] etw. achten **I 2**
respirer qc [ʀɛspiʀe] etw. (ein)atmen **V 3A**
responsabiliser qn [ʀɛspɔ̃sabilize] jds. Verantwortungsbewusstsein wecken **V 3C**
un **responsable**/une **responsable** [ɛ̃ʀɛspɔ̃sabl/ynʀɛspɔ̃sabl] ein Verantwortlicher/eine Verantwortliche **⟨V C2B, 1⟩**
ressembler à qn/qc [ʀ(ə)sɑ̃ble] jdm./etw. ähneln **V 3B**
un **restaurant** [ɛ̃ʀɛstɔʀɑ̃] ein Restaurant **I 5E**
un **reste** [ɛ̃ʀɛst] ein Rest **II 2**
rester [ʀɛste] bleiben **I 3A**
un **résultat** [ɛ̃ʀezylta] ein Ergebnis **⟨III M3⟩; V 3D, 2**
un **résumé** [ɛ̃ʀezyme] eine Zusammenfassung **⟨I 9A, 1⟩; II 1**

résumer qc [ʀezyme] etw. zusammenfassen **III 1, 1**
un **retard** [ɛ̃ʀətaʀ] eine Verspätung **II 2**
être en retard [ɛtʀɑ̃ʀətaʀ] sich verspäten **II 2**
un **retour** [ɛ̃ʀətuʀ] eine Rückkehr; eine Rückfahrt, eine Rückreise **V 2A**
retourner qc [ʀətuʀne] etw. umdrehen, etw. wenden **⟨IV M3⟩**
retourner [ʀətuʀne] zurückgeben; *(hier)* zurückkehren **V 3A**
retrouver qn/qc [ʀətʀuve] jdn./etw. wieder finden **II 2; III 1**
se retrouver nez à nez avec qn/qc [səʀ(ə)tʀuveneane] plötzlich jdm./etw. gegenüberstehen **⟨V C2A⟩**
la **réunification** [laʀeynifikasjõ] die Wiedervereinigung **V 4A**
réussir à faire qc [ʀeysiʀ] gelingen etw. zu tun, etw. fertigbringen **II 4**
réussir qc [ʀeysiʀ] etw. gelingen, etw. schaffen **⟨IV M2⟩**
un **rêve** [ɛ̃ʀɛv] ein Traum **I 6B, 8**
se réveiller [səʀeveje] aufwachen **III 5**
revenir [ʀəvəniʀ] zurückkommen **II 1**
rêver de qc [ʀeve] von etw. träumen **I 3A**
réviser qc [ʀevise] etw. wiederholen; etw. überprüfen **IV 4**
revoir qn/qc [ʀəvwaʀ] jdn./etw. wiedersehen **II 3A**
Au revoir! [ɔʀvwaʀ] Auf Wiedersehen! **I 1**
une **révolte** [ynʀevɔlt] eine Revolte, ein Aufstand **⟨V C3A⟩**
se révolter contre qn [s(ə)ʀevɔlte] sich gegen jdn. auflehnen **⟨V C3A⟩**
une **révolution** [ynʀevɔlysjõ] eine Revolution **⟨V C3A⟩**
la Révolution française [laʀevɔlysjõfʀɑ̃sɛz] die Französische Revolution **⟨V C3A⟩**
une **revue** [ynʀ(ə)vy] eine Zeitschrift **⟨V C1A, 1⟩**
riche/riche [ʀiʃ/ʀiʃ] reich **III 4**
la **richesse** [laʀiʃɛs] der Reichtum **V 5C, 1**
De **rien.** [dəʀjɛ̃] Bitte!, Gern geschehen. **⟨I 9A⟩; II 7E**
rigoler *(fam.)* [ʀigɔle] lachen *(ugs.)* **I 8**
une **rime** [ynʀim] ein Reim **I 1, 6**
rimer avec qc [ʀime] sich auf etw. reimen **V 1D**
ringard/ringarde *(fam.)* [ʀɛ̃gaʀ/ʀɛ̃gaʀd] altmodisch **IV 1**
rire [ʀiʀ] lachen **II 4**
un **risque** [ɛ̃ʀisk] ein Risiko **⟨IV M2E⟩; V 1A, 3**
risquer de faire qc [ʀiske] Gefahr laufen, etw. zu tun **⟨V C1A⟩**
une **rive** [ynʀiv] ein Flussufer **I 5E**
une **rivière** [ynʀivjɛʀ] ein Fluss **IV 5A**
une **robe** [ynʀɔb] ein Kleid **I 7**
un **rocher** [ɛ̃ʀɔʃe] ein Fels **⟨I 9E⟩**
un **roi** [ɛ̃ʀwa] ein König **II 5, 11**
un **rôle** [ɛ̃ʀol] eine Rolle **I 6B, 6**
le **roller** [ləʀɔlœʀ] das Rollschuhlaufen, das Rollerskaten **I 4E**
un **Romain**/une **Romaine** [ɛ̃ʀɔmɛ̃/ynʀɔmɛn] ein Römer/eine Römerin **⟨II 9, 8⟩; IV 2**
romain/romaine [ʀɔmɛ̃/ʀɔmɛn] römisch **⟨II 9, 8⟩; III 2, 10**
un **roman** [ɛ̃ʀɔmɑ̃] ein Roman **II 4, 13**
un roman policier [ɛ̃ʀɔmɑ̃pɔlisje] ein Kriminalroman **III 5, 3**
le **romanche** [ləʀɔmɑ̃ʃ] das Rätoromanische *(Sprache in der Schweiz)* **⟨II 9E⟩**
romanche/romanche [ʀɔmɑ̃ʃ/ʀɔmɑ̃ʃ] rätoromanisch **⟨II 9E⟩**
rose/rose [ʀoz/ʀoz] rosa **II 2**
rouge/rouge [ʀuʒ/ʀuʒ] rot **I 7, 4**
un **rouleau** [ɛ̃ʀulo] eine (Farb)Rolle **IV 4E**
rouler [ʀule] fahren **III 5**
une **route** [ynʀut] eine (Land)Straße **III 2, 2**
rouvrir qc [ʀuvʀiʀ] etw. wieder aufmachen **⟨V C4B⟩**
roux/rousse [ʀu/ʀus] rothaarig **V 1B**
un **royaume** [ɛ̃ʀwajom] ein Königreich **⟨IV M3, 10⟩**
une **rue** [ynʀy] eine Straße **I 1**
le **rugby** [ləʀygbi] das Rugby *(Ballspiel)* **II 3E**
une **ruine** [ynʀɥin] eine Ruine **III 2, 10**
un **rythme** [ɛ̃ʀitm] ein Rhythmus **V 5C**

S

le **sable** [ləsabl] der Sand **III 1, 11**
un **sac à dos** [ɛ̃sakado] ein Rucksack **II 1E**
une **saison** [ynsɛzõ] eine Jahreszeit, eine Saison **IV 5A**
une saison sèche [ynsɛzõsɛʃ] eine Trockenzeit **IV 5A**
une **salade** [ynsalad] ein Salat **II 5E**
un **saladier** [ɛ̃saladje] eine Salatschüssel **II 5**
sale/sale [sal/sal] schmutzig **I 2**
une **salle** [ynsal] ein Saal **II 2**
une salle de classe [ynsaldəklas] ein Klassenzimmer **I 2, 4**
une salle à manger [ynsalamɑ̃ʒe] ein Esszimmer **I 3E**
une salle de bains [ynsaldəbɛ̃] ein Badezimmer **I 3E**
une salle de permanence [ynsaldəpɛʀmanɑ̃s] Aufenthaltsraum **II 4**
un **salon** [ɛ̃salõ] ein Wohnzimmer **V 3A**
un salon de chat [ɛ̃salõdətʃat] ein Chatroom **⟨V C1A, 1⟩**
saluer qn [salɥe] jdn. (be)grüßen **II 3E**
Salut! [saly] Hallo!, Grüß' dich! *(ugs.)* **I 1E; I 1**
Salutations cordiales. [salytasjõkɔʀdjal] Mit herzlichen Grüßen. *(Grußformel)* **II 4, 11**
Salutations distinguées. [salytasjõdistɛ̃ge] Mit freundlichen Grüßen. *(Grußformel)* **⟨III M2⟩; IV 2**
samedi *(m.)* [samdi] Samstag **I 5E**
le **SAMU** [ləsamy] der Notarzt/die Notärztin **⟨IV M2, 6⟩**
une **sandale** [ynsɑ̃dal] eine Sandale **IV 1**
un **sandwich** [ɛ̃sɑ̃dwitʃ] ein Sandwich **II 2, 7**
le **sang** [ləsɑ̃] das Blut **IV 4**
sans [sɑ̃] ohne **I 4**
sans rien faire [sɑ̃fɛʀ] ohne etw. zu tun **II 7B**
sans que [sɑ̃kə] ohne dass **V 2A, 1**
la **santé** [la sɑ̃te] die Gesundheit **II 5**
A ta santé! [atasɑ̃te] Auf dein Wohl!, Prost! **II 5**
un **saucisson** [ɛ̃sosisõ] eine Salami **V 4A**
sauf [sof] außer **II 4**
sauf que [sofkə] abgesehen davon **IV 4**
sauvage/sauvage [sovaʒ/sovaʒ] wild **⟨V C2A⟩**
sauver qn/qc [sove] jdn./etw. retten **⟨III M1⟩; ⟨IV M2⟩**
savoir [savwaʀ] wissen **I 6B**
savoir faire qc [savwaʀfɛʀ] etw. tun können *(wissen, wie es geht)* **I 6B**
un **saxophone** [ɛ̃saksɔfɔn] ein Saxofon **III 4E**
un **saxophoniste**/une **saxophoniste** [ɛ̃saksɔfɔnist/ynsaksɔfɔnist] ein Saxofonspieler/eine Saxofonspielerin **III 4**
un **scénario** [ɛ̃senaʀjo] ein Drehbuch, eine Story **⟨IV M1C, 3⟩; V 3E**
une **scène** [ynsɛn] eine Szene **I 1, 3;** *(hier)* eine Bühne **II 6**
une **science** [ynsiɑ̃s] eine Wissenschaft **II 4**

la **science-fiction** [lasjɑ̃sfiksjõ] die Sciencefiction ⟨V C1C, 1⟩
scolaire/scolaire [skɔlɛʀ/skɔlɛʀ] schulisch, Schul- V 4A
la **scolarité** [laskɔlaʀite] die Schulzeit V 3D
sec/sèche [sɛk/sɛʃ] trocken ⟨III M1⟩; IV 5A
second/seconde [səgõ/səgõd] zweiter/zweite/zweites IV 4
une **seconde** [ynsəgõd] eine Sekunde ⟨II 9⟩; III 5
la seconde [lasəgõd] die zehnte Klasse *(die erste Klasse auf dem Lycée)* IV 2
le **second plan** [ləs(ə)gõplɑ̃] der Mittelgrund V 1B
un **second rôle** [ɛ̃səgõʀol] eine Nebenrolle ⟨IV M1C, 5⟩
Au **secours!** [oskuʀ] Hilfe! I 5
en secret [ɑ̃səkʀɛ] im Geheimen ⟨IV M1C⟩
la **sécurité** [lasekyʀite] die Sicherheit V 3D
un **séjour** [ɛ̃seʒuʀ] ein Aufenthalt ⟨II 8B⟩; IV 3
le **sel** [ləsɛl] das Salz II 5E
selon (qn/qc) [s(ə)lõ] gemäß V 2D
une **semaine** [ynsəmɛn] eine Woche I 8
une **semelle** [yns(ə)mɛl] eine Sohle IV 4, 9
un **Sénégalais**/une **Sénégalaise** [ɛ̃senegalɛ/ynsenegalɛz] ein Senegalese/eine Senegalesin ⟨III M3E⟩
sénégalais/sénégalaise [senegalɛ/senegalɛz] senegalesisch ⟨III M3E⟩
un **sens** [ɛ̃sɑ̃s] ein Sinn; eine Richtung ⟨V C2C, 2⟩
un **sentiment** [ɛ̃sɑ̃timɑ̃] ein Gefühl II 3A, 8
se sentir [səsɑ̃tiʀ] sich fühlen III 3
sentir qc [sɑ̃tiʀ] etw. riechen, etw. fühlen III 5
se sentir concerné(e) par qc [səsɑ̃tiʀkõsɛʀne] sich von etw. betroffen fühlen ⟨V C1A⟩
une **séparation** [ynsepaʀasjõ] eine Trennung V 2B
septembre *(m.)* [sɛptɑ̃bʀ] September I 7, 6
une **séquence** [ynsekɑ̃s] eine Folge, eine Sequenz ⟨IV M1C, 5⟩; ⟨V C1C, 5⟩
la **sérénité** [laseʀenite] die Ausgeglichenheit; die Heiterkeit V 1A
une **série** [ynseʀi] eine Serie ⟨V C1A, 1⟩
sérieux/sérieuse [seʀjø/seʀjøz] ernst(haft), seriös III 5
un **serpent** [ɛ̃sɛʀpɑ̃] eine Schlange V 5B
serrer qn/qc [seʀe] jdn./etw. drücken, jdn./etw. umklammern V 1C
serrer le cœur à qn jdn. traurig machen ⟨V C4A⟩
un **service** [ɛ̃sɛʀvis] eine Bedienung, ein Service ⟨V C3D, 1⟩
au service de qn/qc [osɛʀvis] im Dienste von jdm./etw. ⟨V C3D, 1⟩
servir [sɛʀviʀ] aufschlagen ⟨V C4A⟩
se servir de qn/qc [sɛʀviʀ] jdn./etw. benutzen ⟨V C1A, 1⟩
servir à qc [sɛʀviʀ] zu etw. nützlich sein V 2C, 3
seul/seule [sœl/sœl] allein II 6E
seulement [sœlmɑ̃] nur III 3E
le **shopping** [ləʃɔpiŋ] der Einkaufsbummel IV 1, 7
un **short** [ɛ̃ʃɔʀt] Shorts *(pl.)* III 1E
si [si] doch I 4; ob I 8; wenn, falls II 7B
si seulement ... [sisœlmɑ̃] wenn doch nur ... ⟨III M1⟩
un **siècle** [ɛ̃sjɛkl] ein Jahrhundert ⟨II 8A⟩; III 2
une **sieste** [ynsjɛst] ein Mittagsschlaf III 2
une **signature** [ynsiɲatyʀ] eine Unterschrift ⟨I 9A, 7⟩
un **signe** [ɛ̃siɲ] ein Zeichen V 1A
signer qc [siɲe] etw. unterschreiben II 1
signifier qc [siɲifje] etw. bedeuten, etw. heißen V 2C, 3
le **silence** [ləsilɑ̃s] die Ruhe, die Stille I 1
s'il te plaît [siltəplɛ] bitte *(wenn man jdn. duzt)* I 6B, 6
s'il vous plaît [silvuplɛ] bitte *(wenn man mehrere Personen anspricht oder jdn. siezt)* I 5
simple/simple [sɛ̃pl/sɛ̃pl] einfach ⟨IV M1C⟩; V 1D
simuler qc [simyle] etw. simulieren ⟨V C1D, 1⟩
sincère/sincère [sɛ̃sɛʀ/sɛ̃sɛʀ] ehrlich V 4A
un **singe** [ɛ̃sɛ̃ʒ] ein Affe III 3
un **single** [ɛ̃siŋgœl] eine Single ⟨III M3, 4⟩
un **site** [ɛ̃sit] eine Website ⟨III M2⟩; *(hier)* eine (Ausgrabungs)Stätte IV 2E
une **situation** [ynsityasjõ] eine Situation I 2, 7
un **skateur**/une **skateuse** [ɛ̃skɛtœʀ/ynskɛtøz] ein Skater/eine Skaterin IV 1
un **sketch** [ɛ̃skɛtʃ] ein Sketch III 1, 7
le **ski** [ləski] das Skifahren II 1
un **slip** [ɛ̃slip] ein Slip, eine (Herren)-Unterhose IV 1, 6
un **slip de bain** [ɛ̃slipdəbɛ̃] eine Badehose IV 1, 6
un **slogan** [ɛ̃slɔgɑ̃] ein Slogan, ein Werbespruch IV 1, 9
un **SMS** [ɛ̃ɛsɛmɛs] eine SMS II 5, 2
social/sociale [sɔsjal/sɔsjal] sozial V 5C
une **société** [ynsɔsjete] eine Gesellschaft ⟨V C3A⟩
une **sœur** [ynsœʀ] eine Schwester I 3A, 4
la **soif** [laswaf] der Durst II 5
avoir soif [avwaʀswaf] Durst haben II 5
soigner qn/qc [swaɲe] jdn./etw. pflegen III 2
un **soir** [ɛ̃swaʀ] ein Abend I 3A
ce soir [səswaʀ] heute Abend ⟨I 9A, 2⟩
le soir [ləswaʀ] abends I 3A
une **soirée** [ynswaʀe] ein Abend III 1
soit [swat] einverstanden ⟨V C1A⟩
soit ..., soit ... [swa ... swa] entweder ... oder V 5A
un **sol** [ɛ̃sɔl] ein (Fuß)Boden ⟨IV M1A⟩; ⟨V C3D⟩
le **soleil** [ləsɔlɛj] die Sonne ⟨I 9A⟩; II 1
il y a du soleil [iljadysɔlɛj] es ist sonnig ⟨I 9A⟩; II 1
le **soleil levant** [ləsɔlɛjləvɑ̃] der Sonnenaufgang ⟨V C3C⟩
une **solution** [ynsɔlysjõ] eine Lösung I 3A
un **sommet** [ɛ̃sɔmɛ] ein Gipfel ⟨V C3B⟩
un **sondage** [ɛ̃sõdaʒ] eine Umfrage III 3, 2
sonner [sɔne] klingeln I 3B
une **sono** [ynsɔno] eine Musikanlage V 2A
une **sortie** [ynsɔʀti] ein Ausgang II 3A
sortir (de qc) [sɔʀtiʀ] (aus etw.) hinausgehen, hinausfahren; ausgehen ⟨I 9A⟩; II 1; *(hier)* herauskommen, erscheinen ⟨IV M1C, 5⟩
S.O.S. [ɛsoɛs] SOS ⟨IV M2, 6⟩
souffler [sufle] wehen, blasen IV 5A
A tes **souhaits!** [ateswɛ] Gesundheit! II 5, 6
souhaiter qc [swete] etw. wünschen IV 1
un **souk** [ɛ̃suk] ein Souk *(ein arabischer Markt)* ⟨I 9A⟩
souligner qc [suliɲe] etw. unterstreichen III 1, 3

soupçonner qn [supsɔne] jdn. verdächtigen ⟨V C1C⟩
une **source** [ynsuʀs] eine Quelle V 5C, 1
sourd/sourde [suʀ/suʀd] taub II 2, 4
un **sourire** [ɛ̃suʀiʀ] ein Lächeln III 3
sourire [suʀiʀ] lächeln IV 2
une **souris** [ynsuʀi] eine Maus II 4
sous [su] unter I 2
un **sous-marin** [ɛ̃sumaʀɛ̃] ein Unterseeboot, ein U-Boot II 1E
sous-titrer qc [sutitʀe] etw. untertiteln ⟨IV M1C, 5⟩
un **souvenir** [ɛ̃suvniʀ] eine Erinnerung, ein Andenken I 8, 5
se souvenir de qn/qc [səsuv(ə)niʀ] sich an jdn./etw. erinnern ⟨IV M3E⟩; ⟨V C4B⟩
souvent [suvɑ̃] oft I 4
une **spécialité** [ynspesjalite] eine Besonderheit; eine Spezialität ⟨V C2E⟩; ⟨V C1A, 1⟩
un **spectacle** [ɛ̃spɛktakl] ein Schauspiel, eine Darbietung, eine Vorstellung V 2A
un **spectateur**/une **spectatrice** [ɛ̃spɛktatœʀ/ynspɛktatʀis] ein Zuschauer/eine Zuschauerin ⟨V C1E⟩
le **sport** [ləspɔʀ] der Sport I 4E
un sport individuel [ɛ̃spɔʀɛ̃dividɥɛl] eine Einzelsportart ⟨V C4E⟩
un sport d'équipe [ɛ̃spɔʀdekip] eine Mannschaftssportart ⟨V C4E⟩
un **sportif**/une **sportive** [ɛ̃spɔʀtif/ynspɔʀtiv] ein Sportler/eine Sportlerin ⟨I 9A⟩; IV 5A
sportif/sportive [spɔʀtif/spɔʀtiv] sportlich I 7
un **square** [ɛ̃skwaʀ] eine (kleine) Grünanlage I 2
un **squelette** [ɛ̃skəlɛt] ein Skelett, ein Gerippe IV 2
un **stade** [ɛ̃stad] ein (Sport)Stadion II 3E
un **stage** [ɛ̃staʒ] ein Praktikum III 1
un stage de voile [ɛ̃staʒdəvwal] ein Segelkurs III 1
un **standard** [ɛ̃stɑ̃daʀ] ein Standard III 1, 10
une **star** [ynstaʀ] ein Star I 6A
une **station** [ynstasjõ] eine Station, eine Haltestelle I 5
une station de ski [ynstasjõdəski] ein Skiort ⟨II 9E⟩
une **station-service** [ynstasjõsɛʀvis] eine Tankstelle III 2
une **statistique** [ynstatistik] eine Statistik V 3D
une **statue** [ynstaty] eine Statue ⟨II 9E⟩
un **story-board** [ɛ̃stɔʀibɔʀd] ein Ablaufplan ⟨IV M1C, 2⟩
une **stratégie** [ynstʀateʒi] eine Strategie *(eine Technik, die man anwendet, um ein Ziel zu erreichen)* I 1, 5
le **stress** [ləstʀɛs] der Stress V 3A
un **studio** [ɛ̃stydjo] ein (Aufnahme)Studio I 6A
stupide/stupide [stypid/stypid] dumm ⟨V C4B⟩
un **style** [ɛ̃stil] ein Stil ⟨IV M3, 5⟩; V 1D
un **stylo** [ɛ̃stilo] ein Füller; ein Kugelschreiber V 4B, 4
un **succès** [ɛ̃syksɛ] ein Erfolg III 4
le **sucre** [ləsykʀ] der Zucker, das Zuckerstück II 5E
le **sud** [ləsyd] der Süden II 7E
suffire [syfiʀ] ausreichen, genügen IV 5B
un **Suisse**/une **Suisse** [ɛ̃sɥis/ynsɥis] ein Schweizer/eine Schweizerin ⟨II 9E⟩
suisse/suisse [sɥis/sɥis] schweizerisch ⟨II 9E⟩
la **suite** [lasɥit] die Fortsetzung I 5, 15
suite à [sɥita] mit Bezug auf IV 2
suivant/suivante [sɥivɑ̃/sɥivɑ̃t] folgender/folgende/folgendes II 4, 8
suivre qn/qc [sɥivʀ] jdm./etw. folgen III 4
un **sujet** [ɛ̃syʒɛ] ein Subjekt; *(hier)* ein Thema III 1, 5
super *(inv.)* [sypɛʀ] super, toll I 2
une **superficie** [ynsupɛʀfisi] eine Oberfläche V 4C
un **supermarché** [ɛ̃sypɛʀmaʀʃe] ein Supermarkt II 6
sûr/sûre [syʀ/syʀ] sicher II 3A
sur [syʀ] über, auf I 2E
un élève sur deux [ɛ̃nelɛvsyʀdø] jeder zweite Schüler III 3, 8
sûrement [syʀmɑ̃] sicher, sicherlich *(Adv.)* II 4, 9
le **surf** [ləsœʀf] das Surfen, das Wellenreiten IV 5A
surfer [sœʀfe] surfen ⟨IV M2⟩; ⟨V C1A, 1⟩
un **surfeur**/une **surfeuse** [ɛ̃sœʀfœʀ/ynsœʀføz] ein Surfer/eine Surferin IV 5A
surprendre qn [syʀpʀɑ̃dʀ] jdn. überraschen; *(hier)* jdn. ertappen ⟨V C2A, 1⟩
surpris/surprise [syʀpʀi/syʀpʀiz] überrascht ⟨V C3A⟩
une **surprise** [ynsyʀpʀiz] eine Überraschung II 3A
surtout [syʀtu] vor allem I 4
un **surveillant**/une **surveillante** [ɛ̃syʀvɛjɑ̃/ynsyʀvejɑ̃t] eine Aufsicht, ein Aufseher/eine Aufseherin ⟨IV M1E⟩; V 4A
un **survivant**/une **survivante** [ɛ̃syʀvivɑ̃/ynsyʀvivɑ̃t] ein Überlebender/eine Überlebende IV 5A, 2
survivre à qn/qc [syʀvivʀ] jdn./etw. überleben ⟨V C2A⟩
SVT [ɛsvete] Biologie, Naturkunde II 4
un **symbole** [ɛ̃sɛ̃bɔl] ein Symbol, ein Wahrzeichen III 2
symboliser [sɛ̃bɔlize] symbolisieren V 2B
sympa/sympa *(fam.)* [sɛ̃pa/sɛ̃pa] nett *(ugs.)* I 1
un **synonyme** [ɛ̃sinɔnim] ein Synonym III 5, 7
un **système scolaire** [ɛ̃sistɛ̃mskɔlɛʀ] ein Schulsystem IV 4E

T

une **table** [yntabl] ein Tisch I 7
un **tableau**/des **tableaux** [ɛ̃tablo/detablo] eine Tafel; eine Tabelle; ein Gemälde/Tafeln; Tabellen; Gemälde I 6A, 8
un tableau d'affichage [ɛ̃tablodafiʃaʒ] eine Anschlagtafel, ein Schwarzes Brett IV 2
une **tablette de chocolat** [yntablɛtdəʃɔkɔla] eine Tafel Schokolade ⟨IV M3E⟩
un **tag** [ɛ̃tag] ein Graffito V 2B
taguer [tage] Graffiti anbringen, sprühen IV 4E
la **taille** [lataj] die (Körper)Größe, die Kleidergröße; die Höhe IV 1, 7
le **talon** [lətalõ] der Absatz; die Ferse IV 1, 6
tant (que) [tɑ̃] so viel (, dass); so sehr (, dass) ⟨V C1A⟩
tant de [tɑ̃də] so viel ⟨V C3B⟩
une **tante** [yntɑ̃t] eine Tante I 7
tant mieux [tɑ̃mjø] umso besser II 3B
Tant pis! [tɑ̃pi] Macht nichts! V 2A
taper qc [tape] etw. tippen ⟨V C4C⟩
tard [taʀ] spät II 2, 6
une **tarte aux pommes** [yntaʀtopɔm] ein Apfelkuchen II 5, 7
une **tartine** [yntaʀtin] ein belegtes Brot V 4A, 2
une **tasse** [yntas] eine Tasse V 4A, 1
un **taxi** [ɛ̃taksi] ein Taxi I 5
la **techno** [latɛkno] der Techno *(Musikstil)* ⟨II 8A, 3⟩

la technologie [latɛknɔlɔʒi] die Technologie; *(hier)* der technisch-naturwissenschaftliche Unterricht **III 3,** 6
télécharger qc [teleʃaʀʒe] etw. herunterladen ⟨**V C1A,** 1⟩
un **téléphone** [ɛ̃telefɔn] ein Telefon **I 3B**
téléphoner [telefɔne] telefonieren **I 3A**
téléphoner à qn [telefɔne] mit jdm. telefonieren, jdn. anrufen **I 6A**
la **télé-réalité** [lateleʀealite] das Reality-Fernsehen **III 4,** 8
un **téléspectateur**/une **téléspectatrice** [ɛ̃telespɛktatœʀ/yntelespɛktatʀis] ein Fernsehzuschauer/eine Fernsehzuschauerin **IV 3**
la **télévision** [latelevizjõ] das Fernsehen **I 3A**
tellement [tɛlmɑ̃] so, so sehr, so viel **V 1C**
un **témoignage** [ɛ̃temwaɲaʒ] eine Aussage, ein Augenzeugenbericht **V 4E**
un **témoin** [ɛ̃temwɛ̃] ein Zeuge/eine Zeugin ⟨**IV M2**⟩
la **température** [latɑ̃peʀatyʀ] die Temperatur **II 1,** 9
une **tempête** [yntɑ̃pɛt] ein Sturm ⟨**I 9B**⟩; **V 1D,** 1
le **temps** [lətɑ̃] die Zeit **I 7;** ⟨**I 9A,** 7⟩; **II 1**
de temps en temps [dətɑ̃zɑ̃tɑ̃] von Zeit zu Zeit, manchmal ⟨**II 8A,** 5⟩; ⟨**IV M3**⟩
tenir qn/qc [təniʀ] jdn./etw. halten **IV 1**
Tiens. [tjɛ̃] Sieh mal da!, Na sowas! *(wenn man jdn. duzt)* **I 1**
Tenez! [təne] Na sowas! *(wenn man jdn. siezt)* ⟨**II 9,** 9⟩
le **tennis** [lətenis] das Tennis **II 6,** 4
une **tente** [yntɑ̃t] ein Zelt ⟨**IV M3**⟩
la **terminale** [latɛʀminal] die Abschlussklasse *(entspricht der dt. 13. Klasse)* **V 4A**
terminer qc [tɛʀmine] etw. beenden ⟨**I 9B**⟩; ⟨**III M2**⟩
se terminer par qc [sətɛʀmine] mit etw. (ab)schließen ⟨**IV M1C,** 5⟩
terminer qc [tɛʀmine] etw. beenden, etw. fertigstellen **V 3B**
un **terrain de camping** [ɛ̃tɛʀɛ̃dəkɑ̃piŋ] ein Campingplatz **II 7E**
la **terre** [latɛʀ] die Erde **II 4**
la **terreur** [lateʀœʀ] der Schrecken, das Entsetzen ⟨**V C3A,** 1⟩
un **test** [ɛ̃tɛst] ein Test **II 6,** 10
une **tête** [yntɛt] ein Kopf **II 2**
faire la tête *(fam.)* [fɛʀlatɛt] schmollen, sauer sein *(ugs.)* **II 2**

un **texte** [ɛ̃tɛkst] ein Text **I 1**
le **TGV** [ləteʒeve] der TGV *(französischer Hochgeschwindigkeitszug)* **I 7**
un **thé** [ɛ̃te] ein Tee ⟨**V C1C,** 3⟩
le **théâtre** [ləteatʀ] das Theater **I 4E**
un **thème** [ɛ̃tɛm] ein Thema **IV 1**
un **thon** [ɛ̃tõ] ein Thunfisch **III 5E**
un **ticket** [ɛ̃tikɛ] ein Fahrschein; *(hier)* ein (Kassen)Beleg **III 2**
un **tiers** [ɛ̃tjɛʀ] ein Drittel **III 3,** 8
timide/timide [timid/timid] schüchtern ⟨**II 8B**⟩; **III 1E**
un **tiroir** [ɛ̃tiʀwaʀ] eine Schublade **III 5E**
un **titre** [ɛ̃titʀ] ein Titel **I 8,** 1
toi [twa] du *(betont)* **I 1E**
un **toit** [ɛ̃twa] ein Dach **III 2**
une **tomate** [yntɔmat] eine Tomate **II 5E**
tomber [tõbe] fallen **II 2**
tomber malade [tõbemalad] krank werden ⟨**II 8A**⟩
tomber amoureux de qn [tõbeamuʀø] sich in jdn. verlieben **IV 1**
tomber dans les pommes *(fam.)* [tõbedɑ̃lepɔm] aus den Socken kippen *(ugs.)*, in Ohnmacht fallen **IV 4**
tomber bien [tõbebjɛ̃] gelegen kommen **V 3C**
une **tonne** [yntɔn] eine Tonne **V 4B**
le **tonnerre** [lətɔnɛʀ] der Donner **II 7B**
tôt [to] früh *(Adv.)* ⟨**II 9,** 7⟩; ⟨**V C4A**⟩
total/totale [tɔtal/tɔtal] vollständig **III 5,** 8
toucher qn/qc [tuʃe] jdn./etw. berühren, jdn./etw. anfassen **V 1A**
toujours [tuʒuʀ] immer **I 6E; II 4,** 12
une **tour** [yntuʀ] ein Turm **I 5E**
un **tour** [ɛ̃tuʀ] eine Tour, ein Rundgang **II 3A**
C'est mon tour. [sɛmõtuʀ] Ich bin dran., Ich bin an der Reihe. **I 7**
un **touriste**/une **touriste** [ɛ̃tuʀist/yntuʀist] ein Tourist/eine Touristin **I 5**
le **tournage** [ləturnaʒ] das Drehen **V 3B,** 2
tourner [tuʀne] abbiegen, drehen **I 5**
tourner qc [tuʀne] etw. (um)drehen **I 6A**
tourner mal [tuʀnemal] eine schlechte Wende nehmen **IV 1**
tousser [tuse] husten **V 3A**
tout/toute [tu/tut] ganz *(+ Nomen)* ⟨**I 9B**⟩; **II 4**
tous/toutes [tu(s)/tut] alle *(+ Nomen)* ⟨**I 9B**⟩; **II 4**
tout [tu] alles **I 8E**

tout à coup [tutaku] plötzlich **I 4**
tout à l'heure [tutalœʀ] vorhin, eben; gleich, nachher **II 3A**
tout de suite [tudsɥit] sofort **I 7**
tout droit [tudʀwa] geradeaus **I 5**
tout le monde [tulmõd] alle, jeder, alle Welt ⟨**I 9B**⟩; **II 4**
tout le temps [tul(ə)tɑ̃] die ganze Zeit ⟨**I 9A**⟩; **V 3B**
le **trac** [lətʀak] das Lampenfieber **III 4**
une **trace** [yntʀas] eine Spur **II 7A**
une **tradition** [yntʀadisjõ] ein Brauch, eine Tradition **IV 5B**
une **traduction** [yntʀadyksjõ] eine Übersetzung **I 8,** 3
traduire qc [tʀadɥiʀ] etw. übersetzen **IV 3**
le **trafic** [lətʀafik] der Verkehr; *(hier)* der Schwarzhandel **IV 1**
un **train** [ɛ̃tʀɛ̃] ein Zug **I 7**
un **traité** [ɛ̃tʀɛte] eine Abhandlung; *(hier)* ein Vertrag **V 4C**
tranquille/tranquille [tʀɑ̃kil/tʀɑ̃kil] ruhig, brav **III 3**
transmettre qc à qn [tʀɑ̃smɛtʀ] jdm. etw. übermitteln, jdm. etw. weitergeben **V 1D,** 1
un **transparent** [ɛ̃tʀɑ̃spaʀɑ̃] eine Folie ⟨**V C4C**⟩
un **travail**/des **travaux** [ɛ̃tʀavaj/detʀavo] eine Arbeit/Arbeiten **I 6B,** 9
travailler [tʀavaje] arbeiten **I 4,** 12
travailler sur qc [tʀavaillesyʀ] etw. erarbeiten, an etw. arbeiten **II 5,** 13
traverser qc [tʀavɛʀse] etw. überqueren **I 5**
un **tremblement de terre** [ɛ̃tʀɑ̃mbləmɑ̃dətɛʀ] ein Erdbeben ⟨**II 8B**⟩
trembler [tʀɑ̃ble] zittern ⟨**IV M2**⟩
tremper qc [tʀɑ̃pe] etw. durchnässen; etw. befeuchten; *(hier)* etw. eintunken **V 4A,** 2
très [tʀɛ] sehr **I 6A**
un **tribunal**/des **tribunaux** [ɛ̃tʀibynal/detʀibyno] ein Gericht/Gerichte **V 4C**
un **trimestre** [ɛ̃tʀimɛstʀ] ein Trimester **II 3B**
triste/triste [tʀist/tʀist] traurig **II 2**
trop [tʀo] zu viel **I 7**
C'est trop! *(fam.)* [sɛtʀo] Das gibt's ja nicht! *(ugs.)* **III 4**
tropical/tropicale [tʀɔpikal/tʀɔpikal] tropisch **IV 5A**
un **trou** [ɛ̃tʀu] ein Loch **II 7B**
un **troupeau** [ɛ̃tʀupo] eine Herde ⟨**V C2A**⟩
trouver qc [tʀuve] etw. finden **I 2E**

se trouver [sətʀuve] sich befinden II 7B
un **truc** *(fam.)* [ɛ̃tʀyk] ein Ding, eine Sache IV 1
un **t-shirt** [ɛ̃tiʃœʀt] ein T-Shirt ⟨I 9A⟩; ⟨II 8B, 9⟩; III 1E
tuer qn [tɥe] jdn. töten, jdn. umbringen ⟨II 9⟩; IV 5B
un **type** [ɛ̃tip] ein Typ III 4
typique/typique de qn/qc [tipik/tipik] typisch für jdn./etw. V 3C

U

un **uniforme** [ɛ̃nynifɔʀm] eine Uniform IV 1E
unilingue/unilingue [ynilɛ̃g/ynilɛ̃g] einsprachig ⟨V C3D, 3⟩
l'**Union européenne** *(f.)* [lynjõøʀɔpeɛn] die Europäische Union V 4C
unique/unique [ynik/ynik] einzig; *(hier)* einzeln ⟨II 8B, 5⟩
uniquement [ynikmɑ̃] einzig und allein, bloß ⟨V C2A⟩
universel/universelle [ynivɛʀsɛl/ynivɛʀsɛl] universal ⟨V C3B⟩
une **usine** [ynyzin] eine Fabrik V 2C
utile/utile [ytil/ytil] nützlich IV 3, 6
utiliser qc [ytilize] etw. benutzen V 1D

V

les **vacances** *(f., pl.)* [levakɑ̃s] die Ferien, der Urlaub ⟨I 9E⟩; II 1
une **vache** [ynvaʃ] eine Kuh I 7E
La vache! *(fam.)* [lavaʃ] Donnerwetter! *(ugs.)* ⟨II 9, 9⟩
vachement *(fam.)* [vaʃmɑ̃] wahnsinnig; echt *(ugs.)* V 3A
une **vague** [ynvag] eine Welle ⟨I 9E⟩; ⟨IV M2E⟩
la **vaisselle** [lavɛsɛl] das Geschirr ⟨V C4A, 2⟩
varier [vaʀje] sich verändern; *(hier)* schwanken IV 5A
un **vase** [ɛ̃vaz] eine Vase IV 2
la **veille** [lavɛj] der Vortag IV 5B, 1
un **vélo** [ɛ̃velo] ein Fahrrad ⟨I 9A⟩; II 1, 2
un **vendeur**/une **vendeuse** [ɛ̃vɑ̃dœʀ/ynvɑ̃døz] ein Verkäufer/eine Verkäuferin ⟨III M1, 7⟩; ⟨V C1C, 2⟩; ⟨V C4A, 1⟩
vendre qc [vɑ̃dʀ] etw. verkaufen I 8
vendredi *(m.)* [vɑ̃dʀədi] Freitag I 7
venir [vəniʀ] kommen ⟨I 9B⟩; II 1
venir chercher qn [vəniʀʃɛʀʃe] jdn. abholen (kommen) ⟨I 9B⟩; ⟨III M2⟩
venir de faire qc [vəniʀdəfɛʀ] gerade etw. getan haben II 4
venir voir qn [vəniʀvwaʀ] jdn. besuchen (kommen) ⟨II 9⟩
le **vent** [ləvɑ̃] der Wind ⟨I 9B⟩; II 7A
le **ventre** [ləvɑ̃tʀ] der Bauch ⟨I 9A⟩; II 7B, 4
avoir mal au ventre [avwaʀmalovɑ̃tʀ] Bauchweh haben ⟨I 9A⟩
un **verbe** [ɛ̃vɛʀb] ein Verb I 2E
vérifier qc [veʀifje] etw. überprüfen, etw. kontrollieren V 1A
le **verlan** [ləvɛʀlɑ̃] das Verlan III 3
un **verre** [ɛ̃vɛʀ] ein Glas I 7
un **vers** [ɛ̃vɛʀ] ein Vers, eine Zeile V 1D
vers [vɛʀ] gegen, in Richtung ⟨III M1⟩; IV 5B, 1
une **version** [ynvɛʀsjõ] eine Fassung IV 4E
une version originale [ynvɛʀsjõoʀiʒinal] eine Originalfassung ⟨IV M1C, 5⟩
vert/verte [vɛʀ/vɛʀt] grün I 7, 4
une **veste** [ynvɛst] ein Jacket, ein Sakko V 3B, 2
un **vestiaire** [ɛ̃vɛstjɛʀ] eine Garderobe II 1E
un **vêtement** [ɛ̃vɛtmɑ̃] ein Kleidungsstück ⟨I 9A⟩; II 7A
la **viande** [lavjɑ̃d] das Fleisch IV 5C
une **victime** [ynviktim] ein Opfer IV 4
une **victoire** [ynviktwaʀ] ein Sieg V 2C
vide/vide [vid/vid] leer I 2
une **vidéo** [ynvideo] ein Video I 4E
la **vie** [lavi] das Leben ⟨I 6A, 2⟩; I 7, 10
vieux/vieil/vieille [vjø/vjɛj/vjɛj] alt II 3B
un **village** [ɛ̃vilaʒ] ein Dorf I 7
une **ville** [ynvil] eine Stadt I 8
une ville jumelée [ynvilʒym(ə)le] eine Partnerstadt IV 3
le **vin** [ləvɛ̃] der Wein II 5
la **violence** [lavjɔlɑ̃s] die Gewalt IV 4
violet/violette [vjɔlɛ/vjɔlɛt] violett IV 1E
un **virage** [ɛ̃viʀaʒ] eine Kurve III 5
un **visa** [ɛ̃viza] ein Visum IV 3
un **visage** [ɛ̃visaʒ] ein Gesicht III 5
une **visite** [ynvizit] ein Besuch II 2
visiter qc [vizite] etw. besichtigen I 3A
vite *(Adv.)* [vit] schnell I 2
une **vitesse** [ynvitɛs] eine Geschwindigkeit ⟨V C2B⟩
vivant/vivante [vivɑ̃/vivɑ̃t] lebendig ⟨V C4B⟩
Vive ...! [viv] Es lebe ...! ⟨I 9A, 6⟩; IV 3E
vivre [vivʀ] leben II 3E
le **vocabulaire** [ləvɔkabylɛʀ] der Wortschatz I 2, 12
voici [vwasi] hier ist I 1
voilà [vwala] da ist; *(hier)* Na also; Jetzt haben wir's. *(ugs.)* I 4
le voilà [ləvwala] da ist er I 5
Voilà pour aujourd'hui. [vwalapuʀoʒuʀdɥi] Das ist alles für heute. I 8E
la **voile** [lavwal] das Segel; das Segeln ⟨IV M2E⟩
voir qc [vwaʀ] etw. sehen ⟨I 9B⟩; II 1
vous verrez [vuvɛʀe] ihr werdet sehen, Sie werden sehen ⟨II 9⟩
un **voisin**/une **voisine** [ɛ̃vwazɛ̃/ynvwazin] ein Nachbar/eine Nachbarin I 3A
le voisin du dessus/la voisine du dessus [ləvwazɛ̃dyd(ə)sy/lavwazindyd(ə)sy] der Nachbar von oben/die Nachbarin von oben V 3A
une **voiture** [ynvwatyʀ] ein Auto I 1
une **voix** [ynvwa] eine Stimme III 5
un **vol** [ɛ̃vɔl] ein Flug II 3A, 3; IV 4, 5
un **volcan** [ɛ̃vɔlkɑ̃] ein Vulkan IV 5A
volcanique/volcanique [vɔlkanik/vɔlkanik] vulkanisch IV 5A
voler qc [vɔle] etw. stehlen I 5
un **voleur** [ɛ̃vɔlœʀ] ein Dieb I 5
Au voleur! [ovɔlœʀ] Haltet den Dieb! I 5
le **volley** [ləvɔlɛ] der Volleyball III 1E
vouloir qc [vulwaʀ] etw. wollen I 6B
en vouloir à qn de qc [ɑ̃vulwaʀ] jdm. wegen etw. böse sein ⟨V C4B⟩
vouloir faire qc [vulwaʀfɛʀ] etw. tun wollen I 6B
un **voyage** [ɛ̃vwajaʒ] eine Reise ⟨II 9E⟩; III 2E
voyager [vwajaʒe] fahren, reisen III 3
un **voyageur**/une **voyageuse** [ɛ̃vwajaʒœʀ/ynvwajaʒøz] ein Reisender/eine Reisende ⟨V C3B⟩
vrai [vʀɛ] wahr, richtig I 2, 1
vraiment [vʀɛmɑ̃] wirklich III 3
vu que [vykə] in Anbetracht der Tatsache, dass V 5A

W

les **W.-C.** *(m., pl.)* [levese] die Toilette, das WC I 3E
un **week-end** [ɛ̃wikɛnd] ein Wochenende I 7
le **wolof** [ləvɔlɔf] das Wolof *(westafrikanische Sprache)* II 4, 11

Y

y [i] dort, dorthin **II 7B**

Z

zapper [zape] zappen ⟨**V C1A**, 1⟩
zéro [zero] null **I 1**, 8
en zigzag [ɑ̃zigzag] im Zickzack ⟨**II 9E**⟩
une **zone** [ynzon] eine Zone; ein sozialer Brennpunkt **V 3B**
un **zoo** [ɛ̃z(o)o] ein Zoo ⟨**V C2A**, 4⟩
Zut! *(fam.)* [zyt] Mist! *(ugs.)* **I 2**

Prénoms masculins

Adrien [adʀijɛ̃] **I 5E**
Alain [alɛ̃] **II 1**, 5
Antonin [ɑ̃tɔnɛ̃] **III 5E**
Arnaud [aʀno] **III 1**, 3
Babaka [babaka] **III 3**
Benjamin [bɛ̃ʒamɛ̃] ⟨**IV M3E**⟩
Bodo [bɔdo] **III 3**
Bruno [bʀyno] **I 7**
Christian [kʀistjɑ̃] **I 1**
Christophe [kʀistɔf] **I 7**, 12
Clément [klemɑ̃] ⟨**IV M1E**⟩
Damien [damjɛ̃] **IV 2**, 8
David [david] **III 1**
Dooley [dulɛj] **IV 2**, 3
Fabien [fabjɛ̃] **II 3E**
Florian [flɔʀjɑ̃] **III 2**, 9
Franck [fʀɑ̃k] **II 3B**, 7
Frédéric [fʀedeʀik] **III 5**, 7
Grégory [gʀegɔʀi] **II 6E**
Jacques [ʒak] **I 8E**
Jamel [djamɛl] ⟨**IV M1A**, 2⟩
Jean [ʒɑ̃] **IV 2**
Jean-Loup [ʒɑ̃lu] **II 6**
Jérémie [ʒeʀemi] **II 4**
Jonathan [ʒɔnatɑ̃] ⟨**III M1E**⟩
Julien [ʒyljɛ̃] **I 1**, 2
Kevin [kevin] ⟨**II 8B**, 7⟩
Laurent [lɔʀɑ̃] ⟨**II 8B**⟩; **III 1E**
Loïc [loik] ⟨**I 9A**, 11⟩; **III 1**, 3
Luc [lyk] **I 7**, 12
Lucas [lyka] **IV 1E**
Marc [maʀk] **I 7**
Marco [maʀko] **II 4E**
Max [maks] **IV 4**
Maxime [maksim] **IV 1E**
Nathan [natɑ̃] **III 3E**
Nicolas [nikɔla] **II 3E**
Olivier [ɔlivje] **II 6**, 4
Pascal [paskal] ⟨**II 8A**, 5⟩
Patrick [patʀik] **I 2**, 10
Pépinot [pepino] ⟨**IV M1E**⟩
Philippe [filip] **I 7**, 12
Pierre [pjɛʀ] **I 4**, 8
Rachid [ʀaʃid] ⟨**II 8B**⟩
Roberto [ʀɔbɛʀto] **II 1**, 2
Samuel [samɥɛl] **IV 4E**
Socrate [sɔkʀat] ⟨**II 8B**, 8⟩
Théo [teo] **I 1E**
Thomas [toma] **I 1E**
Valentin [valɑ̃tɛ̃] **I 3E**
Valérian [valeʀjɑ̃] **III 5E**
Victor [viktɔʀ] **I 1E**
Wahid [waid] ⟨**II 8A**, 3⟩
Yan [jan] ⟨**I 9A**⟩; **III 5**, 3

Prénoms féminins

Adeline [adlin] **II 4**
Amandine [amɑ̃din] **I 1E**
Amélie [ameli] **I 1**, 2
Anne [an] **I 7**, 12
Annie [ani] **II 7E**
Barbara [baʀbaʀa] **III 2E**
Caroline [kaʀɔlin] **I 1**, 2
Cécile [sesil] **II 2**
Céline [selin] **IV 2**, 8
Charlotte [ʃaʀlɔt] **III 1E**
Chloé [kloe] **II 3B**, 7
Christelle [kʀistɛl] **II 3B**, 2
Coco [kɔko] **III 2**
Coralie [kɔʀali] **IV 1E**
Delphine [dɛlfin] ⟨**III M1E**⟩
Edith [edit] **I 6B**, 9
Elodie [elɔdi] **III 1E**
Emilie [emili] **I 7**, 12
Emma [ɛma] **I 1E**
Geneviève [ʒənvjɛv] ⟨**II 9**⟩
Isabelle [izabɛl] **I 7**
Julia [ʒylja] **I 4**, 8
Julie [ʒyli] **IV 3**, 4
Laura [lɔʀa] ⟨**II 9E**⟩; **III 4**, 11
Laure [lɔʀ] **III 2**
Léa [lea] **I 7**
Lili [lili] **I 7**
Lisa [liza] **I 7**, 12
Louise [lwiz] **I 7**, 12
Magalie [magali] **II 5**
Malika [malika] **I 1E**
Manon [manɔ̃] **I 3E**
Marie [maʀi] **II 3B**, 7
Marine [maʀin] **IV 1E**
Marise [maʀiz] **I 7**, 12
Mathilde [matild] **I 7**
Mélanie [melani] **IV 3E**
Morgane [mɔʀgan] **III 5**
Nathalie [natali] **I 8E**
Nouria [nuʀja] **III 3**
Sabrina [sabʀina] **IV 3**, 4
Samira [samiʀa] **II 3A**
Sonia [sɔnja] **II 3B**, 2
Sophie [sɔfi] **III 2**, 7
Stéphanie [stefani] **IV 2E**
Sylvie [silvi] **II 1**, 5
Vanessa [vanɛsa] **IV 4**
Zoé [zoe] **I 7**

Noms de famille

Bajot [baʒo] **I 6B**, 4
Bertaud [bɛʀto] **I 1**
Bonin [bɔnɛ̃] **III 5E**
Boulay [bulɛ] **I 4**

Bourlet [buʀlɛ] IV 2
Carbonne [kaʀbɔn] I 3E
Carrère [kaʀɛʀ] III 4
Cestor [sɛstɔʀ] ⟨II 8A, 5⟩
Chapuis [ʃapɥi] II 4E
Duchemin [dyʃmɛ̃] ⟨IV M1A, 2⟩
Dufour [dyfuʀ] I 2, 2
Duvoisin [dyvwazɛ̃] IV 3
Franconi [fʀɑ̃kɔni] III 3E
Fritz [fʀits] III 2E
Gentilli [ʒɑ̃tiji] II 3A
Guazzatti [gwadzati] ⟨II 9⟩
Kermorgant [kɛʀmɔʀgɑ̃] ⟨I 9A⟩
Leclerc [ləklɛʀ] I 3A
Lecoq [ləkɔk] IV 3, 3
Lopez [lɔpɛz] IV 1
Marais [maʀɛ] IV 1
Marcou [maʀku] II 7E
Martin [maʀtɛ̃] II 4
Mathieu [matjø] ⟨IV M1E⟩
Maxence [maksɑ̃s] ⟨IV M1E⟩
Messadi [mɛsadi] I 6B, 4
Morhange [mɔʀɑ̃ʒ] ⟨IV M1E⟩
Pajon [paʒɔ̃] I 4, 12
Parot [paʀo] IV 2
Perot [pɛʀo] IV 1
Philibert [filibɛʀ] ⟨II 8E⟩
Rachin [ʀaʃɛ̃] ⟨IV M1E⟩
Rollin [ʀolɛ̃] I 2
Salomon [salomɔ̃] I 2
Sarré [saʀe] I 6E

Noms de villes

Abidjan [abidʒɑ̃] V 5D
Alger [alʒe] ⟨V C3D⟩
Angoulême [ɑ̃gulɛm] V 5D
Antibes [ɑ̃tib] III 4
Argelès-Gazost [aʀʒəlɛsgazɔst] II 7E
Arras [aʀas] I 7
Athènes [atɛn] IV 3E
Aubervilliers [obɛʀvilje] V 2C
Autun [otɛ̃] III 2, 10
Bâle [bal] ⟨II 9E⟩
Bamako [bamako] V 5C
Beaune [bon] III 2
Berlin [bɛʀlɛ̃] I 1
Berne [bɛʀn] ⟨II 9E⟩
Beyrouth [bɛʀut] ⟨V 5A⟩
Biarritz [bjaʀits] ⟨II 9⟩
Blagnac [blaɲak] II 3E
Bordeaux [bɔʀdo] ⟨IV M2E⟩
Brest [bʀɛst] ⟨I 9A, 2⟩
Brignoles [briɲɔl] ⟨III M1E⟩
Bruxelles [bʀy(k)sɛl] I 8E
Bucarest [bykaʀɛst] V 5A
Cancale [kɑ̃kal] V 1A
Cannes [kan] III 4
Carcassonne [kaʀkasɔn] II 3A, 10
Carnac [kaʀnak] III 5E
Chalon-sur-Saône [ʃalɔ̃syʀson] III 2
Chapaize [ʃapɛz] III 2E
Copenhague [kopɛnag] IV 3E
Couvin [kuvɛ̃] IV 2
Dakar [dakaʀ] II 4E
Dijon [diʒɔ̃] III 2E
Draguignan [dʀagiɲɑ̃] V 4A
Dresde [dʀɛzd] IV 3E
Fécamp [fekɑ̃] III 1E
Florence [flɔʀɑ̃s] IV 3E
Fontainebleau [fɔ̃tɛnblo] I 4
Fort-de-France [fɔʀdəfʀɑ̃s] IV 5A
Francfort-sur-le-Main [fʀɑ̃fɔʀsyʀləmɛ̃] V 4B
Genève [ʒənɛv] I 5E
Hambourg [ɑ̃buʀ] II 3A, 3
Isbergues [isbɛʀg] I 7
Lille [lil] IV 2
Lisbonne [lisbɔn] IV 3E
Livry-Gargan [livʀigaʀgɑ̃] V 2B
Locarno [lɔkaʀno] ⟨II 9E⟩
Locmaria [lɔkmaʀja] III 5E
Londres [lɔ̃dʀ] ⟨V C3D⟩; ⟨V C2B⟩
Lorient [lɔʀjɑ̃] III 5E
Louhans [luɑ̃] III 2
Lourdes [luʀd] II 7B
Lucerne [lysɛʀn] ⟨II 9E⟩
Lyon [ljɔ̃] ⟨II 8B⟩; III 3E
Maastricht [mastʀiʃ(t)] V 4C
Marrakech [maʀakɛʃ] ⟨I 9A⟩
Marsannay [maʀsanɛ] III 2, 2
Mayence [majɑ̃s] III 2E
Montauban [mɔ̃tobɑ̃] II 7E
Montréal [mɔ̃ʀeal] ⟨III M3⟩
Montreux [mɔ̃tʀø] ⟨II 9E⟩
Montrouge [mɔ̃ʀuʒ] I 3A
Nice [nis] III 4E
Paris [paʀi] I 1
Penvénan [pɛnvenan] ⟨I 9A⟩
Perpignan [pɛʀpiɲɑ̃] ⟨V C2C⟩
Pomponne [pɔ̃pɔn] ⟨V C2B, 1⟩
Port-Blanc [pɔʀblɑ̃] ⟨I 9A⟩
Ratisbonne [ʀatisbɔn] ⟨II 9, 3⟩
Reims [ʀɛ̃s] ⟨V C2B⟩
Rennes [ʀɛn] III 5, 8
Rombly [ʀɔ̃bli] I 7
Roncevaux [ʀɔ̃svo] ⟨II 9⟩
Roubaix [ʀubɛ] ⟨V C1C⟩
Saint-Cyprien [sɛ̃sipʀijɛ̃] II 3B, 6
Saint-Moritz [sɛ̃mɔʀits] ⟨II 9E⟩
Saint-Tropez [sɛ̃tʀɔpe] V 3A
Strasbourg [stʀasbuʀ] IV 3E
Toul [tul] ⟨V C1D⟩
Toulouse [tuluz] ⟨I 9B, 2⟩; II 1
Tréguier [tʀegje] ⟨I 9B⟩
Trestel [tʀɛstɛl] ⟨I 9B⟩
Varennes [vaʀɛn] ⟨V C3A, 1⟩
Verdun [vɛʀdɛ̃] V 4D
Vichy [viʃi] ⟨V C3D, 1⟩
Zurich [zyʀik] ⟨II 9, 2⟩

Noms géographiques

l'**Afrique** *(f.)* [lafʀik] II 4
l'**Algérie** *(f.)* [lalʒeʀi] ⟨II 8B⟩; III 3
l'**Allemagne** *(f.)* [lalmaɲ] I 8
l'**Alsace** *(f.)* [lalzas] IV 3; ⟨V C2B⟩
l'**Amérique** *(f.)* [lameʀik] ⟨III M3⟩; ⟨V C3D⟩
l'**Angleterre** *(f.)* [lɑ̃glətɛʀ] ⟨III M3E⟩
les **Antilles** *(f., pl.)* [lezɑ̃tij] IV 5B
l'**Atlantique** *(m.)* [latlɑ̃tik] II 3A, 3
la **Belgique** [labɛlʒik] I 8
la **Bourgogne** [labuʀgɔɲ] ⟨II 9, 8⟩; III 2E
le **Brésil** [ləbʀezil] V 2D
la **Bretagne** [labʀətaɲ] ⟨I 9B⟩; III 5
le **Cameroun** V 2D
le **Canada** [ləkanada] ⟨III M3E⟩; ⟨V C3D⟩
les **Caraïbes** *(f., pl.)* [lekaʀaib] IV 5A
la **Chine** [laʃin] ⟨III M3E⟩
la **Côte d'Ivoire** [lakotdivwaʀ] V 5D
la **Côte-d'Or** [lakot(ə)dɔʀ] III 2E
la **Croatie** [lakʀɔasi] IV 3
Cuba *(m.)* [kyba] IV 5A
le **Danemark** [lədanmaʀk] IV 3E
la **Dordogne** [ladɔʀdɔɲ] ⟨IV M2⟩
l'**Espagne** *(f.)* [lɛspaɲ] II 7B, 6
les **Etats-Unis** *(m., pl.)* [lezetazyni] ⟨III M3E⟩; ⟨V C3A⟩
l'**Europe** *(f.)* [løʀɔp] ⟨II 9⟩; III 3E
la **France** [lafʀɑ̃s] I 8E
la **Garonne** [lagaʀɔn] II 2
la **Gaule** [lagol] ⟨II 9, 8⟩
la **Grèce** [lagʀɛs] IV 3E
la **Guadeloupe** [lagwadlup] IV 5A
la **Guinée** [lagine] V 5B
la **Guyane** [lagɥijan] IV 5B
l'**île de Groix** [lildəgʀwa] III 5E
l'**Inde** *(f.)* [lɛ̃d] V 2D
l'**Irlande** *(f.)* [liʀlɑ̃d] V 3D
l'**Italie** *(f.)* [litali] II 1
la **Lettonie** [lalɛtɔni] IV 3E
la **Louisiane** [lalwizjan] ⟨III M3E⟩
le **Luxembourg** [ləlyksɑ̃buʀ] ⟨II 9⟩
le **Maghreb** [ləmagʀɛb] ⟨IV M3, 10⟩
le **Mali** [ləmali] V 5C
le **Maroc** [ləmaʀɔk] ⟨III M3E⟩; ⟨IV M1A, 2⟩; ⟨IV M3, 10⟩
Marseille [maʀsɛj] ⟨III M2E⟩; V 2A
la **Martinique** [lamaʀtinik] II 4
la **Méditerranée** [lamediteʀane] ⟨III M2⟩

Midi-Pyrénées [midipiʀene] II 7E
la **Montagne Pelée** [lamõtaɲpəle] IV 5A
la **Nièvre** [lanjɛvʀ] III 2E
la **Normandie** [lanɔʀmɑ̃di] III 1E
les **Pays-Bas** *(m., pl.)* [lepeiba] IV 3E
la **Pologne** [lapɔlɔɲ] IV 2
la **Polynésie française** [lapɔlinezifʀɑ̃sɛz] V 5E
le **Portugal** [ləpɔʀtygal] IV 3E
les **Pyrénées** *(f.) (pl.)* [lepiʀene] II 3A
le **Québec** [ləkebɛk] ⟨III M3E⟩; ⟨V C3D⟩
la **Réunion** [la ʀeynjõ] V 5E
la **Roumanie** [laʀumani] V 5A
la **Saône-et-Loire** [lasonelwaʀ] III 2E
la Seine [lasɛn] I 5E
la **Seine-Saint-Denis** [lasɛnsɛ̃dəni] V 2B
le **Sénégal** [ləsenegal] II 4E
la **Slovénie** [laslɔveni] ⟨V 2A⟩
la **Suisse** [lasɥis] II 7E
la **Tunisie** [latynizi] ⟨IV M3, 10⟩
le **Var** [ləvaʀ] ⟨III M1⟩
le **Viêt-nam** [ləvjɛtnam] ⟨III M3E⟩
l'**Yonne** *(f.)* [ljɔn] III 2E

Noms divers

l'**Académie française** *(f.)* [lakademifʀɑ̃sɛz] V 5A
Aérospatiale [aeʀɔspasjal] II 3A, 2
Airbus [ɛʀbys] II 1
Alésia [alezja] ⟨II 9, 8⟩
l'**Arc de triomphe** *(m.)* [laʀkdətʀijõf] I 5E
l'**Arche de la Défense** *(f.)* [laʀʃdəladefɑ̃s] I 5E
Archéostage [aʀkeɔstaʒ] IV 2
l'**Argonaute** [laʀgɔnot] II 1E
Arte [aʀte] IV 3
Atlantis [atlɑ̃tis] II 1E
la **Bastille** [labastij] ⟨V C3A⟩
le **boulevard St-Michel** [ləbulvaʀsɛ̃miʃɛl] II 1, 2
le **canal du Midi** [ləkanaldymidi] II 2
le **canton des Grisons** [ləkɑ̃tõdegʀizõ] ⟨II 9E⟩
le **Capitole** [ləkapitɔl] II 2
Casino [kazino] II 2, 6
le **Centre Georges Pompidou** [ləsɑ̃tʀʒɔʀʒpõpidu] I 5, 12
Charles de Gaulle-Etoile [ʃaʀldəgoletwal] I 5
le **chemin du Try Chalons** [ləʃ(ə)mɛ̃dytʀiʃalõ] IV 2
Collège Anne Frank [kɔlɛʒanfʀɑ̃k] I 4
la Défense [ladefɑ̃s] I 5E
La Dépêche du Midi [ladepɛʃdymidi] II 6, 9

Eurogame [øʀɔgem] IV 3E
Euroscola [øʀɔskɔla] IV 3E
Filou [filu] I 6A
le Forum des Halles [lefoʀɔmdeal] I 5E
France-Inter [fʀɑ̃sɛ̃tɛʀ] ⟨II 8A, 5⟩
France Télécom [fʀɑ̃stelekɔm] II 6, 9
France 3 [fʀɑ̃s(ə)tʀwa] III 4
le **Futuroscope** [ləfytyʀɔskɔp] III 4, 2
la **gare du Nord** [lagaʀdynɔʀ] I 7
la **Géode** [laʒeɔd] II 1E
Grand Thon [gʀɑ̃tõ] III 5
Gutenberg [gytɛ̃bɛʀ] III 2E
Guyenne [gɥijɛn] II 3A, 2
l'**Hôtel-Dieu** [lɔtɛldjø] III 2
l'**Institut du Monde Arabe** [lɛ̃stitydymõdaʀab] II 1, 7
Inter Rail [ɛ̃tɛʀaj] IV 3, 2
le **jardin du Luxembourg** [ləʒaʀdɛ̃dylyksɑ̃buʀ] II 1, 2
le **Lac Majeur** [ləlakmaʒœʀ] ⟨II 9E⟩
le **Louvre** [ləluvʀ] I 5E
le **lycée Montebello** [ləlisemõtebelo] IV 2
la **Marseillaise** [lamaʀsɛjɛz] ⟨I 9B⟩
Matou [matu] I 6B
Météo France [meteofʀɑ̃s] II 6, 9
Mode Ados [mɔdado] IV 1E
Montmartre *(m.)* [mõmaʀtʀ] II 1, 7
Morzine [mɔʀzin] ⟨I 9E⟩
le **Musée d'Orsay** [ləmyzedɔʀsɛ] II 1, 7
nice-matin [nismatɛ̃] III 4
Nice-Rugby [nisʀygbi] III 4E
Noël *(m.)* [nɔɛl] II 1
Notre-Dame [nɔtʀədam] I 5, 12
les **Nouvelles Galeries** [lenuvɛlgalʀi] II 2, 2
Odyssud *(f.)* [ɔdisyd] II 3A
Okapi [ɔkapi] ⟨II 8B, 7⟩
l'**Organisation des Nations Unies** [lɔʀganizasjõdenasjõyni] V 5A
le **palais de l'Elysée** [ləpalɛdəlelize] V 4D
le **Palais des Ducs** [ləpalɛdedyk] III 2
Pâques *(m., pl. oder f., pl.)* [pak] ⟨III M2⟩; IV 2, 12
le **Parc de la Villette** [ləpaʀkdəlavilɛt] II 1E
la **place Darcy** [laplasdaʀsi] III 2
la **place de la Bastille** [laplasdlabastij] I 2
la **place Madou** [laplasmadu] I 8E
la **place Pigalle** [laplaspigal] I 5, 9
la **Porte de Vincennes** [lapɔʀtdəvɛ̃sɛn] ⟨V C3B⟩
la **Porte Maillot** [lapɔʀtmajo] ⟨V C3B⟩
la **pyramide du Louvre** [lapiʀamidyluvʀ] I 5E

Rex [ʀɛks] II 3B
Rivoli [ʀivɔli] I 5
la **rue Charles Baudelaire** [laʀyʃaʀlbodlɛʀ] I 2
la **rue de Charonne** [laʀydəʃaʀɔn] I 6B, 4
la **rue Descartes** [laʀydekaʀt] I 6B, 4
la **rue des Corbières** [laʀydekɔʀbjɛʀ] II 4
la **rue du Chemin vert** [laʀydyʃəmɛ̃vɛʀ] I 6B, 4
la **rue du Faubourg Saint Antoine** [laʀydyfobuʀsɛ̃tɑ̃twan] I 2
la **rue Richard Lenoir** [laʀyʀiʃaʀlənwaʀ] I 3E
la **rue St-Bernard** [laʀysɛ̃bɛʀnaʀ] I 3E
la **rue St-Rome** [laʀysɛ̃ʀɔm] II 3B
la **rue Trousseau** [laʀytʀuso] I 1
la **Saint-Valentin** [lasɛ̃valɑ̃tɛ̃] ⟨III M2, 6⟩
la **salle Nougaro** [lasalnugaʀo] II 2
les **Sarrasins** [lesaʀasɛ̃] ⟨II 9⟩
la **SNCF** [laɛsɛnseɛf] ⟨V C2B⟩
le **square Trousseau** [ləskwaʀtʀuso] I 2
St-Michel [sɛ̃miʃɛl] I 5, 12
Sud-Ouest [sydwɛst] ⟨IV M2⟩
le **Tour de France** [ləturdəfʀɑ̃s] ⟨I 9A⟩
la **tour Eiffel** [latuʀɛfɛl] I 5E
TV5 Monde [tevesɛ̃kmõd] ⟨III M1, 11⟩; V 4B
la **Villette** [lavilɛt] II 1E
Zen Zila [zɛnzila] ⟨II 8A⟩

Noms de personnes connues

Anne Robert Jacques Turgot [anʀɔbɛʀʒaktyʀgo] ⟨V C3A⟩
Astérix [asteʀiks] ⟨II 6, 7⟩
Beethoven [betɔvɛn] IV 3
Azouz Begag [azuzbegag] ⟨II 8B⟩; V 3B
Jacques Brel [ʒakbʀɛl] I 8E
Carla Bruni [karlabʀyni] II 6, 10
Cali [kali] V 1C
Camara Laye [kamaʀalɛ] V 5B
Cédric Klapisch [sedʀikklapiʃ] V 4B
Jules César [ʒylsezaʀ] ⟨II 9, 8⟩
Charlemagne [ʃaʀləmaɲ] ⟨II 9⟩
Charles de Gaulle [ʃaʀldəgol] V 4B, 1
Agatha Christie [agatakʀisti] II 4, 3
Christophe Colomb [kʀistɔfkɔlõ] IV 5B
Claude Monet [klodmɔnɛ] ⟨V C3C⟩
Gérard Depardieu [ʒeʀaʀdəpaʀdjø] I 5, 14
Diam's [djams] IV 2, 10
Disiz la Peste [dizizlapɛst] V 2D
Gustave Eiffel [gystavɛfɛl] ⟨II 6, 7⟩
Faïza Guène [faizagɛn] V 2B
Mylène Farmer [milɛnfaʀmɛʀ] II 6, 10

Jean de la Fontaine [ʒɑ̃dəlafɔ̃tɛn] ⟨II 9, 10⟩
François Mitterrand [fʀɑ̃swamitɛʀɑ̃] V 4D
François Truffaut [fʀɑ̃swatʀyfo] V 4B
Fulgence Bienvenüe [fylʒɑ̃sbjɛ̃v(ə)ny] ⟨V C3B⟩
Serge Gainsbourg [sɛʀʒgɛ̃sbuʀ] II 6, 10
Henri Guillaumet [gijomɛ] II 3A
Johnny Hallyday [dʒɔnialidɛ] II 6, 10
Helmut Kohl [ɛlmutkɔl] V 4D
Henri IV [ɑ̃ʀikatʀ] II 5, 11
Jacques Chirac [ʒakʃiʀak] V 5A, 1
Jacques Necker [ʒaknekɛʀ] ⟨V C3A⟩
Jean-Pierre Sinapi [ʒɑ̃pjɛʀsinapi] V 3B, 1
Jésus-Christ [ʒezykʀi] ⟨II 9, 8⟩
Khaled [kalɛd] ⟨I 9B, 2⟩; II 6, 10
K-Maro [kamaʀo] ⟨III M3, 4⟩
Konrad Adenauer [kɔ̃ʀadadɛnɔɛʀ] V 4B, 1
Le Corbusier [ləkɔʀbyzje] V 2C, 1
Léopold Sédar Senghor [leɔpɔlsedaʀsɛ̃gɔʀ] V 5A
Louis Atangana [lwiatɑ̃gana] ⟨IV M3, 7⟩
Louis Malle [lwimal] V 4B
Louis XIV [lwikatɔʀz] ⟨II 6, 7⟩
Louis XVI [lwisɛz] ⟨V C3A⟩
Luc Besson [lykbɛsɔ̃] V 4B
René Magritte [ʀənemagʀit] I 8, 5
Malika Secouss [malikasəkus] I 7Z; ⟨III M2, 5⟩
Marie-Antoinette [maʀiɑ̃twanɛt] ⟨V C3A⟩
Mathieu Kassovitz [matjøkasɔvits] V 4B
Maximilien de Robespierre [maksimiljɛ̃d(ə)ʀɔbɛspjɛʀ] ⟨V C3A, 1⟩
Jean Mermoz [ʒɑ̃mɛʀmoz] II 3E
Mireille Mathieu [miʀejmatjø] V 2C
Napoléon [napɔleɔ̃] ⟨II 6, 7⟩
Nicéphore Niepce [nisefɔʀnjɛps] III 2
Edith Piaf [editpjaf] II 6, 10
Rachel Hausfater [ʀaʃɛlosfatɛʀ] V 1C
Renaud [ʀəno] ⟨II 8E⟩
Roland [ʀɔlɑ̃] ⟨II 9⟩
Antoine de Saint-Exupéry [ɑ̃twandəsɛ̃tɛgzypeʀi] II 3A, 3
Léopold Sédar Senghor [leɔpɔlsedaʀsɛ̃gɔʀ] II 4, 11
Georges Simenon [ʒɔʀʒsim(ə)nɔ̃] II 4, 3
Rachid Taha [ʀaʃidtaa] ⟨II 8B⟩
Audrey Tautou [odʀɛtotu] II 3B
Titeuf [titœf] IV 4, 9
Rodolphe Toepffer [ʀɔdɔlftœpfɛʀ] ⟨II 9E⟩
Henri de Toulouse-Lautrec [ɑ̃ʀidətuluzlotʀɛk] II 7E
Vercingétorix [vɛʀsɛ̃ʒetɔʀiks] ⟨II 9, 8⟩
Virginie Lou [viʀʒinilu] V 1C
Roch Voisine [ʀɔkvwazin] ⟨II 8A⟩
Yannick Noah V 2D
Yves Michaud [ivmiʃo] ⟨V C1A⟩
Zazie [zazi] II 6, 10
Zebda [zɛbda] II 2
Zinedine Zidane [zinedinzidan] ⟨II 6, 7⟩

Die deutsch-französische Wortliste führt die wichtigsten Lernwörter aus *Découvertes* Band 1–5 auf. Der Wortschatz aus den ⟨*Album*⟩- und ⟨*Plateau*⟩-Teilen sowie aus den Lektionen ⟨I,9⟩; ⟨II,8⟩ und ⟨II,9⟩ wird hier nicht aufgeführt.

A

abbiegen tourner **I 5**
abdanken abdiquer **IV 4,** 9
ein Abend un soir **I 3A**
  abends le soir **I 3A**
  ein Abend (im Verlauf) une soirée **III 1**
  heute Abend ce soir **II 3B**
ein Abenteuer une aventure **II 7E**
aber mais **I 1**
abfahren partir **II 1**
die Abfahrt, der Aufbruch le départ **I 8**
ein(e) Abfahrt(slauf) une descente ⟨**V C4A**⟩
abgesehen davon sauf que **IV 4**
ein Abgrund un gouffre **IV 4**
eine Abhandlung un traité **V 4C**
abhauen *(ugs.)* se barrer *(fam.)* **V 2D**
  abhauen *(ugs.)* ficher le camp *(fam.)* ⟨**V C1C**⟩
das Abitur le baccalauréat **III 4E**
abnehmen diminuer ⟨**V C2A**⟩
etw. abräumen enlever qn/qc **IV 1,** 4
der Absatz; die Ferse le talon **IV 1,** 6
die Abschlussklasse la terminale **V 4A**
ein Abschnitt un passage ⟨**V C4E**⟩
etw. kopieren, etw. abschreiben copier qc **II 6,** 6
etw. absichtlich tun faire exprès de faire qc ⟨**V C4B**⟩
ein Abstieg une descente ⟨**V C4A**⟩
abstrakt abstrait/abstraite **V 1D**
abwaschen faire la vaisselle ⟨**V C4A,** 2⟩
ein Abwesender/eine Abwesende un absent/une absente **III 5,** 6
etw. achten respecter qc **I 2**
ein Acker un champ **V 3B**
der Adel la noblesse ⟨**V C3A**⟩
eine Adresse une adresse **I 3A**
ein Affe un singe **III 3**
ein Afrikaner/eine Afrikanerin un Africain/une Africaine **IV 5A**
afrikanisch africain/africaine **IV 5A**
eine AG un club **I 4E**
jdm./etw. ähneln ressembler à qn/qc **V 3B**
eine Akte un dossier **V 1E**
aktuell actuel/actuelle **V 3D**
ein Akzent, einTonfall un accent **II 2**
jdn./etw. akzeptieren accepter qn/qc **IV 1**
ein Album; *(hier)* **eine CD** un album **II 3B**
ein Algerier/eine Algerierin un Algérien/une Algérienne **V 2A**
algerisch algérien/algérienne **V 2A**
der Alkohol l'alcool *(m.)* **V 2A**
alle *(+ Nomen)* tous/toutes **II 4**
alle, jeder, alle Welt tout le monde **II 4**
allein seul/seule **II 6E**
alles tout **I 8E**
allgemein général/générale **V 1B**
im Allgemeinen en général **V 4A**
eine Alliteration une allitération **V 1D**
der Alltag le quotidien **V 3C**
ein Alphabet un alphabet **IV 3**
als comme **I 6E**
  als en tant que **V 4B,** 4
der Erste/die Erste; als Erster/als Erste/als Erstes le premier/la première **II 2E**
also donc **III 1**
alt vieux/vieil/vieille **II 3B**
  alt âgé/âgée (de) **V 4B**
  alt ancien/ancienne **V 5A**
das Alter l'âge *(m.)* **I 4**
ein Alternativler/eine Alternativlerin un baba/une baba **IV 1**
altmodisch ringard/ringarde *(fam.)* **IV 1**
eine amerikanische Einstellung un plan américain **V 3B**
eine Ampel un feu/des feux **II 7A,** 6
eine Amtssprache une langue officielle **IV 5B**
jdn./etw. analysieren analyser qn/qc **V 5A**
jdn. anbaggern, jdn. anmachen *(ugs.)* draguer qn *(fam.)* **III 1**
anbei ci-joint **IV 2**
in Anbetracht der Tatsache, dass vu que **V 5A**
jdm. etw. anbieten; jdm. etw. schenken offrir qc à qn **III 4**
eine Erinnerung, ein Andenken un souvenir **I 8,** 5
auf der anderen Seite *(räumlich)* de l'autre côté ⟨**V C4A**⟩
anderer/andere/anderes autre/autre **I 6B**
etw. anderes autre chose **II 4,** 6
anders différent/différente **I 7,** 15
ein Anfang un début **III 5**
etw. anfangen commencer qc **I 8**
  anfangen, etw. zu tun se mettre à faire qc ⟨**V C4C**⟩
jdn./etw. anfassen toucher qn/qc **V 1A**
eine Sache, eine Angelegenheit une affaire **I 8**
angenehm agréable/agréable **V 2C**
jdn./etw. angreifen attaquer qn/qc **III 5**
die Angst la peur **I 4**
  Angst bekommen prendre peur **IV 1**
jdn. anhalten, jdn. festnehmen arrêter qn **I 5**
  anhalten s'arrêter **III 2**
anklopfen frapper à la porte ⟨**V C4B**⟩
(an)kommen arriver **I 4**
etw. ankündigen annoncer qc **II 5**
eine Ankunft une arrivée **IV 5B**
als Anlage ci-joint **IV 2**
etw. anmalen, etw. anstreichen peindre qc **III 5**
jdn./etw. annehmen accepter qn/qc **IV 1**
anonym anonyme/anonyme **IV 1**
jdn. anrempeln bousculer qn **I 5**
ein (Telefon)Anruf un coup de téléphone **I 8E**
mit jdm. telefonieren, jdn. anrufen téléphoner à qn **I 6A**
eine Anschlagtafel un tableau d'affichage **IV 2**
etw. ansehen, etw. betrachten regarder qc **I 2E**
eine Ansicht un point de vue ⟨**V C2A**⟩
eine Ansprache un discours ⟨**V C3D**⟩
jdn./etw. ansprechen aborder qn/qc ⟨**V C1D**⟩
ein Anstreicher/eine Anstreicherin un peintre en bâtiment **IV 4E**
anstrengend fatigant/fatigante **V 3B**
eine Anstrengung un effort **V 2A,** 1
antik ancien/ancienne **V 5A**
antillisch antillais/antillaise **IV 5A**
eine Antwort une réponse **I 2,** 8
jdm. antworten répondre à qn **I 8**
ein Anzeichen un indice **V 5B**
eine Anzeige, eine Annonce une annonce **I 3E**
jdm. etw. anzeigen, jdm. eine Angabe machen indiquer qc à qn **II 4,** 5
sich anziehen s'habiller **IV 1**
etw. anziehen mettre qc **II 1**
ein Anzug un costume **IV 1,** 6
etw. anzünden allumer qc **V 1D**
ein Apfel une pomme **II 5**
ein Apfelkuchen une tarte aux pommes **II 5,** 7
eine Apotheke, ein Medizinschrank, eine Hausapotheke une pharmacie **III 2**

ein Apparat, ein Gerät un appareil **I 8E**
April avril *(m.)* **I 7**, 6
ein Araber/eine Araberin un Arabe/une Arabe **III 3**
das Arabische l'arabe *(m.)* **III 3**
eine Arbeit un travail/des travaux **I 6B**, 9
arbeiten travailler **I 4**, 12
  nicht arbeiten chômer **V 5C**
ein Arbeiter/eine Arbeiterin un ouvrier/une ouvrière **V 2C**
ein Arbeitgeber/eine Arbeitgeberin un patron/une patronne **V 5D**
eine Arbeitsgruppe un atelier **IV 5E**
ein Arbeitsloser/eine Arbeitslose un chômeur/une chômeuse ⟨**V C1E**⟩
ein Arbeitszimmer; ein Schreibtisch un bureau **III 5E**
ein Archäologe/eine Archäologin un archéologue/une archéologue **IV 2**
die Archäologie l'archéologie *(f.)* **IV 2E**
archäologisch archéologique/archéologique **IV 2E**
ein Argument un argument **II 1**, 1
arm pauvre/pauvre **II 3B**
ein Arm un bras **II 7B**, 4
eine Armbanduhr une montre **V 3B**, 2
ein Artikel un article **II 4**, 12
eine Art un genre ⟨**V C4C**⟩
eine Art und Weise une façon **IV 1**
ein Arzneimittel un médicament **IV 4**
ein Arzt/eine Ärztin un médecin/une femme médecin **I 6E**
die Asche la cendre **IV 5A**, 2
atlantisch atlantique/atlantique **IV 5A**
etw. (ein)atmen respirer qc **V 3A**
auch aussi **I 2E**
  auch également **V 4B**
auch nicht ne ... pas non plus **II 1**
auch wenn même si **V 5A**
audiovisuell audiovisuel/audiovisuelle **V 3B**, 3
auf, über sur **I 2E**
auf den ersten Blick verlieben avoir le coup de foudre pour qn/qc **II 3A**
ein Aufenthalt un séjour **IV 3**
Aufenthaltsraum une salle de permanence **II 4**
eine (Haus)Aufgabe un devoir **I 7**, 15
aufgeben abdiquer **IV 4**, 9
aufheben ramasser qc **I 2**
aufhören etw. zu tun arrêter de faire qc **II 1**, 5
  mit. etw. aufhören finir par qc **III 5**, 5
ein Aufkleber une étiquette **IV 1**
ein Auflauf un gratin **II 4**
sich gegen jdn. auflehnen se révolter contre qn ⟨**V C3A**⟩
etw. wieder aufmachen rouvrir qc ⟨**V C4B**⟩
die Aufmachung le look **IV 1E**
die Aufnahme von unten la contre-plongée **V 3B**
  die Aufnahme von oben la plongée **V 3B**
etw. aufnehmen, etw. aufzeichnen enregistrer qc **III 4**
aufpassen, Acht geben faire attention **I 5**
etw. aufräumen ranger qc **II 5E**
jdn. aufregen énerver qn **II 2**
eine Aufregung une émotion **V 3B**
aufschlagen servir ⟨**V C4A**⟩
ein Aufseher/eine Aufseherin un surveillant/une surveillante **V 4A**
eine Aufsicht un surveillant/une surveillante **V 4A**
ein Aufstand une révolte ⟨**V C3A**⟩
aufstehen; (Wind) aufkommen se lever **II 7B**
etw. aufstellen, etw. installieren installer qc **II 6**
auftauchen apparaître ⟨**V C1C**⟩
aufwachen se réveiller **III 5**
ein Auge/Augen un œil/des yeux **III 1E**
ein Augenzeugenbericht un témoignage **V 4E**
August août *(m.)* **I 7**, 6
ein (Vulkan)Ausbruch une éruption **IV 5A**, 2
ein Ausdruck une expression **III 2**, 6
sich ausdrücken s'exprimer **V 5A**
eine Auseinandersetzung une bagarre **IV 4E**
ausflippen *(ugs.)* flipper *(fam.)* **V 2A**, 2
ein Ausflug une excursion **III 2**
etw. ausführen appliquer qc **V 3D**, 1
ein Ausgang une sortie **II 3A**
die Ausgeglichenheit la sérérité **V 1A**
ausgehen sortir (de qc) **II 1**
eine Ausgrabungsstätte un chantier **IV 2**
eine Auskunft un renseignement **V 2C**
ein Ausländer/eine Ausländerin un étranger/une étrangère **III 3**
ausländisch étranger/étrangère **IV 3E**
etw. ausmachen, etw. ausschalten éteindre qc **III 5**
ausreichen suffire **IV 5B**
eine Aussage un témoignage **V 4E**
eine Ausschreibung un appel à candidature **V 4B**
das Aussehen l'air *(m.)* **III 1E**
  das Aussehen le look **IV 1E**
außer sauf **II 4**
außerdem, zusätzlich en plus **I 4**
außergewöhnlich extraordinaire/extraordinaire **V 4B**
eine Aussöhnung une réconciliation **V 4D**
etw. aussprechen prononcer qc ⟨**V C1C**, 3⟩
aussteigen descendre **II 2E**
eine Ausstellung une exposition **IV 1**
etw. austragen distribuer qc ⟨**V C4C**⟩
auswendig par cœur **I 6B**
etw. ausziehen enlever qn/qc **IV 1**, 4
ein Auto une voiture **I 1**
eine Autobahn une autoroute **III 2**
ein Autor/eine Autorin un auteur **IV 4**, 5
eine Autowerkstatt un garage **II 3A**

B

das Babysitting le baby-sitting **IV 2**, 11
eine Bäckerei une boulangerie **II 5**
eine Badehose un slip de bain **IV 1**, 6
baden se baigner **III 1**
ein Badezimmer une salle de bains **I 3E**
ein Bahnhof une gare **I 7**
ein Ball un ballon **II 3B**
  ein Ball une balle ⟨**V C4A**⟩
eine Banane une banane **II 5E**
eine Bande une bande **IV 4**
eine (Sitz)Bank un banc **I 2**
ein Bär/eine Bärin un ours/une ourse **II 7E**
barfuß pieds nus **V 2A**
eine Barriere une barrière **IV 3**
ein Bart une barbe **II 6**
der Bauch le ventre **II 7B**, 4
etw. bauen construire qc **II 7B**
ein Bauer/eine Bäuerin un paysan/une paysanne **V 3B**
bäuerlich paysan/paysanne **V 3C**
ein Bauernhof une ferme **V 3E**
ein Baum un arbre **I 2**
eine Baustelle un chantier **IV 2**
beabsichtigen, etw. zu tun avoir l'intention de faire qc **V 4B**
sich bei jdm. für etw. bedanken remercier qn de qc **IV 2**
etw. bedauern regretter qc **IV 3**, 6
jdn./etw. bedecken couvrir qn/qc **IV 5A**
etw. bedeuten signifier qc **V 2C**, 3
eine Bedienung un service ⟨**V C3D**, 1⟩
eine Bedingung une condition **IV 2**, 3
jdn. bedrohen, jdm. drohen menacer qn ⟨**V C3A**⟩
eine Bedrohung une menace **IV 4**

jdn./etw. beeinflussen influencer qn/qc ⟨**V C1A**⟩
etw. beenden finir qc **II 4**
etw. beenden, etw. fertigstellen terminer qc **V 3B**
etw. befeuchten tremper qc **V 4A,** 2
sich befinden se trouver **II 7B**
etw. befolgen appliquer qc **V 3D,** 1
jdn. befragen interroger qn **IV 4**
eine Befreiung une libération **II 4,** 11
jdm. begegnen rencontrer qn **I 8E**
etw. begegnen croiser qc ⟨**V C4A**⟩
eine Begegnung, ein Treffen une rencontre **I 8E**
beginnen, anfangen commencer par qc **III 5,** 5
jdn. begleiten accompagner qn **I 8E**
jdn. zu etw. beglückwünschen féliciter qn de/pour qc ⟨**V C4C**⟩
begraben sein être enterré(e) **IV 2**
begrenzt limité/limitée ⟨**V C1C**⟩
etw. behaupten prétendre qc **IV 4**
jdn./etw. beherbergen héberger qn/qc ⟨**V C1C**⟩
bei chez **I 5E**
jdm. Beifall klatschen applaudir qn **II 4**
ein Bein une jambe **II 7B**
beinahe presque **IV 3**
zum Beispiel par exemple **II 3B**
zu etw. beitragen contribuer à qc **V 3D**
mit jdm./etw. Bekanntschaft machen faire la connaissance de qn/qc **V 4A**
etw. bekommen obtenir qc **V 5A**
jdn./etw. beleidigen; jdn./etw. beschimpfen insulter qn/qc ⟨**V C1C**⟩
eine Beleidigung une injure ⟨**V C3C**⟩
etw. bemerken s'apercevoir de qc **IV 2**
  jdn./etw. bemerken remarquer qn/qc **V 1A**
benachteiligt défavorisé/défavorisée **V 2A,** 1
etw. benutzen utiliser qc **V 1D**
  jdn./etw. benutzen se servir de qn/qc ⟨**V C1A,** 1⟩
jdn./etw. beobachten observer qn/qc **IV 5A**
ein Berater/eine Beraterin un conseiller/une conseillère **V 3D,** 1
ein Bereich un domaine **IV 2**
bereit/fertig prêt/prête **II 2**
ein Berg, ein Gebirge une montagne **II 1**
ein Beruf un métier **I 6E**
beruhigend rassurant/rassurante **V 3A**
berühmt célèbre/célèbre ⟨**V C3D**⟩
jdn./etw. berühren toucher qn/qc **V 1A**
sich mit jdm./etw. beschäftigen; sich um jdn./etw. kümmern s'occuper de qn/qc **III 3**
eine Beschäftigung un emploi **V 4B,** 4
beschließen, etw. zu tun décider de faire qc **IV 1**
etw. beschreiben décrire qc **II 7A,** 5
sich über jdn./etw. beschweren, sich über jdn./etw. beklagen se plaindre de qn/qc **III 5**
etw. besetzen occuper qc **IV 5B**
etw. besichtigen visiter qc **I 3A**
etw. besitzen posséder qc ⟨**V C3A**⟩
eine Besonderheit une spécialité ⟨**V C1A,** 1⟩; ⟨**V C2E**⟩
besonders particulièrement **V 5B;** en particulier **V 4B**
besser meilleur/meilleure **III 1**
  besser *(Adv.)* mieux **III 3**
etw. bestätigen justifier qc **V 1A**
aus etw. bestehen se composer de qc **V 1D**
jdn. bestellen convoquer qn **IV 1**
ein Bestimmungsort une destination ⟨**V C2B**⟩
ein Besuch une visite **II 2**
jdn. besuchen rendre visite à qn **IV 4**
der Beton le béton **IV 4**
etw. sehen, etw. ansehen, etw. betrachten regarder qc **I 2E**
  jdn./etw. als jdn./etw. betrachten considérer qn/qc comme qn/qc **V 5A**
jdn./etw. betreffen concerner qn/qc **V 4B**
sich von etw. betroffen fühlen se sentir concerné(e) par qc ⟨**V C1A**⟩
ein Betreuer/eine Betreuerin un animateur/une animatrice **IV 2**
ein Betrieb une entreprise **V 4B,** 1
ein Bett un lit **I 3A**
beunruhigend inquiétant/inquiétante ⟨**V C1C**⟩
beunruhigt inquiet/inquiète **IV 5A,** 2
eine Bevölkerung une population **V 3A**
bevor avant que **V 2A,** 1
bevorzugt préféré/préférée **II 6,** 3
etw. bewachen; etw. behalten garder qc **IV 1,** 3
etw. bewahren préserver qc ⟨**V C2C**⟩
sich bewegen bouger **I 6A**
eine (Hand)Bewegung un geste **V 2B**
ein lebender Beweis une preuve vivante **V 2D**
sich bewerben auf etw. poser sa candidature à qc **IV 2**
eine Bewerbung une candidature **IV 2E**
ein Bewerbungsgespräch führen passer un entretien **IV 2,** 11
ein Bewerbungsschreiben une lettre de candidature **IV 2E**
  ein Bewerbungsschreiben une lettre de motivation **IV 2,** 11
jdn./etw. bewundern admirer qn/qc ⟨**V C3B**⟩
etw. bezahlen payer qc **I 8**
etw. bezeichnen désigner qc ⟨**V C2C**⟩
eine Beziehung une relation **V 3E**
mit Bezug auf suite à **IV 2**
bezüglich, in Bezug auf à propos de **I 2E**
eine Bibliothek une bibliothèque **I 6B,** 7
ein Bier une bière **V 4A**
ein Bild une image **I 5,** 15
ein Bildschirm un écran **II 6**
etw. (fest)binden attacher qc **I 4**
bis jusque **II 6**
bis jusqu'à ce que **V 2A**
bis bald à bientôt **I 8E**
Bitte!, Gern geschehen. De rien. **II 7E**
jdn. darum bitten, etwas zu tun demander à qn de faire qc **II 4,** 6
  jdn. bitten, etw. zu tun prier qn de faire qc **IV 2**
blasen souffler **IV 5A**
ein Blatt une feuille **II 7B**
  ein Blatt une fiche **V 4B**
blau bleu/bleue **I 7**
bleiben rester **I 3A**
ein Bleistift un crayon **I 2**
ein Blick un regard ⟨**V C4A**⟩
blind aveugle/aveugle **V 5C**
ein Blitz un éclair **II 7B**
etw. ist blöd, bringt's nicht *(ugs.)* qc est nul/nulle *(fam.)* **II 2**
ein Blog un blog **V 1C**
bloß uniquement ⟨**V C2A**⟩
eine Blume une fleur **IV 1E**
eine Bluse un chemisier **IV 1,** 6
das Blut le sang **IV 4**
ein (Fuß)Boden un sol ⟨**V C3D**⟩
ein Bol *(eine Trinkschale)* un bol **V 4A,** 2
ein Bonbon un bonbon **III 2**
ein Boot un bateau/des bateaux **II 2**
jdm. wegen etw. böse sein en vouloir à qn de qc ⟨**V C4B**⟩
von Bord gehen débarquer ⟨**V C3D**⟩
ein Brainstorming un remue-méninges **V 1C,** 4
eine Bratwurst une merguez **V 3A**
ein Brauch une tradition **IV 5B**
brauchen falloir **II 5**
  etw. brauchen avoir besoin de qc **II 7A**
(kastanien)braun marron *(inv.)* **I 7,** 4
braun werden bronzer **IV 5A**
das Bretonische le breton **III 5,** 8
eine Brezel un bretzel **IV 3**

ein Brief une lettre **I 8E**
ein Brieffreund/eine Brieffreundin un correspondant/une correspondante **II 2,** 10
eine Brille des lunettes *(f., pl.)* **III 1E**
jdm. etw. (mit)bringen apporter qc à qn **II 6E**
das Brot le pain **II 5**
ein belegtes Brot une tartine **V 4A,** 2
eine Brücke un pont **II 7B**
ein Bruder un frère **I 3A,** 4
die Brüderlichkeit la fraternité ⟨**V C3A,** 1⟩
ein Buch un livre **I 5**
eine Buchhandlung une librairie **I 5**
ein Buchstabe une lettre **III 4,** 2
eine Bucht une baie **IV 5A**
eine Bühne une scène **II 6**
ein Bühnenbild un décor **V 2A**
ein Bulle *(ugs.)* un flic *(fam.)* **V 2A,** 1
ein (Staats)Bürger/eine (Staats)Bürgerin un citoyen/une citoyenne ⟨**V C3A**⟩
ein Bürgermeister/eine Bürgermeisterin un maire **V 3B**
ein Bus un bus **I 5**
ein Reisebus un car **III 2E**
die Butter le beurre **II 5E**

C

ein Café un café **II 1,** 2
ein Campingplatz un terrain de camping **II 7E**
eine CD/CDs un CD/des CD **I 4,** 11
ein Chatroom un salon de chat ⟨**V C1A,** 1⟩
ein Chef/eine Chefin un chef/une chef **IV 1**
ein Chef/eine Chefin un patron/une patronne **V 5D**
ein Clip un clip **V 2D**
eine Clique une bande **IV 4**
ein Croissant un croissant **V 1A,** 2
ein Comic(Heft)/Comics une BD/des BD **I 5**
ein Computer un ordinateur **I 3A**
ein Cousin/eine Cousine un cousin/une cousine **I 5E**
ein Crêpe-Restaurant une crêperie **III 5**

D

da (ja) puisque ⟨**V C2A**⟩; ⟨**V C4A**⟩
da, weil comme **II 5**
ein Dach un toit **III 2**
damals, zu der Zeit à l'époque **V 2A**
damit pour que *(+subj.)* **IV 5C,** 1
nach, danach après **I 5**
ein Däne/eine Dänin un Danois/une Danoise **IV 3E**
jdn. drängen pousser qn/qc **V 1A**
dänisch danois/danoise **IV 3E**
Dänisch le danois **IV 3E**
danke merci **I 1**
jdm. für etw. danken remercier qn de qc **IV 2**
dann puis **I 4**
dann, danach ensuite **II 5**
eine Darbietung un spectacle **V 2A**
jdn./etw. darstellen représenter qn/qc **IV 4,** 5
das ça **I 2**
Das gibt's ja nicht! *(ugs.)* C'est trop! *(fam.)* **III 4**
Das macht ... Ça fait ... **I 7,** 8
dass *(Konjunktion)* que **I 8**
derselbe/dieselbe/dasselbe le même/la même **II 4,** 2
Das wär's! Ça y est! **IV 2**
ein Datum une date **I 8,** 12
dauern durer ⟨**V C3B**⟩
eine Debatte un débat ⟨**V C1E**⟩; ⟨**V C2A,** 4⟩
den Tisch decken mettre la table **II 1**
eine Definition, eine Beschreibung une définition **III 2,** 6
ein Delfin un dauphin **IV 5A**
demografisch démographique/démographique **V 3D**
ein Demonstrant/eine Demonstrantin un manifestant/une manifestante ⟨**V C2A**⟩
eine Demonstration, eine Demo *(ugs.)* une manifestation **IV 1**
demonstrieren manifester ⟨**V C2A**⟩
denken imaginer qc **II 1,** 1
an jdn. denken penser à qn **II 3B**
ein Denkmal un monument ⟨**V C3B**⟩
denn car **I 7,** 7
dennoch, trotzdem pourtant **III 1**
ein Departement un département **III 2,** 5
deshalb c'est pourquoi **III 1**
ein Detail un détail **IV 1**
auf Deutsch en allemand **I 1**
deutsch-französisch franco-allemand/franco-allemande **IV 3,** 8
Deutsch-Französisches Jugendwerk l'Office franco-allemand pour la jeunesse **V 4B**
Dezember décembre *(m.)* **I 7,** 6
ein Dialekt un dialecte ⟨**V C2C**⟩
die Dichte la densité **V 3A**
ein Dichter/eine Dichterin un poète **II 6,** 2
dick gros/grosse **II 4**
ein Dieb un voleur **I 5**
ein Diebstahl un vol **IV 4,** 5
die ganze Zeit tout le temps **V 3B**
Dienstag mardi *(m.)* **I 7,** 6
im Dienste von jdm./etw. au service de qn/qc ⟨**V C3D,** 1⟩
dieser/diese/dieses *(Demonstrativbegleiter)* ce/cet/cette/ces **II 3B**
digital numérique/numérique **III 2**
eine Diktatur, eine Gewaltherrschaft une dictature **IV 1**
ein Ding un truc *(fam.)* **IV 1**
ein Dinosaurier un dinosaure **IV 2**
direkt direct/directe **IV 2,** 10
ein Direktor/eine Direktorin un directeur/une directrice **II 3A,** 3
eine Diskussion une discussion **IV 1E**
eine Diskussion un débat ⟨**V C1E**⟩; ⟨**V C2A,** 4⟩
diskutieren discuter **I 3A**
etw. dividieren diviser qc ⟨**V C3A**⟩
doch si **I 4**
doch cependant ⟨**V C2A**⟩
ein Doktor, ein Arzt un docteur **II 7B,** 4
ein Dokument un document ⟨**V C1A,** 1⟩
ein Dokumentarfilm un film documentaire ⟨**V C1A,** 1⟩
ein Dolmetscher/eine Dolmetscherin un interprète/une interprète **IV 3,** 1
eine Domäne un domaine **IV 2**
der Donner le tonnerre **II 7B**
Donnerstag jeudi *(m.)* **I 7**
ein Dorf un village **I 7**
dort, da là **I 2**
dort(hin), da(hin) là-bas **II 1**
dort, dorthin y **II 7B**
draußen, im Freien dehors **III 4**
ein Drehbuch, un scénario **V 3E**
drehen tourner qc **I 6A**
das Drehen le tournage **V 3B,** 2
ein Drittel un tiers **III 3,** 8
eine Droge une drogue **IV 4**
eine Drohung une menace **IV 4**
der Druck la pression **V 3D**
jdn./etw. drücken serrer qn/qc **V 1C**
du *(betont)* toi **I 1E**
dumm bête/bête **I 7**
dumm stupide/stupide ⟨**V C4B**⟩
eine Dummheit une bêtise **II 4**
die Dunkelheit l'obscurité *(f.)* **V 1D**
durch jdn./etw. grâce à qn/qc **III 4**
durch à travers **V 5C**
ein Durchgang un passage ⟨**V C4E**⟩
etw. durchnässen tremper qc **V 4A,** 2
im Durchschnitt en moyenne **IV 4**

durchschnittlich en moyenne **IV 4**
Durst haben avoir soif **II 5**
eine Dusche une douche **IV 1**, 4
ein Durchgang un passage ⟨**V C4E**⟩

E

echt *(ugs.)* vachement *(fam.)* **V 3A**
ein Effekt; ein Eindruck un effet ⟨**V C1A**⟩
ehemalig ancien/ancienne **V 5A**
ein Ehemann un mari **I 3B**
eher plutôt **IV 4E**
ehrgezig ambitieux/ambitieuse **V 3B**
ehrlich sincère/sincère **V 4A**
die Ehrlichkeit l' honnêteté *(f.)* **V 5A**
ein Ei/Eier un œuf/des œufs **II 5E**
eifersüchtig auf jdn. jaloux/jalouse de qn **II 7B**
eigen propre/propre ⟨**V C1B**, 1⟩
eine Eigenschaft une qualité **V 4B**, 4
ein Eindruck une impression **V 2D**
ein Eigentümer/eine Eigentümerin un propriétaire/une propriétaire **I 3A**
einfach simple/simple **V 1D**
ein Foto von jdm./etw. machen prendre une photo de qn/qc **I 8**
ein Eingang une entrée **I 1E**
jdn. einholen rejoindre qn/qc ⟨**V C4A**⟩
jdn./etw. (wieder) einholen rattraper qn/qc **III 5**, 7
einige plusieurs *(inv.)* **IV 2**
einige, wenige quelques *(pl.)* **III 4**
einkaufen faire les courses *(f., pl.)* **II 5E**
der Einkaufsbummel le shopping **IV 1**, 7
ein Einkaufswagen un chariot **V 2C**
jdn. einladen inviter qn **I 6B**, 4
eine Einladung une invitation **V 5D**, 1
einmal une fois **I 4**, 11
einordnen classer qc **II 1**, 6
einsammeln ramasser qc **I 2**
etw. einschalten allumer qc **V 1D**
einschlafen s'endormir **III 3**
sich für etw. einsetzen s'engager pour qc **IV 2**, 8
einsprachig unilingue/unilingue ⟨**V C3D**, 2⟩
steigen, einsteigen monter **I 5**
eine Einstellung un plan **V 3B**
eintreten entrer **I 2**
  eintreten se produire **V 1A**
etw. eintunken tremper qc **V 4A**, 2
einverstanden, o.k. d'accord **I 2E**
  einverstanden soit ⟨**V C1A**⟩
ein Einwohner/eine Einwohnerin un habitant/une habitante **IV 3E**
eine Einzelheit un détail **IV 1**
einzig und allein uniquement ⟨**V C2A**⟩
ein Eis une glace **II 5**, 1
das Eisen le fer ⟨**V C3B**⟩
elegant, fein, geschmackvoll élégant/élégante **IV 1**, 6
elsässisch alsacien/alsacienne **IV 3**
die Eltern les parents *(m., pl.)* **I 3A**
eine Emotion une émotion **V 3B**
ein Empfang; eine Auftaktseite un accueil **III 4**
etw. empfangen recevoir qc **II 2**
das Ende, der Schluss la fin **II 1**, 7
  am Ende, schließlich à la fin **II 1**, 7
  am Ende von etw. au bout de qc ⟨**V C4A**⟩
etw. (für jdn.) empfinden éprouver qc (pour qn) ⟨**V C4A**⟩
endgültig définitif/définitive **V 4D**
endlich, schließlich enfin **I 5**
engagiert engagé/engagée **III 4**
ein Engel un ange **V 2D**
ein Engländer/eine Engländerin un Anglais/une Anglaise **IV 5B**
englisch anglais/anglaise **I 8**
ein Enkel/eine Enkelin un petit-fils/une petite-fille ⟨**V C3A**⟩
etw. entdecken découvrir qc **II 7B**
eine Entdeckung une découverte **II 1E**
eine Ente un canard **II 5**
sich entfernen s'éloigner **II 7B**
jdn. entführen enlever qn/qc **IV 1**, 4
entscheiden, etw. zu tun décider de faire qc **IV 1**
eine Entscheidung une décision **V 3D**, 1
sich entschuldigen s'excuser **III 1**, 9
  sich bei jdm. entschuldigen demander pardon à qn **III 1**
Verzeihung., Entschuldigung. Pardon. **I 4**, 12
das Entsetzen la terreur ⟨**V C3A**, 1⟩
etw. entsprechen correspondre à qc **V 5B**, 1
enttäuscht déçu/déçue **IV 2**
entweder … oder soit …, soit … **V 5A**
sich entwickeln progresser ⟨**V C4A**⟩
eine Epoche, ein Zeitalter une époque **V 2A**
die Erde la terre **II 4**
sich ereignen se produire **V 1A**
  sich ereignen avoir lieu **V 5A**
ein Ereignis un événement **V 4B**
eine Erfahrung une expérience **IV 2**
eine Erfindung une invention ⟨**V C3B**⟩
etw. erfinden inventer qc **III 2**, 7
ein Erfolg un succès **III 4**
etw. erfüllen remplir qc **V 2C**
ein Ergebnis un résultat **V 3D**, 2
erhöhen augmenter ⟨**V C2A**⟩; ⟨**V C3A**⟩
sich an jdn./etw. erinnern se rappeler qn/qc **V 1D**
  sich an jdn./etw. erinnern se souvenir de qn/qc ⟨**V C4B**⟩
eine Erinnerung, ein Andenken un souvenir **I 8**, 5
eine Erkenntnis une connaissance **V 4B**
jdm. etw. erklären expliquer qc à qn **I 8**
  jdm. etw. erklären déclarer qc à qn **III 5**
eine Erklärung une explication **III 1**, 9
sich über jdn./etw. erkundigen se renseigner sur qn/qc **V 2A**
jdm. erlauben, etw. zu tun permettre à qn de faire qc **IV 2**
ermüdend fatigant/fatigante **V 3B**
jdn. ermutigen encourager qn **V 1B**
etw. erneuern, etw. neu machen, etw. noch einmal machen refaire qc **II 3A**
erneut à nouveau **IV 4**
ernst(haft), seriös sérieux/sérieuse **III 5**
jdn. erpressen racketter qn **IV 4**
die Erpressung le racket **IV 1**
etw. erraten deviner qc **III 4E**
etw. erreichen atteindre qc ⟨**V C4A**⟩
erscheinen paraître **V 5B**
  erscheinen apparaître ⟨**V C1C**⟩
jdn. erstaunen étonner qn **V 4A**
der erste/die erste/das erste le premier/la première **I 7**, 6
jdn. ertappen surprendre qn ⟨**V C2A**, 1⟩
etw. erzählen raconter qc **I 3A**
eine Erzählung un conte ⟨**V C1E**⟩
ein Erzeugnis un produit **V 4B**, 2
jdn. erziehen élever qn/qc **V 3D**
ein Erzieher/eine Erzieherin un éducateur/une éducatrice **V 3B**
ein Esel/eine Eselin un âne/une ânesse **V 3B**, 2
etw. essen manger qc **I 6A**
ein Essen, eine Mahlzeit un repas **I 7**
ein Esszimmer une salle à manger **I 3E**
ein Etikett une étiquette **IV 1**
etwa environ **IV 4**
etwas quelque chose **I 5**
eine Eule une chouette **III 2**
ein Europäer/eine Europäerin un Européen/une Européenne **IV 2**
europäisch européen/européenne **IV 2**
die Europäische Union l'Union européenne *(f.)* **V 4C**
ein Examen un examen ⟨**V C1D**, 1⟩
ein Exil un exil **IV 5C**, 2
existieren exister **V 5A**
exotisch exotique/exotique **IV 5A**

F

eine Fabel une fable ⟨V C3A⟩
eine Fabrik une usine V 2C
ein Faden un fil II 7B
fähig capable/capable IV 4
eine Fahne un drapeau IV 3
fahren aller I 5E
  jdn. fahren; jdn. führen conduire qn/qc II 7B
  fahren rouler III 5
fahren, reisen voyager III 3
ein Fahrer/eine Fahrerin un conducteur/une conductrice II 3A
eine Fahrkarte un billet I 7
ein Fahrplan un horaire I 7, 8
ein Fahrrad un vélo II 1, 2
ein Fahrschein; ein Kassenbeleg un ticket III 2
ein Fall un dossier V 1E
  ein Fall un cas V 2C
  ein Fall une chute V 3D
  in jedem Fall de toute façon IV 1
  im Falle von etw. en cas de qc V 2C
ein Fallbeil une guillotine ⟨V C3A, 1⟩
fallen tomber II 2
  fallen baisser ⟨V C2A⟩
eine Familie une famille I 3A
jdn./etw. (ein)fangen, jdn./etw. erwischen attraper qn/qc I 5
fantastisch formidable/formidable ⟨V C4B⟩
eine Farbe une couleur I 7, 13
  die Malerei, die Farbe *(zum Anmalen)* la peinture II 3A
eine Fassung une version IV 4E
fast presque IV 3
Februar février *(m.)* I 7, 6
fehlen, versäumen manquer II 5
ein Fehler une faute I 7, 17
etw. feiern fêter qc IV 5B
fein, elegant, geschmackvoll élégant/élégante IV 1, 6
ein Feind/eine Feindin un ennemi/une ennemie ⟨V C3D⟩
ein Feld un champ V 3B
ein Fenster une fenêtre III 5
die Ferien/der Urlaub les vacances *(f., pl.)* II 1
ein Ferienlager une colonie de vacances IV 2, 11
einen Fernsehauftritt haben passer à la télé III 4
das Fernsehen la télévision I 3A
  eine Fernsehdebatte un débat télévisé ⟨V C1A, 1⟩
  ein Fernsehsender une chaîne de télévision II 6
  Das ist unser erster Fernsehauftritt. C'est notre première télé. III 4
eine Fernsehsendung une émission de télévision V 2C, 3
ein Fernsehzuschauer/eine Fernsehzuschauerin un téléspectateur/une téléspectatrice IV 3
fertig/bereit prêt/prête II 2
etw. (fest)binden attacher qc I 4
ein Fest une fête I 4, 11
jdn. anhalten, jdn. festnehmen arrêter qn I 5
etw. feststellen constater qc ⟨V C2C⟩
ins Fettnäpfchen treten *(ugs.)* faire une gaffe *(fam.)* V 3C
ein Feuer un feu/des feux II 7A, 6
eine Figur, eine Persönlichkeit, eine Person un personnage II 4, 3
  eine Figur une figure IV 4
ein Film (Kino) un film I 5, 13
  ein Film (Foto) une pellicule I 8
jdn./etw. filmen filmer qn/qc III 4
etw. finden trouver qc I 2E
ein Finger un doigt V 5B
das Finnische, die finnische Sprache le finnois IV 3
die Finsternis l'obscurité *(f.)* V 1D
eine Firma une entreprise V 4B, 1
ein Fisch un poisson II 1E
die Fischerei la pêche III 5E
eine Flagge un drapeau IV 3
eine Flasche une bouteille I 2
das Fleisch la viande IV 5C
fliehen fuir IV 5B
fließen couler IV 4
eine Flöte une flûte I 3B
flüchten fuir IV 5B
ein Flug un vol II 3A, 3
eine Fluggesellschaft une compagnie aérienne ⟨V C2B⟩
eine Fluglinie une ligne aérienne ⟨V C2B⟩
ein Flugzeug un avion II 1
ein Fluss une rivière IV 5A
eine Folge une séquence ⟨V C1C, 5⟩
  eine Folge une conséquence ⟨V C2B⟩
jdm./etw. folgen suivre qn/qc III 4
folgender/folgende/folgendes suivant/suivante II 4, 8
etw. aus etw. folgern conclure qc de qc V 4A
eine Folie un transparent ⟨V C4C⟩
etw. fordern exiger qc IV 1
eine Form une forme I 3A, 3
eine (Nach)Forschung une recherche V 2E
mit etw. fortfahren poursuivre qc ⟨V C4C⟩
die Fortsetzung la suite I 5, 15
ein Forum un forum III 4
  ein (Diskussions)Forum *(im Internet)* un forum de discussion III 4
ein Foto une photo I 2E
ein Fotoapparat un appareil photo I 8
eine Fotografie une photographie III 2
eine Frage une question I 1, 1
jdn. etw. fragen demander qc à qn I 6A
fragen, ob demander à qn si I 8
die Frankophonie la francophonie V 5A
ein Franzose/eine Französin un Français/une Française II 4, 4
französisch français/française I 7E
das Französische le français II 2, 7
französischsprachig francophone/francophone V 5A
eine Frau, eine Ehefrau une femme I 3B
frei libre/libre III 3
im Freien, draußen dehors III 4
die Freiheit la liberté V 1D
die beaufsichtigte Freistunde la permanence II 4
Freitag vendredi *(m.)* I 7
eine Freizeitbeschäftigung une activité I 4E
eine Freizeitgruppe un club I 4E
fremd étranger/étrangère IV 3E
eine Freude une joie IV 3
  eine Freude un plaisir IV 5A
ein Freund/eine Freundin *(ugs.)* un copain/une copine *(fam.)* I 3E
  ein Freund/eine Freundin un ami/une amie I 5
  ein fester Freund/eine feste Freundin un petit ami/une petite amie V 3B
die Freundlichkeit la gentillesse V 5A
eine Freundschaft une amitié V 1C, 3
ein Friedhof un cimetière V 4D
frisch frais/fraîche V 3A
ein Friseur/eine Friseurin un coiffeur/une coiffeuse IV 2, 2
fröhlich gai/gaie V 5C
  fröhlich joyeux/joyeuse ⟨V C1D⟩; ⟨V C4A⟩
eine Frucht un fruit II 5
früh *(Adv.)* tôt ⟨V C4A⟩
früher autrefois ⟨V C1E⟩
der Frühling le printemps I 7
ein Frühstück un petit-déjeuner II 4
sich fühlen se sentir III 3
jdn. führen; jdn. fahren conduire qn/qc II 7B
  jdn./etw. führen mener qn/qc IV 2, 11
ein Führer/eine Führerin un guide/une guide II 7A
etw. (aus)füllen remplir qc V 2C
ein Füller un stylo V 4B, 4

funktionieren/gehen marcher II 2
für pour I 2E
jdn./etw. fürchten craindre qn/qc III 5
ein Fuß un pied II 7B
zu Fuß à pied III 2
ein Fußgänger/eine Fußgängerin un piéton/une piétonne IV 3, 4
eine Fußgängerbrücke une passerelle IV 3, 4

G

ganz entier/entière V 1D
ganz/alle *(+ Nomen)* tout/toute II 4
eine Garage un garage II 3A
eine Garderobe un vestiaire II 1E
ein Garten un jardin II 1
ein Gas un gaz IV 5A, 2
eine Gaststätte une brasserie II 5, 7
eine Gattung un genre ⟨V C4C⟩
ein Gebäude un immeuble V 2C
jdm. etw. geben donner qc à qn I 6A
ein Gebiet un domaine IV 2
geboren werden naître IV 5B
eine Gebrauchsanweisung un mode d'emploi V 4B, 4
gebrochen cassé/cassée II 7B
eine Geburt une naissance ⟨V C3A⟩
ein Geburtstag un anniversaire I 7E; une date de naissance V 4B, 3
ein Gedanke une pensée ⟨V C4B⟩
ein Gedicht un poème II 2, 4
die Geduld la patience V 4A
eine Gefahr un danger IV 5A
Gefahr laufen, etw. zu tun risquer de faire qc ⟨V C1A⟩
gefährlich dangereux/dangereuse II 4
jdm. gefallen plaire à qn II 3A
ein Gefängnis une prison IV 5A, 2
ein Gefühl un sentiment II 3A, 8
gegen contre I 3A, 3
gegen vers IV 5B, 1
im Gegensatz zu jdm./etw. à la différence de qn/qc ⟨V C3A⟩
ein Gegenstand; ein Betreff *(Angabe des Themas in einem offiziellen Brief)* un objet II 4, 11
das Gegenteil (von) le contraire (de) I 8, 14
gegenüber von jdm./etw. en face de qn/qc III 5
plötzlich jdm./etw. gegenüberstehen se retrouver nez à nez avec qn/qc ⟨V C2A⟩
ein Gegner/eine Gegnerin un adversaire/une adversaire ⟨V C4A⟩
geheim mystérieux/mystérieuse V 1B
geheimnisvoll mystérieux/mystérieuse V 1B
gehen aller I 5E
gehen; funktionieren marcher II 2
um jdn./etw. gehen s'agir de qn/qc V 5A
eine Gelassenheit une nonchalance ⟨V C4A⟩
geläufig courant/courante ⟨V C2C⟩
gelb jaune/jaune I 7, 4
das Geld l'argent *(m.)* II 6, 6
ein Geldbeutel un porte-monnaie/des porte-monnaies I 5
bei etw. gelegen sein être situé(e) à qc V 4B
gelegen kommen tomber bien V 3C
eine Gelegenheit une occasion V 2C
gelegentlich parfois V 2D
gelingen etw. zu tun, etw. fertigbringen réussir à faire qc II 4
gemäß selon (qn/qc) V 2D
gemein, böse méchant/méchante III 5
eine Gemeinde une commune V 3D, 1
Gemeinderat un conseil municipal V 3D, 1
das Gemeindezentrum le centre social V 3B
eine Gemeinschaft une communauté V 4C
gemischt métis/métisse V 2D
ein Gemüse un légume II 5
genau exact/exacte III 3
genau justement IV 3
genügen suffire IV 5B
geografisch géographique/géographique V 5A
die Geographie, die Erdkunde la géographie II 4
ein Gepäckwagen un chariot V 2C
gerade etw. getan haben venir de faire qc II 4
gerade justement IV 3
geradeaus tout droit I 5
gerade etw. tun être en train de faire qc II 4
geradewegs; direkt droit *(Adv.)* III 5E
ein Geräusch, ein Lärm un bruit V 3A
gerecht juste/juste II 4, 7
die Gerechtigkeit la justice V 3B
jdm./etw. Gerechtigkeit widerfahren lassen rendre justice à qn/qc V 5A
gering faible/faible ⟨V C2A⟩
ein Gerippe un squelette IV 2
etw. gerne tun aimer faire qc I 6B
eine Gesamtaufnahme un plan d'ensemble V 3B
ein Gesang un chant V 2A
Geschafft! Ça y est! IV 2
ein Geschäft/Laden un magasin I 2
geschehen, sich ereignen se passer II 7B
geschehen, passieren qc arrive à qn II 7A
ein Geschenk un cadeau/des cadeaux I 7
eine Geschichte une histoire I 3B
Geschichte und Erdkunde l'histoire-géographie III 3
das Geschirr la vaisselle ⟨V C4A, 2⟩
Geschirr spülen faire la vaisselle ⟨V C4A, 2⟩
der Geschmack(ssinn) le goût ⟨V C4B⟩
eine Geschwindigkeit une vitesse ⟨V C2B⟩
die Geschworenen *(pl.)*; **die Jury** le jury V 4B
eine Gesellschaft une compagnie ⟨V C2B⟩
eine Gesellschaft une société ⟨V C3A⟩
ein Gesetz une loi V 3D, 1
ein Gesicht un visage III 5
Gesicht une figure IV 4
ein (Vorstellungs)Gespräch un entretien IV 2, 11
Gespräche *(pl.)* des pourparlers *(m., pl.)* IV 4, 9
ein Gespräch une communication V 2C, 3
eine Geste un geste V 2B
gestern hier II 1E
gestresst sein être stressé(e) V 3A
die Gesundheit la santé II 5
Gesundheit! A tes souhaits! II 5, 6
ein Getränk une boisson II 5
die Gewalt la violence IV 4
die Gewalt le pouvoir ⟨V C3A⟩
etw. gewinnen gagner qc II 6
gewiss certainement V 3B
gewiss certes V 3D
gewisse certains/certaines IV 2
ein Gewitter un orage II 7B
sich an jdn./etw. gewöhnen s'habituer à qn/qc III 3
eine (An)Gewohnheit une habitude V 3B
gewöhnlich ordinaire/ordinaire V 2C
ein Gewürz une épice III 2
die Gezeiten *(pl.)* la marée III 5
ein Gipfel un sommet ⟨V C3B⟩
der Gips; der Gipsverband le plâtre II 7B
ein Girlie une girly IV 1
eine Gitarre une guitare I 3A
ein Glas un verre I 7
etw. glauben croire qc II 6

gleich égal/égale **IV 4**
gleich(ermaßen) également **V 4B**
gleichgültig égal/égale **IV 4**
gleich tout à l'heure **II 3A**
die Gleichheit l'égalité *(f.)* ⟨**V C3A**, 1⟩
gleichzeitig en même temps **V 3C**
gleiten glisser ⟨**V C4B**⟩
das Glück, die Chance la chance **I 5E**
  das Glück le bonheur **V 1D**
glücklich heureux/heureuse **III 3E**
glücklicherweise *(Adv.)* heureusement **III 3E**
ein Glücksbringer un porte-bonheur/des porte-bonheurs **III 2**
Glückwünsche *(pl.)* des félicitations *(f., pl.)* **V 5D**, 1
das Gold l'or *(m.)* **IV 2**
etw. (aus)graben creuser qc **IV 2**
ein Grad un degré **II 1**
Graffiti anbringen taguer **IV 4E**
ein Graffito un tag **V 2B**
eine Grafik un graphique **V 3D**
eine Grammatik une grammaire **IV 5B**
das Gras; das Kraut l'herbe *(f.)* **III 2**
grau gris/grise **I 7**, 4
eine Grenze une frontière **IV 3**
das Griechische le grec **IV 3**
etw. grillen griller qc **V 3A**
die Grippe la grippe **II 7B**, 4
groß grand/grande **I 7E**
eine Großaufnahme un gros plan **V 3B**
die (Körper)Größe la taille **IV 1**, 7
Großeltern des grands-parents *(m., pl.)* **I 7**
eine Großmutter une grand-mère **I 7**
ein Großvater un grand-père **II 5**
jdn. großziehen élever qn/qc **V 3D**
grün vert/verte **I 7**, 4
ein Grund une raison **III 2**
etw. gründen former qc **III 4**
  etw. gründen fonder qc **IV 5A**
eine Grünfläche un espace vert **V 2C**
eine Gruppe un groupe **I 4**
jdn. (be)grüßen saluer qn **II 3E**
ein Gugelhupf un kouglof **IV 3**
ein Gürtel une ceinture **V 3B**
gut bon/bonne **I 3B**
gut bien **I 2**, 3
ein Gymnasiast/eine Gymnasiastin un lycéen/une lycéenne **V 4B**
ein Gymnasium un lycée **III 2E**

H

ein Haar/Haare un cheveu/des cheveux **III 1E**
haben avoir **I 4**
Hab keine Angst! N'aie pas peur! **III 5**
ein Hafen un port **III 1**
ein Hahn un coq **I 7E**
ein Hai un requin **IV 5A**
eine halbe Stunde une demi-heure **III 2**
eine Hälfte une moitié **III 3**
ein Hals un cou ⟨**V C4C**⟩
ein Halt, eine Haltestelle un arrêt **II 3A**
  Halt une halte **II 7A**
jdn./etw. halten tenir qn/qc **IV 1**
  jdn./etw. für jdn./etw. halten considérer qn/qc comme qn/qc **V 5A**
Das ist der Hammer! C'est le pied! *(fam.)* **III 2**
eine Hand une main **III 5**
von jdm./etw. handeln s'agir de qn/qc **V 5A**
ein Händler/eine Händlerin un marchand/une marchande **II 5**
eine Handlung un acte **IV 4**, 5
  eine Handlung une action **IV 4**, 11
hart dur/dure **II 4**, 7
der Hass la haine **V 2D**
häufig courant/courante ⟨**V C2C**⟩
ein Hauptdarsteller un personnage principal **V 1B**
ein Hauptgericht un plat principal **II 5**
eine Hauptstadt une capitale **II 1**
ein Haus une maison **I 3E**
eine Haut une peau **IV 4**, 9
ein Heer une armée ⟨**V C3D**⟩
ein Heft un cahier **I 2**, 3
heil entier/entière **V 1D**
heimgehen, heimkommen rentrer **II 1**, 2
heiß, warm chaud/chaude **II 1**
heißen s'appeler **I 1E**
  etw. heißen signifier qc **V 2C**, 3
  das heißt c'est-à-dire ⟨**V C3A**⟩
die Heiterkeit la sérénité **V 1A**
ein Held/eine Heldin un héros/une héroïne **V 5D**
jdm. helfen aider qn **I 6A**
sich zu helfen wissen se débrouiller **IV 1**
hell clair/claire **IV 5A**
ein Hemd une chemise **I 7**
eine Herangehensweise une approche **V 1A**
etw. herausgeben publier qc ⟨**V C1A**, 1⟩
der Herbst l'automne *(m.)* **I 7**, 6
eine Herde un troupeau ⟨**V C2A**⟩
hereinkommen entrer **I 2**
herrlich magnifique/magnifique **IV 5A**
um jdn./etw. herum autour de qn/qc **V 1A**
herumgammeln *(ugs.)* glander *(fam.)* ⟨**V C1D**⟩
etw. herunterladen télécharger qc ⟨**V C1A**, 1⟩
etw. hervorheben mettre qc en relief **II 7A**, 4
ein Herz un cœur **I 6B**
herzlich cordial/cordiale **II 4**, 11
ein Herzog/eine Herzogin un duc/une duchesse **III 2**
heute aujourd'hui **I 4**
  heute Abend ce soir **II 3B**
heute Morgen ce matin **II 3B**
hier ici **I 2**
eine Hilfe une aide **IV 1**, 3
  Hilfe! Au secours! **I 5**
der Himmel le ciel **V 2C**
über etw. hinaus au-delà de qc **V 1A**
hinausgehen, hinausfahren sortir (de qc) **II 1**
hingegen, dagegen par contre **III 2**
sich hinlegen, sich ausstrecken s'allonger **III 1**
hinten in etw. au fond de qc **IV 4**
hinter derrière **I 2**
der Hintergrund l'arrière-plan *(m.)* **V 1B**
hinuntergehen; aussteigen descendre **II 2E**
etw. hinzufügen ajouter qc **II 5**
die Hitze la chaleur **II 6**
hoch haut/haute **V 3A**
  hoch élevé/élevée ⟨**V C2A**⟩
hochspringen bondir ⟨**V C4C**⟩
eine Hochzeit un mariage **V 3D**, 1
ein Hof une cour **I 2**
etw. hoffen espérer qc **III 4**
eine Hoffnung un espoir **IV 2**
die Höhe la hauteur **V 3D**
etw. holen aller chercher qc **I 6B**
eine Hölle un enfer **IV 5A**, 2
etw. hören entendre qc **I 8**
ein Hörnchen un croissant **V 1A**, 2
eine Hose un pantalon **I 7**
ein Hotel un hôtel **I 5**, 12
hübsch joli/jolie **I 7**
ein Huhn, eine Henne une poule **I 7E**
  ein Huhn, ein Hühnchen un poulet **III 2**
der Humor l'humour *(m.)* **IV 5C**
ein Hund un chien **I 1**
Hunger haben avoir faim *(f.)* **I 8**
husten tousser **V 3A**
eine Hymne un hymne **IV 3**

I

ideal idéal/idéale **V 2C**
eine Idee une idée **I 3A**

idiomatisch idiomatique/idiomatique ⟨V C2C, 2⟩
im Augenblick en ce moment **IV 3**
immer toujours **I 6E**
immer mehr de plus en plus **V 2A**
in dans **I 2E**
industriell industriel/industrielle **V 3D**
ein Informatiker/eine Informatikerin un informaticien/une informaticienne **IV 2, 2**
jdn. über etw. informieren informer qn de qc ⟨**V C1A**⟩
ein Ingenieur/eine Ingenieurin un ingénieur/une femme ingénieur **IV 2, 2**
ein Inhalt un contenu ⟨V C1C, 3⟩
in letzter Zeit ces derniers temps V 1C, 2
das Innere l'intérieur *(m.)* **IV 5A**
eine Insel une île **III 5E**
ein Instrument un instrument **III 4E**
interessant intéressant/intéressante **II 4, 9**
jdn. interessieren intéresser qn **II 2**
sich für etw. interessieren s'intéresser à qc **V 1D**
international international/internationale **IV 2E**
Internet *(n.)* Internet *(m.)* **I 3B**
ein Internet-Tagebuch un blog **V 1C**
ein Internetsurfer/eine Internetsurferin un internaute/une internaute ⟨V C1A, 1⟩
ein Interpret/eine Interpretin un interprète/une interprète **IV 3, 1**
ein Interview une interview **I 3A, 4**
irgendwer n'importe qui ⟨**V C1C**⟩
irisch irlandais/irlandaise **V 3D**
ein Italiener/eine Italienerin un Italien/une Italienne **II 3A**
italienisch italien/italienne **II 1, 8**

J

eine Jacke un blouson **IV 1**
ein Jacket une veste **V 3B**, 2
die Jagd la chasse **II 4, 9**
ein Jäger/eine Jägerin un chasseur/une chasseuse ⟨**V C2A**⟩
jdn./etw. jagen chasser qn/qc ⟨**V C4C**⟩
ein Jahr un an **I 4**
ein Jahr une année **I 8**
eine Jahreszeit une saison **IV 5A**
ein Jahrhundert un siècle **III 2**
Januar janvier *(m.)* **I 7**, 6
eine Jeans, ein Paar Jeans un jean **III 1**
jeder/jede/jedes + *Nomen* chaque/chaque **II 4**
jeder zweite Schüler un élève sur deux **III 3**, 8
jeder/jede/jedes chacun/chacune **III 4**, 6
jedoch cependant ⟨**V C2A**⟩
jemand quelqu'un **II 4**, 6
jener/jene/jenes celui/celle/ceux/celles **V 3B**
jetzt maintenant **I 2**
ein Job *(ugs.)* un job *(fam.)* **IV 2E**; un boulot *(fam.)* **IV 2**
ein Jogginganzug un jogging **IV 1**, 6
die schwarze Johannisbeere le cassis **III 2E**
ein Journalist/eine Jounalistin un journaliste/une journaliste **II 7B**, 6
die Jugend la jeunesse **I 8E**
das Gemeindezentrum; die Jugendgerichtshilfe le centre social **V 3B**
eine Jugendherberge une auberge de jeunesse **I 8E**
ein Jugendlicher/eine Jugendliche un jeune/une jeune **II 3A**, 9; **III 1**
Juli juillet *(m.)* **I 7**, 6
jung jeune/jeune **II 3A**, 9
ein Junge un garçon **I 1**
Juni juin *(m.)* **I 7**, 6
die Justiz la justice **V 3B**

K

der Kaffee le café **II 1**, 2
ein Käfig une cage **V 3A**
der Kakao le cacao **IV 5B**
ein Kalender un calendrier **I 8**
kalt froid/froide **II 1**
ein Kamerad/eine Kameradin un camarade/une camarade **IV 1**
ein Kameramann un caméraman **V 3B**
ein Kameruner/eine Kamerunerin un camerounais/une camerounaise **V 2D**
kamerunisch camerounais/camerounaise **V 2D**
mit jdm. kämpfen se battre avec qn ⟨**V C3D**⟩
ein Kanal un canal **II 2**
eine Kandidatur une candidature **IV 2E**
eine Kantine une cantine **I 5E**
kapitulieren abdiquer **IV 4**, 9
etw. kaputt machen casser qc **IV 4**
sich kaputtlachen *(ugs.)* se marrer *(fam.)* **V 2D**
eine Karikatur une caricature **V 4E**
eine Karte une carte **I 6A**, 2
eine (Kartei)Karte une fiche **V 4B**
eine Kartoffel une pomme de terre **II 5**
ein Karton un carton **I 2**
der Käse le fromage **II 5**
eine Kasse une caisse **I 5**
eine Kathedrale une cathédrale **IV 3**
eine Katze un chat **I 1**
etw. kaufen acheter qc **I 8**
die Kehle la gorge **II 7B**, 4
kein/keine *(bei Mengen)* ne … pas de **I 7**
keiner/keine/keines aucun/aucune **IV 2**
keiner/keine/keines ne … aucun **IV 5A**
ein Keller une cave **II 2**
etw. kennen connaître qc **II 3A**
eine Kenntnis une connaissance **V 4B**
ein Kerl *(ugs.)* un mec *(fam.)* **III 1E**
eine Kerze une bougie **II 5**
ein Kilometer un kilomètre **II 2**
ein Kind un enfant **I 3A**, 3
ein Kino un cinéma **I 5E**
aus den Socken kippen *(ugs.)* tomber dans les pommes *(fam.)* **IV 4**
eine Kirche une église **III 2E**
ein Kirchturm un clocher **V 3B**
Klamotten *(ugs.)* des fringues *(f., pl.)* *(fam.)* **IV 1**
klar, offensichtlich évident/évidente **III 5**
klar clair/claire **IV 5A**
sich über etw. im Klaren sein se rendre compte de qc **V 5D, 1**
etw. klarstellen préciser qc **V 5D**
eine Klasse une classe **I 1**, 3
ein Klassenzimmer une salle de classe **I 2**, 4
ein Klavier, ein Piano un piano **I 4E**
etw. (an)kleben coller qc **I 2**
ein Kleid une robe **I 7**
sich kleiden s'habiller **IV 1**
die Kleidergröße la taille **IV 1**, 7
ein Kleidungsstück un vêtement **II 7A**
klein petit/petite **I 7E**
klettern grimper **I 4**
das Klettern l'escalade *(f.)* **I 4E**
auf etw. klicken cliquer sur qc **V 1C**
ein Klima un climat **IV 5A**
klingeln sonner **I 3B**
ein Klischee un cliché **V 4A**
ein Klub un club **I 4E**
ein Knochen/Knochen un os/des os **IV 2**
ein Koch/eine Köchin un cuisinier/une cuisinière **I 5E**
ein Kollege/eine Kollegin un collègue/une collègue **V 4A, 1**

eine Kolonie une colonie **IV 5B**
etw. kombinieren combiner qc **IV 5C, 1**
komisch bizarre/bizarre **I 1**
(an)kommen arriver **I 4**
kommen venir **II 1**
jdn. kommen lassen faire venir qn **IV 1**
jdn. kommen lassen convoquer qn **IV 1**
etw. kommentieren commenter qc **V 4E**
mit jdm. kommunizieren, Nachrichten austauschen communiquer avec qn **II 6E**
ein Komponist/eine Komponistin un compositeur/une compositrice **V 2A**
eine Konferenz une conférence **V 5A**
ein König un roi **II 5, 11**
konkret concret/concrète **V 1C, 4**
können pouvoir **I 6B**
ein Kontinent un continent **V 5A**
ein Kontrolleur/eine Kontrolleurin un contrôleur/une contrôleuse **III 3**
jdn./etw. kontrollieren contrôler qn/qc **III 3**
etw. kontrollieren vérifier qc **V 1A**
ein Konzert un concert **II 2**
ein Kopf une tête **II 2**
etw. kopieren, etw. abschreiben copier qc **II 6, 6**
ein Körper un corps **V 1A**
etw. kosten goûter à qc **IV 3**
etw. kosten coûter qc **IV 4**
kostenlos, gratis gratuit/gratuite **II 3A**
köstlich délicieux/délicieuse **II 5**
ein Kostüm un costume **IV 1, 6**
die Kraft la force **V 1A**
krank malade/malade **II 4E**
ein Krankenhaus un hôpital **II 7B**
ein Krankenwagen une ambulance **II 7B**
etw. kreieren créer qc **IV 5A**
kreolisch créole/créole **IV 5A**
das Kreolische, die kreolische Sprache le créole **IV 5B**
etw. kreuzen croiser qc **⟨V C4A⟩**
eine Kreuzung un carrefour **II 7A, 6**
ein Krieg une guerre **III 5**
ein Kriminalfilm un film policier **⟨V C1A, 1⟩**
ein Kriminalroman un roman policier **III 5, 3**
eine Krise une crise **IV 4**
die Kritik la critique **V 4B**
jdn./etw. kritisieren critiquer qn/qc **V 3A**
eine Krücke une béquille **II 7B**
eine Küche une cuisine **I 3E**
ein Kuchen/Kuchen un gâteau/des gâteaux **I 7**
kuckuck *(Begrüßungsformel)* coucou **IV 1E**
eine Kugel une boule **I 7**
ein Kugelschreiber un stylo **V 4B, 4**
eine Kuh une vache **I 7E**
ein Kühlschrank un frigidaire **IV 2, 3**
eine Kultur une culture **IV 3**
die Kultur, die Zivilisation; die Landeskunde la civilisation **V 4A**
der Kummer le chagrin **V 1C**
ein Kumpel *(ugs.)* un pote/une pote *(fam.)* **III 4**
ein Kunde/eine Kundin un client/une cliente **V 4B, 2**
die Kunst l'art *(m.)* **IV 4E**
ein Künstler/eine Künstlerin un artiste/une artiste **III 4**
ein Kunstmaler/eine Kunstmalerin un artiste peintre/une artiste peintre **IV 4E**
eine Kurve un virage **III 5**
kurz court/courte **III 1E; III 4**
ein Kuss *(ugs.)* une bise *(fam.)* **I 8**
jdn. küssen embrasser qn **II 1E**
eine Küste une côte **III 5E**

L

ein Labor(atorium) un laboratoire **III 3, 6**
lächeln sourire **IV 2**
ein Lächeln un sourire **III 3**
lachen *(ugs.)* rigoler *(fam.)* **I 8**
lachen rire **II 4**
ein Laden un magasin **I 2**
eine Lampe une lampe **III 5**
das Lampenfieber le trac **III 4**
das Land la campagne **I 7E**
ein Land un pays **II 4E**
die Landflucht l'exode rural *(m.)* **V 3C**
ländlich paysan/paysanne **V 3C**
eine Landschaft un paysage **V 3B**
ein Landwirt/eine Landwirtin un agriculteur/une agricultrice **V 3B, 2**
lang long/longue **I 7**
lange *(Adv.)* longtemps **III 3**
die Langeweile l'ennui *(m.)* **IV 4**
langsam lent/lente **V 5B**
ein Geräusch, ein Lärm un bruit **V 3A**
etw. tun lassen faire faire qc **V 1D**
ein Lastwagen un camion **II 2, 12**
lateinisch latin/latine **IV 3**
laufen/rennen courir **II 2**
ein Läufer/eine Läuferin un coureur/une coureuse **⟨V C4C⟩**
an Land gehen débarquer **⟨V C3D⟩**
sich langweilen s'ennuyer **⟨V C3A⟩**
leben vivre **II 3E; V 5A**
das Leben la vie **I 7, 10**
lebendig vivant/vivante **⟨V C4B⟩**
ein Lebenslauf un curriculum vitæ **IV 2**
leer vide/vide **I 2**
etw. legen mettre qc **II 1**
etw. an einen anderen Platz legen déplacer qc **V 1A**
etw. legen poser qc **I 2**
ein Lehrer/eine Lehrerin un professeur **I 1**
ein Lehrling un apprenti/une apprentie **V 5B**
leicht facile/facile **I 4**
jdm. Leid tun être désolé(e) **II 2**
eine Leidenschaft une passion **V 5A**
eine Leinwand un écran **II 6**
jdn./etw. leiten mener qn/qc **IV 2, 11**
etw. leiten animer qc **⟨V C1D⟩**
eine Lektion une leçon **III 1**
etw. lesen lire qc **I 7**
ein Leser/eine Leserin un lecteur/une lectrice **V 1C**
die Leserbriefe *(pl.)* le courrier des lecteurs **⟨V C1E⟩**
letzter/letzte/letztes dernier/dernière **II 2, 3**
die Leute les gens *(m., pl.)* **II 1, 7**
ein Licht une lumière **III 5**
lieb/teuer cher/chère **I 8E**
die Liebe l'amour *(m.)* **II 3B**
Liebe auf den ersten Blick le coup de foudre **II 3A**
etw. lieben/mögen aimer qc **I 2**
die Liebenswürdigkeit la gentillesse **V 5A**
etw. lieber mögen aimer mieux qc **III 3**
der Liebeskummer le chagrin d'amour **V 1C**
Liebling chéri/chérie **II 1E**
Lieblings- préféré/préférée **II 6, 3**
ein Lied une chanson **I 7**
ein Lieferant/eine Lieferantin un fournisseur/une fournisseuse **V 4B, 2**
eine (Verkehrs)Linie une ligne **I 5**
ein Link un lien **⟨V C1E⟩**
(nach) links à gauche **I 5**
eine Lippe une lèvre **V 1B**
eine Liste une liste **I 2, 12**
die Literatur la littérature **V 4A**
ein Loch un trou **II 7B**
ein Logo un logo **IV 1E**
der Look le look **IV 1E**
etw. löschen effacer qc **⟨V C4C⟩**
eine Lösung une solution **I 3A**
jdn./etw. loslassen lâcher qn/qc **⟨V C2A⟩**
die Luft l'air *(m.)* **III 1E**

lügen mentir **IV 4**
Lust haben avoir envie **I 4**
lustig drôle/drôle **I 8**
sich über jdn. lustig machen se moquer de qn **III 1**
ein Luxusartikel un produit de luxe **V 4B,** 2

M

etw. machen faire qc **I 4E**
nichts dagegen machen können ne rien y pouvoir **V 1C**
die Macht le pouvoir ⟨**V C3A**⟩
Macht nichts! Tant pis! **V 2A**
jdn. etw. machen lassen laisser qn faire qc **IV 1**
ein Mädchen une fille **I 1**
ein (TV)Magazin un magazine ⟨**V C1E**⟩
ein Essen, eine Mahlzeit un repas **I 7**
Mai mai *(m.)* **I 7**
ein Mal une fois **I 4,** 11
ein Maler/eine Malerin un peintre/une femme peintre **IV 4E**
manchmal parfois **V 2D**
ein Mann un homme **I 5**
eine Mannschaft, ein Team une équipe **II 3E**
ein Märchen un conte de fée ⟨**V C1E**⟩
eine Marke une marque **IV 1E**
ein Markenzeichen un logo **IV 1E**
etw. markieren marquer qc **I 2**
ein Markt un marché **II 5**
ein Marokkaner/eine Marokkanerin un Marocain/une Marocaine **V 2B**
marokkanisch marocain/marocaine **V 2B**
März mars *(m.)* **I 7,** 6
eine Maschine une machine **I 6A,** 5
eine Maßnahme une mesure ⟨**V C1C**⟩
das Material, die Ausrüstung le matériel **II 4,** 8
Mathe *(ugs.)* les maths *(f., pl.) (fam.)* **II 4**
eine Mauer, eine Wand un mur **I 4**
ein Maul une gueule **V 5B**
eine Maus une souris **II 4**
ein Mechaniker/eine Mechanikerin un mécanicien/une mécanicienne **II 1**
eine Medaille une médaille **IV 5B,** 3
die Medien *(pl.)* les médias *(m., pl.)* ⟨**V C1E**⟩
ein Medikament un médicament **IV 4**
das Meer la mer **II 7E**
das Mehl la farine **II 5E**
eine Mehrheit une majorité **V 4D,** 3
eine Meinung un avis **II 6**
die meisten la plupart **V 4D,** 3
ein Meister/eine Meisterin un champion/une championne ⟨**V C1B**⟩
eine (Menschen)Menge une foule **II 6**
ein Menir, ein Hinkelstein un menhir **III 5E**
ein Mensch un humain **V 2D**
ein Mensch un homme ⟨**V C2A**⟩
merkwürdig curieux/curieuse **V 2A,** 1
ein Meter un mètre **II 6,** 8
eine Metropole une métropole **IV 5B**
ein Mikro(fon) un microphone ⟨**V C1D**⟩
die Milch le lait **II 5E**
mild doux/douce **V 1A**
ein Milieu un milieu **V 3C**
eine Millarde un milliard **V 4B,** 2
eine Million un million **III 3**
mindestens au moins **V 2A**
ein Mineralwasser une eau minérale **II 5**
etw. mischen mélanger qc **V 2D**
eine Mischung un mélange **V 2B**
ein Missbrauch un abus ⟨**V C1C**⟩
etw. missbrauchen abuser de qc ⟨**V C1C,** 3⟩
ein Misserfolg un échec ⟨**V C4C,** 1⟩
jdm./etw. misstrauen se méfier de qn/qc ⟨**V C1C**⟩
mit avec **I 1**
jdm. etw. (mit)bringen apporter qc à qn **II 6E**
Mit freundlichen Grüßen. *(Grußformel)* Salutations distinguées. **IV 2**
ein Mitglied un membre **V 4B**
jdn./etw. mitnehmen emmener qn/qc **V 2B**
Mittag le midi **I 5E**
ein Mittagsschlaf une sieste **III 2**
eine Mitte un milieu **V 3C**
eine Mitteilung un message **II 6**
ein Mittel; ein Geldmittel un moyen **IV 1**
das Mittelalter le Moyen Age **III 2**
der Mittelgrund le second plan **V 1B**
mitten in etw. au milieu de qc **V 2C**
Mitternacht minuit *(m.)* **I 5E**
Mittwoch mercredi *(m.)* **I 4**
ein Mobiltelefon un portable **I 5**
die Mode la mode **II 3A**
ein Moderator/eine Moderatorin un animateur/une animatrice **IV 2**
etw. mögen/lieben aimer qc **I 2**
möglich possible/possible **III 2,** 8
eine Möglichkeit une possibilité **V 4B**
eine (Hafen)Mole une jetée **V 1A**
ein Moment un moment **IV 2,** 10
ein Monat un mois **I 3A**
monatlich mensuel/mensuelle ⟨**V C1D**⟩
eine Monatszeitschrift un mensuel ⟨**V C1A,** 1⟩
Montag lundi *(m.)* **I 7,** 6
morgen demain **I 6A**
ein Morgen un matin **II 1E**
heute Morgen ce matin **II 3B**
morgens le matin **II 1E**
eine Motivation une motivation **V 4A**
jdn. motivieren motiver qn **IV 3,** 3
ein Motor un moteur **V 2E**
ein MP3-Player un lecteur mp3 **IV 2,** 10
müde fatigué/fatiguée **II 6**
ein Mülleimer une poubelle **I 2**
ein Mund une bouche **IV 4**
mündlich à l'oral **V 4A**
mündlich oral/orale ⟨**V C4C,** 3⟩
eine Muschel un coquillage **III 1,** 11
ein Muscleshirt un débardeur **V 2A**
ein Museum un musée **II 1**
die Musik la musique **I 3A**
eine Musikanlage une sono **V 2A**
ein Musiker/eine Musikerin un musicien/une musicienne **II 6**
ein Muslim/eine Muslimin un musulman/une musulmane **V 3B**
etw. tun müssen devoir faire qc **II 2**
man muss etw. tun il faut faire qc **II 5**
der Mut le courage **III 4**
eine Mutter une mère **I 6A,** 5
eine Muttersprache une langue maternelle **IV 5B**
eine Mütze une casquette **V 3B,** 2

N

Na so etwas! Ça alors! **V 2C,** 3
nach, danach après **I 5**
nach jdm./etw. d'après qn/qc **V 2A**
nach und nach peu à peu ⟨**V C2A**⟩
nach und nach petit à petit ⟨**V C3C**⟩
etw. nachahmen imiter qc **II 3A**
ein Nachbar/eine Nachbarin un voisin/une voisine **I 3A**
der Nachbar von oben/die Nachbarin von oben le voisin du dessus/la voisine du dessus **V 3A**
nachdenken, überlegen réfléchir **II 4**
ein Nachmittag un après-midi **I 4**
eine Nachricht, eine Neuigkeit une nouvelle **II 2**
eine Nachricht, eine Mitteilung un message **II 6**
eine Nachrichtensendung un journal ⟨**V C1A,** 1⟩
das Nachsitzen la colle **IV 1**
nächster/nächste/nächstes prochain/prochaine **II 7B,** 2

eine Nacht une nuit **II 4**
ein Nachteil un inconvénient **V 3D,** 2
ein Nachtisch un dessert **II 4**
nackt nu/nue ⟨**V C3B,** 3⟩
nahe (bei) proche/proche de **V 4A**
nahe bei /jdm.etw., neben jdm./etw. près de qn/qc **I 8E**
die Nähe la proximité **IV 2, 3**
in der Nähe von jdm./etw. à proximité de qn/qc **IV 2, 3**
aus der Nähe de près ⟨**V C3C**⟩
jdm./etw. näher kommen s'approcher de qn/qc **V 1A**
sich jdm./etw. nähern s'approcher de qn/qc **V 1A**
sich jdm./etw. nähern se rapprocher de qn/qc **V 4D**
ein Name un nom **I 7,** 14
nämlich en effet ⟨**V C1A**⟩
eine Nase un nez **III 2**
eine Nationalität une nationalité **IV 3,** 8
die Natur la nature **I 2**
natürlich; Natur- naturel/naturelle **IV 5A,** 2
ein Naturschutzgebiet un parc naturel **IV 5A**
daneben, nebenan à côté **II 3A**
neben à côté de **II 3A**
negativ négatif/négative **V 5C**
etw. nehmen prendre qc **I 7**
nett sympa/sympa *(fam.)* **I 1; III 1E**
nett, toll chouette/chouette **III 2**
ein Netz un filet ⟨**V C4A**⟩
ein Netz un réseau ⟨**V C1C**⟩
etw. erneuern, etw. neu machen, etw. noch einmal machen refaire qc **II 3A**
neu nouveau/nouvel/nouvelle **II 3B**
neu neuf/neuve **IV 4, 9**
eine Neugier(de) une curiosité ⟨**V C2E**⟩
neugierig curieux/curieuse **V 2A,** 1
neutral neutre/neutre ⟨**V C1A,** 1⟩
nicht ne … pas **I 4**
nicht mehr ne … plus **I 6A**
auch nicht ne … pas non plus **II 1**
noch nicht ne … pas encore **II 1**
überhaupt nicht ne … pas du tout **II 1**
nichts ne … rien **I 6A**
nicht viel pas grand-chose **V 2A**
nie, niemals ne … jamais **I 6A**
ein Niederländer/eine Niederländerin un Néerlandais/une Néerlandaise **IV 5B**
das Niederländische, die niederländische Sprache le néerlandais **IV 3E**
niedlich mignon/mignonne **II 3B**
niemand ne … personne **II 5**
nirgends nulle part **V 2C**

ein Niveau un niveau **III 4**
noch, schon wieder encore **I 4,** 11
nochmals à nouveau **IV 4**
der Norden le nord **III 2E**
normal normal/normale **III 3**
eine Note une note **I 8**
Notizen machen prendre des notes **II 2,** 2
notwendig nécessaire/nécessaire **IV 1,** 2; **IV 1,** 2
November novembre *(m.)* **I 7,** 6
eine Nudel une nouille **II 4**
eine Nummer un numéro **I 6B,** 4
nur seulement **III 3E**
nur ne … que **II 2**
jdn./etw. (aus)nutzen profiter de qn/qc **V 3A**
nützlich utile/utile **IV 3,** 6
zu etw. nützlich sein servir à qc **V 2C,** 3

O

ob si **I 8**
(weiter) oben ci-dessus **II 2, 9**
oben, nach oben en haut **I 4**
eine Oberfläche une superficie **V 4C**
obwohl bien que **V 2A,** 1; **V 3A**
eine Ode une ode **IV 3**
oder ou **I 4**
offiziell officiel/officielle **IV 2,** 13
etw. öffnen ouvrir qc **I 7**
oft souvent **I 4**
ohne sans **I 4**
ohne etw. zu tun sans rien faire **II 7B**
ohne dass sans que **V 2A,** 1
in Ohnmacht fallen tomber dans les pommes *(fam.)* **IV 4**
ein Ohr une oreille **III 1,** 11
eine Ohrfeige une claque **V 5B**
Oktober octobre *(m.)* **I 7,** 6
ein Öl une huile **IV 5C**
Oma *(ugs.)* mamie *(f.) (fam.)* **I 7**
ein Onkel un oncle **I 7**
Opa *(ugs.)* papi *(m.) (fam.)* **I 7**
ein Opfer une victime **IV 4**
orange orange/orange *(inv.)* **I 7,** 4
eine Orange une orange **II 5E**
ein Orden une médaille **IV 5B,** 3
eine Organisation une organisation **V 3D**
etw. organisieren organiser qc **I 8E**
ein Organismus un organisme **V 4D**
ein Ort un lieu/des lieux **V 1B**
der Osten l'est *(m.)* **III 2E**
ein Österreicher/eine Österreicherin un Autrichien/une Autrichienne ⟨**V C3B,** 3⟩

P

ein Paar une paire ⟨**V C3E**⟩
ein (Ehe)Paar un couple **V 5C**
ein Paket un paquet **II 2**
ein Palast un palais **III 2**
eine Panik une panique **II 7B**
ein Papier un papier **I 2**
eine Parade un défilé **IV 5B**
ein Paradies un paradis **I 2**
ein Park un parc **II 1E**
ein Parlament un parlement **IV 3E**
ein Partner/eine Partnerin un partenaire/une partenaire **IV 3**
eine (Städte)Partnerschaft un jumelage **IV 3,** 4
eine Partnerstadt une ville jumelée **IV 3**
die Pause la récréation **II 4**
perfekt, tadellos parfait/parfaite **III 5, 8**
eine Person une personne **II 3E**
persönlich personnel/personnelle **V 1D**
eine Persönlichkeit une personnalité **V 5A**
eine Perspektive, ein Blickwinkel une perspective **V 4B**
ein Pfannkuchen une crêpe **II 2E**
der Pfeffer le poivre **II 5E**
ein Pferd/Pferde un cheval/des chevaux **III 5**
jdn./etw. pflegen soigner qn/qc **III 2**
ein Pilot/eine Pilotin un pilote/une pilote **II 3A,** 3
ein Pinsel un pinceau **IV 4E**
eine Pistole un pistolet **III 5E**
ein Plakat, ein Poster une affiche **I 2**
ein Plan un plan **I 5**
eine Plantage une plantation **IV 5A**
ein Platz une place **I 2**
plötzlich tout à coup **I 4**
ein Pluspunkt un atout **V 4B,** 4
eine Pointe une chute **V 3D**
ein Pole/eine Polin un Polonais/une Polonaise **IV 2**
die Politik la politique **V 3B**
ein Politiker/eine Politikerin un homme politique/une femme politique **V 4D**
politisch politique/politique **V 5A**
die Polizei la police **I 4,** 12
ein Polizist/eine Polizistin un policier/une femme policier **I 4,** 12
polnisch polonais/polonaise **IV 2**
Pommes frites des frites *(f., pl.)* **I 8**
populär populaire/populaire **V 5D**
ein Porträt un portrait **I 7,** 15

ein Portugiese/eine Portugiesin un Portugais/une Portugaise **IV 5B**
positiv positif/positive **IV 2**
die Post la poste **II 2**
die Post le courrier **IV 3,** 7
postalisch, Post- postal/postale **III 2**
eine Postkarte une carte postale **III 2**
prähistorisch préhistorique/préhistorique **IV 2**
ein Praktikum un stage **III 1**
praktisch pratique/pratique **II 3B,** 2
ein Präsident/eine Präsidentin un président/une présidente **V 4D**
etw. präzisieren préciser qc **V 5D**
ein Preis un prix **II 6**
um jeden Preis à tout prix **IV 3,** 9
die Presse la presse ⟨**V C1A,** 1⟩
eine Probe une répétition **III 4**
etw. probieren goûter à qc **IV 3**
etw. probieren, etw. kosten goûter qc **II 5**
ein Problem un problème **I 3A**
ein Produkt un produit **V 4B,** 2
ein Produzent/eine Produzentin un producteur/une productrice **V 2A**
ein Programm un programme **II 3B**
ein Projekt, ein Vorhaben un projet **I 8E**
ein Prospekt un prospectus **V 2C**
eine Provinz une province **IV 4**
ein Prozent un pour cent *(inv.)* **III 3**
eine Prüfung un examen ⟨**V C1D,** 1⟩
sich mit jdm. prügeln se battre avec qn ⟨**V C3D**⟩
ein Publikum un public **V 2A**
ein Pullover un pull-over **IV 1**
ein Punkt un point **II 7A,** 6

Q

ein Quadratkilometer un kilomètre carré **IV 5A**
ein Quadratmeter un mètre carré **V 4B**
eine Qualität une qualité **V 4B,** 4
So ein Quatsch! N'importe quoi! **IV 2**
eine Quelle une source **V 5C,** 1

R

ein Radiergummi une gomme **I 2**
am Rande von etw., am Ufer von etw. au bord de qc **II 2**
eine Rasse une race ⟨**V C2A**⟩
ein Rat, ein Ratschlag un conseil **III 1,** 8
ein Rathaus un hôtel de ville **I 5,** 12
ein Rathaus, ein Bürgermeisteramt une mairie **V 2A**
ein Rätsel une devinette **II 3A,** 5
ein Raub un vol **IV 4,** 5
rauchen fumer **III 1,** 12
auf etw. reagieren réagir à qc **V 3B**
eine Reaktion une réaction **II 4,** 10
eine Realität une réalité **V 5C**
ein Rebell/eine Rebellin un rebelle/une rebelle **III 3**
das Recht le droit **V 3A**
Recht haben avoir raison ⟨**V C4C**⟩
etw. rechtfertigen justifier qc **V 1A**
(nach) rechts à droite **I 5**
eine Rede un discours ⟨**V C3D**⟩
ein Referat un exposé **II 4**
ein Regal une étagère **I 2**
eine Regel une règle **IV 3E**
regelmäßig régulier/régulière **V 4D**
der Regen la pluie **II 7A**
ein Regenschirm un parapluie **II 1,** 10
ein Regenwald une forêt tropicale **IV 5A**
eine Regierung un gouvernement **V 4D**
eine Region une région **II 1**
regional régional/régionale **IV 5A**
ein (Film)Regisseur un réalisateur/une réalisatrice **I 6E**
ein Regisseur/eine Regisseurin un metteur en scène/une metteuse en scène **V 3B,** 1
regnen pleuvoir **II 1**
reich riche/riche **III 4**
der Reichtum la richesse **V 5C,** 1
eine Reihenfolge un ordre **I 3A,** 4
ein Reim une rime **I 1,** 6
auf etw. reimen rimer avec qc **V 1D**
etw. reinigen nettoyer qc **IV 2**
eine Reise un voyage **III 2E**
ein Reisender/eine Reisende un voyageur/une voyageuse ⟨**V C3B**⟩
reiten faire du cheval **IV 5A**
rennen/laufen courir **II 2**
eine Reparatur une réparation **II 3A**
etw. reparieren réparer qc **V 1A,** 3
eine Reportage un reportage **II 2,** 5
eine Republik une république **V 4D**
etw. respektieren respecter qc **I 2**
ein Rest un reste **II 2**
ein Restaurant un restaurant **I 5E**
ein Rezept *(Küche)* une recette **II 5E**
ein Rezept *(vom Arzt)* une ordonnance **II 7B,** 4
ein Rhythmus un rythme **V 5C**
ein Richter/eine Richterin un juge/une juge **V 3B**
richtig, korrekt correct/correcte **I 8**
eine Richtung un sens ⟨**V C2C,** 2⟩
in Richtung vers **IV 5B,** 1
etw. riechen, etw. fühlen sentir qc **III 5**
riesengroß géant/géante **IV 2,** 3
riesig géant/géante **IV 2,** 3
der Rinderwahn la maladie de la vache folle **V 3C**
rinnen couler **IV 4**
ein Risiko un risque **V 1A,** 3
ein Risiko in Kauf nehmen prendre des risques **V 1A,** 3
ein Rock une jupe **IV 1E**
eine Rolle un rôle **I 6B,** 6
eine (Farb)Rolle un rouleau **IV 4E**
das Rollschuhlaufen, das Rollerskaten le roller **I 4E**
ein Roman un roman **II 4,** 13
ein Römer/eine Römerin un Romain/une Romaine **IV 2**
römisch romain/romaine **III 2,** 10
rosa rose/rose **II 2**
rot rouge/rouge **I 7,** 4
rothaarig roux/rousse **V 1B**
etw. rüberwachsen lassen *(ugs.)* filer qc *(fam.)* **IV 4**
der Rücken le dos **II 1E**
eine Rückkehr; eine Rückfahrt, eine Rückreise un retour **V 2A**
ein Rucksack un sac à dos **II 1E**
rückwärts gehen; rückwärts fahren reculer ⟨**V C4A**⟩
jdn. (an)rufen appeler qn **II 5**
die Ruhe le silence **I 1**
die Ruhe, die Gelassenheit le calme **III 5E**
ruhig, still calme/calme **III 3**
ruhig, brav tranquille/tranquille **III 3**
eine Rührung une émotion **V 3B**
ein Rundgang/eine Tour un tour **II 3A**
rutschen glisser ⟨**V C4B**⟩

S

ein Saal une salle **II 2**
eine Sache une chose **I 7; IV 1**
ein Saft un jus **II 5**
jdm. etw. sagen dire qc à qn **I 8**
eine Saison une saison **IV 5A**
ein Sakko une veste **V 3B,** 2
eine Salami un saucisson **V 4A**
ein Salat une salade **II 5E**
das Salz le sel **II 5E**
Samstag samedi *(m.)* **I 5E**
der Sand le sable **III 1,** 11
eine Sandale une sandale **IV 1**
ein Sandwich un sandwich **II 2,** 7
ein Sänger/eine Sängerin un chanteur/une chanteuse **II 2**

ein Satz une phrase **I 2,** 10
sauber propre/propre ⟨**V C1B,** 1⟩
etw. reinigen,etw. säubern nettoyer qc **IV 2**
das Sauerkraut la choucroute **IV 3**
ein Saxofonspieler/eine Saxofonspielerin un saxophoniste/une saxophoniste **III 4**
Schade! Dommage! **III 1**
ein Schaf un mouton **V 2B**
etw. schaffen créer qc **IV 5A**
eine Schallplatte un disque **V 5C**
eine Schande une honte **IV 4,** 9
ein Schatten une ombre **IV 5A**
ein Schauspiel un spectacle **V 2A**
ein Schauspieler/eine Schauspielerin un acteur/une actrice **I 5,** 14
eine Schicht un milieu **V 3C**
schick chic/chic *(inv.)* **IV 1**
jdm. etw. schicken envoyer qc à qn **II 2**
das Schicksal le destin **V 1A**
etw. schieben pousser qn/qc **V 1A**
ein Schiff un bateau/des bateaux **II 2**
ein Schinken un jambon **III 2**
schlafen dormir **II 1**
sich schlafen legen, sich hinlegen se coucher **III 5**
ein Schlag un coup ⟨**V C3B**⟩
jdn. schlagen, jdn. besiegen battre qn **III 5**
jdn./etw. schlagen frapper qn/qc ⟨**V C4B**⟩
eine Schlägerei une bagarre **IV 4E**
die Schlagsahne la crème chantilly **II 5E**
eine Schlange un serpent **V 5B**
Schlange stehen faire la queue ⟨**V C3B**⟩
schlecht mauvais/mauvaise **I 7**
etw. schließen fermer qc **III 5E**
schließlich, endlich enfin **I 5**
schließlich, zum Schluss finalement **III 5**
schlimmer pire/pire **V 2B**
ein Schloss un château **V 2C**
jdn./etw. (hinunter)schlucken avaler qn/qc **V 5B**
der Schluss la fin **II 1,** 7
ein Schlüssel une clé **V 1A,** 3
ein Schlüsselwort un mot-clé **I 7,** 10
schmelzen une fondre **V 3C**
ein Schmerz une douleur **II 7B**
Schmerzen haben avoir mal **II 3B**
jdn. schminken maquiller qn **IV 1**
schmollen, sauer sein *(ugs.)* faire la tête *(fam.)* **II 2**
schmutzig sale/sale **I 2**

eine Schnecke un escargot **III 2E**
etw. schneiden couper qc **I 6B**
schnell rapide/rapide **III 3**
schnell *(Adv.)* vite **I 2**
eine Schnur un fil **II 7B**
die Schokolade le chocolat **II 5E**
schön beau/bel/belle **II 3B**
schon déjà **I 3B**
eine Schönheit une beauté **V 5A**
der Schrecken la terreur ⟨**V C3A,** 1⟩
etw. schreiben écrire qc **I 7**
ein Schreibwarengeschäft une papeterie **I 2**
schreien crier **I 4**
eine Schrift une écriture ⟨**V C4B**⟩
schriftlich à l'écrit **V 4A**
ein Schriftsteller/eine Schriftstellerin un écrivain/une femme écrivain ⟨**V C3B**⟩
ein Schritt un pas **V 1A**
eine Schublade un tiroir **III 5E**
schüchtern timide/timide **III 1E**
schuften *(ugs.)* bosser *(fam.)* **IV 2,** 3
ein Schuh une chaussure **IV 1**
die Schuhgröße la pointure **IV 1,** 7
der Schul(jahres)beginn la rentrée **III 3**
Das ist seine/ihre Schuld. C'est (de) sa faute. **II 7B**
eine Schule une école **I 4E**
ein Schüler/eine Schülerin un élève/une élève **I 4**
schulisch, Schul- scolaire/scolaire **V 4A**
ein Schuljahr une année scolaire **V 4A**
ein Schulleiter/eine Schulleiterin un proviseur/une femme proviseur **IV 1**
ein Schulsystem un système scolaire **IV 4E**
die Schulzeit la scolarité **V 3D**
etw. schützen préserver qc ⟨**V C2C**⟩
schwach faible/faible ⟨**V C2A**⟩
die Schwäche la fragilité **V 3B**
schwanken varier **IV 5A**
schwanken chanceler ⟨**V C3D**⟩
ein Schwanz une queue ⟨**V C3B**⟩
schwarz noir/noire **I 7**
ein Schwarzes Brett un tableau d'affichage **IV 2**
der Schwarzhandel le trafic **IV 1**
schwatzen *(ugs.)* papoter *(fam.)* **V 3A**
schwer; umfangreich lourd/lourde **III 2**
eine Schwester une sœur **I 3A,** 4
schwierig difficile/difficile **II 5**
ein Schwimmbad, ein Schwimmbecken une piscine **II 2**
das Schwimmen la natation **I 4E**
schwupp hop **IV 4**

die Sciencefiction la science-fiction ⟨**V C1C,** 1⟩
etw. sehen regarder qc **I 2E**
etw. sehen voir qc **II 1**
eine Sehenswürdigkeit une curiosité ⟨**V C2E**⟩
sehr très **I 6A**
sehr gern mögen adorer qc **II 1**
etw. sehr gern tun adorer faire qc **II 4,** 12
sehr; unheimlich viel énormément **III 5**
ein Seil une corde **I 4**
sein être **I 3A**
seit depuis **I 8,** 2
seit dès ⟨**V C3A**⟩
eine Seite une page **I 2,** 12; **II 3A**
eine Sekunde une seconde **III 5**
selbst wenn même si **V 5A**
selten rare/rare ⟨**V C2A**⟩
eine Sendereihe un feuilleton ⟨**V C1A,** 1⟩
eine (Fernseh)Sendung une émission **V 3C**
der Senf la moutarde **III 2E**
September septembre *(m.)* **I 7,** 6
eine Sequenz une séquence ⟨**V C1C,** 5⟩
eine Serie un feuilleton ⟨**V C1A,** 1⟩
eine Serie une série ⟨**V C1A,** 1⟩
ein Service un service ⟨**V C3D,** 1⟩
sich setzen s'asseoir **III 4**
etw. setzen, etw. stellen, etw. legen poser qc **I 2**
sicher sûr/sûre **II 3A**
sicher certainement **V 3B**
sicher certes **V 3D**
die Sicherheit la sécurité **V 3D**
sicherlich, na klar! bien sûr **II 3B**
sicher, sicherlich *(Adv.)* sûrement **II 4,** 9
ein Siedler/eine Siedlerin; ein Kolonist/eine Kolonistin *(Bewohner(in) einer Kolonie)* un colon **IV 5A**
ein Sieg une victoire **V 2C**
das Silber l'argent *(m.)* **IV 2**
etw. simulieren simuler qc ⟨**V C1D,** 1⟩
singen chanter **I 7**
sinken baisser ⟨**V C2A**⟩
sinken diminuer ⟨**V C2A**⟩
ein Sinn un sens ⟨**V C2C,** 2⟩
eine Situation une situation **I 2,** 7
ein Skater/eine Skaterin un skateur/une skateuse **IV 1**
ein Skelett un squelette **IV 2**
ein Sketch un sketch **III 1,** 7
das Skifahren le ski **II 1**
ein Sklave/eine Sklavin un esclave/une esclave **IV 5A**

die Sklaverei l'esclavage *(m.)* **IV 5A**
ein Slip, eine (Herren)Unterhose un slip **IV 1,** 6
ein Slogan, ein Werbespruch un slogan **IV 1,** 9
so tellement **V 1C**
so ainsi ⟨**V C1D**⟩; ⟨**V C4A**⟩
so, auf diese Weise comme ça **II 1E**
so viel tant de ⟨**V C3B**⟩
so wie ainsi que ⟨**V C1C**⟩
eine Socke une chaussette **IV 1,** 6
sofort tout de suite **I 7**
sogar même **II 1E**
eine Sohle une semelle **IV 4,** 9
ein Sohn un fils **II 6,** 11
der Sommer l'été *(m.)* **I 7,** 6
die Sonne le soleil **II 1**
der Sonnenaufgang le soleil levant ⟨**V C3C**⟩
eine Sonnenbrille des lunettes de soleil *(f., pl.)* **III 1E**
Sonntag dimanche *(m.)* **I 6E**
sich Sorgen machen s'en faire **IV 4**
so sehr tellement **V 1C**
so viel tellement **V 1C**
sozial social/sociale **V 5C**
ein sozialer Brennpunkt une zone **V 3B**
eine Sozialwohnung une H.L.M. **V 2C**
ein Spanier/eine Spanierin un Espagnol/une Espagnole **IV 5B**
spanisch espagnol/espagnole **I 7E**
spät tard **II 2,** 6
spazieren gehen se promener **II 7B;** se balader *(fam.)* **III 1**
eine Spezialität une spécialité ⟨**V C1A,** 1⟩; ⟨**V C2E**⟩
ein Spiegel une glace ⟨**V C4C**⟩
ein Spiel un jeu **I 1,** 4
ein Spiel un match **II 3E**
spielen jouer **I 3A**
eine Spinne une araignée **II 4**
eine Spitze une pointe **V 1A**
der Sport le sport **I 4E**
Sport treiben faire du sport **I 4E**
ein Sportler/eine Sportlerin un sportif/une sportive **IV 5A**
sportlich sportif/sportive **I 7**
Sprach- linguistique/linguistique **IV 3,** 8
eine Sprache une langue **I 8**
eine Sprechblase une bulle **V 5A**
sprechen parler à qn **I 6A**
über etw. sprechen parler de qc **II 3B**
ein Sprecher/eine Sprecherin un locuteur/une locutrice ⟨**V C2C**⟩
ein Sprichwort un proverbe **II 4,** 9
eine (Farb)Sprühdose une bombe de peinture **IV 4E**
sprühen taguer **IV 4E**
eine Spur une trace **II 7A**
eine Spur un indice **V 5B**
ein Staat un Etat **V 3D,** 1
ein Staatschef un chef d'Etat **V 5A**
ein Stabreim une allitération **V 1D**
ein (Sport)Stadion un stade **II 3E**
eine Stadt une ville **I 8**
eine Stadt une cité **V 2A**
ein Stadtplan un plan **I 5**
ein Stadtviertel un quartier **I 2E**
ein Stadtzentrum un centre-ville **III 2**
eine Staffel un relais **IV 5B,** 3
ein Staffellauf un relais **IV 5B,** 3
ein Standpunkt un point de vue ⟨**V C2A**⟩
ein Star une star **I 6A**
stark fort/forte **III 1E**
die Stärke la force **V 1A**
eine Statistik une statistique **V 3D**
stattfinden avoir lieu **V 5A**
etw. stehlen voler qc **I 5**
steigen, einsteigen monter **I 5**
steigen augmenter ⟨**V C2A**⟩; ⟨**V C3A**⟩
ein Stein une pierre **V 2B**
an deiner Stelle à ta place **IV 2E**
etw. stellen mettre qc **II 1**
eine Stelze une échasse ⟨**V C3B,** 3⟩
die Stellung une position **III 3,** 7
zu jdm./etw. Stellung beziehen prendre position sur qn/qc **III 3,** 7
sterben mourir **III 4**
ein Stern une étoile **II 1E**
ein Stil un style **V 1D**
die Stille le silence **I 1**
eine Stimme une voix **III 5**
die Stimmung, die innere Verfassung le moral **II 2**
eine Stimmung, eine Atmosphäre une ambiance **II 6,** 3
ein Stockwerk, eine Etage un étage **I 3E**
stolz fier/fière **V 2D**
der Stolz l'orgueil *(m.)* ⟨**V C4A**⟩
jdn. stören gêner qn **V 3A**
eine Story un scénario **V 3E**
strahlend radieux/radieuse **V 2C,** 1
ein Strand une plage **III 1E**
eine Straße une rue **I 1**
eine (Land)Straße une route **III 2,** 2
eine Strecke; ein Durchgang un parcours **II 7B**
jdn./etw. streicheln caresser qn/qc **III 2**
ein Streichholz une allumette **V 1D**
ein Streik une grève ⟨**V C3D**⟩
ein Streit une dispute **III 1,** 1
sich mit jdm. streiten se disputer avec qn **II 7B**
der Stress le stress **V 3A**
strömen couler **IV 4**
eine Strophe un couplet **V 5C**
ein Strumpf une chaussette **IV 1,** 6
ein Stück une pièce **IV 2**
ein Student/eine Studentin un étudiant/une étudiante **V 4A**
etw. studieren étudier qc **IV 3E**
ein Studio un studio **I 6A**
das Studium les études *(f., pl.)* **IV 2**
eine Stufe une marche ⟨**V C3B**⟩
ein Stuhl une chaise **III 3**
eine Stunde une heure **I 5**
ein Stundenplan un horaire **I 7,** 8
ein Stundenplan un emploi du temps **III 3,** 1
ein Sturm une tempête **V 1D,** 1
ein Sturz une chute **V 3D**
ein Sturzhelm, ein Schutzhelm un casque **I 4**
ein Subjekt un sujet **III 1,** 5
etw. suchen chercher qc **I 2E**
eine Suchmaschine un moteur de recherche **V 2E**
süchtig accroché/accrochée ⟨**V C1E**⟩
der Süden le sud **II 7E**
der Süden *(Frankreichs)* le Midi **IV 4**
ein Supermarkt un supermarché **II 6**
surfen surfer ⟨**V C1A,** 1⟩
das Surfen le surf **IV 5A**
ein Surfer/eine Surferin un surfeur/une surfeuse **IV 5A**
süß/niedlich mignon/mignonne **II 3B**
ein Symbol, ein Wahrzeichen un symbole **III 2**
symbolisieren symboliser **V 2B**
ein Synonym un synonyme **III 5,** 7
eine Szene une scène **I 1,** 3

T

eine Tablette un comprimé **V 1D,** 1
eine Tafel, eine Tabelle, ein Gemälde/Tafeln, Tabellen, Gemälde un tableau/des tableaux **I 6A,** 8
ein Tag un jour **I 3A**
ein Tag une journée **I 5,** 4
am darauf folgenden Tag le lendemain **I 8**
in den Tag hinein au jour le jour **V 3C**
ein Tagebuch un journal/des journaux **I 7**

die Tageszeitung le quotidien **V 3C**
eine Taille une ceinture **V 3B**
ein Talisman un grigri **V 5B**
eine Tankstelle une station-service **III 2**
eine Tante une tante **I 7**
tanzen danser **II 2E**
das Tanzen; der Tanz la danse **I 4**
ein Tänzer/eine Tänzerin un danseur/une danseuse **V 2A**
eine Tasche, eine Hosentasche une poche **III 1, 7**
das Taschengeld l'argent de poche *(m.)* **III 1, 7**
eine Tasse une tasse **V 4A, 1**
eine Tat un acte **IV 4, 5; IV 4, 11**
eine Tätigkeit une activité **I 4E**
eine Tatsache un fait **⟨V C1A⟩**
tatsächlich effectivement **V 5A**
tatsächlich en effet **⟨V C1A⟩**
taub sourd/sourde **II 2, 4**
tauchen plonger **IV 5C**
das Tauchen la plongée **V 3B**
ein (Aus)Tausch un échange **IV 3, 4**
etwa tausend un millier **V 1C**
die Technologie; der technisch-naturwissenschaftliche Unterricht la technologie **III 3, 6**
ein Teil une partie **I 2, 7**
etw. teilen diviser qc **⟨V C3A⟩**
jdn./etw. mit jdm./etw. teilen partager qn/qc avec qn/qc **V 4A**
an etw. teilnehmen participer à qc **IV 2**
ein Telefon un téléphone **I 3B**
mit jdm. telefonieren, jdn. anrufen téléphoner à qn **I 6A**
eine Telefonnummer un numéro de téléphone **I 6B, 4**
ein Teller une assiette **I 3B**
die Temperatur la température **II 1, 9**
teuer, lieb cher/chère **I 8E**
teuer zu stehen kommen coûter cher **IV 4**
ein Textverlaufsplan une fiche de lecture **V 1D, 2**
das Theater le théâtre **I 4E**
ein Thema un sujet **III 1, 5**; un thème **IV 1**
ein Thunfisch un thon **III 5E**
ein Tier un animal/des animaux **I 4, 8**; une bête **V 5B**
etw. tippen taper qc **⟨V C4C⟩**
ein Tisch une table **I 7**
ein Titel un titre **I 8, 1**
der Tod la mort **III 5**
die Toilette les W.-C. *(m., pl.)* **I 3E**
eine Tonne une tonne **V 4B**
vor den Toren von etw. aux portes de qc **⟨V C2B⟩**
eine Totale un plan d'ensemble **V 3B**
jdn. töten tuer qn **IV 5B**
ein Toter/eine Tote un mort/une morte **IV 5A, 2**
eine Tour, ein Rundgang un tour **II 3A**
ein Tourist/eine Touristin un touriste/une touriste **I 5**
eine Tracht un costume **IV 1, 6**
eine Tradition une tradition **IV 5B**
etw. tragen porter qc **I 7**
ein Trailer une bande-annonce **V 3B, 3**
trainieren s'exercer **V 1A, 1**
trainieren, üben s'entraîner **III 3**
eine Träne une larme **V 3C**
in Tränen ausbrechen fondre en larmes **V 3C**
ein Traum un rêve **I 6B, 8**
ein Traumberuf un métier de rêve **III 4E**
von etw. träumen rêver de qc **I 3A**
traurig triste/triste **II 2**
jdn. traurig machen serrer le cœur à qn **⟨V C4A⟩**
jdn. treffen rencontrer qn **I 8E**
eine Trennung une séparation **V 2B**
eine Treppe un escalier **II 2**
treu fidèle/fidèle **⟨V C4B⟩**
etw. trinken boire qc **I 7**
trocken sec/sèche **IV 5A**
eine Trockenzeit une saison sèche **IV 5A**
tropfen couler **IV 4**
tropisch tropical/tropicale **IV 5A**
jdn. trösten consoler qn **III 5E**
trotz malgré **IV 4**
trotzdem quand même **IV 3**
ein Trumpf un atout **V 4B, 4**
ein T-Shirt un t-shirt **III 1E**
etw. tun müssen avoir besoin de faire qc **III 3**
tun können savoir faire qc **I 6B**
etw. tun werden aller faire qc **I 6E**
eine Tür une porte **I 2**
ein Turm une tour **I 5E**
eine Turnhalle un gymnase **I 4**
ein Turnschuh une basket **IV 1**
ein Typ un type **III 4**
typisch für jdn./etw. typique/typique de qn/qc **V 3C**

U

eine U-Bahnstation une station de métro **I 5**
üben s'exercer **V 1A, 1**
überall partout **II 3A**
jdn./etw. überleben survivre à qn/qc **⟨V C2A⟩**
ein Überlebender/eine Überlebende un survivant/une survivante **IV 5A, 2**
jdm. etw. übermitteln transmettre qc à qn **V 1D, 1**
etw. überprüfen réviser qc **IV 4**
etw. überprüfen vérifier qc **V 1A**
etw. überqueren traverser qc **I 5**
jdn. überraschen surprendre qn **⟨V C2A, 1⟩**
überrascht surpris/surprise **⟨V C3A⟩**
eine Überraschung une surprise **II 3A**
ein Überseedepartement un département d'outre-mer **V 5C, 1**
etw. übersetzen traduire qc **IV 3**
eine Übersetzung une traduction **I 8, 3**
jdn. von etw. überzeugen convaincre qn de qc **V 5D**
etw. überwinden franchir qc **⟨V C4A⟩**
üblich courant/courante **⟨V C2C⟩**
ein Unterseeboot, ein U-Boot un sous-marin **II 1E**
übrigens à propos **I 2E**
übrigens d'ailleurs **V 2D**
eine Übung; eine (Haus)Aufgabe un exo *(fam.)* **IV 4, 8**
Uff! ouf **II 4**
jdn. umarmen embrasser qn **II 1E**
jdn. umbringen tuer qn **IV 5B**
eine Umfrage un sondage **III 3, 2**
umgangsspachlich familier/familière **V 1D**
eine Umgebung un environnement **IV 3**
jdn./etw. umklammern serrer qn/qc **V 1C**
umso besser tant mieux **II 3B**
den Zug wechseln, umsteigen changer de train **I 7**
eine Umwelt un environnement **IV 3**
ein Umweltschützer/eine Umweltschützerin un écologiste/une écologiste **⟨V C2A⟩**
eine Umweltverschmutzung une pollution **V 3A**
umziehen déménager **II 1**
ein Umzug, ein Wohnungswechsel un déménagement **II 2**
ein Umzug un défilé **IV 5B**
eine Unabhängigkeit une indépendance **V 5A**
unbedingt notwendig indispensable/indispensable **⟨V C3B⟩**
unbekannt inconnu/inconnue **⟨V C1C⟩**
ein Unfall un accident **II 7B**
und auch ainsi que **⟨V C1C⟩**

ungefähr environ **IV 4**
ungewöhnlich extraordinaire/extraordinaire **V 4B**
ungewöhnlich, außergewöhnlich insolite/insolite **V 2C**
unglaublich incroyable/incroyable **V 1A**
ein Unglück un malheur **V 2A**
unglücklich malheureux/malheureuse **III 3**
unglücklicherweise, leider *(Adv.)* malheureusement **III 2**, 3
eine Uniform un uniforme **IV 1E**
unmittelbar immédiat/immédiate ⟨**V C3B**⟩
unruhig inquiet/inquiète **IV 5A**, 2
unten, nach unten en bas **I 4**
unter sous **I 2**
  unter parmi **IV 5A**
etw. unterbrechen couper qc **II 6**
  jdn./etw. unterbrechen interrompre qn/qc **IV 5B**
jdn./etw. unterbringen héberger qn/qc ⟨**V C1C**⟩
unterhaltsam amusant/amusante **IV 3**
eine Unterhaltung, ein Gespräch une discussion **IV 1E**
ein Unternehmen une entreprise **V 4B**, 1
jdn. in etw. unterrichten enseigner qc à qn ⟨**V C2C**⟩
ein Unterrichtsfach une matière **III 3**
eine Unterrichtsstunde un cours **II 4**
ein Unterschied une différence **II 6**, 10
unterschiedlich divers/diverse ⟨**V C1D**⟩
etw. unterschreiben signer qc **II 1**
etw. unterstreichen souligner qc **III 1**, 3
eine Unterstützung une aide **IV 1**, 3
eine Untersuchung un examen ⟨**V C1D**, 1⟩
der Urlaub, die Ferien les vacances *(f., pl.)* **II 1**
ein Ursprung; eine Herkunft une origine **III 5**, 5

V

eine Vase un vase **IV 2**
ein Vater un père **I 4**
sich mit jdm. verabreden donner rendez-vous à qn **IV 2**, 4
eine Verabredung haben, einen Termin haben avoir rendez-vous **I 4**, 3
etw. verabscheuen, etw. überhaupt nicht mögen détester qc **II 4**
  etw. verabscheuen, etw. nicht ausstehen können avoir horreur de qc **II 4**
sich verändern varier **IV 5A**
ein Verantwortlicher/eine Verantwortliche un responsable/une responsable ⟨**V C2B**, 1⟩
jds. Verantwortungsbewusstsein wecken responsabiliser qn **V 3C**
jdm. verbieten etw. zu tun interdire à qn de faire qc **III 1**, 9
etw. verbinden combiner qc **IV 5C**, 1
  jdn./etw. verbinden relier qn/qc ⟨**V C2B**⟩
eine Verbindung une communication **V 2C**, 3
  eine Verbindung un lien ⟨**V C1E**⟩
mit jdm. in Verbindung treten contacter qn **II 7E**
etw. verbrennen brûler qc **IV 5A**, 2
etw. verbringen passer qc **II 1**
ein Verbündeter/eine Verbündete un allié/une alliée ⟨**V C3D**, 1⟩
jdn. verdächtigen soupçonner qn ⟨**V C1C**⟩
etw. verdienen mériter qc **V 2A**
etw. verdienen gagner qc **II 6**, 6
verduften *(ugs.)* ficher le camp *(fam.)* ⟨**V C1C**⟩
ein (Sport)Verein une association **IV 3**, 8
eine Vereinigung une association **IV 3**, 8
etw. vergessen oublier qc **I 6B**
vergnügen s'amuser **II 7B**
ein Vergnügen un plaisir **IV 5A**
ein Verhältnis une relation **V 3E**
Verhandlungen *(pl.)* des pourparlers *(m., pl.)* **IV 4**, 9
etw. verkaufen vendre qc **I 8**
ein Verkäufer/eine Verkäuferin un vendeur/une vendeuse ⟨**V C1C**, 2⟩; ⟨**V C4A**, 1⟩
der Verkehr le trafic **IV 1**
  der Verkehr la circulation ⟨**V C3B**⟩
ein Verkehrsmittel un moyen de transport **I 5**, 2
ein Verkehrsstau un bouchon **I 5**
jdn./etw. verkörpern représenter qn/qc **IV 4**, 5
ein Verlag une maison d'édition ⟨**V C1A**, 1⟩
etw. verlangen exiger qc **IV 1**
etw. verlassen quitter qc **I 2**
jdn. in Verlegenheit bringen gêner qn **V 3A**
jdn. verletzen blesser qn ⟨**V C3D**, 1⟩
sich in jdn. verlieben tomber amoureux de qn **IV 1**
verliebt amoureux/amoureuse **II 3A**
ein Verliebter/eine Verliebte un amoureux/une amoureuse **V 1C**
etw. verlieren perdre qc **II 2**
etw. vermeiden éviter qc **I 7**, 17
Vermischtes *(pl.)* des faits divers *(m., pl.)* ⟨**V C2A**, 2⟩
etw. vernichten détruire qc **IV 5A**
eine Vernunft une raison **III 2**
etw. veröffentlichen publier qc ⟨**V C1A**, 1⟩
etw. verpassen rater qc **II 4**
verpasst, fehlgeschlagen manqué/manquée **II 6**
verrückt fou/fol/folle **I 6B**
ein Vers un vers **V 1D**
sich versammeln se rassembler **V 2D**
etw. verschieben déplacer qc **V 1A**
verschieden divers/diverse ⟨**V C1D**⟩
verschwinden disparaître **IV 4**
versifft *(ugs.)* crade/crade *(fam.)* **IV 2**, 3
eine Versöhnung une réconciliation **V 4D**
sich verspäten être en retard **II 2**
eine Verspätung un retard **II 2**
jdm. versprechen, etw. zu tun promettre à qn de faire qc **IV 4**
etw. (für jdn.) verspüren éprouver qc (pour qn) ⟨**V C4A**⟩
ein Verständigungsmittel un moyen de communication ⟨**V C1A**⟩
das Verständnis la compréhension **V 3B**, 3
sich verstecken se cacher **II 7B**
etw. verstehen comprendre qc **I 8**
versuchen, etw. zu tun essayer de faire qc **IV 4**
sich verteidigen se défendre **IV 4**
etw. verteilen distribuer qc ⟨**V C4C**⟩
etw. vertiefen approfondir qc **V 4B**
ein Vertrag un contrat **III 4**
  ein Vertrag un traité **V 4C**
in jdn./etw. Vertrauen haben avoir confiance en qn/qc **IV 4**
jdn./etw. vertreten représenter qn/qc **IV 4**, 5
etw. verursachen causer qc ⟨**V C2A**⟩; ⟨**V C3A**⟩
ein Verursacher/eine Verursacherin un auteur **IV 4**, 5
jdn. verurteilen juger qn ⟨**V C3A**, 1⟩
etw. vervollständigen compléter qc **IV 3E**
eine Verwaltung une administration **V 3D**, 1
jdn. von etw. verweisen renvoyer qn de qc **IV 1**

jdn. in etw. verwickeln mêler qn à qc IV 4
etw. verwirklichen réaliser qc IV 2, 12
jdm. etw. verzeihen pardonner qc à qn ⟨V C3D⟩
viel, sehr beaucoup I 7
viel(e) *(bei Mengen)* beaucoup de I 7
vielleicht peut-être I 8
vielmehr plutôt IV 4E
violett violet/violette IV 1E
jdm. die Visage polieren *(ugs.)* casser la figure à qn *(fam.)* IV 4
ein Visum un visa IV 3
ein Vogel un oiseau/des oiseaux I 7E
ein Vokabelnetz un filet à mots III 1, 5
ein Volk un peuple V 5B
völlig entier/entière V 1D
vollständig total/totale III 5, 8
vollständig complet/complète III 3
von, aus de/d' I 1
von … bis de … à I 5E
vor *(zeitlich)*, **vorher** avant II 2
vor *(örtlich)* devant I 2
vor allem surtout I 4
etw. vorausehen; etw. vorhersagen prévoir qc ⟨V C2A⟩
vorher, im Voraus d'avance V 1A
vorbeigehen, -fahren, -kommen passer II 3A
vorbereiten préparer qc I 4
der Vordergrund le premier plan V 1B
vorgeschichtlich préhistorique/préhistorique IV 2
vorher d'avance V 1A
vorhin, eben; gleich, nachher tout à l'heure II 3A
ein Vorname un prénom I 1
ein Vorort une cité V 2A
ein Vorort, ein Vorstadtbereich une banlieue I 3A
jdm. vorschlagen, etw. zu tun proposer à qn de faire qc III 1
Achtung!, Vorsicht! Attention! I 4
vorsichtig prudent/prudente ⟨V C2A⟩
eine Vorspeise une entrée II 5
jdm. etw. vorstellen présenter qc à qn II 4
eine Vorstellung une présentation IV 3
eine Vorstellung un spectacle V 2A
der Vortag la veille IV 5B, 1
ein Vorteil un avantage V 2D
ein Vorurteil un préjugé IV 5C, 1
jdm. etw. vorwerfen reprocher qc à qn ⟨V C3D⟩
etw. vorziehen, lieber mögen préférer qc II 5
ein Vulkan un volcan IV 5A
vulkanisch volcanique/volcanique IV 5A

W

wachsen grandir IV 5C
wachsen croître V 3D
eine Waffe une arme ⟨V C3A⟩
(Aus)Wahl un choix V 3A
eine Wahl une élection V 3B
etw. wählen, etw. aussuchen choisir qc II 4
jdn./etw. wählen élire qn/qc V 3D, 1
ein Wähler/eine Wählerin un électeur/une électrice V 3D, 1
wahnsinnig *(ugs.)* vachement *(fam.)* V 3A
während *(Präp.)* pendant I 6B
währenddessen *(Adv.)* pendant ce temps II 5
während alors que V 3A
ein Wald une forêt II 7A
eine Mauer, eine Wand un mur I 4
wann quand I 5
eine Ware une marchandise V 4B, 2
warm, heiß chaud/chaude II 1
auf jdn. warten, jdn. erwarten attendre qn I 8
eine Warteschlange une queue ⟨V C3B⟩
warum pourquoi I 5E
Was? Quoi? I 3E
Was … ? Qu'est-ce que I 5
Was ist das? Qu'est-ce que c'est? I 2E
jdn./etw. waschen laver qn/qc ⟨V C4C⟩
ein Waschmittel une lessive V 2C
Was gibt es? Qu'est-ce qu'il y a? I 3A, 6
das Wasser l'eau *(f.)* I 7
eine Website; *(hier)* **eine (Ausgrabungs)Stätte** un site IV 2E
etw. wechseln changer de qc II 1
weder … noch ne … ni … ni IV 5A
ein Weg un chemin I 5, 12
wegen pour I 3A
(einer Person/einer Sache) wegen à cause de qn/qc IV 4
weggehen partir II 1
weggehen s'en aller IV 5B
(wieder) weggehen; wegfahren repartir III 5
wehen souffler IV 5A
weich doux/douce V 1A
sich weigern, etw. zu tun refuser de faire qc V 2B
weil parce que I 5E
der Wein le vin II 5
weinen pleurer II 7A
weiß blanc/blanche I 7
weit *(Adv.)* loin II 1
jdm. etw. weitergeben transmettre qc à qn V 1D, 1
weitermachen, fortfahren continuer I 8
welcher/welche/welches *(Fragebegleiter)* quel/quelle/quels/quelles II 3B
welcher/welche/welches lequel III 2
das Wellenreiten le surf IV 5A
eine Welt un monde III 2
eine Weltausstellung une exposition universelle ⟨V C3B⟩
ein Weltkrieg une guerre mondiale V 4D
wenden, umdrehen faire demi-tour II 7A, 6
schlechte Wendung nehmen tourner mal IV 1
wenig peu I 7
ein wenig un peu de I 7
weniger moins III 1E
wenn, als *(zeitlich)* quand II 1
Wer ist das? Qui est-ce? I 1
eine Werbung, ein Werbespot une publicité I 6A
für jdn./etw. Werbung machen faire de la publicité pour qn/qc V 3B
jd./etw. werden devenir qn/qc III 4
etw. werfen jeter qc V 1C, 3
eine Werkstatt un atelier IV 5E
ein Werkzeug un outil IV 2
ein (Lebe)Wesen un être V 2D
der Westen l'ouest *(m.)* III 2E
westindisch antillais/antillaise IV 5A
ein Wettbewerb un concours V 1C
das Wetter le temps II 1
die Wettervorhersage une météorologie II 1, 9
ein Wettkampf un match II 3E
ein Wettkampf une compétition ⟨V C4C, 1⟩
wichtig important/importante II 3B
wichtigster/wichtigste/wichtigstes principal/principale ⟨V C1C⟩
ein Widerstand une résistance ⟨V C3A⟩
jdm./etw. Widerstand leisten résister à qn/qc ⟨V C3D⟩
wie comment I 1
wie *(beim Vergleich)* comme I 8E
noch, schon wieder encore I 4, 11
etw. wieder erkennen reconnaître qc II 3A
jdn./etw. wieder finden retrouver qn/qc II 2
etw. wiederholen répéter qc II 5, 2
etw. wiederholen réviser qc IV 4
eine Wiederholung une répétition III 4
jdn./etw. wiedersehen revoir qn/qc II 3A
die Wiedervereinigung la réunification V 4A
wie viel combien (de) I 8
wild sauvage/sauvage ⟨V C2A⟩

der Wind le vent II 7A
ein (Blick)Winkel un angle (de vue) V 3B
der Winter l'hiver *(m.)* I 7, 6
ein Wirbelsturm un cyclone IV 5A
wirklich vraiment III 3
eine Wirklichkeit une réalité V 5C
eine Wirkung un effet ⟨V C1A⟩
die Wirtschaft l'économie *(f.)* V 4A
wirtschaftlich économique/économique V 4B, 2
wissen savoir I 6B
eine Wissenschaft une science II 4
witzig *(ugs.)* marrant/marrante *(fam.)* ⟨V C1C⟩
wo où I 2
eine Woche une semaine I 8
ein Wochenende un week-end I 7
eine Wochenzeitung un hebdomadaire ⟨V C1A, 1⟩
wohnen habiter I 3E
  wohnen loger V 2C
ein Wohnmobil un camping-car II 1
eine Wohnung un appartement I 3E
ein Wohnzimmer un salon V 3A
eine Wolke un nuage II 1, 9
das Wort *(in einem literarischen Text)* la parole V 5C
ein Wort un mot I 1, 4
ein Wörterbuch un dictionnaire II 7E
ein Wunder un miracle V 1A
wunderbar magnifique/magnifique IV 5A
etw. wünschen désirer qc I 8
  etw. wünschen souhaiter qc IV 1
etw. (einer Sache) würdig digne/digne de qc IV 2, 3
eine Wurzel une racine V 3C

Z

eine Zahl un nombre II 2, 11
  eine Ziffer, eine Zahl un chiffre IV 4, 5
etw. zählen compter qc I 4, 2
jdn./etw. zähmen apprivoiser qn/qc ⟨V C1C⟩
zart doux/douce V 1A
die Zartheit la fragilité V 3B
der Zaster *(ugs.)* le fric *(fam.)* V 2A
ein Zaun une barrière IV 3
zehn, etwa zehn une dizaine V 4B
die zehnte Klasse la seconde IV 2
ein Zeichen un signe V 1A
etw. zeichnen dessiner qc I 2
ein Zeichner/eine Zeichnerin un dessinateur/une dessinatrice I 6E
eine Zeichnung un dessin I 2
jdm. etw. zeigen montrer qc à qn II 4E
eine Zeile un vers V 1D
die Zeit le temps I 7
zeitgenössisch contemporain/contemporaine V 4B
eine Zeitschrift un magazine ⟨V C1E⟩
  eine Zeitschrift une revue ⟨V C1A, 1⟩
eine Zeitung/Zeitungen un journal/des journaux I 7
etw. zerbrechen briser qc V 1A
die Zerbrechlichkeit la fragilité V 3B
zerbrochen cassé/cassée II 7B
etw. zerstören détruire qc IV 5A
ein Zettel une fiche V 4B
eine Ziehharmonika un accordéon IV 4, 9
ein Ziel un objectif V 4B
  ein Ziel une destination ⟨V C2B⟩
ziemlich plutôt IV 4E
eine Ziffer, eine Zahl un chiffre IV 4, 5
eine Zigarette une cigarette III 1, 12
ein Zimmer une pièce I 3E
  ein (Schlaf)zimmer une chambre I 3E
ein Zirkus un cirque III 3E
zögern, etw. zu tun hésiter à faire qc ⟨V C1D⟩
eine Zone une zone V 3B
ein Zoo un zoo ⟨V C2A, 4⟩
der Zorn, die Wut la colère I 3B
etw. züchten élever qn/qc V 3D
der Zucker, das Zuckerstück le sucre II 5E
das Zuckerrohr la canne à sucre V 5C, 1
zuerst d'abord I 3E
der Zufall le hasard V 1A
jdm. etw. zuflüstern murmurer qc à qn V 1A
zufrieden, glücklich content/contente I 7
ein Zug un train I 7
etw. zugeben, etw. gestehen avouer qc III 1
zugunsten von jdm./etw. au profit de qn/qc ⟨V C1C⟩
jdm. zuhören écouter qn I 3B
ein Zuhörer/eine Zuhörerin un auditeur/une auditrice ⟨V C1E⟩
die Zukunft l'avenir *(m.)* II 3B
zunehmen croître V 3D
zurechtkommen se débrouiller IV 1
zurückgeben retourner V 3A
  jdm. etw. zurückgeben rendre qc à qn V 5A
zurückgehen baisser ⟨V C2A⟩
zurückkehren retourner V 3A
  zu etw. zurückkehren rejoindre qn/qc ⟨V C4A⟩
zurückkommen revenir II 1
etw. (zurück)lassen laisser qc III 5
jdm. etw. zurufen interpeller qc à qn ⟨V C4B⟩
zurzeit en ce moment IV 3
zusammen ensemble I 1; V 4D
eine Zusammenarbeit une coopération V 4C
etw. zusammenfassen résumer qc III 1, 1
eine Zusammenfassung un résumé II 1
ein Zusammenhang un contexte V 5A
sich aus etw. zusammensetzen se composer de qc V 1D
außerdem, zusätzlich en plus I 4
ein Zuschauer/eine Zuschauerin un spectateur/une spectatrice ⟨V C1E⟩
zu viel trop I 7
zwar certes V 3D
ein Zweifel un doute V 1A
zweiter/zweite/zweites second/seconde IV 4
jdn. zwingen, etw. zu tun obliger qn à faire qc IV 5B
zwischen entre II 3A, 9

Pour faire les exercices du livre

	Lektion	Übung	
A votre avis, …	II/1	1	Eurer Meinung nach …
à haute voix	III/4	9a	laut
Accordez …	I/7	2	Gleicht … an.
Ajoutez …	I/1	4	Fügt … hinzu.
un antonyme	III/5	4b	ein Gegenteil
Après la première écoute, …	II/1	10	Nach dem ersten Hören …
à tour de rôle	III/5	4a	abwechselnd
Avant la lecture, …	I/4	Texte	Vor dem Lesen …
Avant la première écoute, …	II/5	8	Vor dem ersten Hören …
une bulle	III/1	Album	eine Sprechblase
un centre d'intérêt	I/3B	7	ein Sachfeld
Changez de rôle.	I/5	12	Tauscht die Rollen.
Cherchez l'intrus.	I/1	6	Sucht den Eindringling.
Choisissez …	I/1	3	Wählt … aus.
Au choix	IV/M1B	3	zur (Aus-)Wahl
une citation	III/5	Entrée	ein Zitat
Classez … d'après …	II/1	6	Ordnet … nach …
Comparez …	I/5	5	Vergleicht …
Complétez.	I/1	8	Ergänzt.
la concordance des temps (au discours indirect)	V/D3A	3	die Zeitenfolge (in der indirekten Rede)
Conjuguez les verbes.	I/6A	3	Konjugiert die Verben.
une autre construction	V/C3A	1b	eine andere (Satz)Konstruktion
Continuez.	I/3	Entrée	Macht weiter.
Contrôlez votre prononciation.	I/8	7	Überprüft eure Aussprache.
Copiez le tableau dans votre cahier.	I/3B	6	Übertragt die Tabelle in euer Heft.
Corrigez.	I/6B	2	Verbessert.
d'après le modèle	II/2	4	nach dem Muster
d'après vous	III/5	Texte	eurer Meinung nach
un déclencheur (du subjonctif)	V/D2C	1a	ein Auslöser (für den Subjonctif)
Décris …	I/5	12	Beschreibe …
Décrivez …	I/3A	5	Beschreibt …
Définissez …	IV/M1C	6	Legt … fest./Definiert …
un dépliant	III/2	Album	ein Faltblatt
le discours indirect	V/D3A	3	die indirekte Rede
Discutez en classe.	II/1	6	Diskutiert in der Klasse.
Dites si …	II/1	10	Sagt, ob …

	Lektion	Übung	
Dites le pour et le contre.	III/M1	3	Nennt das Für und Wider.
Donnez votre avis sur …	III/1	8	Gebt eure Meinung ab zu …
Ecoutez et répétez.	I/4	2	Hört zu und sprecht nach.
Ecoutez le texte.	I/4	11	Hört den Text.
Ecoutez les scènes.	II/1	6	Hört die Szenen.
Ecrivez … dans votre cahier.	I/2	12	Schreibt … in euer Heft.
un élément	V/D2A	1	ein Bestandteil
Employez …	IV/1	3a	Verwendet …
entre parenthèses *(f.)*	I/4	12	in Klammern
Epelez …	III/M2	5	Buchstabiert …
Essayez …	III/5	9d	Versucht …
Expliquez …	II/1	Entrée	Erklärt …
un extrait	IV/P1	A vous	ein Auszug, ein Ausschnitt
Faites l'accord du participe passé.	IV/M3	Entrée	Macht die Angleichung beim Partizip Perfekt.
Faites attention aux temps.	II/3	3	Passt auf die Verben auf.
Faites des dialogues.	I/2	9	Erstellt Dialoge.
Faites des phrases qui riment.	I/2	10	Bildet Sätze, die sich reimen.
Faites des phrases.	I/4	1	Bildet Sätze.
Faites l'interprète.	II/7B	4	Spielt den Dolmetscher.
Faites un dessin.	II/7A	5	Macht eine Zeichnung.
Faites un sondage.	II/4	Album	Führt eine Umfrage durch.
Faites un tableau.	II/1	6	Erstellt eine Tabelle.
une fiche de lecture	V/D1D	1	ein Textverlaufsplan
un filet à mots	I/3B	7	ein Vokabelnetz
une fonction	I/9	Entrée	eine Funktion
Formez des groupes.	II/7	Album	Bildet Gruppen.
Formez des impératifs.	I/5	10	Bildet Imperative.
Formulez la règle.	IV/2	Entrée	Formuliert die Regel.
Imaginez …	II/2	Entrée	Stellt euch vor …
Indiquez …	II/4	5	Gebt … an.
Indiquez la fonction de …	V/D1A	3	Gebt die Funktion von … an.
Interprétez …	V/D1	Entrée	Interpretiert …
une interrogation	V/C1C	1	eine Frage
Inventez …	I/1	3	Erfindet …
en italique	IV/M3	7	kursiv gedruckt
Jouez à …	II/4	Album	Spielt …
Jouez la scène en classe.	I/3A	3	Spielt die Szene in der Klasse.
Justifiez votre décision.	IV/1	9	Begründet eure Entscheidung.
un lecteur/une lectrice	III/4	Album	ein Leser/eine Leserin

	Lektion	Übung	
Lisez encore une fois le texte.	II/1	Album	Lest den Text noch einmal.
Lisez le texte à haute voix.	I/3B	6	Lest den Text laut vor.
Lisez les annotations.	II/5	11	Lest die Annotationen.
Lisez les phrases.	I/5	13	Lest die Sätze.
une manière	V/D1A	3	eine Art und Weise
Marquez …	IV/1	3b	Markiert …
un memory	III/2	4b	ein Memory-Spiel
Mettez … à la bonne forme.	I/3A	3	Setzt … in die richtige Form.
Mettez … dans le bon ordre.	II/2	8	Bringt … in die richtige Reihenfolge.
Mettez en relief …	II/7A	4	Hebt … hervor.
les mots suivants	I/9B	4	die folgenden Wörter
Notez …	II/1	Album	Schreibt … auf.
On dit …	I/1	3	Man sagt …
Pensez à …	II/4	8	Denkt an …
Pliez le papier.	IV/M3	5	Faltet das Papier.
plusieurs fois	III/M3	5 a	mehrmals
Posez des questions et répondez.	I/1	1	Stellt Fragen und antwortet.
Prenez des notes.	I/9B	5	Macht Notizen.
Présentez …	II/1	Album	Präsentiert …
Que signifie … en allemand?	III/P1	4	Was bedeutet … auf Deutsch?
Quelle image va avec quelle scène?	III/2	Entrée	Welches Bild passt zu welcher Szene?
Quel style de musique attendez-vous?	IV/5	Station 5/2	Welche Art von Musik erwartet ihr?
Raccourcissez …	V/C2A	3	Verkürzt …
Racontez …	I/3	1	Erzählt …
Réécrivez ce texte.	V/D1A	2b	Schreibt den Text noch einmal.
Refaites les phrases.	IV/4	4	Stellt die Sätze neu zusammen.
Regardez l'illustration.	IV/P1	A vous	Betrachtet die Abbildung.
Regardez les images.	II/1	7	Schaut euch die Bilder an.
Reliez les phrases.	II/3	6	Verbindet die Sätze.
Relisez …	IV/3	1a	Lest noch einmal …
Remplacez … par …	I/4	2	Ersetzt … durch …
Répétez.	I/1	6	Wiederholt./Sprecht nach.
Répondez aux questions.	I/4	1	Beantwortet die Fragen.
Répondez par …	I/5	6	Antwortet mit …
Reprenez …	IV/4	3	Greift … wieder auf.
Résumez …	II/2	1	Fasst … zusammen.
d'après les rubriques	IV/1	9	gemäß den Rubriken

	Lektion	Übung	
un sens	III/5	7b	ein Sinn
une séquence	III/M1	11	eine Sequenz
un site Internet	III/2	Album	eine Internetseite
Soulignez ...	II/2	Entrée	Unterstreicht ...
Structurez ...	II/4	8	Strukturiert ...
Tapez le mot sur un moteur de recherche.	V/D2	Entrée	Tippt das Wort bei einer Suchmaschine ein.
un thème	III/M1	1a	ein Thema
Tirez un papier.	IV/M3	5	Zieht ein Papier.
Tournez la page, s'il vous plaît.	II/9	Entrée	Bitte dreht die Seite um.
Traduisez ...	I/5	5	Übersetzt ...
Transformez les phrases.	II/6	5	Wandelt die Sätze um.
Travaillez à deux.	I/4	6	Arbeitet zu zweit.
Travaillez en groupes.	I/9	Album	Arbeitet in Gruppen.
Trouvez les phrases correctes.	I/4	11	Findet die richtigen / passenden Sätze.
Trouvez des mots qui vont ensemble.	I/2	7	Findet Wörter, die zusammenpassen.
Trouvez des titres ...	I/8	1	Findet Titel ...
Trouvez les mots qui riment.	I/1	6	Findet die Wörter, die sich reimen.
Utilisez ...	I/3B	3	Benutzt ...
Utilisez le maximum de ...	II/1	4	Benutzt so viel wie möglich ...
Vous connaissez déjà ...	I/9	Entrée	Ihr kennt schon ...
Vrai ou faux?	I/2	1	Richtig oder falsch?

Solutions Auto-évaluation

Dossier 1, p. 14, ex. 1

Fille: **Après avoir** fait du théâtre à l'école, j'ai remarqué que j'avais du talent.
Père: **Pour** ne pas rester pauvre toute la vie, tu devrais choisir un autre métier.
Fille: Je peux très bien vivre **sans** gagner beaucoup d'argent.
Père: Les jeunes disent ça **sans** réfléchir.
Fille: De toute façon, je vais prendre des informations **avant de** me décider.
Père: Je te propose une chose: **avant de** devenir actrice, finis d'abord tes études.
Fille: Mais **après** être restée des années à l'université, je serai trop vieille **pour** devenir actrice!
Père: Ecoute, **après** avoir étée actrice pendant un an, tu verras que ce n'est pas facile non plus.
Fille: Moi, je suis sûre que dans un an, maman et toi, vous viendrez au théâtre **pour** me voir.

Dossier 2, p. 24, ex. 1a

J'aimerais que les enfants de la Cité radieuse **puissent** jouer dans les espaces verts et que les habitants **se sentent** bien dans les appartements. Je crois que l'architecture **doit** laisser entrer le soleil. Il faut que les appartements **aient** de grandes fenêtres pour que la lumière **fasse** des jeux avec les murs. Je ne pense pas que ça soit une bonne idée de peindre les murs en marron, mais dans des couleurs chaudes sans qu'elles **énervent** trop les gens.

Dossier 5, p. 51, ex. 1

1. **Laquelle de** ces trois définitions de la francophonie est la plus ancienne?
   → a) géographique
2. **Lequel de** ces hommes a fait beaucoup pour la francophonie?
   → b) L. S. Senghor
3. **Dans lesquelles de** ces trois villes a eu lieu un sommet de la Francophonie?
   → b) Bucarest, c) Dakar
4. **De quoi** les membres de l'OIF discutent?
   → b) des sujets internationaux
5. **Duquel de** ces pays Léopold Sédar Senghor a été le président?
   → c) le Sénégal
6. **Lequel de** ces trois chiffres donne le nombre des «vrais» francophones dans le monde?
   → c) 600 millions

Dossier 5, p. 55, ex. 1

1. **Chère** Madame, **certaines** personnes disent que la France ne s'occupe pas assez de «ses» **anciennes** colonies. Pourquoi? 2. Ma **pauvre** dame! Aujourd'hui, ce sont souvent des pays **pauvres** qui ont des graves problèmes économiques. 3. C'est une **triste** réalité!
4. Même dans les quatre DOM* ou «départements d'outre-mer*», des **anciens** départements français, la situation n'est pas bien meilleure. 5. Les produits qui faisaient la **vraie** richesse* de ces régions, les épices, la banane et la canne à sucre*, ne se vendent plus beaucoup aujourd'hui. 6. Et le tourisme comme **seule** source* d'argent ne suffit pas, non plus.
7. Résultat: D'après les **dernières** statistiques, environ 170 000 des 1,5 millions d'habitants des DOM n'ont pas de travail! 8. On voit partout des gens **pauvres**, sans travail qui ne peuvent même pas s'acheter des produits **chers**.

A la carte 1, p. 63, ex. 2

1. Heureusement hier, mon père a eu tout à coup envie d'avoir un meilleur accès à Internet à la maison et donc, nous **sommes allés** au magasin pour acheter un nouvel ordinateur. 2. Mon père **a sorti** son porte-monnaie pour payer, les vendeurs* **a descendu** l'appareil dans notre voiture et nous **sommes rentrés** à la maison. 3. Quand maman a entendu que nous **étions arrivés**, elle **est** tout de suite **descendue** avec mon petit frère pour regarder. 4. Papa **a rentré** la voiture dans le garage et maman et moi, nous **avons monté** l'ordinateur dans ma chambre. Mais il y avait un problème: qui savait installer un ordinateur? 5. J'ai eu une idée: la fille qui habite au 4e étage a toujours eu un ordinateur dernier cri. Alors, je **suis monté** la chercher, et elle n'a eu aucun problème pour nous aider. En ce moment, je n'arrête pas de surfer, chatter et jouer sur Internet! Surtout avec elle!»

A la carte 2, p. 71, ex. 1

1. Quand les écologistes ont appris que la SNCF allait construire le TGV Est, ils **se sont téléphonés** puis ils **se sont rencontrés** pour discuter du projet. 2. Ils **se sont dit** que la nouvelle ligne du TGV allait couper la région en deux et détruire la nature. 3. Ils **se sont donné** rendez-vous à Pomponne* où ils ont rencontré le maire et les responsables* de la SNCF. 4. Ils **se sont parlés** pendant plus de deux heures et ils **se sont disputés** sur presque tous les points. 5. Les écologistes **se sont promis** de continuer à se battre contre ce projet.

A la carte 3, p. 78, ex. 1

1. – Monsieur Eiffel, **tant** de gens ont visité la tour, alors, pourquoi l'enlever?
2. – **Autant** que vous le sachiez, moi, je veux la garder.
3. – Pourquoi y a-t-il **autant** de haine contre elle?
4. – Je ne sais pas. Nous avons **tant** travaillé. Nous avons utilisé **tant** d'énergie, presque **autant** que pour construire les pyramides.
5. – Oui, mais il y a **tant** de fer dans cette tour et elle est si lourde, qu'un jour elle nous tombera sur la tête!».

A la carte 3, p. 81, ex. 1

1. Comme de Gaulle **est** un très bon élève, il entre à 19 ans à l'école militaire de Saint-Cyr.
2. Bien qu'il **soit** gravement blessé* pendant la 1ère guerre mondiale, il continue à s'engager dans la politique.
3. En juin 1940, il quitte le gouvernement de Vichy* parce qu'il **sait** que la collaboration* avec Hitler est une mauvaise solution.
4. Quand la situation **devient** dangereuse, il quitte la France, avant que les Allemands **puissent** réagir.
5. De Londres, il parle aux Français pour qu'ils **fassent** tout contre l'occupation allemande.
6. Même avec l'aide des Alliés*, il faudra attendre des mois jusqu'à ce que les Allemands **aient quitté** la France.

D1, Pratique D, ex. 2: Stratégie: Compréhension de texte

4 Savoir faire: Je n'ai plus peur et j'ai un ami.

→ Stratégie, page 17.

Analysez le texte suivant. Puis faites une fiche de lecture (Textverlaufsplan). Regardez la page suivante.

L'été, à Marseille, au bord de la mer, tout est différent. Cecil[1] dont la mère est morte deux ans plus tôt dans un accident de plongée, se fait un ami, Tommy. Pourtant, c'est sûr, au collège, ils n'auraient rien eu à se dire.

Cecil est rentré en pédalant[2] doucement[3]. Il a longé la plage. Il est passé devant le café fermé. L'île Verte se découpait[4] sous la lune[5]. Son père l'attendait sur la terrasse devant la maison. Cécil avait réfléchi. S'il vivait avec son père, il passerait les vacances à Clermont[6]. Toutes les vacances. Ce n'était pas possible.

– Quand est-ce que tu reviens de San Francisco?
– Début septembre, dit son père.
– Je serai au collège. Ça va être long jusqu'à Noël.

Cecil se tait[7]. Soudain[8] il sourit et dit:
– Mais on va y arriver. Après, ça va plus vite, février, Pâques et les grandes vacances. Je veux passer toutes les vacances ici, avec toi.

Son père l'a regardé, surpris.
– Je veux que tu m'apprennes à plonger. Je n'ai plus peur, a ajouté Cecil. Et puis j'ai un ami. Il s'appelle Tommy. Tu lui apprendras aussi à plonger.
– D'accord, a dit son père.
– J'ai une faim de loup[9], a crié Cecil en entrant dans la maison.

Le père de Cecil ne pouvait pas rentrer. Pas tout de suite. Des images et des émotions se bousculaient. Il a retrouvé son sourire. Il a le même sourire que sa mère. Je ne le laisserai pas plonger seul. Il va passer toutes ses vacances ici. Enfin il ne me fuit plus. Et il a un ami.
Soudain, depuis[10] le salon, une musique s'est élevée. Un disque[11] de la mère de Cecil. Un disque qu'ils adoraient écouter ensemble, tous les trois.
Le père de Cecil est entré et, doucement, il a refermé la porte de la maison.

Entre les vagues de Claudine Galea
© Editions du Rouergue, 2006, p. 66–67

---

1 Cecil *prénom masculin* – **2 pédaler** radeln – **3 doucement** langsam – **4 se découper** sich abheben – **5 la lune** der Mond – **6 Clermont-Ferrand** *ville française en Auvergne* – **7 se taire** schweigen – **8 soudain** tout à coup – **9 une faim de loup** ein Bärenhunger (**le loup** der Wolf) – **10 depuis** *hier: (räumlich)* von … aus/her – **11 un disque** eine Platte

Modèle de fiche de lecture

→ Stratégie D1, ex. 2, p. 17.
→ Extrait de texte de Claudine Galea, *Entre les vagues*, p. 66–67.

a *Lisez le texte très vite sans essayer de comprendre des détails. Notez vos premières impressions:*

1. Le genre du texte	Le texte est un extrait de roman. (un poème/une publicité/ …)
2. Le sujet du texte	Le titre me fait penser à … Le texte parle de … Le sujet du texte est (l'histoire d'un garçon qui …)

b *Notez des mots-clés pour répondre aux questions suivantes:*

3. Les parties du texte	La première (deuxième/troisième etc.) partie va de la ligne … à la ligne …	
		mots-clés
A L'introduction (lignes 1–3)	1. Où se passe l'histoire? 2. Quels sont les personnages principaux? 3. Qu'est-ce qu'on apprend sur eux?	*à Marseille/* *au bord de la mer* ?
B La partie principale (lignes ?)	1. Que font Cecil et son père au début du texte? 2. Quelle question se pose Cecil? 3. Quel est le problème? 4. Qu'est-ce que Cecil veut faire pendant les vacances? 5. Pourquoi est-ce que le père est plein d'émotions à la fin du texte?	? ? ? ? ?
C Conclusion (lignes ?)	La fin de l'histoire	?

c *Résumez le texte à l'aide de vos notes. Essayez d'utiliser vos propres mots (eure eigenen Worte) et reliez (verbindet) bien vos phrases.*

《 》 **d** *Imaginez la suite de l'histoire.*

D1, texte A, p. 9: *Sous le même signe*

→ Stratégie, page 17.

La fin de l'histoire

Il était une heure du matin quand on a quitté Fougères sous la petite pluie fine qui, dans les terres, n'avait pas cessé de tomber depuis l'orage du matin.

Jeanne nous avait déposés en chemin, et après avoir récupéré la voiture qui était réparée, on s'était tous séparés maladroitement, en échangeant nos numéros de téléphone et la promesse de nous revoir très vite.

Assis à l'arrière alors que mon père conduisait en silence, je goûtais le monde nouveau qui s'ouvrait à moi. J'étais assommé de bonheur. Et pourtant, une douleur nouvelle me nouait l'estomac, celle du manque de Juliette. J'avais du mal à croire que tant de choses s'étaient passées en si peu de temps, et celui que j'étais le matin même me semblait maintenant un parfait étranger.

Tout ça à cause d'un stupide horoscope qui avait poussé mon père à bousculer nos plans!

J'ai sorti *Femmes dans le Vent* de mon sac à dos et l'ai ouvert à sa dernière page:

> «Gémeaux:
> Un brin nostalgique? Où est le mal? C'est parfois dans le passé que l'on trouve sa voie vers le futur. Professionnellement, vous voyez rouge en ce moment. Un grand bol d'air s'impose. Côté cœur, si vous savez faire preuve d'audace, le grand amour pourrait bien être au rendez-vous. Oubliez la routine et prenez le large. La route peut être semée d'embûches, mais le jeu en vaut la chandelle.»

J'étais stupéfait. La voie vers le futur à trouver dans le passé, le grand bol d'air, l'audace qui mène au grand amour, la route semée d'embûches... Tout concordait.

Est-ce que finalement, c'était mon père qui avait raison? Ma foi en la science était-elle une erreur? En ce 12 juin, les étoiles et les planètes avaient-elles décidé de nos destins?

C'est alors que mon regard a glissé vers la date inscrite en haut de la page du magazine.

- Pourquoi tu ris? m'a demandé mon père.
- Pour rien! j'ai répondu en décidant de garder ma découverte pour moi.

Le magazine que papa avait choisi au hasard sur la pile dans la salle d'attente des urgences datait de plus de six mois!

Sous le même signe de Mikaël Ollivier © Editions Thierry Magnier, 2005, p. 87–89

05
Elle m'a dit

→ D1, C, ex. 3, p. 15.

Je crois que je ne t'aime plus
Elle m'a dit ça hier
Ça a claqué dans l'air
Comme un coup de revolver

Je crois que je ne t'aime plus
Elle a jeté ça hier
Entre le fromage et le dessert
Comme mon cadavre à la mer

Je crois que je ne t'aime plus
Ta peau est du papier de verre
Sous mes doigts … sous mes doigts
Je te regarde et je pleure
Juste pour rien … comme ça.

Sans raison je pleure
A gros bouillons je pleure
Comme devant un oignon je pleure, arrêtons là …
Lalala …

Elle m'a dit
Elle m'a dit

Je crois que je ne t'aime plus
Relève-toi, relève-toi
Ne te mouche pas dans ma robe
Pas cette fois, relève-toi.

Tu n'as plus d'odeur
Tes lèvres sont le marbre
De la tombe de notre amour
Elle m'a dit ça son sang était froid

Quand je fais l'amour avec toi
Je pense à lui
Quand je fais l'amour avec lui
Je ne pense plus à toi
Lalala …

Elle m'a dit
Elle m'a dit

Je crois que je ne t'aime plus
Elle m'a dit ça hier
Ça a pété dans l'air
Comme un vieux coup de tonnerre

Je crois que je ne t'aime plus
Je te regarde et je ne vois rien
Tes pas ne laissent plus de traces
A côté des miens

Je ne t'en veux pas
Je ne t'en veux plus
Je n'ai juste plus d'incendie
Au fond du ventre c'est comme ça
Lalala …

Elle m'a dit
Elle m'a dit

Alors j'ai éteint la télé
Mais je n'ai pas trouvé le courage
Par la fenêtre de me jeter
Mourir d'amour n'est plus de mon âge

Elle m'a dit
Elle m'a dit

© Les éditions de Mireille, Vernet les Bains
Paroles et musique: Cali (Bruno Caliciuri)

Banlieue rouge

Renaud, 1975

→ D2, texte C, p. 24.

06

Elle crèche cité Lénine
Une banlieue ordinaire
Deux pièces et la cuisine
Canapé frigidaire
Péfèrerait habiter
Cité Mireille Mathieu
Au moins elle sait qui c'est
Pi c'est vrai qu'ça f'rait mieux
Sur les cartes de visite
Qu'elle utilise jamais
Ça mettrait du ciel bleu
Sur les quittances de gaz
L'en parlera au syndic
Si elle a une occase

Elle habite quelque part
Dans une banlieue rouge
Mais elle vit nulle part
Y a jamais rien qui bouge
Pour elle la banlieue c'est toujours gris
Comme un mur d'usine comme un graffiti

Elle a cinquante-cinq ans
Quatre gosses qu'ont mis les boûts
Plus d'mari pas d'amant
Et pi quoi des bijoux?
Y a bien qu'son poisson rouge
Qui lui cause pas de souci
Encore que y a des nuits
Quand elle l'entend qui bouge
Elle s'lève pour aller l'voir
Des fois qu'y s'rait parti
Après c'est toute une histoire
Pour s'rendormir ouallou!
Elle essai Guy Des Cars
Mais elle comprend pas tout

Elle habite quelque part
Dans une banlieue rouge
Mais elle vit nulle part
Y a jamais rien qui bouge
Pour elle la banlieue c'est toujours la zone
Même si au fond d'ses yeux y a un peu d'sable jaune

Elle travaille tous les jours
Elle a un super boulot
Sur l'parking de Carrefour
Elle ramasse les chariots
Le week-end c'est l'enfer
Quand tous ces parigots
Viennent remplir l'coffre arrière
D'leur 504 Peugeot
De quinze tonnes de lessive
De monceaux de bidoche
En cas d'guerre en cas d'crise
Ou d'victoire de la gauche
Ce spectacle l'écœure
Alors elle pense à ces gars
Qui sont dev'nus voleurs
Elle comprend mieux pourquoi

Elle habite quelque part
Dans une banlieue rouge
Mais elle vit nulle part
Y a jamais rien qui bouge
Y a qu'le bleu des mobs qui l'emmène en vacances
Ses histoires d'amour elle les vit dans Confidence

Elle a bien ses p'tites joie
A défaut du bonheur
Quand elle nourrit ses chats
Quand elle parle à ses fleurs
Chaque semaine au loto
Elle mise dix ou vingt balles
Elle joue son numéro
D'sécurité sociale
C'est pas dur c'est pas cher
Mais ça rapporte que dalle
Pi elle écoute la radio
Surtout Michel Drucker
Parc'qu'elle le trouve très beau
Et pas du tout vulgaire

Elle habite quelque part
Dans une banlieue rouge
Mais elle vit nulle part
Y a jamais rien qui bouge
Entre l'chien en plâtre sur la télévision
Et les castagnettes sur le mur du salon

Chez elle c'est du lino
Mais faut mettre les patins
Dehors c't'assez crado
Faut qu'dedans ça soit bien
Ça pue la pisse de chat
Mais ça on y peut rien
Quand t'aime les animaux
Tu t'arrêtes pas à ça
Elle elle dit qu'en tout cas
Elle aime pas les humains
Pourtant elle a mis l'bon dieu
Juste au-dessus d'son paddok
Elle y croit si tu veux
Mais c'est pas réciproque

Elle habite quelque part
Dans une banlieue rouge
Mais elle vit nulle part
Y a jamais rien qui bouge
Pour elle la banlieue c'est toujours gris
Comme un mur d'école comme un graffiti

Séchan, Renaud © Mino Music SARL,
für D/CH/GUS/osteurop. Länder:
Neue Welt Musikverlag GmbH, Hamburg

→ D5, texte [A],p. 50.

42

Femme noire, femme africaine

Femme nue, femme noire
Vêtue de ta couleur qui est vie, de ta forme qui est beauté!
J'ai grandi à ton ombre; la douceur de tes mains bandait mes yeux.
Et voilà qu'au cœur de l'Été et de Midi, je te découvre, Terre promise,
du haut d'un haut col calciné
Et ta beauté me foudroie en plein cœur, comme l'éclair d'un aigle.
Femme nue, femme obscure
Fruit mûr à la chair ferme, sombres extases du vin noir,
bouche qui fait lyrique ma bouche
Savane aux horizons purs, savane qui frémit aux caresses ferventes
du Vent d'Est
Tamtam sculpté, tamtam tendu qui gronde sous les doigts
du vainqueur
Ta voix grave de contralto est le chant spirituel de l'Aimée.
Femme nue, femme obscure
Huile que ne ride nul souffle, huile calme aux flancs de l'athlète,
aux flancs des princes du Mali
Gazelle aux attaches célestes, les perles sont étoiles sur la nuit
de ta peau
Délices des jeux de l'esprit, les reflets de l'or rouge sur ta peau
qui se moire
A l'ombre de ta chevelure, s'éclaire mon angoisse aux soleils prochains
de tes yeux.
Femme nue, femme noire
Je chante ta beauté qui passe, forme que je fixe dans l'Eternel
Avant que le Destin jaloux ne te réduise en cendres pour nourrir
les racines de la vie.

Chants d'Ombre 1945

Femme noir, femme africaine, dans: *Œuvres Poétique,* Léopold Sédar Senghor
© Editions du Seuil, 1964, 1973,1979, 1984 et 1990

→ Stratégie Dossier 5, ex. 2, p. 57.

Strategie: Präsentieren
Was man beachten sollte:

Konzeption	
• **Erkennbare Struktur:** Auftakt, Erläuterungen (Vokabeln, Fachbegriffe, Personen u. ä.), Entwicklung (Aspekte) eines Themas, Zusammenfassung. Die Zuhörer wollen wissen, an welcher Stelle des Vortrags sie sich gerade befinden. Daher u. a. – nach evt. Eingangsphase – Überblick auf das Kommende („Inhaltsverzeichnis"), Zusammenfassung in Form von Zwischenergebnissen, „Schleifen", in denen auf Fragestellung zurückgegriffen wird; stimmige Aufeinanderfolge von vorbereitendem Text, Videodokument, schriftl. Zusammenfassung und weiterführendem Text • **Einsatz von Medien:** Was ist an welcher Stelle sinnvoll? (Medien sind Hilfsmittel und kein Selbstzweck) • gute Heranführung der Zuhörer ans **Thema** • **inhaltliche Verständlichkeit:** sicheres Beherrschen des Themas, klare Aussagen (was man selbst nicht versteht, weglassen oder recherchieren); umfassende inhaltliche Vorbereitung, so dass voraussehbare Fragen der anderen beantwortet werden können • präzise Aufbereitung des **Vokabulars** • **Kontakt zur Gruppe** einplanen: Thesen und stimulierende Fragen an die Gruppe • **präzise Abstimmung** zwischen den Referenten • **Organisation:** Termin einhalten! Kopien, Folien etc. fertig? Geräte organisieren? • unbedingt erforderlich bei Fortsetzung einer neuen Doppelstunde: **wohldurchdachter Wiedereinstieg in das Thema**, der allen erlaubt, in die Sache wieder hineinzukommen (erfordert erneute Vorbereitung durch die Referenten, ein einfaches Weitermachen reicht nicht!)	**40 %**
Durchführung (einschl. sprachliche Leistung)	
• **eine hohe Sprachrichtigkeit** anstreben (intensive Vorbereitung mit Wörterbuch, Grammatik etc.) • **sehr hohe Sprachrichtigkeit im schriftlichen Material** für die Kursteilnehmer erreichen • **sprachliche Verständlichkeit:** laute, deutliche Aussprache (ggf. lautes Üben zu Hause) • **frei sprechen**, nie ablesen! • **kurze**, eher sprechsprachliche **Sätze** • **sicheres Auftreten** (kann und muss man lernen!) • **spontaner/flexibler Kontakt** zu den Zuhörern (offensiv/provokativ) • **aktive Verwendung des in den Texten eingeführten Fachwortschatzes** • **Einbeziehung der Kursteilnehmer** bei Flexibilität in der Abwandlung vom geplanten Schema, wenn diese anders reagieren als erwartet	**60 %**

→ Stratégie Dossier 5.

Strategie: Arbeiten mit Nachschlagewerken und einer Wiederholungsgrammatik

1. Arbeiten mit Nachschlagewerken:
Neben dem Internet, das euch mithilfe von Suchmaschinen (z. B. www.google.fr) oder dem gezielten Aufrufen von Internetlexika (z. B. www.wikipedia.fr) per Mausklick die gewünschten Informationen liefert, gibt es auch etliche französische Printmedien, die für die Informationssuche geeignet sind: *Le Quid, l'Encyclopédie Hachette, Encyclopaedia Universalis* etc.

Savoir faire.

1. *Informiert euch in der Bücherei eurer Schule, welche französischen Nachschlagewerke oder Lexika in Printform euch dort zur Verfügung stehen.*
2. *Ihr sucht (weitere) Informationen zu Léopold Sedar Senghor. In welchen Lexika findet ihr dazu einen Eintrag? Welcher ist für euch der brauchbarste? Erklärt, warum.*

2. Arbeiten mit einer Wiederholungsgrammatik:
Am Ende der 10. Klasse habt ihr die französische Grundgrammatik erlernt und abgeschlossen. Ihr werdet in Zukunft statt der Grammatischen Beiheften eine Wiederholungsgrammatik, z. B. Klett, „Grammatik des heutigen Französisch", benutzen.

Beim Verfassen einer kurzen Stellungnahme zum Thema „Le travail des organisations internationales est-il important?" ist ein Schüler wiederholt unsicher und möchte die Stellen mithilfe einer Wiederholungsgrammatik abklären. Hier ein Auszug aus seinem Entwurf:

Je trouve très important qu'il y **a/ait/aie** des organisations internationales qui s'engagent. **Qu'est-ce qu**'ils font, m'intéresse **très**. D'abord, il y a beaucoup de pays dans le monde dans **qui** les gens sont pauvres. Les organisations leur permettent **de** vivre mieux **en leur donnant** aussi des médicaments … FAUX!	→ *Indikativ oder Subjonctif?* *Subjonctif von «être» 3. Pers. Sg.?* → *„was?" Hier aber keine Frage!* → *oder heißt es «beaucoup»?* → *oder eine Form von «lequel»?* → *Anschluss richtig?* → *oder «meilleur»?* → *kann ich hier das Gérondif benutzen?*

Savoir faire.

Wo findet Lukas in seiner Wiederholungsgrammatik Informationen zu:

- den *Subjonctif*-Auslösern?
- den *Subjonctif*-Formen der unregelmäßigen Verben (*hier: être*)?
- der Wiedergabe von „was"?
- der Verwendung von *très* und *beaucoup*?
- den Relativpronomen?
- den Infinitivanschlüssen der Verben?
- den Adjektiven und Adverben (sowie ihren Sonderformen)?
- zum Gebrauch des *Gérondif* und des *Participe présent*?

Notiert die entsprechende(n) Seite(n) und die richtige Lösung.

Strategie: Fehlervermeidung und Rechtschreibhilfen

In *Découvertes* SB1/L7, SB2/L2, SB3/L4, SB4/L4 habt ihr bereits erfahren, dass es wichtig ist, seine eigenen Texte gezielt auf Fehler durchzulesen. Dies gilt sowohl für handschriftliche als auch für elektronisch erstellte Texte. Eine korrekte **Rechtschreibung** und **Wortstellung**, ist vor allem für Briefe, Anschreiben, Hausarbeiten, Bewerbungen, etc. wichtig. **Flüchtigkeitsfehler** oder **Grammatikfehler** sind bei SMS, E-Mails, Notizen und privaten Mitteilungen nicht so tragisch. Dennoch sollte man auch diese Texte korrekt verfassen. Hier ein paar Tipps, um die sprachliche Richtigkeit zu verbessern:

1. Handschriftliche Texte:

- Es ist empfehlenswert, ein einsprachiges französisches Wörterbuch zu Hause zu haben. Die meisten französischen Wörterbücher beinhalten außer Angaben zum Genus und zur Pluralbildung zusätzliche Informationen wie z. B. Varianten, Synonyme, Bedeutung und Anwendungsbeispiele, ähnlich wie das „vocabulaire" aus deinem Schülerbuch.
- Es ist ebenfalls empfehlenswert eine Grammatik der französischen Sprache zu haben, in der ihr in Zweifelsfällen nachschlagen könnt. Das grammatische Beiheft zu *Découvertes* erweist sich als ausreichend für *Découvertes 5*.
- Ihr solltet euch daran gewöhnen, bestimmte Sachen prinzipiell zu überprüfen: **Accord und Zeiten beim Verb, Genus und Plural beim Substantiv, etc.**
- Achtet auf eine gut leserliche Schrift.
- Achtet in euren Texten auch auf **Lesefluss**, **Kohärenz** und **Stil**.
  → Für wen ist der Text gedacht? (Freund/in, Lehrer/in, ...)
  → Wird der Leser den Sinn des Textes verstehen?

2. Elektronisch erstellte Texte:

- Bei den meisten Textverarbeitungsprogrammen wie z. B. Word® ist es möglich, die französische Rechtschreibung zu verbessern. Meistens werden die falschgeschriebenen Wörter rot und die Grammatikfehler grün unterstrichen.
- Achtet bei Briefen auf die notwendigen Elemente (Datum, Anschrift, Großschreibung am Satzanfang, nach der Anrede.)

■ **Savoir faire.**

Öffnet ein leeres Word-Dokument. Legt die Sprache fest unter „Extras/Sprache/Sprache festlegen/Französisch". Tippt den Text „Camping à la ferme" von Seite 31 so schnell wie möglich ab. Kontrolliert anhand der rotmarkierten Wörter, was ihr falsch geschieben habt. In Zweifelsfällen, fragt euren Lehrer/eure Lehrerin.

Mon cahier de poèmes

un poème de Flora,
15 ans, mai 2002

Mon cahier de poèmes se remplit
Jours après jours.
Les pages se tournent et se relisent.

Il rassemble ma vie, mon enfance
Et mélange mes soupirs, mes souffrances,
Ma joie, mes plus beaux jours,
Mes émois, mes amours,
Ma tristesse, mes pleurs,
Ma paresse et mes peurs.

Mon cahier de poèmes,
C'est mon stylo qui laisse une trace,
Une empreinte de Moi
Imprégnée des plaintes de mes doigts.

A chaque nouvelle page tournée,
C'est une nouvelle idée qui naît,
Un nouveau texte,
Une nouvelle vie,
De nouvelles pensées qui prennent sources
Dans mon esprit
Et mon âme dicte à ma main
Ces mots qui s'écrivent
Sur ce papier …

Mois après mois,
Ce sont de nouvelles créations qui
apparaissent,
Des souvenirs qui renaissent
Lointains et irréels …
C'est bien ma vie tout ça,
C'est bien moi!

Enfermé dans ce cahier de poèmes,
C'est mon esprit qui grandit
Jour après jour,
Mois après mois,
Année après année …

Je n'arrêterai donc jamais d'écrire?
Non, jamais!

Écrire m'aide à survivre.

© Mômes.net

Pronoms impersonnels

un poème de Pierrot,
15 ans, Montpellier, avril 2002

Je
Suis seul sur cette Terre,
Au beau milieu de l'horreur.
Mais que puis-je donc bien y faire?
Je suis impuissant car mineur.

Tu
Es comme moi mais tu ne l'écris pas,
Tu as peur mais tu ne l'avoues pas.
Même si tu préfèrerais être ailleurs,
A cent lieux de ce monde de malheur.

Il
Est comme nous deux, il subit.
Mais inconsciemment car trop petit,
Pour comprendre le monde dans
lequel il grandit,
Et qui finira par le tuer lui aussi.

Nous
N'avions rien demandé tous les trois.
Cela nous est arrivé dessus comme ça,
Sans que nous y soyons pour quoi que ce soit.
Mais bon, on ne choisit pas.

Vous
Etes comme nous mais majeurs,
Et si vous le décidiez tous en chœur,
Vous pourriez nous bâtir un monde meilleur,
Où nous grandirions en plein bonheur. Mais

Ils
En ont décidés autrement.
Ils ont préférés un monde violent,
Où pour la paix, il faut le sang,
Et le malheur de millions d'enfants.

Mais de quel droit du haut de mes quinze ans,
Me permettais-je de recréer le monde,
Et de m'opposer à tous ces gens,
Qui font la loi à coups de bombes?

Et bien parce que je n'ai rien demandé.
Et que je voudrais pouvoir en paix,
Vivre ma vie gaiement à toutes heures,
Et pouvoir nager dans le bonheur.

© Mômes.net

07

«Art» de Yasmina Reza

Serge a acheté un tableau tout blanc d'Antrios[1] pour 200 000 francs. Ses deux amis Yvan et Marc n'aiment pas le tableau. Finalement, Serge, Yvan et Marc finissent par se disputer sérieusement …

Yvan: Ah oui. J'ai pensé à toi aujourd'hui, au magasin, on a reproduit[2] cinq cents affiches d'un type qui peint des fleurs blanches, complètement blanches, sur un fond blanc.
Serge: L'Antrios n'est pas blanc.
Yvan: Non, bien sûr. Mais c'est pour dire.
Marc: Tu trouves que ce tableau n'est pas blanc, Yvan?
Yvan: Pas tout à fait, non …
Marc: Ah bon. Et tu vois quoi comme couleur? …
Yvan: Je vois des couleurs … Je vois du jaune, du gris, des lignes un peu ocre[3] …
Marc: Et tu es ému par[4] ces couleurs.
Yvan: Oui … je suis ému par ces couleurs.
Marc: Yvan, tu n'as pas de consistance[5]. Tu es un être hybride[6] et flasque[7].
Serge: Pourquoi tu es agressif avec Yvan comme ça?
Marc: Parce que c'est un petit courtisan[8], servile, bluffé par le fric[9], bluffé par ce qu'il croit être la culture, culture que je vomis[10] définitivement d'ailleurs[11].

Un petit silence.

Serge: … Qu'est-ce qui te prend?[12]
Marc: *(à Yvan)* Comment peux-tu, Yvan? … Devant moi. Devant moi, Yvan.
Yvan: Devant toi, quoi? … Devant toi, quoi? … Ces couleurs me touchent[13]. Oui. Ne t'en déplaise[14]. Et cesse de vouloir tout régenter[15].
Marc: Comment peux-tu dire, devant moi, que ces couleurs te touchent? …
Yvan: Parce que c'est la vérité.
Marc: La vérité? Ces couleurs te touchent?
Yvan: Oui. Ces couleurs me touchent.
Marc: Ces couleurs te touchent, Yvan?!
Serge: Ces couleurs le touchent! Il a le droit!
Marc: Non, il n'a pas le droit.
Serge: Comment, il n'a pas le droit?
Marc: Il n'a pas le droit.
Yvan: Je n'ai pas le droit?! …
Marc: Non.
Serge: Pourquoi, il n'a pas le droit? Tu sais que tu n'es pas bien en ce moment, tu devrais consulter[16].
Marc: Il n'a pas le droit de dire que ces couleurs le touchent, parce que c'est faux.
Yvan: Ces couleurs ne me touchent pas?!
Marc: Il n'y a pas de couleurs. Tu ne les vois pas. Et elles ne te touchent pas.
Yvan: Parle pour toi!
Marc: Quel avilissement[17], Yvan! …
Serge: Mais qui es-tu, Marc?! Qui es-tu pour imposer ta loi[18]? Un type qui n'aime rien, qui méprise[19] tout le monde, qui met son point d'honneur[20] à ne pas être un homme de son temps …
Marc: Qu'est-ce que ça veut dire être un homme de son temps?
Yvan: Ciao. Moi, je m'en vais.
Serge: Où tu vas?
Yvan: Je m'en vais. Je ne vois pas pourquoi je dois supporter vos vapeurs[21].
Serge: Reste! Tu ne vas pas commencer à te draper[22] … Si tu t'en vas, tu lui donnes raison. *(Yvan se tient, hésitant, à cheval entre deux décisions.)* Un homme de son temps est un homme qui vit dans son temps.
Marc: Quelle connerie[23]. Comment un homme peut vivre dans un autre temps que le sien? Explique-moi.
Serge: Un homme de son temps, c'est quelqu'un dont on pourra dire dans vingt ans, dans cent ans, qu'il est représentatif de son époque.
Marc: Hun, hun. Et pour quoi faire?
Serge: Comment pour quoi faire?
Marc: A quoi me sert qu'on dise de moi un jour, il a été représentatif de son époque?
Serge: Mais mon vieux, ce n'est pas de toi dont il s'agit, mon pauvre vieux! Toi, on s'en fout![24] Un homme de son temps, comme je te le signale, la plupart de ceux que tu apprécies[25],

---

1 Antrios *Maler* – **2 reproduire** darstellen – **3 ocre** ockerfarben – **4 être ému(e) par qc** von etw. ergriffen sein – **5 la consistance** *hier: le fait d'avoir du caractère* – **6 hybride** zwitterhaft – **7 flasque** weich – **8 un courtisan** *qn qui cherche à plaire aux autres* – **9 bluffé par le fric** *fam* durchs Geld geblendet – **10 vomir** sich übergeben – **11 d'ailleurs** übrigens – **12 Qu'est-ce qui te prend?** Was fällt dir ein? – **13 toucher** berühren, ansprechen – **14 ne t'en déplaise** que cela te plaise ou non – **15 régenter** diriger avec autorité – **16 consulter** *hier:* einen Psychater besuchen – **17 un avilissement** eine Erniedrigung – **18 imposer sa loi** sein Gesetz walten lassen – **19 mépriser** verachten – **20 mettre son point d'honneur à (faire) qc** für jdn. Ehrensache sein (etw. zu tun) – **21 les vapeurs** *hier:* die geistigen Auswüchse – **22 se draper** *hier:* gekränkt sein – **23 une connerie** ein Blödsinn – **24 Toi, on s'en fout!** Du bist uns egal! – **25 apprécier qn/qc** jdn./etw. schätzen est un apport[1] pour l'humanité[2] … Un homme de son temps n'arrête pas l'histoire de la peinture à une vue hypo-flamande[3] de Cavaillon …

Marc: Carcassonne.

Serge: Oui, c'est pareil. Un homme de son temps participe à la dynamique intrinsèque[4] de l'évolution …

Marc: Et ça c'est bien, d'après toi.

Serge: Ce n'est ni bien ni mal – pourquoi veux-tu moraliser? – c'est dans la nature des choses.

Marc: Toi par exemple, tu participes à la dynamique intrinsèque de l'évolution.

Serge: Oui.

Marc: Et Yvan? …

Yvan: Mais non. Un être hybride ne participe à rien.

Serge: Yvan, à sa manière, est un homme de son temps.

Marc: Et tu vois ça à quoi chez lui? Pas à la croûte[5] qu'il a au-dessus de sa cheminée!

Yvan: Ce n'est pas du tout une croûte!

Serge: Si, c'est une croûte.

Yvan: Mais non!

Serge: Peu importe. Yvan est représentatif d'un certain mode de vie, de pensée qui est tout à fait contemporain. Comme toi d'ailleurs. Tu es typiquement, je suis navré[6], un homme de ton temps. Et en réalité, plus tu souhaites ne pas l'être, plus tu l'es.

Marc: Alors tout va bien. Où est le problème?

Serge: Le problème est uniquement pour toi, qui mets ton point d'honneur à vouloir t'exclure[7] du cercle des humains[8]. Et qui ne peux y parvenir[9]. Tu es comme dans les sables mouvants[10], plus tu cherches à t'extraire[11], plus tu t'enfonces[12]. Présente tes excuses à Yvan.

Marc: Yvan est un lâche[13].

Sur ces mots, Yvan prend sa décision: il sort précipitamment.

Un léger temps.

Serge: Bravo.

Silence.

Marc: On ferait mieux de ne pas se voir du tout ce soir … non? … Je ferais mieux de partir aussi …

Serge: Possible …

Marc: Bon …

Serge: C'est toi qui es lâche … Tu t'attaques à un garçon qui est incapable de se défendre[14] … Tu le sais très bien.

Marc: Tu as raison … Tu as raison et ce que tu viens de dire ajoute à mon effondrement[15] … Tu vois, subitement, je ne comprends plus, je ne sais plus ce qui me relie à Yvan … Je ne comprends plus de quoi ma relation est faite avec ce garçon.

Serge: Yvan a toujours été ce qu'il est.

Marc: Non. Il avait une folie[16], il avait une incongruité[17] … Il était fragile mais il était désarmant[18] par sa folie …

Serge: Et moi?

Marc: Toi quoi?

Serge: Tu sais ce qui te relie à moi? …

Marc: … Une question qui pourrait nous entraîner assez loin …

Serge: Allons-y.

Court silence.

Marc: Ça m'ennuie d'avoir fait de la peine à Yvan.

Serge: Ah! Enfin une parole légèrement humaine dans ta bouche … D'autant que la croûte qu'il a au-dessus de sa cheminée, je crains que ce ne soit son père qui l'ait peinte.

Marc: Ah bon? Merde.

Serge: Oui …

Marc: Mais toi aussi tu lui as …

Serge: Oui, oui, mais je m'en suis souvenu en le disant.

Marc: Ah, merde …

Serge: Mmm …

Léger temps …

«Art» in Théâtre de Yasmina Reza © Editions Albin Michel, 1998

1 un apport ein Plus – **2 l'humanité** *(f.)* die Menschheit – **3 hypo-flamand** *Wortschöpfung aus: hypo- (cheval) + flamand (aus Flandern)* – **4 une dynamique intrinsèque** eine immanente Dynamik – **5 une croûte** *hier:* ein alter Schinken *(ugs.)* – **6 je suis navré** es tut mir Leid – **7 s'exclure** sich ausschließen – **8 les humains** die Menschen – **9 parvenir à qc** etw. erreichen – **10 les sables mouvants** der Treibsand – **11 s'extraire** sortir – **12 s'enfoncer** (ver-)sinken – **13 un lâche** ein Feigling – **14 défendre** verteidigen – **15 l'effondrement** *(m.)* der Untergang – **16 une folie** eine Verrücktheit – **17 une incongruité** eine Eigenartigkeit – **18 désarmant** entwaffnend

«Hôtel des deux mondes» d'Eric-Emmanuel Schmitt

La scène se déroule dans une salle de réception d'un hôtel, mais d'un hôtel bien différent des autres. La lumière au-dessus d'un ascenseur indique que quelqu'un est en train d'arriver. Il y a Julien, Laura, le Mage Radjapour, deux autres personnes … et le Docteur S…

Julien a un frisson[1] de peur. Les autres s'éloignent[2], respectueux.
Laura se dirige docilement[3] vers le couloir A.
En passant devant Julien, elle ne peut s'empêcher de lui parler.

Laura: Vous avez bien fait de refuser ce jeu. Sur terre, je serais sans doute tombée folle amoureuse de vous.

Et, sans lui laisser le temps de réagir, elle sort pour rejoindre le Mage.

Le Docteur S…: Julien, vous venez d'entrer en salle d'opération. L'équipe détecte[4] plusieurs hémorragies internes[5].
Julien: Je vais m'en remettre[6]?
Le Docteur S…: Ils font tout pour. *(Un temps.)* Vous passez un moment très difficile.
Julien: Pourquoi me dites-vous cela?
Le Docteur S…: Pour ne pas vous le cacher.

Elle va pour sortir.

Julien: Comment? C'est tout?
Le Docteur S…: C'est assez, non?

Elle sort, laissant Julien seul, englué[7] dans une douloureuse angoisse[8].
Laura apparaît à la porte du couloir et le regarde, devinant ses pensées. Elle lui parle avec simplicité, sans aucune coquetterie.

Laura: N'ayez pas peur.
Julien (agressif): Je voudrais vous y voir!
Laura: Mais vous m'y voyez.
Julien (comprenant): Excusez-moi. *(Avec un sourire contraint.)* Rien de plus commun que de se croire unique[9].
Laura: Si vous étiez obligé[10] de voyager dans une malle[11], préféreriez-vous que la malle soit piquée[12] de clous[13] ou garnie[14] de satin?
Julien: Satin.
Laura: Alors n'ayez pas peur. Puisque de toute façon vous ne savez pas ce qui va vous arriver, préférez le satin aux clous. Soyez confiant.
Julien: Avez-vous une idée de ce qu'il y a au-dessus?
Laura: J'ai de l'espoir.
Julien (découragé): Comment peut-on être aussi optimiste?
Laura: Quand on ne peut pas faire autrement. Je me suis habituée à mettre de l'énergie partout, sans doute parce que je n'en ai pas dans mes muscles. J'aime la vie d'un amour non réciproque[15], mais d'amour fou. J'aime la mort aussi.

Julien n'ose pas s'avouer[16] qu'il est assez troublé[17] par elle.

Julien: Vous devez plaire aux hommes.
Laura: Non, je leur fais peur, aux hommes. On ne peut pas imaginer qu'un garçon sérieux tombe amoureux de moi. Tout le monde sait que je n'en ai pas pour longtemps à vivre. Tout le monde sait que je ne pourrai sans doute pas porter un enfant, ni le mettre au monde. Sur terre, je suis un simulacre[18] de femme, un fantôme. Je n'offre pas d'avenir. Là-bas, ils vivent comme s'ils étaient immortels: ils n'aiment pas, ils investissent.
Julien: Je ne vous crois pas.
Laura: Un jeune homme, une fois, m'a fait la cour. Il me téléphonait, il me rendait visite, il m'envoyait des fleurs, il me disait que j'étais la femme la plus importante de sa vie. J'ai presque failli le croire. Puis une amie m'a révélé[19] son histoire: la sœur jumelle[20] de ce garçon était morte de maladie quelques années avant, il n'arrivait pas à en faire le deuil[21], il voulait réparer. Vous comprenez? A travers[22] moi, c'est à une autre qu'il s'adressait. J'étais transparente. *(Un temps.)* J'ai refusé de le recevoir. *(Un temps.)* Et le pire est que ça le rendait très malheureux.
Julien: Et maintenant?
Laura: Il est marié avec une jeune femme normale, il attend un bébé et nage dans le bonheur[23]. Son amour pour moi faisait simplement partie de son deuil. *(Un temps.)*

---

1 un frisson ein Zittern – **2 s'éloigner** *partir* – **3 docile** discipliné(e) – **4 détecter** découvrir – **5 une hémorragie interne** *(f.)* eine innere Blutung – **6 se remettre guérir** gesund werden – **7 englué(e)** *hier: pris(e)* – **8 une angoisse** une peur – **9 unique** einmalig – **10 obligé(e)** gezwungen – **11 une malle** *une valise* – **12 piqué(e)** *hier:* beschlagen, gefüttert – **13 un clou** ein Nagel – **14 garni(e)** gefüttert – **15 non réciproque** *hier:* nicht erwidert – **16 s'avouer** sich eingestehen – **17 troublé(e)** *hier:* verwirrt – **18 un simulacre** *une illusion, un fantôme* – **19 révéler** *hier:* raconter – **20 jumeau, jumelle** Zwillings- – **21 faire son deuil de qc** sich mit etw. abfinden – **22 à travers** durch – **23 nager dans le bonheur** glückstrunken sein

Je hais la pitié [1]! Je ne veux pas la pitié! Je suis salie par la pitié! *(Un temps.)* Croyez-vous que je sois trop orgueilleuse [2]?

La sonnerie retentit. Le tableau clignote.
Julien et Laura ont un sursaut de surprise.
Le Docteur S… et ses deux assistants accourent [3].
Elle jauge [4] la situation puis se tourne vers Julien.

Le Docteur S…: Julien, c'est votre tour.

Julien est pris de panique. Son sang le quitte.
Une peur animale le fige [5].

Julien: Moi?
Le Docteur S…: Oui. Venez vers l'ascenseur.

Julien ne bouge pas.
Les deux assistants l'encadrent [6] et l'emmènent vers l'ascenseur. Le Docteur S… lui pose la main sur l'épaule pour l'apaiser [7]. Mais Julien ne peut supporter cette sonnerie stridente [8] ni cette absurde attente. Il tremble.

Julien (pour lui): Je vais mourir. Je suis persuadé [9] que je vais mourir.

Il se dégage soudain de l'étreinte [10] du Docteur S… et se tourne vers Laura comme on cherche une issue.

Julien: J'ai peur.
Laura: Il ne faut pas. Moi, je n'ai jamais peur.
Julien: J'ai peur. Laura! Parlez-moi!
Laura: Qu'est-ce que vous voulez que je vous dise?
Julien (fiévreux): Parlez-moi de vous. Vite, de vous! Dépêchez-vous, je n'ai plus qu'une minute. Où habitez-vous?
Laura (répondant avec la même urgence): Une grande maison au bord de la mer, avec des fenêtres aussi larges que l'horizon.
Julien: Il y a une plage?
Laura: Oui, longue, blanche et bleue. J'adore qu'on me promène longuement sur l'allée de la plage.
Julien: Et puis? Qu'aimez-vous faire?
Laura: Rêver. Ecouter de la musique. Et en écoutant la musique, écouter le silence autour.
Julien: Et puis?
Laura: Et puis lire, voracement [11], pour vivre toutes les vies que je ne vivrai pas.
Julien: Et puis?
Laura: Et puis il me semble … que j'aimerais être amoureuse.
Julien (avec angoisse): Oh, moi aussi. *(Soudain, en la regardant, il s'exclame [12] avec feu et franchise [13]:)* Vous êtes belle!
Laura (inquiète): Pourquoi me dites-vous ça?

La sonnerie retentit mais l'ascenseur n'est toujours pas arrivé. Julien profite de ses derniers instants.

Julien: Parce que je le pense depuis que je vous ai vue mais que je ne m'étais pas donné la peine de vous le dire. *(Avec fièvre.)* Lorsque les portes de l'ascenseur vous ont laissée apparaître, je vous ai trouvée étonnante, étrange, magnifique, comme une perle d'huître [14] sauvage. J'ai pensé: Je ne suis pas beau mais quelle importance puisqu'elle [15] est belle pour deux?
Laura: Taisez-vous.
Julien: Puis le Docteur S… vous a appelée Laura, deux syllabes simples comme bonjour, «bonjour, Laura», deux notes qui demandent à la bouche de prendre la forme d'un baiser. J'ai pensé: Je ne suis que Julien mais quelle importance puisqu'elle est musicale pour deux?
Laura: Taisez-vous.
Julien (reprenant de l'assurance [16] sans s'en rendre compte): Ensuite, je vous ai écoutée tenir tête au Docteur S…, on aurait dit une figure de proue [17] qui, souriante, affrontait [18] les embruns [19], l'écume [20] et la tempête. J'ai pensé: Je ne suis pas courageux mais quelle importance puisqu'elle est brave [21] pour deux?
Laura: Taisez-vous.
Julien: Et sitôt que [22] j'ai aperçu toute cette force, j'ai senti sa faiblesse [23] aussi, la faiblesse qui vient de la tension [24] de la force, de cette force qui peut se briser tout d'un coup, alors je me suis dit que vous aviez peut-être besoin d'une main. *(Souriant.)* Dans une autre vie, une vie que je ne raterais pas, j'aurais deux mains à votre service. Voilà ce que je ne vous ai pas dit. Et, à cet instant même, il y a encore des choses que je ne vous dis pas: que je voudrais être avec vous dans la grande maison au bord de la mer, écouter avec

---

1 la pitié das Mitleid – **2 orgueilleux,-euse** *hier:* fier – **3 accourir** *venir en courant* – **4 jauger** einschätzen – **5 figer** lähmen – **6 encadrer** *entourer* – **7 apaiser** *calmer* – **8 strident(e)** schrill – **9 persuadé(e)** convaincu(e) – **10 une étreinte** *hier:* ein Griff – **11 vorace** gierig – **12 s'exclamer** crier – **13 la franchise** *l'honnêteté (f.)* – **14 une huître** eine Auster – **15 puisque** da (ja) – **16 l'assurance** *(f.)* die Selbstsicherheit – **17 une figure de proue** eine Gallionsfigur – **18 affronter qc** einer Sache die Stirn bieten – **19 les embruns** *(m.)* die Gischt – **20 l'écume** *(f.)* die Gischt – **21 brave** courageux,-euse – **22 sitôt que** dès que – **23 une faiblesse** ⟶ faible – **24 une tension** eine Anspannung

vous la musique et le silence, et vous faire lire un peu moins pour vous faire vivre un peu plus.
Laura: Taisez-vous.
Julien: Parce que soudain, là, en face de vous, je me sens pris d'une fièvre, une fièvre fulgurante [1], une fièvre qui me donne de l'air, de l'appétit, de l'enthousiasme, une fièvre à soulever la Terre, à vous rendre vos jambes, à vous broyer [2] entre mes bras, à faire sonner pleines toutes les heures [3], à écarter [4] la mort, à … *(un temps)* … c'est curieux, je n'ai presque plus peur.

La sonnerie s'arrête. Le silence est brutal.
Julien et Laura demeurent stupéfaits, déconcertés.
Le Docteur S… revient calmement vers Julien.

Le Docteur S…: C'était une fausse alerte [5]. Votre heure n'est pas encore venue. Ce sont des choses qui arrivent parfois. Rarement. Un incident [6] a dû se produire pendant votre opération.

Julien et Laura sont encore plus accablés [7].

Le Docteur S…: Je vous laisse.

Julien et Laura restent un instant immobiles, comme épinglés [8] par le destin [9].
Le Docteur S… se retourne au moment de sortir, réfléchit, et finit par dire:

Le Docteur S…: Je suis désolée [10] de ce malentendu [11].

Elle pense avoir dit ce qu'il fallait et sort.
Julien et Laura se regardent, pétrifiés.

Julien (en écho): Désolée …

Il éclate d'un rire nerveux. Il en est comme secoué.
Laura s'en inquiète. Il a l'air fou.

Laura: Julien!
Julien (hystérique): Désolée! Désolée! Un malentendu!

Il se jette avec rage sur les fauteuils et les renverse [12].
Il a besoin d'exprimer la violence qui l'habite.
Il met la pièce à sac [13].
Puis il se laisse tomber par terre, les épaules secouées par des sanglots [14] nerveux.

Julien: Trop tard. Je l'ai dit. C'est trop tard.
Laura (doucement): Quoi donc?
Julien: Que je t'aime!
Laura (paniquée): Non, tu ne l'as pas dit!
Julien: Si! Si!
Laura: Non, tu n'as parlé que des choses concrètes, de détails, tu voulais vivre dans une grande maison au bord de la mer, écouter de la musique, non …
Julien: Si! Ces mots-là, mes lèvres [15] les ont prononcés cent fois toutes seules, comme un exercice qui appartient à la gymnastique du sexe: mais, pour la première fois, là, je les ai sentis passer: ça brûle.
Laura (frissonnante, luttant contre son émotion): Tu n'as rien dit.
Julien: Je l'ai dit. Je te le dis.

Il la regarde intensément. Il se relève, s'approche et l'embrasse doucement. Elle frémit [16] sous ce baiser. Elle l'interrompt pour demander:

Laura: Tu n'as pas pitié, n'est-ce pas?
Julien: Pas une seconde.

Ils s'embrassent encore. Elle s'abandonne contre lui.

Laura (les larmes aux yeux): C'est injuste. Jusqu'ici, je n'avais jamais eu peur, et maintenant j'ai si peur.
Julien: Peur de quoi?
Laura: Peur de te perdre.

Le Mage revient et les surprend enlacés [17].

Le Mage: Oh, désolé …
Julien (joyeusement): Décidément, depuis que tout va bien, tout le monde est désolé.
Le Mage (à Laura): Quelle déception! Moi qui pensais vous avoir fait une cour brillante [18]!

Ils rient tous les trois.
Le Docteur S… apparaît.

Le Docteur S…: Je voudrais parler à Julien.
Laura (inquiète): Ne me le prenez pas.

Le Docteur S… sourit gentiment à Laura.

Laura (impérieuse [19]): Il reste ici. Moi aussi. Plus personne n'a envie de guérir.

Le Mage la prend doucement par le bras.

---

1 fulgurant(e) *hier: violent(e)* – **2 broyer** erdrücken – **3 faire sonner pleines toutes les heures** *hier: profiter de chaque instant* – **4 écarter** éloigner – **5 une alerte** ein Alarm – **6 un incident** ein Zwischenfall – **7 accablé(e)** déprimé(e) – **8 épinglé(e)** *hier: pris(e)* – **9 le destin** das Schicksal – **10 être désolé(e)** regretter – **11 un malentendu** ein Missverständnis – **12 renverser** umwerfen – **13 mettre à sac** *(m.)* plündern – **14 un sanglot** une larme – **15 une lèvre** eine Lippe – **16 frémir** zittern – **17 enlacé(e)** umschlungen – **18 brillant(e)** *hier:* excellent(e) – **19 impérieux,-euse** autoritaire

Le Mage: Bon, je reprends mon emploi: confident[1]. C'est habituellement mon rôle dans les histoires d'amour. *(Ironique.)* Sans doute dû à mon physique[2] avantageux[3].

Ils sortent.
Le Docteur S… s'approche de Julien.

Le Docteur S…: Je sais ce qui s'est passé. Pendant un instant, vous avez failli sortir du coma.
Julien (souriant): Oui. C'est bien ce qui s'est passé. Le brouillard[4] s'est dissipé[5]. *(Soudain.)* Et Laura?
Le Docteur S…: Je ne peux rien dire.
Julien: Qu'en pensent-ils, là-bas?
Le Docteur S…: Il faut qu'on trouve un cœur à lui greffer[6]. C'est la dernière solution.
Julien: Y a-t-il une chance?
Le Docteur S…: «Chance» est le mot. Il faut que quelqu'un meure pour qu'elle vive. Quelqu'un qu'on amène à l'hôpital Saint-Louis. Et cela dans les heures qui viennent.
Julien: Et vous ne savez pas?
Le Docteur S…: Je ne sais jamais qui va mourir maintenant ou demain.
Julien: Mais on vous informe?
Le Docteur S… (avec malice): On?
Julien: Oui, Dieu, le Diable ou le Destin, que sais-je? Il y a bien un Grand Livre où tout est écrit. *(Presque violent.)* Qu'y a-t-il dans vos dossiers?
Le Docteur S… (les gardant contre elle): Des éléments.
Julien: Alors!
Le Docteur S…: Juste quelques éléments. Votre nature. Votre santé. Votre histoire. Mais pas vos choix. *(Soudain plus précise:)* Vous arrivez au monde chargés[7] de données[8], alourdis[9] d'une hérédité[10], d'une famille, d'un milieu, attachés à un village, un pays, une langue, une époque, tout vous distingue[11], tout vous sépare, tout vous différencie, mais une seule chose, une seule, vous rend identiques: vous êtes libres. Libres, comprenez-vous? Libres d'abîmer[12] votre corps, libres de vous ouvrir les veines[13], libres de ne pas guérir[14] d'un chagrin[15] d'amour, libres de vous laisser pourrir[16] dans votre passé, libres de devenir héroïques, libres de prendre de mauvaises décisions, libres de rater votre vie ou de hâter[17] votre mort. Croyez-moi, il n'y a pas de Grand Livre du Destin, seulement quelques indications sur une fiche. Des données. Ce qu'on ne peut pas calculer, c'est votre liberté.
Julien: Qu'est-ce que vous me chantez! Je ne vois pas bien ce que Laura pourrait choisir. Elle est née avec un organisme qui ne fonctionne pas.
Le Docteur S…: Elle pouvait choisir de ne pas le supporter, de jouer les malades, plonger[18] dans la dépression et, très vite, s'enfoncer[19] dans la mort. Elle a choisi d'aimer la vie quand même, d'être joyeuse, légère, amoureuse de tout. Sa naissance l'avait mise dans l'ombre, elle a préféré la lumière. Toute personne qui a croisé[20] Laura se souvient d'elle comme d'un soleil.
Julien: Je l'aime.

Le Docteur S… se dirige vers le couloir V puis se retourne gentiment vers Julien.

Le Docteur S…: Je l'avais compris.
Julien: C'est idiot, n'est-ce pas?
Le Docteur S…: D'aimer? Jamais. *(Un temps.)* Par contre, vous devez, par honnêteté, vous demander si vous aimez réellement Laura … ou bien si vous n'en êtes tombé amoureux que parce que c'était impossible.

Julien demeure foudroyé[21] par cette remarque.

«Hôtel des deux mondes» d'Eric-Emmanuel Schmitt © Editions Albin Michel, 1999, p. 44–51

1. *Expliquez pourquoi ce texte est un pièce de théâtre.*
2. *Selon vous, le Docteur S est un homme ou une femme? Justifiez votre réponse.*
3. *Cherchez un autre titre pour ce texte.*
4. *Pourquoi Julien a-t-il peur?*
5. *Quel est le rôle du Mage Radjapour dans cette histoire?*

---

1 un(e) confident(e) Vertraute(r) – **2 le physique** das Äußere – **3 avantageux,-euse** ⟶ un avantage – **4 le brouillard** der Nebel – **5 se dissiper** disparaître – **6 greffer qc à qn** jdm. etw. transplantieren – **7 charger** beladen – **8 les données** *(f.)* die Angaben, Daten – **9 alourdir** ⟶ lourd – **10 une hérédité** eine Vererbung – **11 distinguer** unterscheiden – **12 abîmer** beschädigen – **13 s'ouvrir les veines** *(f.)* sich die Pulsadern aufschneiden – **14 guérir** ⟷ tomber malade – **15 le chagrin** der Kummer – **16 se laisser pourrir** *hier:* verkommen, sich gehen lassen – **17 hâter** accélérer – **18 plonger** *hier: tomber* – **19 s'enfoncer** versinken – **20 croiser** *hier: rencontrer* – **21 foudroyé(e)** erschlagen

L`histoire de deux voisins

466–511
Clovis 1er, Chlodwig I.
Roi des Francs.
Pour les Français,
le premier roi de France.

768–814
Charlemagne
Karl der Große
Français, Allemand,
les deux à la fois?
Empereur en 800.

843
Traité de Verdun
Vertrag von Verdun
Charlemagne partage
son empire entre ses
trois petits-fils.

1075
Henri IV, Heinrich IV.
L'Empereur allemand se
soumet au pape Grégoire
VII (Gregor VII.) à Canossa
en janvier 1075

1122–1190
Frédéric Barberousse
Friedrich 1. Barbarossa
Empereur du Saint
Empire romain
germanique en 1155.

1337–1453
Guerre de cent ans entre la France et l'Angleterre.
Jeanne d'Arc (est brûlée
à Rouen le 30 mai 1431)

1400–1468
Johannes Gutenberg
A Mayence (Mainz),
il imprime la bible
entre 1452 et 1454

1483–1546
Martin Luther
Le 31 octobre 1517,
il affiche ses 95 thèses
sur la porte de l'église
de Wittenberg.

1524–1526
La révolte des Rustauds
Deutscher Bauernkrieg
Les paysans se révoltent
contre leurs seigneurs

24 août 1572
La Nuit de la Saint-Barthélémy, (Batholomäusnacht) Des milliers de
protestants sont massacrés à Paris

1553 –1610
Henri IV, Heinrich IV.
Roi de France. Il signe
l'Edit de Nantes le 30 avril
1598. Chacun peut choisir
sa religion.

1638 –1715
Louis XIV, Ludwig XIV.
Le Roi-soleil est
un monarque absolu. On
ne sait pas s'il a vraiment
dit «L'Etat, c'est moi»

1618–1648
La Guerre de 30 ans
Dreißigjähriger Krieg
Guerre européenne qui se termine en 1648 avec les traités de Westphalie

1712–1786
Frédéric II
Friedrich II. von Preußen
Roi de Prusse en 1740, ami de Voltaire, musicien et philosophe

Le XVIIIe siècle
Le siècle des Lumières
Die Aufklärung Les philosophes publient leurs idées dans l'Encyclopédie entre 1751 et 1772

14 juillet 1789 **La Révolution française** Le peuple français se révolte contre la monarchie. Le roi Louis XVI est guillotiné le 21 janvier 1793

1769–1821
Napoléon Bonaparte
Général à 26 ans, Empereur en 1804, il transforme la carte de l'Europe et meurt en prison sur l'île de Sainte-Hélène

1815–1898
Otto von Bismarck
Il unifie l'Allemagne et devient le premier chancelier de l'Empire allemand en 1871

1870–1871
La guerre franco-allemande Napoléon III est fait prisonnier.
La France battue perd l'Alsace-Lorraine.

1914–1918
La Première Guerre mondiale Le bilan de cette guerre: huit millions de morts et 6 millions d'invalides. L'Allemagne perd ses colonies.

1889–1945
Adolf Hitler
Il devient chancelier du Reich en 1933. C'est le début de la dictature du Troisième Reich.

1939–1945
La Seconde Guerre mondiale
56 millions de morts dans le monde entier.
L'Allemagne est en ruines.

22 janvier 1963
Le Traité de l'Elysée
Charles de Gaulle et Konrad Adenauer signent le traité d'amitié franco-allemand

Les présidents de la Ve République Charles de Gaulle 1959–1969, Georges Pompidou 1969–1974, Valéry Giscard d'Estaing, 1974–1981, François Mitterrand 1981–1995, Jacques Chirac 1995–2007, Nicolas Sarkozy 2007 …

03 → A la carte 2, texte C, p. 72.

Carte linguistique de la France

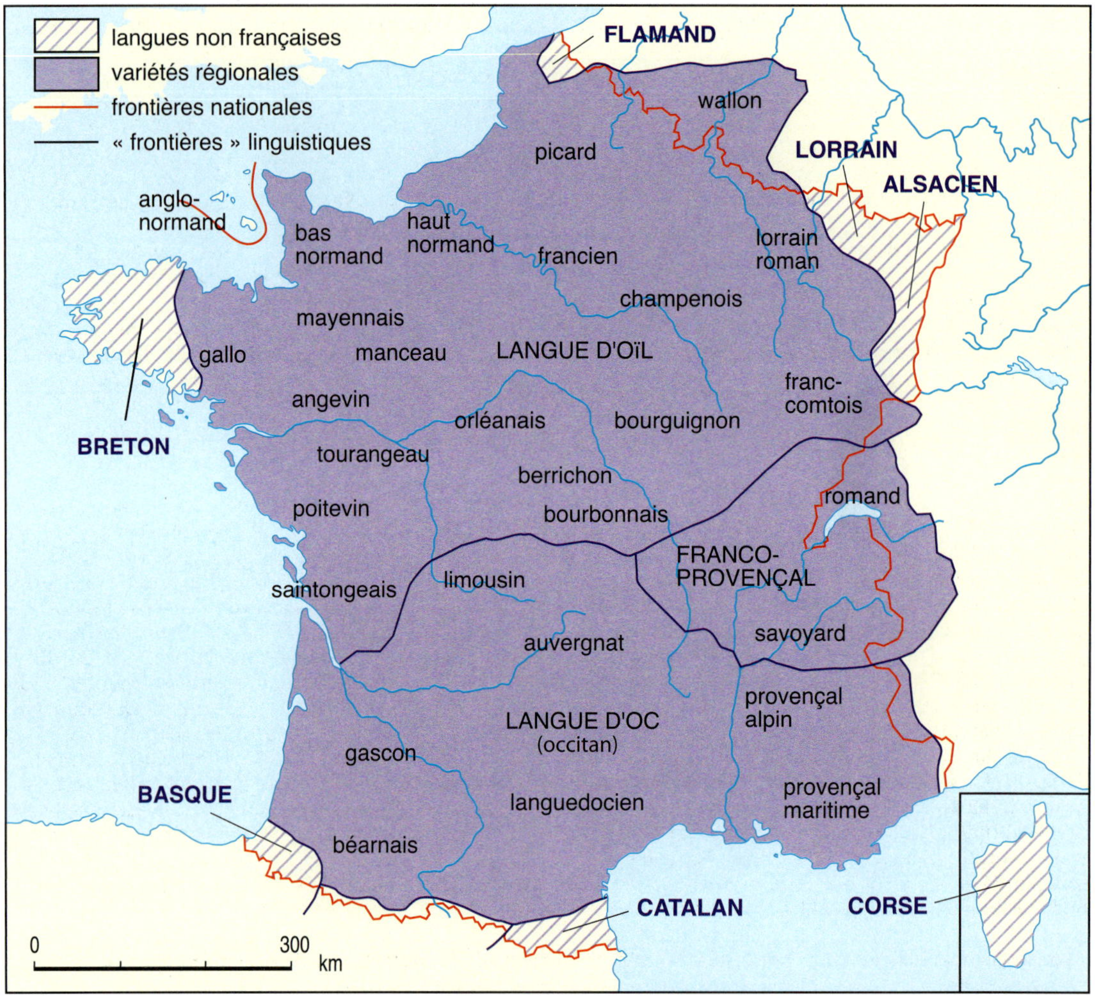

Langues non françaises parlées en France et variétés régionales du français; d'aprés Henriette Walter
© *Le Français dans tous les sens*; Laffont; Paris 1988

Bildquellen

AKG, Berlin: 38.1, 75.1, 79.7, 213.10; Alamy Images RM, Abingdon, Oxon: 18.5 (eddie linssen), 48.2, 48.3 (travelib), 115.1 (travelib), 66.2 (Anger O.), 134.3 (RF/Design Pics); ARTE, Strasbourg: 40.2; Avenue Images GmbH, Hamburg: 82.2 (RF BananaStock); Bayard Presse, Paris: 8.1–5, 11.1 (Lucie Durbiano), 12.1 (Lucie Durbiano), 91.1 (Lucie Durbiano), 59.2 (Catherine Meurisse), 62.1 (Guillaume Dumont); Behrendt, Fritz, CV Amstelveen: 80.2; BigStock-Photo.com, Davis, CA: 13.1 (RF/dashek); BPK, Berlin: 74.3 (RMN); Clé International, Paris: 51.1; CCC www.c5.net, Pfaffenhofen: 109.4Compin, Evreux: 71.1; Corbis, Düsseldorf: 18.1 + 96.1 (Michel Setboun), 18.4 (Carlos Cazalis), 28.3 (Franken), 28.4 (John Van Hasselt/SYGMA), 34.1 (Stephane Cardinale/People Avenue), 59.1 (Eric Fougere/ VIP Images), 64.1 (Franck Seguin/TempSport), 74.7 (Sygma/H. Bureau), 74.8 (Gianni Dagli Orti), 74.9 (Art Archive Dagli Orti), 76.1 (Gallery Coll.), 76.2 (Gallery Coll.), 77.1 (Swim Ink 2), 77.2 (Yann Arthus-Bertrand), 81.1 (Bettmann), 120.4 (Kipa/Baril), 212.8 (Gallery Coll.), 212.11 (Stabpleton coll.), 212.12 (Bettmann), 213.2 (The Art Archive/Dagli Orti); Deutsche Bahn AG, Frankfurt/Main: 70.1 (Kranert), 125.2 (Weber); DFJW-OFAJ, Paris: 38.3–4, 41.1–2, 43.1, 109.2; Dpa: 46.1, 46.3 (Andreas Altwein), 213.11; Dreamstime, Brentwood, TN: 63.1 (RF/Jean-louis Vosgien); Editions Denoël, Paris: 37.2; Editions Gallimard, Paris: 78.1 (Nicole Claveloux), 79.1 (Tony Ross); Fleurus Presse, Paris: 65.1; Fotolia LLC, New York: 9.1 (RF/Godé), 64.3 (RF/Gert Vrey), 66.1 (RF/Imag in Pyrénées), 66.3 (RF/Marc Rigaud), 66.8 (RF/Jordan Lewy), 71.4 (RF/Christophe Bonnet), 96.4 (Fabrice Albrecht); Fotosearch RF, Waukesha, WI: 83.1, 134.1 (Stockbyte RF), 88.1 (Blend Images); Getty Images, München: 16.1 (Lipnitzki), 17.1 (taxi/ Zimmermann), 18.3 (François Guillot), 54.1 (AFP/Guyot), 89.1 (Botterill), 120.1, 120.3, 213.3 (Bridgeman); Google Inc., Mountain View, CA 94043: 23.2; Havas Education & Reference, Paris: 81.2; © Dictionnaires Le Robert – EJER, 2126, 25, avenue Pierre-de-Courbertin): 81.3; Imago Stock & People, Berlin: 66.7 (imagebroker/Hohenacker), 66.9 (upi), 67.1 (McPhoto/ Metzger); Pierre Mornet © SYROS/HER Paris France: 13.2; Cité-jardin de Stains © M. Couronné/Conseil général de la Seine-Saint-Denis): 23.1; La cité République © Inventaire général, Département de la Seine-Saint-Denis/S. Asseline): 23.3; © Camping à la ferme, Daniel Tonacella: 28.1, 31.2–3, 32.1–3, 33.3–6, 35.2–3; Sammlung Ursula E. Koch, München): 38.5; (Brox/Reverse Angel): 41.3; © Editions Pocket jeunesse, Illustration: Kéna: 53.1; 20 minutes N° 1119: 61.1; Jean Effel: 80.1; epa: 48.1; Gamma: 67.3, 82.3, 213.12; iStockphoto, Calgary, Alberta: 21.2 (RF/Rosemarie Gearhart), 21.3 (RF/Grotzinger), 29.2 (RF/Kevin Russ), 85.1 (RF/Russell Du parcq), 96.3 (RF/Ericsphotography),115.3 (RF/Roberta Bianchi), 125.1 (RF/Suzann Julien); © Jérôme Bonnet/Conception graphique: rampazzo.com: 22.1; JupiterImages, Tucson, AZ:28.2 (RF/ Photos.com): 29.3, 79.3, 79.5, 129.1, 212.2, 212.7, 213.4–6; Klett-Archiv, Stuttgart (Naudin):10.1–6, 28.7 (Wittmann), 39.1 (Prudent), 40.3, 42.1 (Naudin), 74.2, 74.6 (Bruckmayer), 82.7 (Emmerich); © Ernst Klett Schulbuchverlag Leipzig: 212.3, 202.1 (Joachim Krüger); Laif, Köln: 19.1, 20.1, 82.2, 120.2 (REA/Ian Hanning), 24.1 (Zedar Nacerdine), 24.2 (Hirsch), 28.5 (Boisvieux/Hoa-Qui), 96.4 (Etienne Maiglaive), 125.4 (Hemispheres), 109.3 (Gamma/Eye de a Press); © Le Figaro Magazine: 66.6; Museum für Kunst und Gewerbe, Hamburg: 16.2 (VG Bild-Kunst, Bonn 2126); OIF, Paris: 49.1–3; Pan-Europeenne Production, Paris: 31.1, 33.2, 34.2 (Natalie Mazeas), 102.1–2 (Nathalie Mazeas); Picture-Alliance, Frankfurt: 7.1, 38.2, 109.1 (Martin Rickett), 115.2 (R. Schmid), 129.3 (David Dalton), 125.3 (epa Karim Chergui); 48.4 (Abaca Mic), 68.2 (Frank Mächler); Play Back Presse: 58.1 (Yacine); Presse- u. Inf. amt der Bundesregierung, Berlin: 46.2; © RTL, Köln: 60.17; shutterstock, New York: 21.1, 29.1, 64.2, 64.4, 82.1, 82.4–6, 82.8, 115.4, 129.2, 134.2 (RF/Jamie Duplass); Sipa Press, Paris: 28.6 (Fayolle), 35.1 (Andersen), 37.1 (Bebert Bruno), 102.3 (Nana productions); TF1: 50.1; Niviere/Dppi: 87.1; Sony BMG Music Entertainment (Germany München: 26.1; Tastet, Philippe, Anglet: 68.1; Ullstein bild, Berlin: 18.2 (Hechtenberg/Caro); Roger Viollet: 74.4; Imagno: 74.5, 74.10, 213.7–9; Vernazobres, Eric, Boulogne Billancourt: 15.1, 187.1; Wikimedia Foundation Inc., St. Petersburg FL: 79.2, 79.4, 79.6, 212.1, 212.4–6, 212.9–10

Bedauerlicherweise konnten wir trotz aller Bemühungen nicht alle Nutzungsberechtigten ausfindig machen.

AFRIQUE
PROJECTION DE MERCATOR
0 km 500 1000 1500 km
échelle à l'Équateur
GEOATLAS® - © 2002 Graphi-Ogre
LES COMORES pays où le français est langue officielle
L'ALGÉRIE pays où le français est langue d'enseignement
LE GHANA autres états africains membres de l'OIF
PROMS
1 JERUSALEM est la capitale d'Israël selon le parlement israélien (la KNESSET). Le statut de cette ville étant très contesté, les ambassades se situent à TEL-AVIV-JAFFA
2 E.A.U. Emirats Arabes Unis
3 Sahara-Occidental, territoire administré par le Maroc
Les Îles Britanniques
LA MER DU NORD
LE DANEMARK
LA SUÈDE
LA MER BALTIQUE
LA LETTONIE
LA LITUANIE
LA FÉD. DE RUSSIE
MOSCOU
LA FÉDÉRATION DE RUSSIE
La Grande-Bretagne
L'IRLANDE
LE ROYAUME-UNI
LE PAYS DE GALLES
LES PAYS-BAS
BERLIN
LA POLOGNE
LE BELARUS
LA MER CELTIQUE
LONDRES
BELGIQUE
L'ALLEMAGNE
La Manche
LE LUX.
LA RÉP. TCHÈQUE
LA SLOVAQUIE
L'UKRAINE
LE KAZAKHSTAN
PARIS
LA FRANCE
L'AUTRICHE
LA MOLDAVIE
LA SUISSE
LA HONGRIE
LA SLOVÉNIE
LA CROATIE
LA ROUMANIE
Le Golfe de Gascogne
Bordeaux
LA BOSNIE-H.
LA SERBIE
LE MONTÉNÉGRO
Marseille
L'ITALIE
LA MER NOIRE
LA GÉORGIE
LA MER CASPIENNE
L'OUZBÉKISTAN
LE TURKMÉNISTAN
LA BULGARIE
ROME
LA MACÉDOINE
L'ALBANIE
Naples
Istanbul
ANKARA
LA TURQUIE
L'ARMÉNIE
L'AZERBAÏDJAN
Porto
MADRID
Barcelone
LE PORTUGAL
LISBONNE
L'ESPAGNE
Les Îles Baléares
La Sardaigne
Les Açores
ATHÈNES
LA GRÈCE
Izmir
ACHGABAT
Séville
ALGER
TUNIS
LA MER MÉDITERRANÉE
La Sicile
KURDISTAN
Mached
GIBRALTAR R.U.
CEUTA ESP.
MELILLA ESP.
Oran
Constantine
LA TUNISIE
MALTE
NICOSIE
LA SYRIE
L'IRAQ
TÉHÉRAN
RABAT
Fès
Casablanca
La Crète
Chypre
BEYROUTH
DAMAS
BAGDAD
Ispahan
L'AFGHANISTAN
Madère PORTUGAL
LE MAROC
Marrakech
TRIPOLI
Benghazi
LE LIBAN
JÉRUSALEM
AMMAN
ISRAËL
LA JORDANIE
L'IRAN
Les Îles Canaries ESPAGNE
Alexandrie
LE CAIRE
LE KOWEÏT
L'ALGÉRIE
LA LIBYE
L'ÉGYPTE
Le Nil
BAHREÏN
LE QATAR
DOHA
MANAMA
ABOU DABI
E.A.U.
MASCATE
LE SAHARA OCCIDENTAL
Louxor
Assouan
Médine
RIYAD
L'ARABIE SAOUDITE
La Mecque
Djeddah
LA MER ROUGE
L'OMAN
LA MAURITANIE
LE MALI
LE NIGER
LE SOUDAN
Port-Soudan
LE CAP-VERT
NOUAKCHOTT
PRAIA
Tombouctou
Agadez
Omdourman
KHARTOUM
Kassala
L'ÉRYTHRÉE
ASMARA
SANAA
LE YÉMEN
LA MER D'ARABIE
LE SÉNÉGAL
DAKAR
LA GAMBIE
BISSAU
LA GUINÉE-BISSAU
BAMAKO
NIAMEY
LE BURKINA FASO
OUAGADOUGOU
LE TCHAD
Abéché
El Obeid
DJIBOUTI
Le Golfe d'Aden
Socotra YÉMEN
LA GUINÉE
CONAKRY
FREETOWN
LA SIERRA LEONE
MONROVIA
LE LIBERIA
LA CÔTE D'IVOIRE
YAMOUSSOUKRO
ABIDJAN
LE GHANA
LE TOGO
LE BÉNIN
LOMÉ
PORTO-NOVO
ACCRA
LE NIGERIA
ABUJA
Lagos
Kano
N'DJAMENA
Le Lac Tchad
LA RÉPUBLIQUE CENTRAFRICAINE
BANGUI
ADDIS-ABEBA
L'ÉTHIOPIE
LA SOMALIE
MOGADISCIO
Port Harcourt
La Baie du Bénin
Douala
YAOUNDÉ
LE CAMEROUN
MALABO
SÃO TOMÉ ET PRINCIPE
SÃO TOMÉ
LA GUINÉE ÉQUATORIALE
LIBREVILLE
LE GABON
LE CONGO
Le Congo
Kisangani
L'OUGANDA
KAMPALA
LE KENYA
NAIROBI
Mombasa
São Paulo BRÉSIL
ÉQUATEUR
Le Golfe de Guinée
LA RÉPUBLIQUE DÉMOCRATIQUE DU CONGO
LE RWANDA
KIGALI
BUJUMBURA
LE BURUNDI
Le Lac Victoria
Mwanza
Mahé
VICTORIA
Les Îles Amirantes
BRAZZAVILLE
KINSHASA
Pointe-Noire
DODOMA
Le Lac Tanganyika
Zanzibar
Pemba
Dar Es Salaam
LA TANZANIE
LES SEYCHELLES
L'Ascension R.U.
LUANDA
Kananga
Lubumbashi
L'ANGOLA
Huambo
LA ZAMBIE
LUSAKA
LILONGWE
LE MALAWI
Le Lac Malawi
MORONI
LES COMORES
Mayotte FRANCE
Les Îles Agaléga
L'Île Ste-Hélène R.U.
HARARE
LE ZIMBABWE
Bulawayo
LE MOZAMBIQUE
Le Canal du Mozambique
L'Île Tromelin FRANCE
L'Île Sainte-Marie
ANTANANARIVO
MADAGASCAR
PORT-LOUIS
L'Île Rodrigues
L'Île Maurice
La Réunion FRANCE
Les Îles Martin Vaz BRÉSIL
L'OCÉAN ATLANTIQUE SUD
TROPIQUE DU CAPRICORNE
LA NAMIBIE
WINDHOEK
LE BOTSWANA
GABORONE
PRETORIA
Johannesburg
MAPUTO
MBABANE
LE SWAZILAND
Bassas da India FRANCE
L'Île Europa
L'AFRIQUE DU SUD
Bloemfontein
MASERU
LE LESOTHO
Durban
Le Cap
Cap de Bonne-Espérance
Tristan da Cunha R.U.
Gough R.U.

Départements et régions

l'Île-de-France

L'Allemagne et ses ‚Länder'

Les départements

01 l'Ain
02 l'Aisne
03 l'Allier
04 les Alpes-de-Haute-Provence
05 les Hautes-Alpes
06 les Alpes-Maritimes
07 l'Ardèche
08 les Ardennes
09 l'Ariège
10 l'Aube
11 l'Aude
12 l'Aveyron
13 les Bouches-du-Rhône
14 le Calvados
15 le Cantal
16 la Charente
17 la Charente-Maritime
18 le Cher
19 la Corrèze
2 A la Corse-du-Sud
2 B la Haute-Corse
21 la Côte-d'Or
22 les Côtes-d'Armor
23 la Creuse
24 la Dordogne
25 le Doubs
26 la Drôme
27 l'Eure
28 l'Eure-et-Loir
29 le Finistère
30 le Gard
31 la Haute-Garonne
32 le Gers
33 la Gironde
34 l'Hérault
35 l'Ille-et-Vilaine
36 l'Indre
37 l'Indre-et-Loire
38 l'Isère
39 le Jura
40 les Landes
41 le Loir-et-Cher
42 la Loire
43 la Haute-Loire
44 la Loire-Atlantique
45 le Loiret
46 le Lot
47 le Lot-et-Garonne
48 la Lozère
49 le Maine-et-Loire
50 la Manche
51 la Marne
52 la Haute-Marne
53 la Mayenne
54 la Meurthe-et-Moselle
55 la Meuse
56 le Morbihan
57 la Moselle
58 la Nièvre
59 le Nord
60 l'Oise
61 l'Orne
62 le Pas-de-Calais
63 le Puy-de-Dôme
64 les Pyrénées-Atlantiques
65 les Hautes-Pyrénées
66 les Pyrénées-Orientales
67 le Bas-Rhin
68 le Haut-Rhin
69 le Rhône
70 la Haute-Saône
71 la Saône-et-Loire
72 la Sarthe
73 la Savoie
74 la Haute-Savoie
75 Paris
76 la Seine-Maritime
77 la Seine-et-Marne
78 les Yvelines
79 les Deux-Sèvres
80 la Somme
81 le Tarn
82 le Tarn-et-Garonne
83 le Var
84 le Vaucluse
85 la Vendée
86 la Vienne
87 la Haute-Vienne
88 les Vosges
89 l'Yonne
90 le Territoire-de-Belfort
91 l'Essonne
92 les Hauts-de-Seine
93 la Seine-Saint-Denis
94 le Val-de-Marne
95 le Val-d'Oise

OCEAN GLACIAL ARCTIQUE
MER DE LINCOLN
Iles de la Reine-Elisabeth
Iles Sverdrup
Ile d'Ellesmere
Détroit de Nares
Iles Parry
Ile Melville
Ile Devon
Passages du Nord-Ouest
GROENLAND
(Kalaallit Nunaat)
DANEMARK
MER DU GROENLAND
MER DES TCHOUKTCHES
MER DE BEAUFORT
Ile Banks
Ile Victoria
Baie de Baffin
Ile de Baffin
Détroit de Davis
Détroit du Danemark
Jan Mayen
NORVEGE
CERCLE POLAIRE ARCTIQUE
ISLANDE
REYKJAVIK
Ile Wrangel
ALASKA
ETATS-UNIS D'AMERIQUE
(U.S.A)
Détroit de Béring
Ile St-Laurent
Anchorage
Bassin de Foxe
CANADA
Baie d'Hudson
Iles Féroé
DANEMARK
Iles Shetland
Ile Nunivak
MER DE BERING
Golfe d'Alaska
Ile Kodiak
Iles Aléoutiennes
Iles de la Reine-Charlotte
MER DU LABRADOR
Iles Britanniques
ROYAUME-UNI
IRLANDE
DUBLIN
LONDRES
Edmonton
Calgary
Regina
Winnipeg
Ile de Vancouver
Vancouver
Seattle
Portland
Ile de Terre-Neuve
St-Pierre-et-Miquelon
FRANCE
FRANCE
PARIS
Québec
Montréal
OTTAWA
Toronto
Minneapolis
Chicago
Detroit
Cleveland
Boston
New York
Philadelphia
Baltimore
WASHINGTON
Pittsburgh
Nova Scotia
Golfe de Gascogne
OCEAN PACIFIQUE NORD
OCEAN ATLANTIQUE NORD
Salt Lake City
Denver
Kansas City
Indianapolis
St-Louis
Sacramento
San Francisco
Los Angeles
San Diego
ETATS-UNIS D'AMERIQUE
Memphis
Atlanta
Dallas
Houston
Austin
San Antonio
La Nlle-Orléans
Ciudad Juárez
Mexicali
Açores
PORTUGAL
PORTUGAL
LISBONNE
MADRID
ESPAGNE
Porto
Barcelone
Iles Baléares
ALGER
Détroit de Gibraltar
RABAT
Casablanca
Marrakech
Fès
MAROC
ALGERIE
Madère
PORTUGAL
Bermudes
R.U.
Iles Canaries
ESPAGNE
SAHARA OCCIDENTAL
Ile de Guadalupe
MEXIQUE
Golfe du Mexique
Miami
BAHAMAS
TROPIQUE DU CANCER
Culiacán
Monterrey
MEXIQUE
Tampico
Guadalajara
MEXICO
Acapulco
Mérida
Cancún
LA HAVANE
CUBA
Grandes Antilles
Porto Rico
HAITI
REP. DOM.
JAMAIQUE
Iles Hawaii
U.S.A
Iles de Revillagigedo
MEXIQUE
BELIZE
GUATEMALA
HONDURAS
SALVADOR
NICARAGUA
COSTA RICA
PANAMA
MER DES ANTILLES
Petites Antilles
MAURITANIE
MALI
NOUAKCHOTT
CAP-VERT
DAKAR
SENEGAL
GAMBIE
GUINEE-BISSAO
GUINEE
CONAKRY
SIERRA LEONE
LIBERIA
BAMAKO
BURKINA FASO
COTE D'IVOIRE
GHANA
ABIDJAN
Clipperton
FRANCE
CARACAS
VENEZUELA
Maracaibo
Carthagène
Medellín
BOGOTA
Cali
COLOMBIE
GUYANA
GEORGETOWN
PARAMARIBO
SURINAME
GUYANE FRANCAISE
Boa Vista
Ile de Malpelo
COLOMBIE
Ile Coco
COSTA RICA
Kiritimati
EQUATEUR
QUITO
EQUATEUR
Guayaquil
Iles Galapagos
EQUATEUR
Iquitos
Manaus
Belém
Amazone
São Luís
Fortaleza
Natal
Teresina
João Pessoa
Recife
Maceió
Aracaju
Salvador
Fernando de Noronha
BRESIL
São Paulo
BRESIL
KIRIBATI
TUVALU
SAMOA
TONGA
FIJI
NUKUALOFA
NLLE-ZELANDE
Iles Cook
Iles Marquises
Polynésie Française
Arch. de la Société
Iles Australes
FRANCE
Pitcairn
R.U.
PEROU
Trujillo
LIMA
Cusco
Porto Velho
BRESIL
Cuiabá
Goiânia
BRASILIA
Belo Horizonte
Vitória
Rio de Janeiro
LA PAZ
BOLIVIE
SUCRE
Arequipa
Arica
Iquique
Antofagasta
Salar d'Uyuni
Lac Titicaca
PARAGUAY
ASUNCION
Salta
São Paulo
Curitiba
Florianópolis
Porto Alegre
TROPIQUE DU CAPRICORNE
Ascension
R.U.
Sainte-Hélène
R.U.
Martin Vaz
BRESIL
OCEAN ATLANTIQUE SUD
Golfe de Guinée
SAO TOME-ET-PRINCIPE
LIGNE INTERNATIONALE DE CHANGEMENT DE DATE
Ile de Pâques
CHILI
Ilot Sala y Gómez
CHILI
CHILI
Córdoba
Santa Fé
Rosario
Valparaiso
SANTIAGO
Mendoza
URUGUAY
MONTEVIDEO
BUENOS AIRES
La Plata
Mar del Plata
Bahía Blanca
Archipel Juan Fernández
CHILI
Tristan da Cunha
R.U.
Gough
R.U.
OCEAN PACIFIQUE SUD
ARGENTINE
Puerto Montt
Ile Chiloé
Archipel de Los Chonos
Iles Falkland
(Iles Malouines)
R.U.
Détroit de Magellan
Punta Arenas
Ushuaia
Ile Grande de la Terre de Feu
Ile Santa Inés
Cap Horn
Géorgie du Sud
R.U.
Iles Sandwich du Sud
R.U.
Bouvet
NORVEGE
Iles Shetland du Sud
Iles Orcades du Sud
R.U.
CHILI
ROYAUME-UNI
Revendiqué par l'Argentine
Revendiqué par le Chili
CERCLE POLAIRE ANTARCTIQUE
ANTARCTIQUE
MER AMUNDSEN
Ile Thurston
MER DE BELLINGSHAUSEN
Ile Alexandre
MER DE WEDDELL
1 E.R.Y.M. Ex-République Yougoslave de Macédoine
2 YOUGOSLAVIE, dont le Kosovo et le Montenegro.
3 JERUSALEM est la capitale d'Israël selon le parlement israélien (la KNESSET). Le statut de cette ville étant très contesté, les ambassades se situent à TEL-AVIV-JAFFA.
4 E.A.U. Emirats Arabes Unis.
5 Sahara-Occidental, territoire administré par le Maroc
LE MONDE
PROJECTION DE MERCATOR
0 km 1000 2000 3000 km
échelle à l'Equateur
GEOATLAS® - © 2002 Graphi-Ogre